Managing
Practical Book

管理实用全书

一本书读通管理学

司徒达贤◎著

江西教育出版社
JIANGXI EDUCATION PUBLISHING HOUSE

图书在版编目（ＣＩＰ）数据

管理实用全书：一本书读通管理学 / 司徒达贤著.
-- 南昌：江西教育出版社, 2019.5
　ISBN 978-7-5705-0633-0

　Ⅰ. ①管… Ⅱ. ①司… Ⅲ. ①管理学 Ⅳ. ①C93

中国版本图书馆 CIP 数据核字(2018)第 236984 号

©著作权合同登记：图字 14-2019-0005

管理实用全书：一本书读通管理学

GUANLI SHIYONG QUANSHU: YI BEN SHU DUTONG GUANLIXUE

司徒达贤　著

江西教育出版社出版

(南昌市抚河北路 291 号　　邮编：330008)

各地新华书店经销

三河市三佳印刷装订有限公司印刷

710 毫米×1000 毫米　　16 开本　　28.75 印张　　字数 454 千

2019 年 5 月第 1 版　　2019 年 5 月第 1 次印刷

ISBN 978-7-5705-0633-0

定价：88.00 元

赣教版图书如有印装质量问题，请向我社调换　电话：0791-86706047

投稿邮箱：JXJYCBS@163.com　　　　电话：0791-86705643

网址：http://www.jxeph.com

赣版权登字-02-2018-599
版权所有　侵权必究

2019 年 版 序 ·····················

司 徒 达 贤 ·····························

在有利的大环境下，经营管理可以善用形势，顺水行舟，大开大阖。当外部环境挑战性升高时，管理上就需要走向细致，针对每一项管理议题，仔细推敲其前因后果，谋定而后动。

本书以"整合"的观念来诠释管理的意义，并以六大管理元素及六大层级所建构而成的"管理矩阵"来统整管理上多元而纷杂的理论与实务，熟悉这个观念架构后，在管理思维上就更能全面观照而且条理分明。

所谓六大管理元素，包括"目标与价值前提""环境认知与事实前提""决策与行动""创价流程""知识与能力"以及"有形与无形资源"，基本上已涵盖了管理者需要关心以及能够采取行动的范围。而本书也依这些元素，逐章介绍了管理理论中相对应的重要学理。

而六大层级则包括了从总体大环境到组织内部的基层人员，他们的"六大管理元素"，加上"阴阳两面"，足以解释大部分的管理思维、道理以及实务上的现象与做法。

有了这样的完整架构，我们在主持讨论、吸收新知、整合各方观念时就能如虎添翼，在决策后也更能累积经验及反省检讨。

这是本书期望能为各位读者做出的贡献。

2013 年 版 序 ·····················

司 徒 达 贤 ·····················

　　本书初版距今已经八年。在这八年间，经过无数次公开讲解、提问讨论、案例分析，我（以及曾经深入阅读、思考与操作过的使用者）更加深信本书所介绍的管理矩阵是十分实用的思维架构与编码系统。"目、环、决、流、能、资"这"六大管理元素"也是管理理论与观念极佳的分类体系，不仅周延而互斥，而且它们彼此间的各种相互关联，也可以用来描述绝大部分管理实务现象。此编码系统当然无法创造理论，但肯定可以深入解析各种管理理论背后的逻辑以及理论形成中对各项因果关系的认知。

　　本书第三章及第十四章已列举了许多管理矩阵可以应用的实例，这几年的实际操作不仅使此编码系统的运用更加成熟，同时在思考讨论任何管理议题时也可以使用此一图像思考工具来澄清思路、整合观点、扩大考虑层面。

　　例如，在深入研究"组织创新""组织惯性""权力冲突"这些学术议题时，发现所有的理论回顾及实务访谈结果，竟然都能落入管理矩阵的七十二栏中，无一例外。可见复杂的理论，只要读者能试着将它套入管理矩阵，或用管理矩阵的语法结构去解读这些理论，就能深化对此理论的理解，并可以与其他相关理论快速进行整合累积。

　　甚至也有硕士论文以长篇幅的方式，运用管理矩阵的方法详细分析"韦小宝""课长岛耕作""胡雪岩"等小说或漫画中的人物在故事中的种种作为，以及思维与行动上"阴阳两面的目标与价值前提""上下阶层的流程互动""任务环境中无形资源对各级人员环境认知的影响"等现象与道理。这些都足以证明管理矩阵分析的确能大幅深化我们对管理现象的观察与诠释，并使参与分析者拥有共同的架构与沟通语言，大幅提高思想交流的效率。

此次修订，除了在编排方面力求提高版面美观与清爽程度之外，在内容或文字方面也进行了数百项修订或补充，使本书的论述更为完整合理。

2005 年 版 序 ···

司徒达贤 ···

　　"管理"的重要性不待多言，世界愈来愈多元开放，组织所面对的问题也愈来愈复杂，管理能力在组织的成效与发展中，扮演着日益关键的角色。全球的企业、非营利组织，乃至政府机构，无不求才若渴，希望能网罗和培养更多、更优秀的管理人才。而管理能力的高下，也高度影响了个人事业前程的发展。

　　作者投入一整年的写作时间，终于完成了这本《管理实务全书》。本书的主要目的是希望发展完整的观念架构，将管理的基本道理平实而有系统地阐释清楚，期望能对读者的管理能力有所增益，或至少建议一些提升管理知能的有效途径。

　　本书的写作，系基于一些背景与想法，想借由这一篇自序来说明。同时也必须在此表达对许多人的感谢。

管理学在教学上未得到应有的重视

　　"管理"（management）应该是管理教育的核心，然而在学校教育中，"管理学"却未得到应有的重视。目前大多数"管理学"课本的内容是由几部分组成的：一部分是组织行为，例如：领导、激励与沟通；一部分是策略与环境；一部分是组织设计。各部分在论述上自成一格，分别摘录整理相关的理论或实务。其内容往往与"组织行为""策略管理"等更深入的课程有高度的重叠。因此许多负责"管理学"的教师，对前后课程间的分工，以及"管理学"的定位，常常产生一些困惑。上焉者设法经由个案教学或项目实习的方式，让学生自行体会"管理"的意义，下焉者则索性取消这门课程，或仅列为选修，例如：有些大学 MBA 或 EMBA 课程中，已无"管理学"（或"组织理论与管理""企业组织与管理"等）这门课，核心课程中只剩下财务、营销、组织行为、策略管理、数量方法、管理会计以及法律等科目。

此趋势反映出在多数管理学研究者的认知中，"管理学"似无独立存在的价值。然而，"管理"本身在实务界其实极为重要，各级人员普遍感到提升管理知能的迫切性，而管理教育却不能有效予以回应。其主要原因，或许正是因为缺乏合用的课本或专书。因为现有课本中的组织行为、策略、组织设计等，并不等同于"管理"，而只是管理工作延伸出来的一环。学习者若未能掌握管理的核心，只是片段研习各个议题中的各种学说与理论，则对管理知能的提升终究有限。

本书以"整合"为主轴来阐释管理的意义，举凡策略、结构、管理制度、决策、执行、沟通、激励、谈判等重要的管理议题，皆被"整合"到此观念体系之下，并希望读者可以借由此整合的观念体系，掌握管理工作的本质。无论其本身在组织中所居职级之高低，皆可针对本身的管理工作思考可以改进的方向。各章论述之后，所列的"管理工作的自我检核"单元，即试图协助读者将各章中的观念具体"操作化"，对本身的管理工作产生直接的检视、反省与提升的作用。

本书试图整合分歧的知识体系

本书作者在过去三十几年间，从不同的知识体系，深浅不一地接触到不同的管理学知识，其各自内容皆十分丰富，但彼此间似乎并无明显的联结，代表了尚有可以整合的潜在空间。

第一种知识体系是管理学的教科书。世界上已有不少被广泛使用的管理学教科书，写作结构已相当成熟，内容也不断随时代而更新。但可惜的是，有如前述，这些内容似乎更着重组织行为或策略、组织设计等专题方面的理论介绍与研究成果呈现，而与实际的管理工作始终存在一段距离。

第二种知识体系是组织理论的经典名著。过去数十年，在组织理论的领域中，有许多经典名著对组织的运作以及管理工作的内容，都曾分别提出极为精辟的见解。一般人阅读经典的困难在于：这些经典因其原创性，在观念的表达上，往往稍嫌零散甚至艰涩。

第三种知识体系是新兴的学术研究成果。管理学观念的全面进步，有赖众多学者不断进行研究，但由于每一项研究成果只追求单点突破，在面对复杂实务问题时，难免挂一漏万，或令人不易掌握其实际应用的方法与价值。

第四种知识体系是实务界或管理顾问对实务经验的报道或归纳，其内涵主要为先进国家的管理实务。这些作品可以使读者涉猎许多实务上的创意，也有相当高的应用价值，其缺点是故事或案例虽然极具说服力，但背后的道理却往往未能与前述几种知识体系相互衔接，而且各家所建议的做法，其实各有其适用范围，读者却不易自行从其中发掘或掌握原则，因而难以灵活运用。

第五种知识体系是作者从事个案教学的经验。在当今这一充满变化与竞争的经营环境下，本土企业家与高层经理人在不断解决问题的过程中，累积了极为丰富而独特的管理经验与智慧，这些经验与智慧不易外显为具体的知识，即使经由公开演讲或访问，也未必能展现其精髓，只有经由深入的个案研讨，才能激荡或引导出智慧的火花。二十余年来，作者有幸长期与高层管理人员互动研讨，甚有收获。然而这些内容并无系统性，若不经由整理，纳入完整的思想架构，亦不易转述传承。

以上这些知识体系，主题皆针对"管理"，各有其独特的价值，然而彼此间似乎关联不大。本书的努力方向即是致力这些知识体系间的整合。

管理学术研究的专精化与学派观点的分歧

由于管理问题无所不在，因此，可以从许多不同的学科领域来观察分析管理的现象与课题。经济学、社会学、心理学、政治学这些历史悠久、博大精深的社会科学，挟其强大的观念工具与研究能量，纷纷投入管理学的研究。而年轻的管理学者，也不得不依附于某一个学派之下，方可充分掌握其既有体系内的知识内容与研究脉络。

此一发展的结果是：各个学派皆有其独到而深入的见解，然而习惯从事严谨学术研究的学者们，通常由于一门深入，而无法或无暇去吸收或欣赏其他学派的观点。换言之，学术研究使得管理理论日益专精，也日益"分化"，需要有人将这些进行一些"整合"。

本书的论点不属于任何学派，但是却努力博采各家之长，即是基于以上的认识。

本书企图整合各方的知识

本书认为管理最重要的本质是"整合"，而本书的写作也在试图"整合"各方面的管理知识与思想。作者的整合功力当然尚有太多可以改进的空间，但以开放的态度来吸纳各方的论述与观点，则是一贯努力的方向。

简言之，本书希望能整合管理学中的各个议题（例如：策略、领导、激励等）、整合过去的经典与近代的研究、整合理论观点与实务经验，并尽可能吸纳各个学派的学术研究精华。而六大管理元素的"阴阳表里"，也是将东方的思维模式与西方的管理架构相结合的尝试。

本书原创的观念与架构

本书有几项与过去各种"管理学"书籍不同的观点，也提出了一个整合性的观念架构，皆有某些程度的原创性，兹简单介绍如下（详见导读）。

第一是将管理的核心本质界定为"整合"，并以"整合"的观念来解析各种管理行为，甚至策略、组织等等，进而利用"整合"来诠释营销、财务、人事等功能领域在组织中的作用与角色。经由此分析，即可将各种管理活动的意义，纳入完整而互有关联的思想体系中。

第二是提出"六大管理元素"，将它们视为整合的标的，也是整合的工具。不同的经典、不同的学派、不同的研究，曾分别对这些观念提出深入的论述，但本书将它们整理分类成为相当"周延且互斥"的管理元素，不仅可以依各元素来介绍有关学理与观念，而且也将它们发展成为管理矩阵的构面，用来描述与解析更多的观念。

第三是将整合对象分为六大层级，并以"对局"的观点来观察"整合"与"被整合"。提醒大家"人人都是整合者"，人人也都是别人整合棋局中的潜在整合对象。

第四是设计"管理矩阵"，作为每位管理者检视本身管理工作的工具，以及用于终身累积管理知识与经验的观念架构。而管理矩阵中的"编码系统"，也可以进一步发展成描述管理观念与现象的"语法结构"。

第五是提出"阴阳表里"的观念，使六大管理元素及管理矩阵的内容更为丰富，也为许多西方学理未曾深入探讨的实务现象与课题，做出解释。而本书也试图从阴阳的角度来解释"个人"与"组织"的相对关系。

其他重要观念尚有：以"整合平台"的观念来分析正式组织、组织外的网络，以及组织内的派系。在组织设计上，则以"轴线"的方式来分析组织设计的原理，并指出"轴线"中流通与传达的是"六大管理元素"，而组织设计的用意则在协助基层成员顺利地进行创价活动，亦即为基层的创价成员提供及时、正确而有效的"六大管理元素"。

此外，本书特别强调：组织中大部分的人都可以分担一部分管理与整合的工作，若大家都能积极主动地负起一部分整合的责任，则组织的运作必然更为顺畅。因而本书预期的潜在读者，并不限于高层主管，而是基层干部以上所有可以从事整合工作的人。基于同样的道理，组织中所谓"授权"与"分权"，其标的其实即是"整合"的权责，谁负责更多的整合工作，谁的权力，以及所能发挥的作用就愈大。

总而言之，本书所呈现的整体架构，与传统的管理学也大不相同。本书可谓"管理学的新世界"，一方面也是因为内容及架构皆有其原创性之故。

本书定位

本书强调观念架构的建立，着重于读者在管理工作上的实用价值，而未对一般的基本观念或名词，进行学术性的严谨定义与介绍。因此对初次接触管理学的年轻学生，本书似乎应是"第二本"管理学，换言之，本书并非初阶入门的教科书。而对略具实务经验甚至是社团经验者，则可以从阅读本书中快速产生共鸣，使过去的经验在本书的架构中有系统地被唤起、整理及活化，并达到心领神会的效果。

熟悉初级管理学的人，若对管理学的实用价值有更深一层的兴趣，则本书可提供极佳的架构，协助读者掌握管理学中更深层的思想与内涵，或提供进行个案分析时的切入角度。

事实上，本书的主要价值应在于思想架构的建立以及分析方法的强化。管理实务的做法变化万千，管理学术的研究日新月异，然而只要拥有完整的架构与良好的方法，则无论未来实务与理论如何创新变化，我们都能很快地掌握其中的精髓，并将它们不断地累积到自己的思想体系之中。

本书作者的学习历程

作者从大学部到硕士、博士，算是经过相当完整的学校管理学教育，尤其博士教育中特别强调经典文献的阅读及思想方面的启发，对日后的教学与写作极有帮助。而且在近三十年的教学生涯中，由于几乎完全运用交互式的个案研讨进行教学，因此有机会（或有必要）不断聆听、整合各方的观点与意见，不同班级甚至不同届别的学生或学员，针对同一议题，也可能出现完全不同的看法。使作者每次课后，也不得不再三回忆、思考讨论的内容，并试图将之整合在自己的思想体系之中。

在过去近三十年中，作者曾指导过一百余篇的硕士论文，六七十篇的博士论文，因而有机会与这些优秀的年轻人进行深入的互动与思想交流，其中博士论文所参考的学理通常较为专精新颖，对作者的想法更有多方的冲击。然而，各种学理之间、学理与实务之间、各种实务做法之间，既有互相呼应之处，也常存在着各种差异，因此，不得不发展出各式各样的观念架构来整合它们。十年前所发展出来的"策略矩阵"，以及本书的"管理矩阵"，都是作者在面对来自四面八方的"观念洪流"时，不得不发展出来的整合架构。

以上是本书作者学习管理以及累积知识、形成架构的途径。

此外，在学生时代，作者因深受西北大学师长的影响，接受了两项信念，而这两项信念对作者的写作产生了极大的作用。

信念之一是：相聚在课堂上，应尽量投入更多的时间来进行互动与讨论，单向的"讲课"应以课前阅读来替代。教师对某一主题若有较完整的想法，应书之于文字，让学生事前研读后再来课堂讨论，如此则教师的思想表达将更慎重而精确，学生的学习过程也更深入而完整。基于此一信念，作者多年来始终运用个案教学的方法，鲜少从事单向的讲授，而近年来则致力于写作，希望学生能以阅读来替代听讲，同时也用以弥补讲授之不足。

信念之二是：写作不应过于强调"别人曾讲过什么"，而应以更多的篇幅陈述"我自己的想法是什么"。换言之，**努力形成自己的想法、提出自己的见解，比转述他人的论点更重要**。作者的著作，一向秉持此一原则，本书亦然。本书观点无法周延，疏漏错误也在所难免，但却是作者自己现阶段对"管理"的认识与想法，在此毫无保留地呈现，与读者进行交流，也敦请各方先进指正，作为作者未来再进步的依循。而读者若对其他学者的论述与意见有兴趣，可以参考的书籍很多，无须在此重复引述。

为了表示对重要观念来源及原作者的敬意与肯定，本书在导读内仍然尽量将本书中重要观念的"学术根源"做一交代与说明，以供有兴趣进一步研究的读者参考。

感谢

本书之成，必须感谢许多人。

过去三十余年来师长的教诲、学生的讨论与问难，是作者形成管理学观念架构的原动力。

许多政大企研所的校友经常不吝分享他们宝贵的管理经验，例如：叶国筌、郑钦明、胡秋江、王祺、江诚荣、邱顶阳、雷辉等都是我常请教的对象。此外，校友中还有许多"整合大师"，虽然未必使用"整合"这一名词，却都经常告诉我许多经营事业及建立网络的"整合"秘诀。本书中许多实例运用，其实都是他们的亲身经验所归纳出来的精华。

在作者构思本书架构期间，政大企研所博士班学生汤宝裳首先指出"整合"作为研究主题的潜在价值，企业家班校友叶佳纹首先指出"经营管理就是整合"的观念，这些对本书的写作方向，都有极大的启发。

本书写作之前，曾向政大企研所博士班校友进行口头报告，吸收了许多见解；而在完成初稿之后，又请博士班在校生、硕士班四十一届学生、企业家班廿四届学员等，分别详细阅读，提出了不少修正意见。此外，政大企管系副教授林淑姬亦对本书提供许多宝贵的建议，并投入许多时间就内容与文字进行修订与润饰。

对以上各位，本书作者都表示诚挚的感谢。

也必须感谢王正一、王振堂、宋文琪、汪林祥、李锡华、苗丰强、宣明智、黄河明、叶国筌、苏庆阳等企业领袖推荐本书，让更多读者能相信本书的价值。

更要感谢启蒙恩师许士军教授的赐序。许老师本身在管理学方面的造诣极深，所著《管理学》一书引领华人管理思想数十年，能得到他的肯定，作者深感荣幸之至。

目　录

1

第8章　决策与行动

第9章　目标与价值前提

第10章　环境认知与事实前提

第14章　　**管理矩阵在管理议题上的应用**

管理学的新世界

本书经由"管理矩阵"的分析架构，将各家思想熔为一炉，并重新以系统化的方式呈现，帮助读者对复杂而多元的管理课题，产生全面而完整的了解，并可进一步掌握不同流派管理观点间的关联。

"管理"是个古老的课题，大凡有人类组织，即有"管理"问题。许多中外的先哲思想，虽未提及"管理"二字，却也不乏各种不同角度或立场的"管理"观点。近百年来，"管理学"蔚然兴起，百家争鸣，各种学理与实证研究，堪称汗牛充栋。晚近一些"文献整理"书籍，不论是"组织理论"或"策略理论"，动辄将论述观点或学者分为十种九类，显见既有学理的丰富与分歧。然而，这也使得学习者既不易全面掌握学理，也难以有效运用于实务工作上。要克服这个障碍，唯有致力发展出一个整合性的"分析架构"，作为学理与学理间、学理与实务间的整合工具。

本书特色

《管理实务全书》的观念架构即为作者融合组织理论经典文献、新兴理论与实证研究、企业实际现象，以及三十年个案教学所累积的经验、构思发展而得。

本书力求综合各家思想精华，内容涵盖固然较为广泛，但经由"管理矩阵"这个分析架构，已将这些观念尽量熔为一炉，并重新以系统化的方式呈现，有利于读者对复杂而多元的管理课题，产生全面而完整的了解，并可经由管理矩阵，进一步掌握不同流派管理观点间的关联。

本书结合理论与实务的方式是：将各家理论的抽象观念与专有名词，转化为明白易懂的文字，再运用"六大管理元素"及其所形成的管理矩阵，将这些学理上的观念与实际的管理议题相联结。虽然由于篇幅限制，无法详细列举大量实例，但略有管理实务经验的读者，应不难从文字说明中，联想到组织中的种种议题，以及实务运用上可能的思考及解释方向。

作者认为，并非只有中高层管理者才应扮演管理者的角色。理想上，各层级人员，甚至包括基层人员，若能合理分担若干管理工作，组织整体的活力才能充分发挥。因此，本书讨论管理工作时，也尽量包括从上到下各个层级的角度，希望目前担任不同职位的读者，都能从本书得到启发，并对当前的工作绩效有所助益。

⊙本书写作特色

1. 结合经典文献、新兴理论、实务现象、教学经验。
2. 提出"管理矩阵"与"六大管理元素"为观念架构。
3. 管理矩阵可以有效结合理论，也可以连接实务。
4. 从高阶管理者到基层承办人，都有高度参考价值。

本书重要观念

本书内容涵盖面广，并非仅聚焦于少数主题，因此进行全面的导读实属不易。以下只能针对书中几项重要观念，简要介绍。

⊙管理工作的核心本质是"整合"

由于产业的竞合关系日益复杂，加上社会开放以及价值观念的多元化，"整合"日益成为管理工作的核心。单向的指挥命令，或订出严苛目标，再要求全员冲刺的经营方式，不得不逐渐被细致的整合动作取代。无论是机构领导人或是各级管理者，都必须时时刻刻注意组织内外的各种资源、信息，**并经由各方目标的整合与合理的成果分配，以结合这些资源，完成本身的任务**。

因此，本书将管理者的工作定义为："**经由决策或各种机制，整合组织内外各方面的资源、目标、信息、知能、流程、决策，以完成组织所赋予的任务，或创造组织的使命与生存空间**。"

当事人若是各级经理人，则整合的山发点着重于"完成组织所赋予的任务"；当事人若是机构领导者，整合的主要作用则包括"创造组织的使命与生存空间"。

而所谓的整合，是指"发掘、结合且有创意地运用来自各方的资源、信息、知能，并使各方的决策、流程能与我方的目标配合。而由于各方所追求的目标不同，甚至互相矛盾，需要妥协与融合，因此也必须加以整合。"

有经验的管理者十分能体会，管理工作过程中，几乎处处都是"整合"，而且"人人都是整合对象"。更深入一点思考，本身何尝不是周遭许多其他人"整合架构"中的整合对象呢？事实上，组织本身以及其所处的产业网络，甚至整个社会，都是所谓的"合作体系"，而合作体系的创造与维持，需要许多人负责整合，这即是"管理"或管理者所能发挥的作用。

整合如此重要，但中外管理学术却尚未予以足够的注意，遑论深入探讨。本书特别强调"管理的重心在整合"的观念，原因之一是："整合"实在是台湾地区企业界管理能力的一大特色。许多成功人物，发迹时财力未必雄厚，亦未掌握先进科技，其赖以成功的一身本事，尽在整合而已。

除了机构领导人，组织内部各级管理人员跨部门的整合能力，以及整合上级与部属的能力，也极为关键。台湾大多数企业为了因应严苛的市场竞争，必须维持高度的弹性、组织活力，以及对外界变动的敏锐度。因此，各级人员机

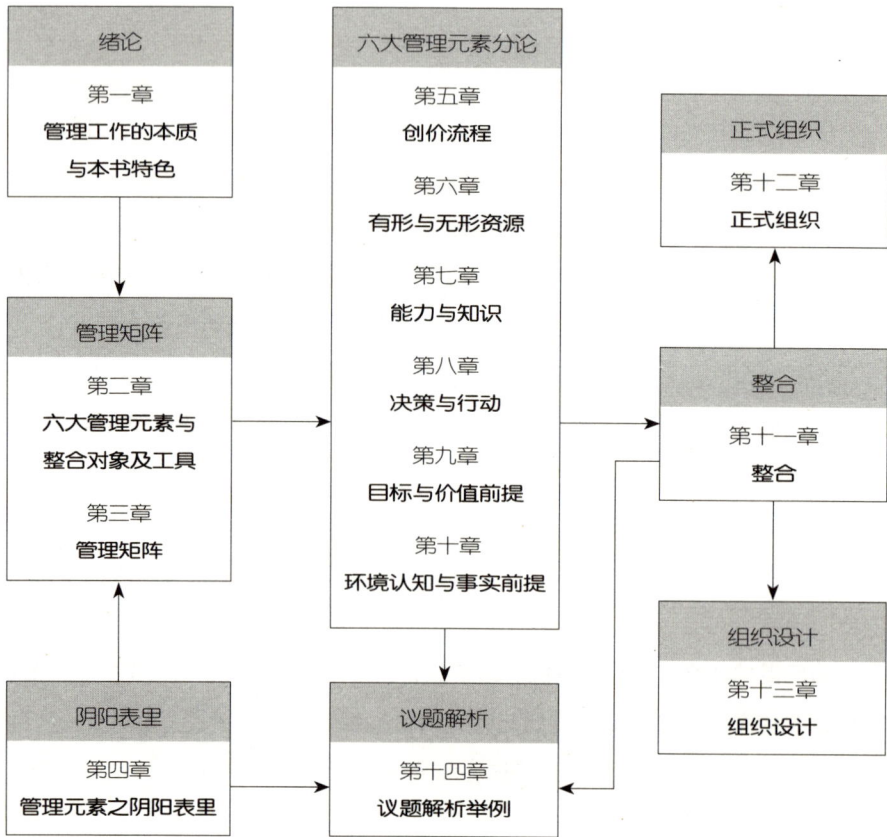

本书架构

动自主的整合能力，不仅极为重要，也是许多企业成功的关键因素。求才若渴的高层领导人，希望各级管理人员能够快速提升的，也是这些整合能力。

作者任教近三十年，其间与无数卓越的企业领导者及各级经理人进行研讨，并指导近两百篇针对国内实务而作的博硕士论文。因此，本书所强调并深入探讨的整合观念，可说是从本土成功经验中整理出来的精华。

本书中即以专章多达三万言的篇幅，介绍整合的观念与方法。

⊙ 整合标的：六大管理元素

组织、机构领导者，乃至于各级管理人员，整合过程中所欲整合的标的，可以归纳为六大项，本书称为"六大管理元素"。

这些之所以称为"管理元素"，因为无论在理论上或实务上所谈的管理课题与管理方法，其实都可以归纳为此六大项目。而许多管理思想与管理行动，也都是这些"元素"所组成的。本书针对各元素皆有专章深入解说。

1. 目标与价值前提

组织目标与使命、组织文化、个人心理需求、人生理想与价值观念等，可以归属于此一管理元素。

2. 环境认知与事实前提

信息、消息、认知等属于此类。有关信息的搜集与传播、形象塑造、认知偏差等，都可以在此一元素的架构下进行讨论。

3. 决策与行动

组织内外每一个人或机构，都有其决策与行动。前述的"目标与价值前提"与"环境认知与事实前提"皆为当事人"决策与行动"的依据，故称为"前提"。这两种前提高度影响了决策的质量与方向，而若意图影响其他人的决策，也应从影响这两项前提着手。

4. 创价流程

组织能生存于社会中，主要是因为组织采取了为社会或为顾客"创造价值"

的作为，因此"创价流程"应是组织的核心，也是组织存在的"正当性"依据。创价流程又可分为"营运流程"与"管理流程"，确保这些流程顺利运作，是组织成员及各级管理人员的基本职责。所有的"整合"作为，都应导向本身所负责的创价流程，或以提升本身所负责流程的"价值"为依归。

5. 能力与知识

"能力与知识"是知识管理的核心课题。能力与知识不仅是创造价值的基础，也是整合成败的关键。

6. 有形与无形资源

"有形与无形资源"不仅是创价流程的投入与产出，也是组织内外于分配成果时的主要标的。知能与资源这两项元素必须有效地导入"创价流程"，才能真正发生作用。

六大元素的互动

六大管理元素虽然彼此都有互动关系，但可以粗略地分为两组：一组以"决策与行动"为核心，另外一组则以"创价流程"为核心。"决策与行动"是各级管理者或管理当局积极角色之所在；"创价流程"则代表组织定位与生存空间。"决策与行动"被"目标与价值前提"以及"环境认知与事实前提"二者所环绕与影响；"创价流程"则借由"能力与知识"以及"有形与无形资源"而得以顺利运作。虽然分为两组，但两组间的管理元素仍有密切关联，例如："目标与价值前提"也导引了"创价流程"的特性与定位，而"能力与知识"也影响了"决策与行动"的质量。

这些管理元素的内涵以及其间的互动关系，可以协助我们厘清许多组织运作以及管理方法的观念，也可以对策略、组织、管理制度、领导行为等产生更深入的了解与创意。

⊙整合对象：六大层级

无论是机构领导人或是各级管理人员，整合对象都可能涵盖了"组织内外"。所谓的"组织外"，包括世界及国家级的统理机构，以及产业中的顾客、供应商、资金提供者，甚至同业等；而"组织内"则包括了从机构领导者以降的各级人员。为了简化，本书将这些组织内外的整合对象分为六大层级。

1. 总体环境

"总体环境"的决策者是世界与国家级的政府机构，或可以"制定规则"的非政府组织。他们拥有相当程度的公权力，主要角色即是"制定规则"。这些规则制定者的"决策与行动"，影响了组织的运作方式以及"决策与行动"。然而这些规则制定者也有其目标与知能等管理元素，因此也应纳入组织或各级人员的整合对象。

2. 任务环境

"任务环境"可以简单描述为组织所处的产业环境，包括顾客、同业以及各种周边服务的提供者在内。任务环境中的人或机构，可能是本组织的服务对象，可能是合作者，也可能是竞争者。如何"整合"他们，是经营策略层面的核心工作。例如：顾客有潜在购买力也有需求，企业经由各种营销活动，经由满足顾客需求而获得青睐，即是一种整合的作为。形形色色的资金提供者、原料及零组件提供者，甚至劳工团体等，都可以视为整合对象，并运用整合的思想架构指导管理的行动。

3. 组织平台

"组织平台"即是管理者所任职的组织。组织不等于组织内部所有成员的总和，也不等于机构领导人，而是一个刻意创设或设计的机构。组织存在的主要作用是提供一个"平台"，以更长期而稳定的方式整合各方的目标、资源等六大管理元素，因此称为"组织平台"。组织的目标、使命、文化、政策、流程、资源等，都属于此一层级。组织成员以"成员身份"依附于组织，借助组织这个平台，与外界进行整合。同时，组织成员与组织间也需要整合，其间也存在着各种可能的矛盾，这些矛盾，当然也需要化解与整合。

4. 机构领导

"机构领导人"是一位或一小群特殊的成员，其身份、地位、权责与一般组织成员颇不相同，应与其他成员分别讨论，而成为独立的一个层级。

5. 各级管理

"各级管理"是分布于组织内部各个层级、各个部门的管理人员，分别有其负责的单位或部门。由于六大层级只是反映不同角色的抽象观念，而非具体描绘真实存在的组织结构，因此，真实组织的部、处、组、课等存在上下关系的单位，在观念上皆归属于此一层级。

6. 基层成员

"基层成员"是并未赋予正式领导职责的人员，但本书特别强调，即使并无管理职位，基层人员也有发挥整合功能的空间与潜在贡献。

人人都是整合的主体和对象

以上这六大层级的整合对象，在整合做法上其实互为主体。简而言之，从机构领导人的角度，其他五大层级皆可视为整合对象；从各级管理者来看，从外在的总体环境，一直到机构领导人及其下的成员，都是整合对象，而平行的其他单位，以及机构领导以外的其他上级管理者，也都是整合对象。

推而广之，基层成员也可以向上、向外进行整合工作。因此，在基层成员上方的五个层级，都是潜在的整合对象，而平行的其他基层人员，也是可能的整合对象。

本书的观点是：人人都是整合者，人人也都是整合的对象，所以可以从上向下看，也可以从下往上看。而总体环境与任务环境中的"组织平台""机构领导人"，以及内部各级人员，也都是可能的整合对象。

⊙管理矩阵

从以上分析可知，整合标的包括六大管理元素，整合对象则有组织内外的六大层级，而各层级又分别有六大元素。因此，可以依此两大构面，建构出一个6×6的"管理矩阵"。

各栏位的意义

管理矩阵的纵轴为六大层级，横轴为六大管理元素，构成中间的三十六个"栏位"，每个栏位皆有其具体意义。例如："目6"代表基层人员的目标与价值观；"资5"代表某些中级管理人员所能掌握的资源；"环4"则代表机构领导人对内外环境的认知；余次类推。

提醒每个人的管理工作观照范围

管理矩阵中的三十六栏，都是与当事人相关的事项，例如：外界任务环境的目标（"目2"）、总体环境的决策（"决1"）、基层人员的知能（"能6"）等，因此可以作为检核工具，有系统地提醒各人的管理职责。用本书的说法，管理工作基本上即是"看好你的三十六栏"。换言之，无论当事人在组织中的层级如何，都应时时留意这三十六栏的内涵、变化、可以设法改变的方向，以及进行各色各样整合的潜在机会。

解析理论与实务的观念工具

由于"管理矩阵"有系统而周延地纳入各种组织与管理的相关观念，因此可以用以解析过去与未来的各种管理理论与实务。

本书各章皆适时地运用管理矩阵的观念架构，以阐述各种相关理论，或提出管理建议。第十四章更以全章篇幅，展示用管理矩阵解析各种管理议题的运用方法。

若读者能善于运用此一架构，在整理观念、累积经验以及沟通内容的精致化方面，都会产生相当良好的效果。

管理矩阵

六大管理元素 / 六大层级	目标与价值前提	环境认知与事实前提	决策与行动	创价流程	能力与知识	有形与无形资源
总体环境	目1	环1	决1	流1	能1	资1
任务环境	目2	环2	决2	流2	能2	资2
组织平台	目3	环3	决3	流3	能3	资3
机构领导	目4	环4	决4	流4	能4	资4
各级管理	目5	环5	决5	流5	能5	资5
基层成员	目6	环6	决6	流6	能6	资6

⊙阴阳表里

六大管理元素皆有阴阳表里之分。简言之，"阳"与"表"代表与正式组织有关，或"公家"的事物。"阴"与"里"则代表每个人的内心世界，或非正式体系中的行动或思维。除非走向极端，否则，"阴阳表里"并无道德高下的问题，只是代表不同的立场或观点。

例如："目标"是一项重要的管理元素，然而影响决策的，一方面是组织所赋予的目标，一方面则是个人所拥有的价值观与人生目标。二者未必相同，有时相辅相成，有时互相矛盾，甚至互相妨碍。调和此二者，本来即是各级主管的重要任务。

同理，其他管理元素也都有阴阳两面，彼此也都可能相辅相成，或互相矛盾。了解它们的存在，并加以因势利导，也是重要的管理工作。

阴阳表里观点的提出，不仅使管理矩阵三十六栏的内容呈倍数增加，而且也解释了许多真实世界的现象。

⊙其他重要观念

本书有许多观念皆与传统管理学不尽相同，有些则是以过去学理为基础，提出不同的诠释。在此选择若干观念简介如下：

创价流程

以创价流程的观念，将组织的正当性以及管理的正当性，与人类经济活动的流程相联结。

元素存量

将属于组织平台的六大管理元素，视为过去留存的"存量"，一方面影响了当前组织的运作与决策，一方面也是当前决策所欲不断修正、调整、增强的标的。

管理知能

提出"知识"的定义，并提出结构面知识、程序面知能等观念，说明管理知能的内涵。第七章中更指出，"知识与信息处理能力"（KIPA）是管理知能的核心。除了阐述 KIPA 的内容，亦认为此一观点对管理知能的传习方法，具有相当重要的意义。

环境

本书所谈的"环境"为管理元素之一，主要是指当事人对内外环境，甚至一切事物的"认知"。而一般书籍中所谈的"外界环境"，在本书中则主要指"总体环境"的规则制定者，以及"任务环境"的人或机构所采取的"决策与行动"（"决 1"与"决 2"）。简而言之，无论是产业政策或是消费行为，其实背后皆有"决策主体"存在。管理者在分析这些"决策主体"的"决策"时，也可以从它们的"目标""环境认知""知能"，甚至"阴阳两面"进行分析。此一分析方式，比一般所称的"环境侦测"，观点应更为深入，而对管理者的因应对策方面，也有更积极的含义。

整合平台

本书除以专章介绍"整合"的方法与程序，亦以整合观点分析组织与管理中的各种现象与作为。其中指出，"整合平台"的设立与维持，也是管理者的重要管理方法。各种正式与非正式的组织或团体，例如：委员会、协会、企业组织等，都可以视为整合平台。不断建立新的整合平台，并运用这些整合平台所构成的网络体系，管理者可以进行更深入、更有效的整合行动。

正式组织

本书以专章介绍"正式组织"，从整合以及六大管理元素的角度，切入与分析"正式组织"。其中，成员身份的界定、不同形态成员"概括承诺程度"的差别、家臣与专业经理人的不同贡献、次级单位出现的生命现象，以及非正式组织与派系的异同等观念，本书皆有所着墨。这些解说可以使读者更加了解一些实务上常见，但一般管理学书籍并未探讨的课题。

组织设计

本书以专章介绍"组织设计"，从"协助组织成员顺利进行其创价流程"的观点，探讨组织设计的方法，并提出"基本流程单位""主轴""辅轴""再整合成本"等观念工具，以分析比较在不同情况下，各种组织编组方式的利弊得失。此一解析组织设计的角度，与传统上将组织设计分为"直线幕僚式""功能式""事业部式""混合式"等，大不相同。因为本书认为，较有规模的组织，几乎皆是"混合式"，因此其组织结构极不易归类。而本书所建议的架构，对实际上的组织结构调整，才有更具体的帮助。

本书的实用价值

本书除了强调架构及观念的创新，也相当重视实用价值。由于本书的观念与论点，相当多的部分是来自实务的观察与省思，因此将之回归实务，并不困难。为了便于读者借助本书的架构与观念自我检视，以及企业组织内部的管理培训与集思广益，本书各章皆附有实务检核问题，读者逐题检视，不仅可以更深入了解章节内容，在提升本身管理工作质量方面，亦能有所助益。

文献说明

本书所讨论的管理观念甚多，但在书中并未依学术著作的形式，详列每个观念的出处。此一做法的理由有三：

1. 本书主要是为实务界的各级主管，或准备在管理职位上追求个人成长的人士所撰写，过多的学术名词或引注，可能会造成阅读上的困扰，甚至可能为了"正确"引用各家学理，而降低了读者吸收实质内容的效率。

2. 本书内容的思想来源十分丰富，若要严格遵循学术的要求，引经据典，详细列出所有想法与说法背后的源流，或许还要投入相当长的写作时间，而且事实上也超出了作者的能力。因为作者自认较长于整合各方观点、整合理论的概念与实务现象，因而多年以来，在著书创作时，即未再从事逐句注记出典的工作。

3. 最后，或许也是最重要的一点，作者在过去三十余年中，深浅不一地接触了相当多的学术名著，它们所传达的观念，有重复、有关联、有矛盾，也往往存在互补加成的空间。而作者从实务的参与、访谈与观察中，又不知不觉地对这些学理进行补强、融会与整合，因此，究竟哪些观念是综合自哪些书籍论述，早已难于追寻验证。而且有许多观念都是多年来与实务界的高级主管或企业家们，在个案或实务问题的讨论中充分交流后，所形成的看法，因此与学理上的原始观念也未必相同。

虽然如此，在此附录中，仍然尽量将本书中重要观念的"学术根源"作一交代，以供有兴趣进一步研究的读者参考，同时也借此机会对这些书籍或文章的作者表示敬意与肯定。以下各段落基本上是依主题划分，最后一部分则列出本书作者本身所提出来的观念。

⊙ "整合"与管理者的角色

本书重要的核心观念之一是"整合"。在国外学术文献中，对于"整合"的研究与讨论并不常见，且多仅限于"产品经理"或"研发管理"层次，并未用以诠释全面的"管理"工作。

数十年前，Follet（1942）在探讨"建设性的解决冲突"时，即提出以具有创意的方案来整合（integrate）各方的冲突，本书的想法，与她的主张其实十分接近。在研究组织结构时，Lawrence 与 Lorsch（1967）从分化（differentiation）与整合（integration）的观点来分析，其所提出的整合功能，也是本书讨论整合时的思想来源之一。

近年来，社会网络或产业网络的观念，对人与人之间，以及组织与组织之间的关系及互动方式，提供了新的观点，相关论述相当多，如 Granovetter（1973）与 Burt（1992）等，对网络的结构特性及其潜在价值，皆着墨颇多，而本书则较强调网络中的"整合"角色。

管理者的整合工作，与组织内外的权力结构以及权力运作极有关系，甚至也可以视为一种权力的创造与运用。MacMillan（1978）以及 Hickson etal.（1971）对权力的分析，例如：如何利用内外形势进行结盟，以及组织权力与个人权力的互动关系等，对本书所提出的"整合"观念，也有相当的参考价值。

时下的管理学教科书，在讨论管理工作的本质时，几乎必然提及 Mintzberg

（1973）的"管理者的十大角色"，因为他是最早运用实证研究，对传统观点所规范的管理角色提出质疑的学者。他所提出的各种管理角色，十分贴切而受到实务界的认同，而本书则指出，这些角色若能再加上"整合"作为核心，将更能出现画龙点睛的效果。

⊙组织与合作系统

本书对正式组织的观点，深受 Barnard（1938）与 Simon（1976）的影响。Barnard 的著述是早期组织理论领域中最重要的经典名著，书中所讨论的"合作系统""成员身份""权威接受论"，并进而发展出来的"管理者的功能"等重要观念，本书作者皆已尽量整合至本书的论述之中，而以更浅近易懂的方式为读者进行阐述。本书作者所谈的"概括承诺程度"，也是从其"权威接受论"演化而来。

Simon 的诺贝尔奖名著《Administrative Behavior》，早为世人所肯定，本书中的"组织均衡""成员类型""核心成员"等观念，即参考了该书中的论点。当然本书作者亦试图有所增述补充，以期更合乎实务界的思考模式。

Cyert and March（1963）对组织资源宽裕（organizational slack）的说法，以及前述网络理论的各种研究成果，本书作者也已将其中有实用价值的部分纳入有关正式组织的讨论。

⊙决策

"决策与行动"是本书的六大管理元素之一，也是管理学中，甚多学者曾经分析探讨过的议题。前述 Simon（1975）的论述，主题即是探讨组织中的决策问题与过程。"决策前提""有限理性"等，都是他当年的创新观念，而本书中的"目标与价值前提""环境认知与事实前提""前提验证""多元限制条件""目标 – 手段关系"等，也都源自他的理论与思想。

在实际组织中进行决策，固然有其理性的限制，但也可以在深入了解决策的本质后，对决策程序与方法提出若干有价值的建议，例如 Cyert and March（1963）描述在多重目标与动态情境下决策的特性，Lindblom（1959）、Wrapp（1967）、Quinn（1980）等也都提出了例如渐进式的决策方法以及"见机而作"

等与实务十分接近的观念。

Allison（1971）以古巴危机为例，分析三种观察与诠释决策过程的模式，其中，所谓的"理性模式"类似管理矩阵中，"目4""环4"对机构领导者"决4"的作用过程；"组织模式"则相当于"决3""流3"等"存量"对"决4"所造成的限制；"政治模式"则是指出阴面"目4""目5""目6"，甚至各单位的"生命现象"对组织决策结果的影响。

在本书第十一章中所指出的"整合棋局"的看法，其实是"竞局理论"（game theory）中经常被强调的，类似观点在有关竞局及其策略运用的专著如Brandenburger and Nalebuff（1996）、Dixit and Skeath（1999）等，有更为深入的分析。

⊙策略与价值创造

管理元素中的"创价流程"，其观念来自Porter（1985）的产业价值系统与价值活动。而在探讨竞争力与核心能力时，则参考了Hamel and Prahalad（1994）的见解。

在讨论有形与无形资源时，曾举出以资源优势为策略考量出发点的策略，这些观念是源自Penrose（1959）与Wernerfelt（1984）等学者的"资源基础"学说，而与外界互动过程中的"资源依赖"，则参考了Pfeffer and Salancik（1978）的著作。

⊙知能

管理知能以及知识管理方面的专著甚多，本书第七章中已整合了许多有关的重要观念。而Nonoka and Takeuchi（1995）对知识传承、外显知识与内隐知识的转换等论述，读者可以进一步参考。事实上，多年以前，Polanyi（1958）已有类似的观念。

管理知能方面，Katz（1974）曾提出"观念能力""人际能力""技术能力"等管理知能的分类方法，对本书作者所提出的"知识与信息处理能力"有相当的启发。

⊙人性

对人性的了解，当然不能只来自书本，尤其不能只参考管理领域的相关著作。而 Maslow（1954）的心理需求层次理论，以及 Homans（1961）的社会交换观点等，都影响了本书的观察角度。

⊙阴阳表里

将六大管理元素再划分为阴阳两面，是本书的原创内容之一。但阴阳表里的说法，是中国文化中自古有之的。本书的灵感主要来自黄仁宇（1985）的《万历十五年》，该书在讨论文官的道德与私欲时，曾论及：

> 首辅申时行虽然提倡诚意，他对理想与事实的脱节，却有一番深切的认识。他把人们口头上公认的理想称为"阳"，而把人们不能告人的私欲称为"阴"。阴阳调和是一件复杂的工作，所以他公开表示，他所期望的不外是"不肖者犹知忌惮，而贤者有所依归"。
>
> ——《皇明经世文编》卷380，页10-11

此即为"目4""目5""目6"的阴面之存在与其作用。而《万历十五年》中，主要论点之一也是指出大型组织逐渐走向僵化时，各级官员的"阴面目标"或个人利益如何影响正式组织的正常运作与长期生存。

本书作者认为，既然"目标与价值前提"有其阴面，则其他各管理元素也应有其阴面，于是将"三十六栏"扩大为"七十二栏"，不仅丰富了管理矩阵的内容，也解释了管理实务上的许多现象。而且，本书作者对"阴面"的看法较为中性，因为在一开放系统中，每位成员的个人前程规划或个人目标，在位阶上本来即在组织目标之上，"以私害公"是组织领导者整合失败的结果，而承认六大管理元素阴面之存在，并积极整合阴阳，才是管理的重点。

⊙组织设计

本书第十三章的分析架构大部分为作者自己的想法。但在"最小工作单位"的观念上，参考了 Drucker（1974）的观点。在"整合—分化—再整合"的程序上，也吸收了 Lawrence and Lorsch（1967）的主张。有关业务成长与组织设计的讨论，则参考了 Chandler（1962）的论述。

而"轴线"以及"主轴""辅轴"等观念，其实在跨国企业的实务思维中早已存在，本书仅试图以较为系统化的方式呈现而已。

⊙本书作者提出的观念

本书中有些观点或分析角度，是作者过去在其他专书或文章中曾经发表过的。例如："事业策略形态""策略形态分析法"（从提出备选方案开始，针对各方案，找出前提并加以验证）、"去私""自省"等，皆在《策略管理新论》（2001），甚至更早的《策略管理》（1995）中有所分析讨论。

"知识与信息处理能力"（KIPA）以及"潜在惩罚力"（potential punishment power, PPP）等曾分别在学术期刊发表（2002 及 2005），前者且收录于《打造未来领导人》（2004）一书中。

本书对"整合"的定义与阐述、"六大管理元素"的整理归类与分析、"管理矩阵的设计"、六大管理元素的"阴阳"及其互动关系、乃至于"组织是整合平台"的观念等，则系在本书中首次提出。

世界上对"知识管理"的学理与实务研究甚多，但似乎未曾以"变项间的因果关系网"来诠释"结构知识"。事实上，以此方式诠释"知识"，可以解释许多知识管理方面的现象与议题。

此外，将组织平台中的各种政策、制度视为"存量"，管理者的决策视为"流量"；以及"概括承诺程度"及高阶人员的"无限责任"等，也都是本书作者在实务上观察到的心得。

第 1 章

管理工作的本质与本书特色

管理者经由决策或各种机制，整合组织内外各方面的资源、目标、信息、知能、流程、决策，以完成组织所赋予的任务，或创造组织的使命与生存空间。

本章重要主题

管理工作的本质
回顾与比较：管理程序、管理者角色、企业功能管理
本书特色与自我期许

关键词

整合
决策
机制
使命
生存空间
管理程序
管理者的十大角色
研销整合
产销整合
产研整合
合作与开放系统
观念平台

现代社会早已普遍认识到管理工作的重要性。管理知能的提升，有助于个人事业前程的拓展；管理人才的培养，是强化组织绩效的基本途径。而管理人才的数量与水平，更是国家竞争力高下的重要指标。

然而，"管理"是什么？相较于初出茅庐的基层人员，成功的资深管理者在"管理"方面究竟有哪些高明之处？前者如果希望追求管理知能的成长，应朝什么方向去努力？创业家、企业集团总裁、基层经理人、学生社团负责人，都是"管理者"，表面上，其所属的组织与所面对的问题大不相同，但本质上，他们的管理工作有哪些共同特性？

本书将从较深层的角度来探讨管理工作的本质与意义，并以有系统的架构来解析管理的全貌。其基本理念为，借由充分了解管理工作的本质，任何阶层与职称的管理者，都将更能掌握其管理职责的重点，也更容易省视本身可以成长改进的空间。而在接受新挑战时，不论是担任新的管理职位，或面对新的策略方向，也都可以很快地体察出其管理工作应注意或调整的事项。

本书所提供的观念架构，也可以协助读者吸收、整合各种学理上或实务上的主张与建议，使这些极为有价值、内容丰富但却略嫌片段的管理思想，能融会于一个完整的思想体系之中。

管理工作的本质

管理者经由决策或各种机制，整合各方面的资源、目标、信息、知能、流程、决策，以完成组织所赋予的任务，或创造组织的使命与生存空间。

这是本书对管理工作本质的解读，也是贯穿全书的主轴。其中所有的名词都会再进一步定义与阐述，在此仅做简要的说明。

在各种组织中，"整合"无所不在。例如：管理者在会议中听取各方意见后，"整合"出一个较周延的"方案"。业务人员在了解顾客的期望及生产部门的排程计划后，来回协商，"整合"出一个双方都能接受的交货时间表。这些都是相当显而易见的"整合"。而有些"整合"则因涉及对象较多，时程较长，不但他人较不易察觉，甚至主事者也不是全然依计划行事，只是见机而作，水到渠成。例如：创业家的"创业"行动中，最核心也是最具挑战性的即是发掘机会，然后设法整合各方的资源、知能与目标，使所有相关人员，包括：顾客、投资者以及员工等，都因此一新事业的设立而各有所得，也因为此一事业能满足大家的目标，使他们愿意继续为此一事业投入。这即是"整合"，而新事业能否存活，主要即决定于创业家的"整合"能力。

中阶管理者在组织中的主要功能，也无非是"整合"。向部属转达上级的要求，同时向上级长官转达部属的期望，是"整合"。"整合"能力差者，只局限于"传话"的角色，未能解决上下级之间的潜在冲突，还可能落得"里外不是人"。"整合"能力佳者，则会设法提出具创意的方案，结合部属共同达成上级的要求，并适时提醒上级回应部属的期望，使上下级皆能感到满意，同时有效达成组织所赋予的任务。此外，跨部门间协调目标、调度资源、安排共同的行动，更是中阶管理者在"整合"上的积极表现。

以上简例旨在点出"管理即是整合"，以下则简述相关的名词或观念，以初步描绘"管理工作本质"的全貌。

⊙整合

所谓"整合"，是发掘、结合且有创意地运用来自各方的资源、信息、知能，并使各方的决策、流程、行动能与我方的目标配合。 由于各方所追求的目标不同，甚至互相矛盾，需要妥协与融合，因此也必须加以整合。

⊙各方

所谓"各方"，包括了管理者的上级长官、下级部属、同级的其他平行单位，以及组织外部的机构与个人。从单一管理者的角度，其本身所处的组织，也可能是整合的对象之一。

⊙决策

所谓"决策"，包括管理者的抉择与行动。决策的用意在指导行动、分配资源或分配成果，这些最终都多半会联结到"整合"，而整合的效果也唯有经由决策与行动才能获得。

⊙各种机制

所谓"各种机制"是指，管理者或历任管理者所设计的管理程序、制度、组织结构、合约、联盟等，其用意在以更制度化、更有效率的方式，协助与简化决策的过程，并稳定整合的关系。

⊙组织所赋予的任务

所谓"组织所赋予的任务"是指，当此管理者并非机构领导人时，他所负责的任务只是组织整体任务的一部分，其所有的整合与决策，或所获得的资源与知能等，理想上都应该导向于有效达成此任务。

⊙创造组织的使命与生存空间

所谓"创造组织的使命与生存空间"是指，当管理者是机构负责人或创业家时，他必须构思本组织在整体社会经济体系中的定位与生存空间，然后设法以此为基础，整合各方资源，以追求组织长期的生存与发展。所谓"使命"，简而言之，就是说明组织以什么方式服务什么对象，并借此获得组织生存与发展所需的资源。

本书认为，无论机构的性质、职位的高低，管理角色的核心本质皆是如此。

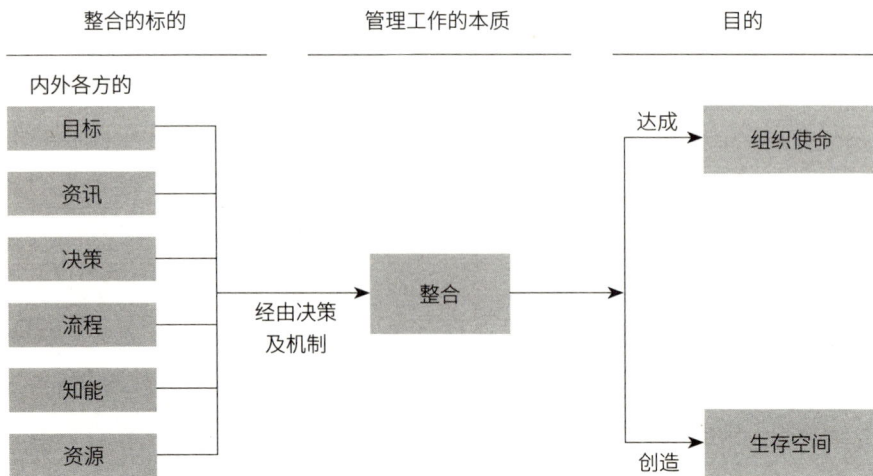

图1-1　从整合的角度看管理工作的本质

这些事项能做好，就表示已善尽管理者的基本职责。如果组织中每一位管理者都能做好这些工作，则组织的绩效必然表现卓越。

我们如果要学习标杆企业的管理实务，或吸收成功管理者与经营者的管理经验，也应该从此本质层面去观察分析，才能穿越表象，确实掌握其获致成功的窍门。

回顾与比较

近百年来，各种管理理论观点以及管理实务建议为数极多，堪称汗牛充栋。在此不拟详细检视，只是希望经由以下的简单回顾，说明本书所提出的观念，与其他学者观点之异同与关联，并进一步解释营销、生产等各功能管理领域的内涵，与本书所称管理工作本质的关系。本书所介绍的观念颇为多元，在本章仅能进行最简略的解说，以点出本书架构与现有管理理论间的相对定位，本书其他章节将提出更详细的解释与举例。

⊙管理程序

传统上将管理工作依程序分为规划、组织、领导（指导与激励）、控制等，这种划分方式十分合理，也是大家极为熟悉的。然而这些程序的核心，其实都是"整合"，从整合的观点来思考，可以对如何做好这些管理程序，产生更深入的体会与启发。

表 1-1　管理程序皆隐含整合的概念

管理程序	整合概念的说明
规划	规划即是思考如何"整合"各方面的资源与行动，构成系统化的系列决策，并表现在各种经营流程上。
组织	组织存在的作用，其实是为了稳定各方的合作关系，确定各方的权利与义务，因此也是"整合"的一种机制。
领导	领导主要就是在"整合"组织成员的个人目标与组织整体的目标。
控制	控制则是运用绩效反馈机制，确保组织行动的落实，也与"整合"与决策有关。

规划

规划当然是所有管理程序的起点，但规划不只是撰写计划书，或进行各种规划会议而已，其深层的意义是思考如何"整合"各方面的资源与行动，然后构思成系统化的系列"决策"，并表现在各种经营"流程"上。如果整合的对象以外部为主，则可称之为策略规划，如果整合对象为内部，则可以视为作业规划。**简而言之，管理程序中最基本的"规划"，就是思考应该与谁合作或交易、如何整合各方的资源与行动、如何选择并设计本身任务的进行方式与流程，并使这些流程更为顺畅，然后再将这些思考的结果，表现在一系列的具体决策与行动上。**实务上的规划，其实就是在做这些方面的思考，以及在构思过程中，与有关的各方进行实质的相互资源承诺与行动协调。许多经营者似乎不甚重视企划部门所提出来的计划书，但这并不表示他"没有规划"，反而可能是天天在心中反复思考本书所形容的这种"规划"，并不断确认、协调各方可能承诺的资源水平与行动方式。由于企划人员通常无从理解此内隐的"规划"过程，所撰写的计划书自然不易符合实际的"规划"。将高阶领导人思想体系中的规划，与企划部门的专业及努力有效结合，是运用本书架构后的预期效果之一。

组织

"组织"也是管理程序重要的一环。有关"组织"的讨论，不仅限于研究各种组织结构的呈现方式、适用情况与利弊得失而已，**组织存在的作用，其实是为了稳定各方的合作关系，确定各方的权利义务，因此也是"整合"的一种机制。**而组织结构的划分，也是为了简化信息流程与决策权责、提升协调效率，本质上还是脱离不了"整合""决策"与"流程"这些观念。

领导

领导是指在执行过程中，依据组织需要，选用合适的人员，指导他们应努力的方向，并运用各种激励方法，以确保组织行动的落实。用本书架构来看，这些也与整合和决策有关。因为有能力的人员事业发展的机会很多，想要吸引他们投身于本组织，并乐于贡献所能，就必须考量其个人目标，提供适当的职务与报酬，引导其个人决策，使其知能可以充分发挥在组织的流程中。**因此，**

"领导"主要就是在"整合"组织成员的"个人目标"，并希望他们为"组织目标"投入"知能"。

然而组织所能提供的报酬总量有限，于是"领导"的背后就存在着"成果分配"的课题，也就是说如何将组织所创造的价值或成果，有效地分配给各个对组织有贡献的成员，而成果分配的原则与标准，当然是整合目标与资源过程中的关键。

控制

"控制"则是运用组织文化的影响或信息的反馈，促使每一位员工或各级经理人员，在决策与行动时，都能配合组织更高层次的决策与目标要求，并在各自的岗位上，为组织的生存发展做出贡献。**其中，组织文化的建立是在整合众多成员的"价值观念"，绩效反馈机制则是整合了"信息"，而管理控制的目的则在整合组织上下的"决策与行动"，以确保大家的努力方向能合于原先所设定的"目标"。**

以上这些观念都还会在本书各章中进行更深入的解析。总而言之，若从"整合"的角度来分析，则管理工作的基本精神，以及其中许多细致的考量，就可以更明白地显现出来。

⊙管理者的十大角色

管理者的十大角色

明茨伯格（Mintzberg，1973）是第一位基于实证研究，质疑前述管理程序的学者。他从实际观察中发现管理者通常并未专注于"规划""组织""控制"这些管理程序或管理功能，却投入大量时间与内外各方人士进行口头、片段、多面向且无系统的互动与交流。他从这些观察中归纳出管理者的十大角色，并分为三大类，其中"人际角色"包括：头脸人物（figurehead）、领导者、联络人；"信息角色"包括：信息搜寻者、信息传播者、发言人；"决策角色"包括：兴业家（entrepreneur）、突发问题解决者、资源分配者、协商者。这些与一般人印象中的管理工作十分接近，其内容说明可参见一般的管理学教科书。

表 1-2　明茨伯格的十大管理角色

人际角色	信息角色	决策角色
头脸人物	信息搜寻者	兴业家
领导者	信息传播者	突发问题解决者
联络人	发言人	资源分配者
		协商者

"整合"才是各种管理作为的根本目的

"十大角色"的观察固然极具启发性，然而我们不可忽略的是，在这些复杂的人际互动、信息交流、问题解决、资源分配等作为的表象之下，管理者真正要做的，其实就是"整合"，包括各方有形无形资源的整合、各方目标与利益的整合、来自各方信息的整合，以及管理者本身在认知上与思想上的整合；然后再将这整合结果运用在经营流程的创新、选择与执行上。

例如："人际角色"的主要作用在发掘潜在资源、了解各方目标与期望，进而建立与内外成员的互信；"信息角色"的主要作用在整合内外的信息；而"决策角色"则是基于以上两大角色，经由决策来分配资源、协调行动、整合目标。这些都可以从"整合"的角度来思考。

如果不以整合与流程为重心，则一切喧嚣与忙碌之后，组织未必能出现预期的绩效。有效的管理者，处处都在发掘可以利用的机会，随时都在留意周遭的个人和机构，思考彼此在哪些目标与资源上存在着可以互相结合的可能性，如何设计合作的形式以吸引他们愿意投入，以及如何将整合所产生的效用，挹注于组织目标的达成上。这些才是管理者一切外在作为的根本目的。

以本书架构来分析，这些"管理者角色"其实都只是表面上的工具，若未能掌握"整合"的本质，这些工具的运用终究只是徒然。

⊙企业功能管理

近数十年来，管理学院或 MBA 的课程架构，除了基本的管理学以及总结性的策略管理之外，其他主要还是依营销、财务、人力资源、生产与作业管理、研发、信息等企业功能而划分的课程。这些科目内容十分丰富，学术研究的成果也为数甚多，然而，这些功能管理领域与所谓"管理学"之间的关系究竟如何？常见的一种说法是：营销管理中有规划、组织、控制的课题；生产与作业管理中也有规划、组织、控制的课题；人力资源、财务管理等亦然。

从本书架构分析，则可能出现颇为不同的诠释。本书基本上认为"管理"最基本的作用是"整合"，而组织则是一种整合资源、目标、信息等之机制或平台。从此一角度思考，各企业功能其实也就是在"整合"特定的对象或标的。

营销管理

所谓营销管理，本质上其实是针对顾客或经销商进行整合工作。例如：如何选择目标市场？以何种条件（价格与质量水平等）来吸引或影响他们？如何运用各种管道来与他们沟通？这些都是营销领域的专业课题，但也可提高其诠释层次，视为组织试图经由满足顾客与经销商的某些目标，来获得他们的认同以及资源的挹注，或采取某些有利于本组织的行动。

财务管理

财务管理的作用，主要是整合组织内部与外部的财务资源，包括对各种财务资源投入者进行成果分配的决策。我们应使用哪些财务工具，付出何种成本来换取各种财务资源拥有者的支持或风险承诺，其道理与营销管理中的满足消费者，或人力资源管理中的任用和激励员工，其实也极为接近。**简而言之，财务管理即是经由决策与行动，从外界得到本组织所需财务资源的投入，同时也使对方自此资源的贡献过程中满足其目标。此观念或原则，在管理学或所有的功能管理领域中，本质都是一样的。**财务资源在组织内的分配，亦十分相似。

生产与作业管理

在生产与作业管理方面，当然有相当大的部分在讨论流程的效率，如生产排程与控制等。然而从较高的层面看，生产与作业管理也与整合极有关系。就以"生产地点的选择"这一决策来看，其背后的意义可能是：企业究竟要充分利用低廉的生产要素成本，还是要提高与客户的密切配合程度？如果是前者，表示生产活动应移往土地与劳工成本较低的地方；如果是后者，则生产基地应更接近客户的所在地。前者做法使客户得到的价值是"较低廉的价格"；后者使客户得到的价值是"快速的交货与服务"。客户是组织重要的整合对象，由于不同目标市场（不同类型的整合对象）所需要的价值不同，因而影响了生产地点的选择。而不同的生产地点，可能有不同的供应商、劳工团体、社区、地方行政机关，进而使所有的合作对象或交易内涵都发生变化。**简而言之，组织究竟要服务什么客户、与哪些供应商合作、与哪些劳工或行政机关往来，都是"整合对象选择"的问题，而"生产地点选择"只是表层的决策之一而已。**

其他功能管理

类似的观念或实例，在人力资源管理、采购、资本投资等方面，皆随处可见，例如：人力资源管理的主要任务为选、训、考、用，亦即对员工的"整合"；采购则在"整合"各式各样的供应商；资本投资若以设备投资决策为例，则不只是设备供应商的"整合"，还可能因不同设备需要不同技术水平的劳工，而间接涉及对劳工的"整合"。在此不逐一详述。

功能领域间的整合极为重要

整合的工作，不仅限于组织与外界机构或个人之间而已，组织内部各单位之间、甚至成员之间，也都需要整合。例如：在产品研发这项工作上，真正困难的或许不是纯粹技术面的突破而已，在实务上最困难的其实是"研发"与"营销""生产"这些不同功能间的界面问题。换言之，研发单位必须与营销单位、生产单位有效地沟通与协调，降低彼此"目标"的冲突与矛盾，畅通彼此"信息"的交流，并进而使彼此的"流程"可以互相配合，甚至合作无间，才是关键所在。同样，从营销或生产的角度来看，他们所感到困扰的也都是单位间的界面问题。**成功的企业，在"研销整合""产销整合""产研整合"方面必然拥有良好的管理流程或具高度整合能力的管理人员，甚至非管理职的专业人员，也必须拥有与其他部门同仁整合或合作的能力。**如果要研究这些企业在管理上的成功关键，除了要观察各功能领域中的专业做法外，还必须着眼于这些整合机制或整合行动，才能掌握其管理方法的全貌。

多数管理学院目前仍严格地依据企业功能来设计课程，年轻学者的培养或学术论文的研究方向也都依营销、人事、财务等企业功能来划分领域。从本书的观点，这些做法虽然有"一门深入"的效果，但也可能使教学与研究都疏忽了"整合"的重要课题。

本书特色与自我期许

本书在章节结构以及解析观念的角度与方法上，与一般的管理学教科书大为不同。其特色以及作者的自我期许大致可归纳为以下几点。

⊙提出思考架构与方法

本书的主要目的在介绍一套与管理工作有关的思想架构与思考方法。

管理矩阵涵盖各家观点

本书所提出的"管理矩阵"，内容上力求涵盖各种学派与前辈大师的理论观点与思想精华，而非专注或定位于某一学派。**简而言之，此思考架构与工具是博采各家学说与观点的结晶。**

此架构尽可能包括管理学领域的重要观念，不仅对现有理论与实务具有高度的解释力，而且可以利用此架构提出更多的观点，**甚至可以建构一个学习管理新知，累积管理经验的知识体系，**进而协助读者运用此架构不断吸收、累积、发展有关的理论或实务。换句话说，当读者熟悉了管理矩阵的运作或思考方式后，应可对周遭所发生的管理现象产生更敏锐的观察力，并运用此架构作为累积经验与观念的"编码系统"，不仅可以更有效率地联结观念，也有助于抽象观念的内化与创造。

以图形表示而成为沟通观念的平台

管理矩阵系以图形表示，有利于使用者运用空间思考以了解各种观念以及观念间的关系，并针对它们进行全面观照，甚至可用为**组织内沟通复杂管理议题与意见的平台。**

⊙涵盖面力求广博

立场与议题的多元化

管理学内容本来即十分广博，本书虽然只提出单一架构，但在内容涵盖面上仍力求周延。在管理矩阵的架构中，制定管理决策的"当事人"，其职位包括各种层级，决策范围则从策略制定到各个功能领域，甚至涵盖基层"非管理职"人员的管理功能。**议题方面则从人类社会的整体运作，组织的定位与管理，一直到个人内心的层层考量。**虽然限于篇幅难以深入，但本书已尽量将这些看似遥远又不无相关的议题，纳入同一观念架构之中，以帮助管理者对如此广博而又互相关联的事项，产生全面的理解和观照。

并未系统化回顾过去学理

由于本书的主要任务**并非摘录、整理和转述，**因此书中并未针对现有学理进行系统化的回顾。再者，本书定位亦不拟为管理学的工具书，因此不会特别为许多基本名词提供完整明确的学术定义，有些观念或名词势必烦请读者参考一般的教科书。

⊙以合作与开放系统为前提

在专制体制甚至奴隶社会之下，当然也有管理问题，但可以想见，在那种环境下，管理思想与管理方法必然与现代大不相同。本书架构与推理过程，是建立在现代社会的假设上。这些假设包括以下各项：

1. **社会活动的基础是交易或合作，**而非掠夺与强制。

2. 虽然完全开放几不可能，但整体社会大致是倾向于开放的。简而言之，社会中大多数人在消费、就业、迁徙等方面享有相当程度的自由，也有能力、信息与智慧进行理性的选择。

3. 在各种资源分配与成果分配的过程中，存在着相当程度的市场机能，供需的消长也能反映在价格上。在此，所谓"资源"，广义地包括了人力、财货、知能与信息，"价格"也包括了各种有形无形的付出或代价。

4. **许多价值创造的过程，需要多数人的合作，这些合作方式包括组织，也**

包括市场交易，而无论是组织内外的合作或市场交易，都需要管理者与管理机制进行整合工作。如果人类能够离群索居，完全自食其力，既不需合作，亦不需交易，则管理问题根本不会出现。

5.最后，有关"人"的方面，本架构认为组织中典型的个人有其自我意志，而且拥有或多或少的能力与知识。人有能力明辨本身的利害，基本上也抱持利己原则。

以上是本书的架构与推理对社会及人性的假设前提。

⊙行动导向

有助行动时的全盘考量

本书的分析或解说，期望对实际从事管理工作者具有行动上的含义。也就是说，架构中所讨论的，甚至架构本身，都能引发各级管理者对本身管理工作的省思，并对决策的思考方向有具体的指引。

由于管理矩阵内容涵盖面广，因此可以**有效提醒管理者对组织内外的人与事进行全盘考量**。有些学术研究系针对单一课题深入探讨，有些书籍则聚焦于某些特定行动方向的建议，都各有其价值。但本书的定位是务求广博周全，而不求专研深入，因为任何单一课题，读者应该都可以从其他管道得到更深入的介绍与解说。本书旨在期望大家于接触各方单点深入的学理或实务时，能将其纳入管理矩阵的架构中，进行观念的整合与内化。

提供观念平台而不追逐流行观念

产业与经营方法不断变化，研究成果日新月异，而各种针对实务上的建议也层出不穷。过去数十年如此，未来亦必然如此。本书不拟，也无法"追逐"这些观念与实务上的创新，而是希望能**提供一个可以兼容并蓄、整合各种观念的平台**，以协助读者长期更有效地吸收新知、内化观念，进而从这些片段的观点、建议、文章以及实务经验中，形成本身的管理思想体系。

⊙从各个阶层看管理

本书架构的另一个特色是，使用对象不限于中高阶主管。基层管理人员或刚开始承担管理责任的专业人员，十分需要对"管理"有一全盘了解，并体认本身在组织中或组织管理体系中的角色职责，以及与上下单位、平行单位以及外界相关机构的互动关系。然而现有的管理学书籍，内容中有相当高的比重是从机构领导人的观点来思考管理问题，这些内容对高阶主管固然极有帮助，对广大的中基层主管在观念上也有启发，但往往会在后者心目中产生"唯有最高领导人才能有所作为"，或甚至是"目前组织存在的一切问题都是最高领导人的责任"等错觉，而忽视了"人人都有管理角色与责任，人人也都能在管理工作上做出具体贡献"这一事实。

表 1-3　本书特色

本书特色与自我期许	说明
提出思考架构与方法	涵盖各家观点； 以图形表示而成为沟通观念的平台。
涵盖面力求广博	立场与议题多元化； 省略对学理的回顾。
以合作与开放系统为前提	社会活动以交易与合作为基础； 开放与选择的自由； 资源分配与成果分配的过程中，存在市场机能； 创价活动需要合作，合作需要管理； "人"有知能，能分辨利害，以利己为原则。
行动导向	行动时的全盘考量； 不追逐流行的观念。
从各个阶层看管理	从高阶到基层皆可参考的管理架构。

　　本书所谈既不是"高阶管理"，也不是"基层管理"，而是**试图以"全知"的角度，使高阶管理人员可以全面观照组织内外，包括基层员工与基层管理者；同时也提醒中基层的管理人员，要从整体系统的观点来了解本身的角色与定位**，而中基层管理人员的观照范围，当然也必须包括高层领导人的角色与思考方法、以及与组织生存发展有关的外界机构与社会。

管理工作的自我检核

1. 从本组织的观点看，客户、经销商、供应商、机构与个人投资人、往来之金融机构、劳工团体、政府的主管机关等，都是"外在"的整合对象。它们为本组织分别提供了什么资源？本组织又以什么方式满足它们的目标，以促使它们愿意为本组织继续提供所需的资源？

2. 本组织的生产、营销业务、研发等单位之间，有哪些决策与行动需要互相协调配合？有哪些资源与信息需要互相流通？这些协调、配合、流通等，若未能合于理想，是什么原因造成的？通常是由谁或运用什么机制解决的？

3. 作为一位管理者，您是否针对本身的任务或组织的目标，处处发掘可以利用的机会，随时都在留意周遭的个人与机构，思考彼此在哪些目标与资源上存在着可以互相结合的可能性？你的上司有没有这样做？你的部属与同仁呢？

第 **2** 章

六大管理元素与整合对象及工具

管理者或组织所欲整合的标的，包括目标与价值前提、环境认知与事实前提、决策与行动、创价流程、能力与知识，以及有形及无形资源，这些被称为六大管理元素。整合的对象则包括组织外在的机构与个人，以及组织内部的各级人员。

本章重要主题

管理工作观察案例
六大管理元素
整合的对象、行为与机制

管理理论的涵盖范围极为广泛，管理实务的经验与议题变化万端，本书为了执简驭繁，特地建构了一个应用面广且操作性高的观念架构，以协助读者灵活整合与运用这些管理理论与实务经验。**此一命名为"管理矩阵"的观念架构，不仅可以用于管理现象与观念之解析，也可以作为累积管理知识的归类与编码体系。**

管理矩阵的具体表现形式及应用将在第三章介绍，本章则先经由案例分析，归纳出管理矩阵的构面。管理矩阵的横轴包括各项整合标的，纵轴则是内外上下的各个整合对象。以最简化的方式说，各级管理者所欲整合者，都属于这些"对象"与"标的"所形成的范围。

管理矩阵的横轴包括"目标与价值前提""环境认知与事实前提""决策与行动""创价流程""能力与知识""有形与无形资源"等极为重要的几项观念，虽然次序不同，但与第一章所指出管理工作欲整合的标的——"各方面的资源、目标、信息、知能、流程、决策"等互相对应，在本书中称之为"六大管理元素"。

本章从观察实际管理案例开始，分析管理者的"整合"角色与此六大元素之间的关系。

本章分为三节。第一节提出几个实务上管理工作的观察与案例，作为本章后续分析之基础。第二节将从这些案例中归纳出与管理工作有关的六大管理元素，并进行初步说明。第三节简单说明各管理者在整合过程中，可能的整合对象与所运用的整合工具。

六大管理元素及整合的方法与工具等，正是本书最主要的内容，往后各章中还会再分别进一步说明，本章及下一章只是总论性质的介绍而已。

目标与 价值前提	环境认知与 事实前提	决策与行动	创价流程	能力与知识	有形与 无形资源

图2-1 六大管理元素

管理工作观察案例

本节将介绍六个案例。虽然各案例中的主角，其角色与所任职的机构性质颇为分歧，但在略有实务经验者眼中，这些都是十分熟悉的管理作为。乍看之下，这些做法之间似乎找不出太大的相似之处，但从这些案例中归纳出与管理有关的六大元素，并从"整合"的观点来探讨他们的管理作为后，就可以发现这些案例在本质上的共同性了。

⊙案例一：主动积极的业务代表

本案例中的这位业务代表 A 君，在职称甚至职位说明中，并不属于传统管理学中的管理者，然而他主动积极的做法，却扮演了相当多的管理角色，分担了许多高阶管理者的管理责任。提供此一案例的企业负责人指出，如果组织中每位基层人员都能像 A 君一样主动积极，整体组织必能倍速成长。

案例一：主动积极的业务代表

业务代表 A 君所任职的公司是一家信息产品的大型经销商。该公司自国内外几家信息产品大厂采购产品，然后铺货到各大机关学校，以及各地零售点。A 君则负责将某些产品项目推广到某些地区的信息产品零售点。

A 君在偶然的机会中得知，某家大型家电连锁体系有意开始销售信息产品。A 君在初步了解该家电连锁体系现有的产品线广度、地理涵盖范围、机构定位、潜在购买量以后，向主管请示是否值得开发。A 君获得上级同意后，开始进一步研究。

A 君第一件要决定的是应向此零售连锁体系推销什么产品。在考虑该家电连锁体系的特性，以及避免任职公司现有客户（信息产品的其他零售渠道）可能的反弹后，构思出一些产品项目，包括喷墨式打印机等。然后将这些产品项目与公司内相关产品经理（有若干位，依品牌分工，负责与各品牌大厂联系协调）商议后，设计出一套销售计划。

由于 A 君任职的公司规模大、名声好，A 君得以拜访该家电连锁

体系高层管理人员，并提出初步企划构想。然而在洽谈后，发现对方只对某一世界级品牌感兴趣。A君认为该品牌销售潜力不大，甚至叫好不叫座，很好奇为何该连锁体系对它情有独钟。经过深入了解后，发现该家电连锁体系之所以希望经销信息产品，短期目标是在改变机构形象，向社会宣称它也有经销世界名牌的信息产品。至于以后是否大幅转型为信息产品的零售商，还需要试办一阵，观察后效再行决定。

A君从本公司的一位产品经理得知，公司所代理的信息产品世界大厂中，有一家正想转变形象，涉足大众化的渠道与市场。A君认为这是结合双方各自目标的大好机会，于是选择了该品牌的学生用笔记型计算机，并全力推动此销售案。由于双方目标不谋而合，此合作案不久即顺利完成，而所选产品线也与公司其他零售通路客户的产品线冲突不大。

事成之后，A君配合双方（家电连锁体系与世界信息产品大厂）目标，请公司支持，举办一场盛大的"策略联盟"记者会，邀集三方领导人（含A君所属公司负责人）与会，并特别商请媒体界针对双方的策略目的（一方是准备为顾客提供世界一流的信息产品，另一方则希望能以更普及的方式服务大众）详加报道，结果双方皆大欢喜。

品牌大厂与零售连锁体系结盟以后，A君所任职的公司与该家电连锁体系也建立了良好的合作与互信关系，营业往来亦更加密切。

⊙案例二：创业家

此虽为一真实的创业过程，但相关报道已大幅简化。

案例二：创业家

B君大学毕业后曾在几家公司任职，最近几年在一家大型出口贸易公司工作，在工作上认识许多国外客户以及国内的零组件供应商。十几年下来，也有了一些储蓄，并有自行开创新事业的打算。

此时，一位大学时相当要好的同学，在海外留学及就业期间认识了一位技术专家，这位技术专家（算是 B 君同学的同学）有一项与无线网络卡相关的技术发明，很想回国创业。

由于 B 君对创业也有一些理想，与这位海外技术人才深谈后，认为这位专家所提供的技术，如果经营得宜，可以有不错的发展空间。B 君所提出的创业构想或"经营模式"，深为其他二人所信服。接着，三人对未来组织中的权责划分与成果分配原则进行研商，并获得共识。于是三人决定合作创业，由 B 君担任负责人。

B 君现在任职的贸易公司，财力不错，过去对 B 君很器重也很栽培，此次 B 君创业也请东家参与部分投资，但不参与经营。而为了使资金更无后顾之忧，B 君请本身的家族成员也投资部分股份。

由于公司新创，信用尚未建立，所幸 B 君过去在业界关系与形象都不错，此番创业，业界朋友都乐观其成。在零组件方面，先请过去认识的供应商提供部分零组件，而客户方面则请过去熟识的国外客户介绍对此产品有兴趣的客户。

B 君透过其他朋友介绍，认识一些财团法人研究机构的技术研发人员，他们对新公司的经营模式与策略颇为认同，也认为在此新公司中，其技术专长可以有所发挥。条件谈好后，这几位技术研发人员也加入了新公司。

此时，技术、人才、资金、客户、供应商都渐趋到位，虽然尚无大量订单，但公司已经可以开始运作。

以上所述只是"创业"的初始阶段，并不代表未来必然可以成功。因为即使第一波的技术能成功地商业化，并不表示还有第二波的生意。而且，公司的成长也会带来更多的管理课题。因为公司开始营运以后，各种营运流程应如何设计，应建立哪些管理制度，而业绩成长后，应扩大规模还是运用外包等，都尚待进一步决策。

⊙案例三：产品经理

本案例中的 C 君，任职于某大型高科技公司，以下系节录自对其有关"产品经理管理工作内涵"的访问稿。

案例三：产品经理

C 君毕业于某大学电子工程系，退伍后又就读于国内知名的企研所。身为产品经理（product manager, PM），其实并未督导任何部属，但所负责的管理工作，或"整合"工作，在公司中却是极为关键的。身为"PM"，"整合"是其每日工作的主要内容，以下是 C 君执行某一军规 PDA 新产品项目的经验。

在该公司，面对客户的是业务单位的业务人员，负责设计研发的是研发单位，负责生产的是生产单位，这些人与产品经理所属的单位并不互相统属。而与 C 君平行而工作类似的 PM 也有十几位。PM 的角色是整合各方资源与行动，工作目标是准时交货，满足客户，为公司创造利润。

某日，公司业务人员从一新开发客户处争取到一个机会。该客户规模不小，但过去与本公司往来并不频繁。此次订单的规格要求很特殊，业务人员将该规格交给 C 君，C 君即持此规格与研发单位、生产单位、采购单位协商。

研发单位认为若配合新规格，重新设计此产品就需要三个月，但客户希望三个月后即可开始交货。生产单位则认为生产排程已经十分拥挤，要挪出产能也需要再等个一阵子。

然而业务人员却认为此客户十分重要，此次订单虽然不大，但将来成长潜力很高。各方立场与角度不同，难有共识。各部门有各自的考虑与限制，这是极为常见的现象。

身为产品经理，C 君会同研发单位与业务人员，试着修改客户所要求的规格。在往返数次后，证明修改过的规格也具备完全相同的效果，因而得到客户认可。此外，C 君又通过业务人员，与该客户的研发单位认识，建立个人关系与互信，再从谈话中了解客户未来产品与技术大致的方向，以及本公司可能可以提供服务的机会。

依据这些信息，C 君向上级反映，指出此客户未来潜力可观，本公司亦有机会创造长期业绩，因此希望争取公司对本案的支持。同时 C 君发现，研发单位设计出来的新规格，将使用某供应商的零组件，而该供应商同时也提供另外一些关键零组件给本公司，因此对本公司上级颇有影响力。

C 君通过该零组件供应商，影响公司的高管人员，加上前述未来订单的潜力，于是高管人员指示生产单位设法将该订单纳入排程。在研发设计、生产等单位的全力配合下，及时完成此一订单的交货。

此案的结果是：C 君的公司与该客户建立了良好的长期关系，未来的大量订单也在预期之中。

⊙案例四：学生社团领导人

学生社团的领导与管理，虽然与企业颇不相同，但在本质上却有相当高的相似性。

案例四：学生社团领导人

某大学舞蹈社社长一职，由于工作十分辛苦，并无太多人愿意担任，D 君是偶然被选为社长。他认为既然选上，就应全力以赴，做出点成绩来。

舞蹈社中分为国际标准舞、现代舞、民族舞等组，各组设组长与副组长，另外还有一些干部，全社社员约二百余人。舞蹈社每年最重要的活动是学年结束前的"舞展"，同样的节目重复展出三天。舞展成败是本届绩效最重要的指标，也会影响次年新增社员的人数。

任何大学社团的运作，都需要学校学生处、总务处的支持，也经常需要向外界募款。对舞蹈社而言，还需要有高水平的校外舞蹈老师来校担任指导工作，更需要全体社员积极参与，包括平日练习与年终舞展的参与。

D 君为了有一番作为，在学年一开始即拟出一个规模与创意兼备的舞展计划，请各组组长、副组长共同参与，大家提出意见，并取得共识。为了避免这些组长们"虎头蛇尾"，D 君在计划完成后邀请校内媒体大力宣传，并使各组内领导阶层在媒体及组员面前公开做出承诺。

然后 D 君请各组长拿着经公开报道的舞展计划，分别邀请校外相关的名师担任指导老师。当名师同意担任指导老师后，再以"不可亏欠名师"为由，请学务处提供更多资源，也请总务处提供更好的练习场地。

有名师指导、有好的场地，加上对年终舞展的高度期望，全体社员士气及参与率得以提高。经常在一起练习，也使社员间的感情更好，而各分组间的良性竞争也逐渐形成。当"高度期望""高度认同感""社员感情""组间良性竞争"皆已形成，第二学期开始发动的社员对外募款活动也很成功。

以上资源皆到位后，D 君再与各组组长及担任幕僚的组员，共同精心设计从彩排到场地布置、服装、前台、后台等各项作业细节。年终舞展十分成功，第二年申请入社的学弟妹人数也显著增加。

⊙案例五：理想中的中基层管理者

此案例并非单一的个人，而是综合几位企业领导人的看法，认为理想中的中基层管理人员应有以下的特质。

案例五：理想中的中基层管理者

1. 身为管理者（暂称为 E 君），就应明确知道自己负责的业务范围、职权范围与组织内外其他单位或其他人工作范围的衔接。他应努力维持所负责业务的效率，以达成预期的效果或目标。

2. 在决策能力方面，他知道自己可以做哪些决策，并尽可能构思或搜寻每项决策的可行方案。在决策过程中，应随时配合上级决策及现行组织政策，但在决策项目及方案上皆应有开创性，而非凡事请示，或推一步走一步。决策的正确度高，而且能从各种渠道搜集并掌握正确而具关键性的信息，并以理性分析为基础，审慎权衡利害，采取有效行动，达到组织要求的目标。

3. 在领导方面，要能针对部属的想法与需要，有效鼓励部属努力达成目标、提出创意。在工作进行中能有效指导部属；平日则运用各种方式与管道，设法提升部属的能力，增加其见识。

4. 在与其他单位的协调配合方面，不仅有能力与平行单位协调，而且无论在妥协或坚持的过程中皆得其宜。在资源争取方面，也能积极主动地从平行单位、部属、上司、组织，甚至外界供应商、客户、竞争者，获得所需的产业相关信息，以及各种有形无形资源的支持。

5. 能为上级及平行单位提供其所需的内部、客户、竞争者、产业等相关信息。

⊙案例六：失败的管理者

与前述之案例五相同，本案例亦非特定个人，而是请企业负责人描述所谓不合理想，或失败的管理者有哪些特性后，归纳其特性如下。

案例六：失败的管理者

1. 身为管理者（暂称为 F 君），却未能正确掌握本身的责任范围。简而言之，没有顾好自己的管区或职掌。决策时，对外界信息研判错误，或不知本身有哪些可能的选项。在决策时机上拖延，未能及时定案。

2. 决策的方向未能与上级的决策相互配合，也未有效考虑组织的政策与惯例。决策时未将上级的立场与目标纳入考虑，甚至私心太重，未能顾及组织的长期利益。

3. 在决策与行动时，与其他单位难以配合，甚至一意孤行。简而言之，在决策过程中，未能将各方意见与信息归纳到决策中，行动时则不愿与平行部门或外界相关单位协调配合。

4. 对部属未能有效指导与训练，亦未设法了解部属的需要与想法。

5. 无法自行创造资源，凡事只能依赖上级指示与支援。

以上几个案例皆由观察实际现象而来，读者应感到很亲切，也会对这些所谓"好"或"不好"，"理想"或"积极主动"的描述颇有同感。然而，本章提出的这些案例，目的并非指出何谓"好"的管理者，而是希望从这些描述中，归纳出管理工作在本质上的一些基本元素。

六大管理元素

从以上这些案例，以及无数管理及企业经营的经验，可以将其中最基本的元素归为以下六大类。这六大管理元素在组织中，以及管理与整合的过程中，几乎无所不在。

⊙创价流程

组织与成员皆为创造价值而存在

第一类元素称为"创价流程"。**每个组织在产业价值链或产业价值网中，都负责一部分流程，而组织内的每位管理人员在组织的整体流程中，也分别负责其中一部分流程。这些流程的存在，基本上是为社会直接或间接地创造某些价值。**案例中的 A 君，其任职的公司在信息产业中的角色定位是信息硬件产品的大盘经销商，所负责的流程包括新产品机会的掌握、营销、买卖双方的撮合，乃至于物流、售后服务等，这些都是能创造价值的流程。而 A 君则负责其中一部分地区与产品的业务推展流程。

案例中的 B 君，其"创业"的意义就是在产业中找到一个生存空间，以其所新创的流程，替代现有竞争者所提供的流程，并与其他互补厂商（经销商与供应商等）在彼此的流程上相互配合。能否替代别人？能否与他人互补？或他人是否愿意与此一新创组织互补或共生？这些问题也必须取决于此一新创组织能为产业的"总创价流程"创造多少价值。

从 C 君案例中可以看到，公司的研发、生产、业务等单位各有其流程，而 C 君身为产品经理，其所负责的流程，主要是在整合其他各单位，以及供应商、客户等外部组织的流程。这些内外流程，彼此未必衔接良好，有待 C 君的流程来沟通协调。因此，虽然 C 君既不从事生产，亦不负责销售，更不进行研发，但其所负责的流程，对组织整体所提供的潜在价值依然很高。

D 君的舞蹈社，也有流程。招收社员、延请指导老师、排舞练舞、年终舞展演出等，都是流程。将这些事项办妥，就是舞蹈社存在的主要目的，也是机构领导者 D 君的重要任务。此一舞蹈社究竟能创造多少"价值"，要看社员们在一整年的活动中是否有所成长，所推出的舞展是否能令观众感到赏心悦目。反过来说，如果社员对参与舞蹈社感觉十分负面，又学不到东西，舞展成果也令人不敢恭维，则此一舞蹈社的存在价值就值得质疑了。确保此一社团的创价流程能真正为大家创造价值，是身为领导者的社长最重要的工作。

创价流程是最基本且最核心的管理元素

在广义的经济体系中，任何组织的存在皆与"价值创造"息息相关，因此，"创价流程"是最基本，甚至是最核心的管理元素。**组织内外所有的"目标""产出""决策"等，都应以组织的创价流程以及管理者所负责的流程为依归，"资源"与"知能"也都应经由创价流程而产生贡献。**掌握了"创价流程"的观念，我们才能确实地体认及反省，组织存在与努力的目的何在，并思考每一位成员，无论其是否为管理者，其工作职掌与努力，对整体社会的意义与潜在贡献何在。

⊙决策与行动

整合的实现必须经由决策与行动

本书第一章即开宗明义指出，**管理工作的核心本质是"整合"，然而不论整合如何进行，都必须经由管理者的决策与行动，方能真正发生作用。**"决策与行动"即是与管理本质有关的第二大类元素。

A 君搜集商情、筛选产品线、整合各方目标，以及争取资源举办盛大的记者会，这些都是他的决策与行动；B 君在创业过程中，提出经营构想、找到各种资源、针对各方参与者设计诱因制度、发掘客户、设计产销流程等，也都是决策与行动的具体表现。

产品经理 C 君请研发单位修改规格、从潜在客户搜集商情、说服零组件供应商影响公司高层等；D 君拟定舞展计划、争取各组组长承诺、推动名师邀请、向校方争取资源、设计舞展流程等，也都属于决策与行动。

主动发掘行动机会并付诸实行

事实上，"决策"是管理者的核心工作，这点早为人所熟知，不必再强调。但值得注意的是，从这几个案例中看到，**几乎所有的决策，都是主动出击，而不是上级交办的。**而且在此一职位上，究竟有哪些决策可以做，每个决策各有多少备选方案等，也都是建立在当事人的主动构思与创意之上。

另一个共同特色是：在决策之后，他们几乎都有具体的行动来配合，而且信息的搜集、人员的沟通与说服，无不亲自为之。虽然这些样本未必有代表性，但颇合乎管理者是"剑及履及之行动派"的一般印象。

⊙有形与无形资源

与管理有关的第三大类元素是"有形与无形资源"。

无形资源的掌握与运用

在企业经营或任何组织的运作上，有形资源当然不可或缺。然而在这些案例中，似乎更重视创造与运用无形资源。两种形态的资源交互为用，是整合的重要作为。**无形资源中的信任、信用、声誉、形象、关系等，皆不可忽视。在缺乏有形资源的创业时期，十分依赖这些无形资源，而组织若希望成长或获得更多方面的协助，过去所建立的这些无形资源也是获取有形资源的关键。**

A 君任职的公司拥有良好的声望与地位，对 A 君前往拜访客户高层很有帮助，这些属于公司的声望地位，是一种无形资源；后来组织间因互动而产生的互信，对双方而言都是无形资源。

B 君在创业时，过去所累积的产业人际关系以及过去老东家对他的信任，都是他所拥有的无形资源；而自己的储蓄、他人的投资、海外归国技术专家的专利等，则是有形资源。

D 君的舞蹈社案例中，学生处、总务处所能提供的大部分是有形资源，例如场地及经费补助；社员所交的会费、募款所得的金钱，也都是有形资源。而校外舞蹈名师的参与，对学校当局可以发生作用，对社员也造成吸引力，因此他们的参与，对舞蹈社或社长 D 君而言，可算是一种无形资源。历年该校舞蹈社如果都能办得很成功，也将会为社团创造一些无形资源，这些无形资源对继任的社长来说，无论在募款或争取名师指导上，都能发挥正面的作用。

有形资源是资源分配与成果分配的主要标的

在商业活动中，有形资源的获得是极为基本的。**在一切产销活动之后，从客户收到的货款或营业收入，是最需要关心的有形资源，也代表了经营的成果。**这些营业收入反映了组织在创价流程中所创造的"市场价值"，有了这些"有形资源"的流入，组织才拥有对各方资源投入者进行成果分配的筹码。

⊙能力与知识

与管理本质有关的第四大类元素是"能力与知识"。

专业知能与管理知能

能力与知识又可再分为两大类，一是专业的能力与知识，二是管理方面的能力与知识。

B 君的创业伙伴，除了带进来一些属于有形资源的专利，当然也带来不少技术上先进的知能，而从财团法人研究机构挖角而来的技术专家，所拥有或所能贡献的，也都是专业方面的能力与知识。

产品经理 C 君公司里的研发人员能够修改客户要求的规格，而不减低原有设计的功能，所仰仗者也是专业或技术方面的知能。如果这一方面的知能从缺或不足，C 君的产品经理角色也不易有所发挥。

D 君为舞蹈社邀请的指导老师，所指导的也是"舞技"或"编舞"等方面的专业，他们在这方面的专业造诣（当然还有指导的热忱），对舞展品质水平以及社员的参与认同都具有关键作用。

至于管理方面的知能，则更不必多言。所有管理工作的成败，当然与管理知能息息相关，几个成功案例中，这些管理者在整合、沟通、决策方面都有不错的表现，也促使其所负责的创价流程得以顺利推动。

两种知能相辅相成

总而言之，专业知能与管理知能是相辅相成的，有了管理知能的配合，专业知能才得以发挥；专业知能到达一定水平以上，管理工作才可能展现成果。

在具有某些特性的机构中，某些职位在制定管理决策时必须以专业知能为基础，因此在这些情况下，专业或技术方面的知能，也是担任管理工作不可或缺的一部分。

⊙目标与价值前提

第五大类元素是"目标与价值前提"。

目标包括组织目标与个人目标

在所有决策过程中，"目标"是影响决策方向的重要因素之一。**这些目标可能是正式组织所赋予的目标，也可能是决策者本身的个人目标。**而组织整体也有目标，包括组织使命、成长方向以及集体价值观念所呈现的组织文化等。组织目标的作用在建立参与者对组织的认同，以及指导他们决策与行动的方向，以确保资源或知能的投入与发挥。

管理者必须设法发掘各个潜在资源提供者的目标，然后加以有效结合以"共创多赢"，这是管理工作或"整合"过程中，极为关键的动作。

目标是决策的前提

这些目标与价值取向，是决策者进行决策时的前提，因此简称为"目标与价值前提"。

在 A 君的案例中，A 君本身当然是主要的决策者，但"家电零售连锁体系""世界品牌大厂"也都有决策的角色。它们的目标或想法（家电零售连锁体系想要改变形象，开始销售高级信息产品；世界品牌大厂则希望走向更大众化的市场）即是它们的"目标与价值前提"。案例中 A 君发现双方目标的潜在兼容性，再采取行动促成双方合作，因为他了解，只要双方有如此的目标前提，"合作"将是顺理成章的决策方向。至于 A 君本身的目标，就"公"而言，是完成任务，为组织开创业绩；就"私"而言，则是为自己开拓事业前程。

B 君的创业过程中，所有的参与者与投资者都有一些个人的目标，B 君则创造了一个"组织目标"，并经由此组织目标或使命，将所有成员的个人目标结合在一起。

产品经理 C 君及舞蹈社长 D 君，所属的组织当然有目标，但他们周遭能提供资源或知能的人，也都各有各的目标。例如：舞蹈社长 D 君所面对的教务处、学务处、外界指导老师、各组组长、副组长、社员，以及外界潜在的募款对象等，应该各自有其组织目标与个人目标，D 君必须设计一套做法，让他们的目标都能达到或至少局部达到。案例中可看出，D 君的整套做法的确都照顾到各方角度，这也是他获得成功的原因之一。

⊙环境认知与事实前提

"环境"与"事实前提"皆为主观认知的产物

在一般企业管理或策略管理中，都会讨论到"环境"，包括外部环境与内部环境。本书架构中不讨论客观实质的"环境"，而是认为所有的外部环境与内部环境，其实都是当事人"认知"的一部分而已。例如：产业技术将如何发展？未来市场潜力有多大？员工心中有什么打算？诸如此类的问题都是决策时可能要考虑的事实前提，但真正的"事实"是什么，却往往不易验证。因此，真正影响决策的都只是存在于当事人"认知"中的事实而已。

严格地说，**我们所见、所闻、所相信的一切，都应属于"环境认知"的一环。这些环境认知构成我们决策时的"事实前提"，而认知的正确程度，对决策的正确程度造成极大的影响。**

从整合者或管理者的角度，设法影响他人的"环境认知"，使其了解或相信某些事实，也是常用的方法。

A 君案例中，他所从事的信息搜集、客户分析等，后来都成为他"认知"的一部分；而家电零售连锁体系"认为"产业趋势或消费者能接受该家电零售通路销售信息产品，也是他们的"认知"，此"认知"固然影响了决策与经营方向，但究竟是否正确，也还需要一段时间才能得到验证。

B 君创业过程中，老同学、技术专家、B 君过去的老板、自外延聘的研发人员等之所以愿意加入或投资此新创企业，也是因为在他们各自的"认知"中，觉得此事业有前途或该项技术有潜力，而且 B 君是值得信赖与追随的创业家。从另一角度看，海外回来的技术专家以及从财团法人研究机构挖角来的研发人才，究竟在技术上有多大能耐，也是 B 君"认知"中的一部分。

努力使主观认知更趋近客观

每个人的认知都有主观的成分，因此所有的产业分析、营销研究，甚至财务报表等，其实都是希望经由客观的科学方法，使决策者的"认知"能与"事实"更为接近。而各种组织对内与对外的沟通，也都是设法强化本人的认知或影响其他人的认知。

"认知"可能被影响，甚至被"操弄"。例如：产品经理 C 君曾设法说服公司高层，使其相信该客户未来的订单成长潜力可观，希望高层在此一被改变的"认知"下，做出有利于 C 君任务达成的决策。在此案例中，如果 C 君尽量提供正确信息来说服上级，可称为"影响"，但若其所提供的信息不实，刻意误导高阶人员的认知与决策，则可称为"操弄"，甚至是"欺骗"。从各种信息中辨别真伪、验证信息的正确程度，也是管理者不可或缺的能力之一。

⊙六大管理元素无所不在

组织与个人皆有其管理元素

以此六大管理元素的性质来看，"创价流程"与"决策与行动"是与组织的运作与生存发展密切相关的。其他四项管理元素，有与组织相关的，也有与个别成员相关的。换言之，在加入组织前，每个人都有其本身的"有形与无形资源""能力与知识""目标与价值前提""环境认知与事实前提"，加入组织后，则经由"创价流程"中的角色，以及其"决策与行动"与组织产生互动关系，进而改变其"目标与价值前提""环境认知与事实前提""能力与知识""有形与无形资源"。六大元素不断演化，形成一个以"创价流程"及"决策与行动"为核心的动态过程。这也说明了介绍六大管理元素时的次序。

管理元素是整合标的

从此六大元素来分析，对本书所说的"整合"观念就有了更深一层的认识。因为**管理者所要整合的标的，无非就是此六大元素而已**。简而言之，管理者所希望整合的，除了组织内外的创价流程、内外各方的决策，也希望整合各方有形无形的资源与知能、整合相关机构与个人的目标与价值前提，以及整合大家对事实的认知。当然，这些整合工作，也并不是个别独立地存在，而是动态而交互进行的。

整合的对象、行为与机制

本书第十一章将以专章介绍"整合"的观念与方法，但从本章几个案例中已可初步了解"整合"。

分析"整合"，可以从整合标的、整合对象以及整合行为与机制着手。本章以上所谈的六大元素，即是整合的"标的"。以下即简要说明整合的对象、行为与机制。

⊙整合对象

从这几个案例中可以发现，**整合对象可包括组织内外、层级上下的各种人员或组织，不论其关系长短、投入内容为何、职权有无，甚至关系之亲疏，都是可能的整合对象。**

整合对象包括组织内外

无论决策者的层级高低，整合对象都可能包括组织内外。就产品经理 C 君而言，公司内研发单位、业务单位同仁等谓之"内"，客户及供应商等谓之"外"；业务代表 A 君及创业家 B 君欲整合的对象则以外部为主。从舞蹈社长 D 君角度，社内各组长与社员是内部整合对象，外界指导教师及募款来源为外部对象，教务处则似乎位居内外之间。

整合对象包括长官与部属

整合对象也包括高管或基层的人士。本章案例中，业务代表 A 君及产品经理 C 君都曾试图影响各自公司的高层，并成功取得他们的支持而顺利完成任务，可见"向上整合"是重要的管理课题。舞蹈社长 D 君所面对的各组组长，在层级上似乎是"部属"，但在学生社团中，其实并无指挥的职权存在，因此也必须花费一些唇舌与努力，才能得到他们的支持与承诺。

表 2-1　与整合有关的观念

主题	内容
整合的标的	目标与价值前提、环境认知与事实前提、决策与行动、创价流程、能力与知识、有形与无形资源。
整合的对象	总体环境、任务环境、组织平台、机构领导人、各级管理者、基层成员。
整合的行为	说服、找出机会、掌握信息与知识、获得信任、谨守权责范围。
整合的工具或机制	决策方案或行动方案、法律合约、流程制度、各种形式的组织、网络关系的灵活运用。

整合期间可长可短

在实务上，有些整合对象与整合者之间的关系是暂时的，有些则存在长远稳定的关系。本章中几个案例，如业务代表 A 君、创业家 B 君、产品经理 C 君等，都曾将短期，甚至陌生的关系，转化为长期的合作或交易关系。

整合对象所投入的资源涵盖各种形式

整合对象的范围广泛，所投入的资源（包括知能）也各有千秋。有些是资金，有些是专利与技术知能，有些是时间，有些是指导（例如舞蹈老师的专业知能加上热忱），有些是订单与货款。当然，这些也都可以归类至管理的六大元素之中。

这些复杂的内外上下整合对象，在管理矩阵中将以较抽象的方式来呈现，成为管理矩阵中的纵轴。

⊙整合行为

本书第十一章将讨论更多与整合有关的观念，也包括了整合行为在内。然而在本章的几个案例中，也可以看出，"说服""找出机会""掌握信息""获得信任""谨守权责范围"等，是整合过程中十分重要的行为。

说服

从案例中明显看出，"说服"是一项重要的途径，因此，"沟通技巧"或"谈判方法"等，在管理工作上是不可或缺的。然而，在"说服"的背后，当事人必须能发掘各个整合对象潜在的想法与"目标"，然后运用各方的"资源"，经过创价流程满足各方所需，这也是整合过程中重要的一环，与全靠口才的"沟通"大不相同。

找出机会

"找出机会"以创意为基础，也是重要的整合能力或整合行为。每个人从各方面所获得的消息既多且杂，如何从这些分散而片段的信息中找到联结、创造机会，是整合工作重要的一步。例如：A 君身为业务代表，平日游走于各经销商、客户、公司内部各产品经理之间，听到的各种消息必然很多。然而，要从如此多元且真假参半的消息或信息中，迅速筛选出有关的项目，并构思出一些本身可以着力的整合方向，便是整合工作的起点。产品经理 C 君想到可以借用零组件供应商的影响力，舞蹈社长 D 君想到可以因为有名师指导而争取到学校的资源，都是"找出机会"的做法。

掌握信息与知识

"掌握信息"可以协助整合者了解未来各种整合方案的可能性，而适当且具说服力的"信息提供"，也是争取整合对象支持的工具。对于各方所提供的信息，拥有足够知识以"分辨真伪"，也是整合成功的先决条件之一。例如：创业家 B 君本身要能验证海外技术的可行性，才能据以争取其他人的支持，如果他本身无法做此判断，整合的力道就差多了。又如产品经理 C 君，得知新客户未来发展方向与本公司的产品与技术相当吻合，因而向上级争取支持。然而该客户的未来是否真正如此，C 君必须经过初步验证才行。

获得信任

"获得信任"也是这几位整合者成功的条件。所有的穿针引线、汇集资源、沟通信息，都需要各方对此一整合者具有相当程度的信任。初出茅庐的社会新鲜人不容易成为整合者，原因之一是尚未建立别人对他的信任。而能从事大规模整合的人，必然是过去在工作上绩效与声誉卓著，方可以具体绩效证明其能力及可信赖程度。同理，在过去工作中显示能力不足，信用不佳，或常常无法达到承诺的人，其发动的整合方案即不太容易得到各方支持。

谨守权责范围

"谨守权责范围"，也是成功整合者共同的特色，这在非机构领导人方面，尤其如此。他们的决策与行事固然积极、有创意，但该请示时亦不可疏忽，并应经常让上级在"状况内"，了解进度与相关信息。

⊙整合机制

具体的行动方案、法律合约、流程制度、各种形式的组织，甚至所有的管理元素，都是可能的整合工具与机制。这些在第十一章还会再进一步讨论。

决策方案或行动方案

可以让各方接受的"决策方案"或"行动方案"，即是整合机制的一种。业务代表所设计的产品项目与推广计划、创业家 B 君的创业计划、舞蹈社长 D 君的年度舞展计划等，都是整合的工具，而在制定与修正这些计划的过程中，即可进行各种整合的动作。

正式组织

"正式组织"是整合的平台。创业家 B 君开创了一个平台，以整合各方的资源与知能，也经由此一平台稳定各方的权利义务关系，并满足各方的目标与需要。其他案例则都在既有的组织平台内运作。有关组织平台的其他观念，将在第十二章中再行介绍。

网络关系的运用

"网络关系的灵活运用"也可以视为整合的方法。例如：舞蹈社长 D 君利用"名师"的参与指导，以争取学务处、总务处的支持；创业家 B 君凭着海外技术专家的加入，而吸引到国内的技术人才；产品经理 C 君借着重要零组件供应商的支持，以影响公司高层，这些都是"借力使力"，运用网络的明显例子。

管理工作的自我检核

1. 本组织的合作对象（供应商、经销商、客户等），其"六大管理元素"分别有哪些？它们的目标与本组织的目标，有何一致性？有何矛盾？它们有哪些流程，与本组织的流程相衔接？它们与本组织之间有哪些决策必须要互相配合？它们掌握哪些信息，可以与本组织互补？它们拥有哪些本组织所缺乏的资源与知能？

2. 虽然本书往后才会针对六大管理元素深入讨论，但现在能否初步对你本身的六大管理元素做一描述？例如你所负责的流程、所需要做的决策、所被赋予的目标、所拥有的知能等。

3. 比照上题，你是否了解你的直属上司的六大管理元素？

4. 你的部属是否了解他们的六大元素？他们的了解与你对他们的期望是否存在落差？

第 **3** 章

管理矩阵

整合的对象可分为总体环境、任务环境、组织平台、机构领导人、各级管理者以及基层成员等六大层级。此六大层级与六大管理元素构成了管理矩阵的纵轴与横轴。管理工作的思维与行动，都可以表现在管理矩阵上。

本章重要主题

六大层级
管理矩阵
各层级的管理元素
案例解析—管理矩阵的运用
管理上的含义

关键词

六大层级
总体环境
任务环境
组织平台
取予
机构领导人
各级管理者
基层成员
编码系统
六大管理元素的存量

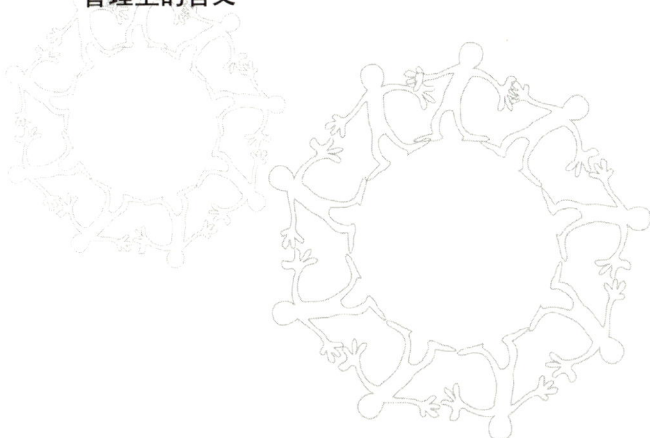

管理矩阵的作用之一是执简驭繁，以简明的图形表达复杂的管理现象与思维，并可随时提醒管理者进行较全面的观照。管理矩阵的横轴为前章介绍的六大管理元素，而由于整合对象跨越组织内外，故纵轴即是以本组织为核心，从世界大环境到组织内部基层成员的各个层级。

六大层级

社会中绝大多数的工作与活动都是在组织中进行，每个人也同时与多个不同的组织发生互动关系。组织中有层级，组织外又有组织，而其他组织又有层级及个人。因此，人类社会可以说是由"组织"所构成的。

从某一特定组织的观点看，**组织内有各色各样的成员，成员之间以及成员与组织之间，各有其权利义务。组织外的环境中则有共生者、竞食者（竞争相同顾客或相同资源的其他人或机构），以及规则制定者，也同时存在着经济网络、社会网络、人际网络等，这些在组织内外构成了极为复杂的生态结构。**为了简化，本书将这些复杂的内外生态结构或网络环境划分为六个层级，代表管理与整合过程中的各种对象与立场。

表 3-1　管理矩阵的六大层级

六大层级	构成分子或成员举例
总体环境	世界级机构：联合国、世界贸易组织（WTO）、世界通讯协定机构等。 国家级机构：经济部、财政部、教育部等。
任务环境	企业的顾客、供应商、竞争者、投资人等； 周边服务机构：银行、大众媒体、会计师等。
组织平台	营利组织、非营利组织，以及任何形式的正式组织。
机构领导人	董事长、总经理、负责人等。
各级管理者	中高级主管、基层主管；副总、经理、厂长、课长、组长等。
基层成员	办事员、业务员、作业员、店员等；医师、教授、工程师等。

此六大层级，只是一种抽象的划分方式，未必与实际的产业结构或组织图一一对应。因为就大型组织而言，内部层级往往就不只六级。从总体环境的各

个机构一直到基层人员如此复杂的层级观念，在此被浓缩成六个层级，虽是不得已的简化，却也能相当周延地呈现出各实际层级的主要立场。

此六大层级分别为"总体环境""任务环境""组织平台""机构领导""各级管理"及"基层成员"。

⊙总体环境

世界或国家级的机构，构成了个别企业必须关心的总体环境。

总体环境中的机构角色主要为规则制定者

就特定组织或特定企业而言，对外除了直接交易的对象或同业之外，还有许多机构，这些对象或机构的决策与行动也会对此一特定组织造成影响。**其中最重要的是扮演"规则制定者与执行者"角色的本国及外国政府机关，以及有能力甚至公权力去制定规则的非政府组织，**如联合国、世界贸易组织（WTO），以及无数可以规范或影响知识产权、环保、航运、通信等的国际组织，都属于此一层级。

总体环境中的这些机构所制定的决策或形成的政策（大部分可视为影响个别组织决策与行动的"规则"）、国家间所形成的贸易联盟与关税协定，或彼此因政治倾向所形成的和战气氛，皆构成了个别组织在决策过程中，除了顾客与同业竞合行动外，必须考虑的环境因素。

单一企业虽然也有影响这些组织决策方向的可能，但在决策的"位阶"上，这些世界级或国家级的机构或组织，显然对个别企业更有主导的地位。

总体环境的经营水平影响个别组织的创价过程与水平

国家或世界所构成的总体环境，除了对个别组织的决策具有指导或限制作用外，总体环境的"经营水平"也影响了个别组织或个别企业的经营绩效。例如：如果整个世界被"经营"得安和乐利，则世界上所有组织都会面对更有利的生存环境；国家如果"经营"得好，或"整合"得好，个别企业不仅可以享受更好的经营环境，而且"国家平台"可以提高国内所有组织的创价流程水平。例如：国家强盛则该国所有的组织与创价流程产出，在国际上都可以享有更好的形象与竞争地位。

总体环境的机构本身也有组织与管理问题

如果所探讨的组织并非企业，而是属于世界层级的"联合国"，或政府层级的"商务部"，它们虽然身为其他机构的"规则制定者"，但为了完成任务，它们也有合作对象与交易对象，以及为了规范它们而存在的其他外部机构。现代社会中，整个世界的秩序，就是透过这些复杂的组织关系，以及层层牵制、互动而得以维持。

这些总体环境的各机构内部也有组织层级与个人，以及其管理及整合的问题，但从个别企业的角度，可以暂时不予考虑，而将整个机构视为决策主体或整合对象，以简化思维，我们对任务环境的处理方式亦然。

⊙任务环境

组织有合作与交易的对象，有竞食者也有共生者。这些包括企业的顾客、竞争者、供应商，以及提供周边服务的各种机构或个人，构成了该组织的"任务环境"。所谓提供周边服务的组织包括银行、信息服务公司、广告业者、人才训练机构、会计师事务所、证券承销商、媒体、研发服务机构等。

顾客与市场

任务环境中最重要的当然是"顾客"或"市场"。顾客或市场是组织或整体产业价值链服务的对象，也是组织长期生存之所寄，而组织所创造的价值究竟有多高，最终也是由顾客或市场决定。

竞争者与潜在竞争者

竞争者或潜在竞争者也是任务环境极重要的成员，它们的决策与行动构成组织的竞争环境，也影响组织在任务环境的生存空间。如果本组织在努力方向与效率上落后于竞争者，不仅顾客将不再与本组织交易，其他共生者（例如：重要的供应商或经销商）也可能转而成为竞争者的共生者。

分析任务环境时，决策者不应只专注于现有产业上下游成员或现有顾客。因为不同产业间可能有价值替代的可能（例如：高速铁路、航空客运、视讯会议等，虽不属于同一产业，但在所提供的价值上却可能互相替代；商业银行、保险公司、证券公司、投资银行间的潜在替代性亦然）。因此，理想上应从"价值创造"过程，以及"能为谁创造什么价值"的观点考虑任务环境的范围。

同一机构可能兼具总体环境亦为任务环境的角色

"总体环境"与"任务环境"中的成员身份认定，有时是角色问题。同一机构因为兼具各种角色，可能既属于总体环境一员，同时也是任务环境一员。例如："政府机构"通常属于企业的总体环境，但也有许多企业是以政府为销售对象，这时政府机构就成为其任务环境中的一员。因此，在不同角色下，同一机构可能归属的层级不同。

又如前述的舞蹈社案例，对舞蹈社而言，学校学务处、总务处的角色基本上相当于其"总体环境"，可以制定校内社团规范，但是社长 D 君也能针对学务处等机构的任务、目标进行互利行动，因此也有若干"合作"与"交易"在内。如果双方关系中"合作"与"交易"的比重高，"制度规范"的比重少，对舞蹈社而言，教务处等机构就近于任务环境了。

⊙组织平台

组织的作用在于提供整合机制

"组织"实际上是个抽象存在的观念，它的成立或存在，主要作用也是在"整合"各方的资源、目标、决策、流程等，并以这些为基础，从事"创造价值"的活动。此"组织平台"的功能是运用较为长远而全面的权利义务规范及成果分配机制，使这些整合或合作关系更加稳定持久。

案例中 B 君的创业，就是要创造一个能整合各方资源、目的、决策、流程的平台，以使有效地完成创造价值的任务。有了此平台，大家互相的"取予"就有了更长期而稳定的承诺与互信。

组织本身亦有六大管理元素

组织本身也有目标与价值前提、环境认知与事实前提、决策与行动、创价流程、能力与知识、有形与无形资源等六大管理元素，而这些并不等同于机构领导人的六大元素，也不等于组织内所有成员所拥有六大元素的总和。

例如："机构形象"是组织拥有的无形资源之一，虽与机构领导人有关，也是大家过去所共同努力而创造累积的，但此一机构形象并不属于任何个人。经营良好的组织，可能几十年后，从领导人以降全都离职或退休，但机构形象，甚至机构的对外关系依然存在。又如机器设备或专利权，甚至组织整体的知能与能耐，也应属于组织而非任何个人。一般而言，组织持续营运时，这些有形或无形资源以及知能，可以为组织创造价值，一旦组织解散，这些管理元素的价值很可能就会大幅降低，甚至完全消失。

高阶领导者的重要任务之一，是维持组织平台的整合作用，创造并累积属于组织的资源与知能。

⊙机构领导人

机构领导人是极为特殊的一种管理者，从策略管理的用语或观点，**机构领导人最重要的职责是决定策略，带领组织未来努力的方向；从本书用语或观点，机构领导人的基本职责，是建立或维持组织的整合平台，并运用此平台整合内外的目标、资源等六大元素。**各方目标的满足，以及各方是否愿意持续以此组织平台为核心，进行广义的合作及价值创造，是评估机构领导人管理绩效的最终指标。

机构领导人与其他各阶层管理人员不同者，在于机构领导人拥有运用组织平台的正式权力，包括支配属于组织平台的各种资源，但同时也最有责任去维护组织平台的存续。

⊙各级管理者

涵盖组织结构的多个阶层

大部分稍有规模的组织，在机构领导人之下，都有若干管理阶层，每个阶层也都有许多单位以及负责该单位的管理者。在实务上可以表现为十分复杂的组织结构图，而且每个组织的结构都不一样。但本书为了简化观念，将这些层级浓缩为一层，称为"各级管理者"，以概括这些在组织管理体系中，虽非机构领导人，但主要职责为管理工作的管理人员。

决策时应考虑同层级其他单位

在运用管理矩阵进行分析思考时，位居此层级的管理者，在此层级的考虑对象除了本身，还包括上下及平行的各个单位，因此，各级管理者的思维应该是极为复杂的。

本书中，将机构领导人与各级管理者合称为"管理当局"，若再加上为了决策、整合而设计的种种管理程序与机制，则合称为"管理体系"。

⊙基层成员

组织当然有基层成员。每位基层成员带进组织的知能高下或知识密度，高低有别，例如：生产线的作业员与研究单位的技术专家，在组织的层级或意义虽然都属于非管理职的基层人员，但两者的知能水平显然存在着很大的差距。

基层成员在创价流程中的角色

基层成员是组织创价流程的最终执行者与行动者。就像军事行动一样，战略、训练、补给、联合作战等当然重要，但"战争"毕竟需要基层士兵执行。企业的产品制造、运送、维修、收款等活动，若没有基层员工切实执行，一切策略构想都不会实现。同样的，大学教师的教学与研究、医院医师的诊断与治疗，都是组织真正"创造价值"的行动。而士兵、送货员、大学教授、医师等，都是组织的基层成员。

组织与制度的作用在为基层成员提供六大元素

管理者的重要功能之一，是设计各种制度、流程，使这些基层成员能在此组织环境下，群策群力，对"创价流程"发挥最佳的整体贡献。而创造各级成员对组织目标的认同，提供大家在决策与行动时所需的信息，并使大家在时间、地点、行动方向上协调一致，即是达到所谓"群策群力"的途径。

有不少讨论管理的理论或书籍，内容主要是讨论针对基层成员的任用、领导、沟通、激励等组织行为方面的议题，内容十分丰富，但在本书架构中，这些都可以从"整合基层成员的六大元素"来观察分析。简而言之，任用、领导、沟通、激励等，无非是在提供适切的六大管理元素，以促成或协助基层成员有效进行符合组织期望的创价活动。

基层成员也能发挥管理功能

有许多基层成员，本身虽然没有管理的职称或责任，但也可能发挥管理者的功能。例如：前述案例中的产品经理 C 君，甚至业务代表 A 君，都是"单兵作战"的基层人员，但在"整合"上却发挥了极大的作用。简而言之，许多非管理人员，其实也有一部分管理者的角色，就像许多经理人员本身还得做一些非管理性质的专业工作一样，本来同一人身上就可能兼具"专业"与"管理"两种角色，只是各人的比重不同而已。

管理矩阵

六大管理元素皆有其重要性，但其中"决策与行动"与"创价流程"相对而言更为核心，因为"决策与行动"是管理者整合与创新的基本手段，"创价流程"则是将组织资源与知能转化为有价值的产出，以确保组织存续的过程。此外，"目标与价值前提""环境认知与事实前提"二者是影响决策方向的两大因素，"能力与知识"及"有形与无形资源"则是抱注于创价流程的重要投入。在此一逻辑思考下，可将此六大元素排列如图 3-1。

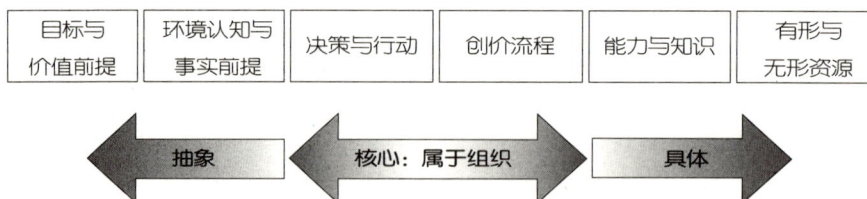

图 3-1　六大管理元素排列

其中，最左边是最抽象的目标与价值观，最右边则是较为具体的资源。六大元素又分为左右两组，分别以"决策与行动"与"创价流程"为中心。位居中央的"决策"与"流程"二者，可视为个别成员与整体组织的主要界面，机构领导、各级管理、基层成员皆各有所司，且必须相互协调配合。而左右边的四个，当然也可能是组织所赋予，但有些内涵则属于个别成员，或由个别成员从外界带进组织的。相关观念在往后各章中，还有机会说明。

由于"决策主体"可能是六大层级中的任何一个机构或个人，每个决策主体都有其六大元素，因此可以依此二构面，建构出以下的管理矩阵。在组织内部，决策主体包括个人（组织的各级成员）及部门（组织的各级单位）。在组织外部，决策主体则包括机构（如竞争者、供应商、政府机构）和个人（如消费者、社会大众）。当然，若要深入探究，则各机构中亦各有其成员，实际负责该机构的各种决策及创价活动。此一管理矩阵，可以涵盖许多观念，也可以透过它的运作，解释许多管理上的现象。

表 3-2　管理矩阵

六大管理元素 六大层级	目标与 价值前提	环境认知与 事实前提	决策与 行动	创价流程	能力与 知识	有形与 无形资源
总体环境	目 1	环 1	决 1	流 1	能 1	资 1
任务环境	目 2	环 2	决 2	流 2	能 2	资 2
组织平台	目 3	环 3	决 3	流 3	能 3	资 3
机构领导	目 4	环 4	决 4	流 4	能 4	资 4
各级管理	目 5	环 5	决 5	流 5	能 5	资 5
基层成员	目 6	环 6	决 6	流 6	能 6	资 6

各层级的管理元素

管理矩阵特别要强调的是：决策者在分析与思考的过程中，并非仅从本身的角度进行静态思考，而是认为，**从总体环境的各种机构，一直到组织的基层员工，每一个人都是可以独立思考、进行决策、采取行动的决策主体，每一个人都拥有前述的六大元素。因此，决策者必须以动态而多面向的角度做决策，除了要深刻了解他人决策对本身的影响，也应借由本身的决策与行动影响其他人或机构的决策与行动。**简而言之，即是在本身的决策架构中有其他人，而本身也存在于其他人的决策架构中。

以下即简单介绍管理矩阵的"编码系统"，以及每一栏位的意义。

为了简化，管理矩阵中的六大层级分别以"1"至"6"来代表。因此在分析时，若提到"1"，即是指属于总体环境中的各个决策者；"2"则是指任务环境中的各个决策者，依次类推。

⊙机构领导人

在管理矩阵中，"4"代表机构领导人，所谓"目4"是机构领导人在做决策时的"目标与价值前提"，"环4"是他在做决策时的"环境认知与事实前提"，"决4"是他的"决策与行动"，包括所有可能的决策选项以及选择的结果，"流4"是指他个人所负责的"创价流程"，"能4"是他所拥有的各种能力与知识，"资4"则是他所能掌握的各种有形与无形资源。

⊙各级管理者与基层成员

属于"5"的"各级管理者"，以及位居"6"的"基层成员"，其每一栏位的意义也与"4"类似。在未来章节中，还会再从他们的角度分析此架构对其决策与行动的含义。

⊙组织平台

组织平台的"决策"包括组织的决策原则与既定政策

比较需要特别解释的是"组织平台"（"3"）这一层级。表面上看，"组织"不能决策，只有"人"才能决策。但事实上，**所谓"决策"其实也包括了"决策机制"及组织过去所建立并沿用至今的"决策原则"或"政策"。这些决策原则或政策对各级成员决策具有指导、规范的作用，目前固然"属于"组织，但也是过去的组织高阶成员，在当时的"目标与价值前提"与"环境认知与事实前提"下所制定的。**因此，在组织平台这一层级，有相当大的一部分是代表过去所留下来的"存量"，这些存量当然对目前组织的运作与决策发生影响，但由于环境变迁、目标不同，或目前组织中各级成员已与过去大不相同，因此也可能出现若干落差。简而言之，有些现存的目标（"目3"）或政策（"决3"）也许有些不合时宜，但整体而言，它们仍是整合组织成员的重要机制。

文化、价值、知能与信息等在组织中亦有存量

"目 3"包括组织文化、共同价值或各方目标的妥协结果，也包括组织为了推动工作所设定的各项正式目标。"环 3"包括组织过去在制定政策（"决 3"）时的环境认知，以及当前组织所拥有的信息（如数据库及档案）。

所谓组织使命，如果定义为"本组织应为谁提供什么服务，以及本组织存在的意义"，则应是一部分"目 3"与一部分"决 3"的结合，而组织"创价流程"（"流 3"）的产出，也是组织使命的具体实现。

组织拥有属于组织层次的知能，也有属于组织的资源，分别为"能 3"与"资 3"，这是很容易理解的。

存量与流量的关系

机构领导人的目标（"目 4"）与组织目标（"目 3"）未必一致；机构领导人的决策（"决 4"）与组织的政策或决策原则（"决 3"）也未必一致，而且也不应完全一致。二者间的互动与调适，是高阶管理中极为重要又颇为敏感的议题。组织内外各机构或个人的目标前提与环境认知，随着时间不断改变，既有的组织目标、政策等难免不合时宜。机构领导人一方面要因应时代进行创新，而可能对组织原有的架构产生冲击；一方面又希望能借助原有架构下稳定的整合功能，以维持组织运作的效率。这是"进步中求稳定"还是"稳定中求进步"的两难，而其所主张的进步或创新，是否能在下一阶段发挥整合功能，其不确定性也是很高的。

如果组织平台中现有六大元素的状态可以称为"存量"，则这些元素状态与水平的调整与改变，可以称为组织六大管理元素的"流量"。"流量"可能来自组织内外，如：高阶领导与各级管理者所制定的决策、各级人员所投入的知能、组织外部所投入的资源、对外界变化的认知等。"存量"影响了"流量"的方向，而各阶段的"流量"又造成其后"存量"的状态。

⊙总体环境与任务环境

属于总体环境以及任务环境的六大管理元素，分别表现于管理矩阵的第一

列与第二列。例如："目1"代表国家或世界整体所追求的文化价值，以及其中各机构的目标与使命，"流2"代表任务环境中，所有成员或机构分别进行的创价流程。由于在以后各章还会再说明，在此即不一一解说与定义。

⊙编码系统

管理矩阵中，共有三十六个"栏位"，每个栏位都有管理上特定的定义。这些栏位的编号（如"目3""能6"等）以及其在管理矩阵中的意义，可称为管理矩阵的"编码系统"。有了此编码系统，我们就可以**更精确、更有条理地解析与描述所有的管理现象、管理行为，甚至各种管理理论的重要主张。**

案例解析—管理矩阵的运用

管理矩阵可以整合理论与意见，也可以描述管理行为。本节即使用管理矩阵的架构解析前章所举的几个案例，并试图以管理矩阵的"编码系统"来描述他们的管理行为。

为了便于读者将案例中的实务现象与管理矩阵的图示在观念上产生连结，案例一与案例二的解析中，特别列出管理矩阵以供对照参考。

案例一：主动积极的业务代表

管理行为或特性的描述	管理矩阵解析	管理矩阵图示

1. 一位主动积极的业务代表 A 君。

A 君属于基层人员（"6"），然而在本案例中可知，即使是基层人员，依然可以发挥管理及整合角色的机会。

	目	环	决	流	能	资
总体	1	1	1	1	1	1
任务	2	2	2	2	2	2
组织	3	3	3	3	3	3
领导	4	4	4	4	4	4
各级	5	5	5	5	5	5
基层	6	6	6	6	6	6

2. 所任职的公司是一家信息产品大型经销商。该公司自国内外几家信息产品大厂进口产品，然后铺货到各大机关学校以及各地零售点。

在信息产品产业的价值链中，A 君所任职的公司并不从事生产、研发，无自有品牌，亦无零售通路，而仅负责"大盘经销"这段价值活动。如果将整体信息产业视为一个大的"创价流程"，则该公司的流程（"流3"）简言之就是："为国内外品牌大厂开发大型客户及零售点"，以及"为零售点提供合适的产品线"。除此之外，"信用管控""提供周转资金""物流""售后服务"等，也是该公司主要负责的价值活动或"流程"。

信息产品产业的价值链是由该产业上下游所有厂商共同完成的，此一流程属于产业的任务环境，在管理矩阵中的层级为"2"，故该产业的产业价值链整体流程为"流2"。

	目	环	决	流	能	资
总体	1	1	1	1	1	1
任务	2	2	2	2	2	2
组织	3	3	3	3	3	3
领导	4	4	4	4	4	4
各级	5	5	5	5	5	5
基层	6	6	6	6	6	6

3.A 君负责将某些产品项目推广到某些地区的信息产品零售点。

在公司负责的"流程"（"流3"）中，A 君所负责的流程（"流6"）是"将某些产品项目推广到某些地区的信息产品零售点"，主要功能或"流程"是营销，或"撮合买卖双方"，以及部分的"信用管控"，至于公司流程内的"提供周转资金""物流""售后服务"等部分显然不在 A 君的"管区"之内。

	目	环	决	流	能	资
总体	1	1	1	1	1	1
任务	2	2	2	2	2	2
组织	3	3	3	3	3	3
领导	4	4	4	4	4	4
各级	5	5	5	5	5	5
基层	6	6	6	6	6	6

4.A 君偶然得知某大家电连锁体系有意开始销售信息产品。

A 君在其认知（"环6"）中，知道某家电零售连锁体系的决策方向（"决2"）。至于此一认知来源是否基于其人际关系（A 君的无形资源"资6"），还是来自其他管道，则不得而知。

	目	环	决	流	能	资
总体	1	1	1	1	1	1
任务	2	2	2	2	2	2
组织	3	3	3	3	3	3
领导	4	4	4	4	4	4
各级	5	5	5	5	5	5
基层	6	6	6	6	6	6

5.A 君在深入了解该家电连锁体系的现有产品线广度、地理涵盖范围、机构定位、潜在购买量后，向主管请示，并获得同意，进一步研究。

A 君有能力（"能6"）掌握及分析对方的策略，以及本公司可能的机会；并明了自己与上级权责的范围归属（知道上级"决5"与本身"决6"的分际与关系），并在上级指导或同意（"决5"）下，进一步搜集资料（使本身的"环6"更丰富、更接近实况）。

	目	环	决	流	能	资
总体	1	1	1	1	1	1
任务	2	2	2	2	2	2
组织	3	3	3	3	3	3
领导	4	4	4	4	4	4
各级	5	5	5	5	5	5
基层	6	6	6	6	6	6

6.A 君考虑该家电连锁体系特性，并避免公司现有客户（信息产品零售点）反弹，构思出一些产品项目，包括喷墨式打印机等。

公司还有其他通路客户（在管理矩阵中为任务环境"2"的一员），在考虑它们的立场与利益（"目2"）后，将之纳入 A 君本身的决策前提（"环6"）。

	目	环	决	流	能	资
总体	1	1	1	1	1	1
任务	2	2	2	2	2	2
组织	3	3	3	3	3	3
领导	4	4	4	4	4	4
各级	5	5	5	5	5	5
基层	6	6	6	6	6	6

7.A 君将这些产品项目与公司内部相关产品经理（依品牌分工）商议后，设计出一套销售计划。

各产品经理在层级上亦属于"6"。A 君由这些产品经理得知各个品牌大厂（皆为任务环境"2"的成员）的目标与潜在意愿（"目 2"）、可能的决策（"决 2"）以及个别条件（"资 2"）。

这些信息整理后成为 A 君的决策前提（"环 6"），再依据上级目标——追求成长但不可得罪现有零售通路（这些都是目标或限制条件："目 5""目 4""目 3"），提出计划（"决 6"）。

	目	环	决	流	能	资
总体	1	1	1	1	1	1
任务	2	2	2	2	2	2
组织	3	3	3	3	3	3
领导	4	4	4	4	4	4
各级	5	5	5	5	5	5
基层	6	6	6	6	6	6

8. 由于所任职的公司规模大、名声好，A 君得以拜访该家电连锁体系高层，并提出构想。然而他发现对方只对某个世界级品牌有兴趣。A 君认为该品牌销售潜力不大，甚至叫好不叫座。再深入了解后，发现该家电连锁体系短期目的是在改变机构形象，向社会宣称它也有经销世界名牌信息产品的能力。至于以后是否大幅转型为信息产品的零售通路，尚需要观察试办一阵再说。

公司的声望与地位是一种无形资产（"资 3"），A 君运用此一无形资产进一步发掘潜在客户的真正目标（"目 2"），了解此目标（纳入本身决策前提"环 6"），有助其选择产品与品牌（"决 6"）。

潜在客户的目标（"目 2"）——改变形象，与本公司目标（"目 3"）——获利成长，以及品牌商的目标（另一个"目 2"），彼此间是否一致，是否有相辅相成的可能，在此阶段尚需要进一步检视。

	目	环	决	流	能	资
总体	1	1	1	1	1	1
任务	2	2	2	2	2	2
组织	3	3	3	3	3	3
领导	4	4	4	4	4	4
各级	5	5	5	5	5	5
基层	6	6	6	6	6	6

	目	环	决	流	能	资
总体	1	1	1	1	1	1
任务	2	2	2	2	2	2
组织	3	3	3	3	3	3
领导	4	4	4	4	4	4
各级	5	5	5	5	5	5
基层	6	6	6	6	6	6

9.A 君了解公司所代理的信息产品世界大厂中，有一家正想转变形象，跨足大众化的通路与市场，乃结合双方目的，推动此销售案。

有一家品牌大厂（也属于"2"），现阶段的策略目的（"目 2"）与该家电零售连锁体系有可以互相结合之处。A 君基于此洞察力（"能 6"）而掌握了（纳入其"环 6"）表面上不容易觉察的真相，因而提出一项更可行的方案（"决 6"）。将家电零售连锁体系、品牌大厂双方的目标"整

	目	环	决	流	能	资
总体	1	1	1	1	1	1
任务	2	2	2	2	2	2
组织	3	3	3	3	3	3
领导	4	4	4	4	4	4
各级	5	5	5	5	5	5
基层	6	6	6	6	6	6

合"在一起，成就本身目标（两个"目2"的配合，有助于本身"目3"的达成），是本书讨论的典型做法。

10. A君配合双方（家电连锁体系与世界信息产品大厂）目的，举办一场盛大的"策略联盟"记者会，邀集三方领导人（含A君所属公司负责人）与会，并特别请媒体针对双方的策略目标报道（一家是准备为顾客提供世界一流的信息产品；另一家则希望以更普及的方式服务大众），结果皆大欢喜。

A君认为举办一场盛大的记者会是各方所乐见的（符合两端的"目2"，本组织的"目3"，甚至是本公司负责人的"目4"），于是提出此一企划案（"决6"）。由于以"盛大"为号召，并强调"本公司董事长一定亲自出席"，说服该家电连锁负责人全程参与。再凭此一承诺，邀请该国际品牌大厂的台湾区负责人出席。回到公司后，再向董事长报告，指出两位机构领导人都会全程参与，董事长除务必参加外，公司亦应投入更多资源于此项目。此过程即是设法分别使三位领导人的认知中（两个"环2"，以及本公司董事长的"环4"），认为其他两人将要参加，若自己不去，有损本身形象（这是"目2"与"目4"的考量），于是得以促成此一盛会。

此一作为即是第二章中所谈的以"灵活运用网络关系"作为整合方法。

此"事件营销"规模盛大，所有媒体因此皆不敢忽视。A君又提供信息，使记者们都能了解双方的意图（媒体也算是任务环境的一分子，A君的做法是影响其认知，在管理矩阵的术语中是"影响其'环2'"，而做出合乎于双方目的（两个"目2"）的报道（即记者们的决策："决2"）。

	目	环	决	流	能	资
总体	1	1	1	1	1	1
任务	2	2	2	2	2	2
组织	3	3	3	3	3	3
领导	4	4	4	4	4	4
各级	5	5	5	5	5	5
基层	6	6	6	6	6	6

| | | 项目顺利完成后（A 君的任务目标"目6"完成），董事长及公司目标（"目4"及"目3"）皆有所满足或达成，A 君在公司内的前程（属于他个人的"目6"）当然也更为光明。 | |

| 11. 公司与该家电连锁体系建立合作与互信关系后，营业往来逐步提高。 | 此一项目，为公司创造了一些形象以及与该家电连锁的互信（是公司无形资产"资3"的增加），这些对公司未来的发展与获利（"目3"）都是极为正面的。 | | | | | | | |

	目	环	决	流	能	资
总体	1	1	1	1	1	1
任务	2	2	2	2	2	2
组织	**3**	3	3	3	3	**3**
领导	4	4	4	4	4	4
各级	5	5	5	5	5	5
基层	6	6	6	6	6	6

案例二：创业家

管理行为或特性的描述	管理矩阵解析	管理矩阵图示
1. 创业家 B 君。	B 君角色为机构领导人，在管理矩阵层级中属于"4"。	
2. 过去在出口贸易公司工作，认识许多国外客户以及国内的零组件供应商。	认识这些国外客户与国内厂商，甚至建立了良好的关系与互信，代表他在前一工作上累积了一些无形的网络资源（"资4"），这些资源可以作为日后创业的基础。	

	目	环	决	流	能	资
总体	1	1	1	1	1	1
任务	2	2	2	2	2	2
组织	3	3	3	3	3	3
领导	4	4	4	4	4	**4**
各级	5	5	5	5	5	5
基层	6	6	6	6	6	6

3. 自己也有一些储蓄。	所累积的资金，是一种有形资源（也是"资4"）。

| 4. 大学同学的海外同学有一项与无线网络卡相关的技术发明，想回国创业。 | 与大学同学的关系是一项网络资源（"资4"），而"关系的关系"也是一种网络资源（"资4"）。这位技术人才，如果带回来的只是一项专利，则可视为"资源"或"资产"（因其此时尚未加入组织，故可视为待整合的对象："资2"），如果他还有能力可以继续开发新产品，则表示带来的是"知能"（"能2"）。 | 表格 |

	目	环	决	流	能	资
总体	1	1	1	1	1	1
任务	2	2	2	2	2	2
组织	3	3	3	3	3	3
领导	4	4	4	4	4	4
各级	5	5	5	5	5	5
基层	6	6	6	6	6	6

5.B 君对创业有一些理想，与这位海外技术人才深谈后，认为其所提供的技术，如果经营得宜，可以有不错的生存空间。

此一构想，深为另外二人所信服。

B 君提出了未来组织的使命（用自己的决策"决4"，设计未来组织的"目3"与"决3"，甚至"流3"），再用此一经营理念与使命吸引另外二位潜在的创业伙伴（在创业前，二人仍属于组织外的任务环境，因此算是"2"。）他们认为本身所拥有的资源、能力可以在此新创组织有所发挥（这是他们的认知"环2"中，认为"能2""资2"可以有所发挥），本身创业及获利的目标也能达成（"目2"受到"目3"的吸引）。

	目	环	决	流	能	资
总体	1	1	1	1	1	1
任务	2	2	2	2	2	2
组织	3	3	3	3	3	3
领导	4	4	4	4	4	4
各级	5	5	5	5	5	5
基层	6	6	6	6	6	6

6. 三人对未来组织中的权责划分与利益分配进行研商，并获得共识。

从投资人的角色，三个人的利润目标（创业家本人的"目4"，以及另外两人投资者角色的"目2"，包括技术作价与股利政策等），以及从创业人员的角色目标（三个人的"目4"或"目5"，包括权责划分与薪资水平等），皆整合在组织未来的章程与约定中（以"目3""决3"整合"目2""决2""目4""目5"）。唯有在整合后，各方资源才会有效投入（"资2"与"能2"转换成组

	目	环	决	流	能	资
总体	1	1	1	1	1	1
任务	2	2	2	2	2	2
组织	3	3	3	3	3	3
领导	4	4	4	4	4	4
各级	5	5	5	5	5	5
基层	6	6	6	6	6	6

织的"资3"与"能3")。

请注意：在组织成立前，他们的身份还是"组织外"的潜在整合对象，故属于"2"；加入组织以后成为成员，则是"4"或"5"。

---

7. 三人合作创业，由 B 先生担任负责人。

三人合作创业，如果在重大决策上享有相同的发言权，则表示有三位机构领导人（三个"4"）。万一三人想法不同（三种不同的"目4"），则表示存在着潜在的冲突；如果另外两人都愿意听 B 君的，表示 B 君是机构领导人（"4"），而另外两位是重要干部（"5"）。

如果他们两位的目标与想法（两个"目5"）与 B 君一致（"目5"能配合"目4"），且对组织经营有共同的理念（大家都认同一个明确的"目3"），则合作成功的机会就大多了。

	目	环	决	流	能	资
总体	1	1	1	1	1	1
任务	2	2	2	2	2	2
组织	3	3	3	3	3	3
领导	4	4	4	4	4	4
各级	5	5	5	5	5	5
基层	6	6	6	6	6	6

---

8. 请 B 君原来工作的贸易商老板也加入部分投资，但不参与经营。

由于这位贸易商老板并不参与经营，因此身份应是"投资者"，是组织"任务环境"中的一员（可归于"2"）。他的基本目的，或对组织的期望（"目2"）应是投资报酬。

如果他参与经营，表示组织中又多了一位机构领导人（"4"），可能使高阶的目标（目4）更为复杂。

原来的老板参与投资，有两点含义。第一，显然 B 君的能力（"能4"）是受到肯定的；第二，他的参与表示本组织至少在开创初期，可以与原有的供应商、客户（是任务环境"2"中的各种组织）正大光明地往来，而不会出现"网络关系互斥"的现象。

	目	环	决	流	能	资
总体	1	1	1	1	1	1
任务	2	2	2	2	2	2
组织	3	3	3	3	3	3
领导	4	4	4	4	4	4
各级	5	5	5	5	5	5
基层	6	6	6	6	6	6

| 9.B 君家族也投入部分股份。 | 家族关系或网络资源是 B 君的无形资源（"资 4"）。如果 B 君家族只是纯粹投资者的身份，则可视为任务环境中的一部分（"2"），其目的（"目 2"）也是为了投资利得而已。但万一还有其他目的（例如在公司里安插大量家族成员），则家族的目的或许会与组织目标相冲突（"目 2"与"目 3"相冲突）。届时 B 君究竟应配合家族到什么程度，牺牲组织目标到什么程度（B 君的"目 4"究竟应配合家族的"目 2"还是组织的"目 3"），即是一大考验。 |

	目	环	决	流	能	资
总体	1	1	1	1	1	1
任务	2	2	2	2	2	2
组织	3	3	3	3	3	3
领导	4	4	4	4	4	4
各级	5	5	5	5	5	5
基层	6	6	6	6	6	6

| 10. 请过去认识的供应商提供部分零组件。 | B 君以过去建立的网络资源（"资 4"）为基础，获得任务环境中供应商（"2"）的一些支持（"资 2"）。这些支援当然不是无偿，必须要让这些供应商感到有利可图才成（组织要满足供应商的"目 2"，才能从他们得到"资 2"）。 |

	目	环	决	流	能	资
总体	1	1	1	1	1	1
任务	2	2	2	2	2	2
组织	3	3	3	3	3	3
领导	4	4	4	4	4	4
各级	5	5	5	5	5	5
基层	6	6	6	6	6	6

| 11. 请过去的国外客户介绍国外对此产品有兴趣的客户。 | B 君以过去建立的网络资源（"资 4"）为基础，获得任务环境中国外客户（"2"）的一些支持，分享若干网络资源（"资 2"）。将来 B 君的新创公司，若能满足客户（"2"）的目标（"目 2"获得满足），订单才会源源而来（提供"资 2"给本公司）。 |

	目	环	决	流	能	资
总体	1	1	1	1	1	1
任务	2	2	2	2	2	2
组织	3	3	3	3	3	3
领导	4	4	4	4	4	4
各级	5	5	5	5	5	5
基层	6	6	6	6	6	6

| 12. 再通过其他朋友介绍，认识一些财团法人研究机构的技术研发人员加入新公司。 | 朋友的人际关系是一种无形资源（"资 4"），经由这些关系，强化本组织中人员的研发能力（"能 5"或"能 6"，如果是较基层的研究人员，则可归于"6"）。新 |

公司当然要满足这些人才的需求（满足"目6"），才能吸引他们加入。

而公司的经营理念或经营模式（"目3""决3"与"流3"），也是吸引他们加入的重要原因。

事实上，公司也是依据未来的策略（"目3""决3"与"流3"），挑选合适的技术人才。简而言之，明确的经营理念与策略，与人才、资源的加入，二者的关系互为因果。

	目	环	决	流	能	资
总体	1	1	1	1	1	1
任务	2	2	2	2	2	2
组织	3	3	3	3	3	3
领导	4	4	4	4	4	4
各级	5	5	5	5	5	5
基层	6	6	6	6	6	6

13. 技术、人才、资金、客户、供应商都渐趋到位后，公司开始运作。

外在资源都到位，接下来 B 君就该致力于产销流程及管理程序的设计与分工了。其中，产销流程即是"流3""流4""流5""流6"这些业务的运作方式与内容；管理程序则是 B 君的决策（决4）为组织及其下各层级所设计的管理流程（流3、流4、流5、流6），这些管理流程将来又会影响从"决4"到"决6"的各种决策内容。

	目	环	决	流	能	资
总体	1	1	1	1	1	1
任务	2	2	2	2	2	2
组织	3	3	3	3	3	3
领导	4	4	4	4	4	4
各级	5	5	5	5	5	5
基层	6	6	6	6	6	6

14. 公司开始营运后，各种流程该如何设计，管理制度应如何建立，业绩成长后应扩大规模还是运用外包，则有待进一步决策。

上下各单位的流程设计与划分（"流3"以及"流4""流5""流6"的设计与效率），决策体系的设计（"决3""决4""决5""决6"的划分与确认），以及某些流程是自制或外包（本公司的"流3"与外包商的"流2"间的分工方式），则是创业者在公司可以初步存活后，应该开始考虑的课题。

	目	环	决	流	能	资
总体	1	1	1	1	1	1
任务	2	2	2	2	2	2
组织	3	3	3	3	3	3
领导	4	4	4	4	4	4
各级	5	5	5	5	5	5
基层	6	6	6	6	6	6

案例三：产品经理

管理行为或特性的描述	管理矩阵解析
1. 产品经理 C 君。	C 君在职称上是经理，但并未领导指挥其他人，故相当于基层人员，属于管理矩阵中的层级"6"。 但产品经理既不销售，又不从事产品研发，所扮演的角色主要是"整合"，因此虽非管理阶层，但具有高度的管理功能。
2. 电子工程系毕业，又读过企研所研究生。	教育背景使其具备担任产品经理所需的知能（"能6"）。
3. 公司业务人员从客户取得规格要求，C 君将此规格与研发单位、生产单位、采购单位协商。	业务人员亦为基层人员（属于"6"），客户是重要的任务环境成员，其目的（"目2"）之一是希望产品能满足其规格要求。
4. 目的在准时交货，满足客户，为公司创造利润。	组织要求 C 君的目标（"目6"）是准时交货。若客户满足，C 君的目标、组织的目标（"目3"）就达到了（当客户的"目2"达到后，C 君的"目6"、组织的利润目标"目3"就有可能达到）。
5. 研发单位认为重新设计此产品要三个月，而客户希望三个月后即可开始交货。	研发单位（其决策者在管理矩阵中应属于"5"）由于能力（"能5"）或资源（"资5"）的限制，或本身部门目标的优先级（"目5"），造成无法满足客户的交期目标（"目2"）。
6. 生产单位认为生产排程已十分拥挤，要挪出产能需要再等一阵。	生产单位（其决策者在管理矩阵中亦属于"5"）由于产能或资源（"资5"）的限制，或本身部门目标的优先级（"目5"），造成无法满足潜在客户的交期目标（"目2"）。
7. 业务人员认为此客户十分重要，此次订单虽然不大，但将来成长潜力很高。	业务人员（属于组织层级"6"）的认知中（"环6"），认为如果能满足此一客户此次订单的需求（满足"目2"），则该客户很可能在未来下单时，会优先考虑（"决2"）本公司，这对本公司而言是很重要的（能满足本公司长期的"目3"，或从客户得到资源的反馈——从"资2"流向"资3"）。
8. C 君会同研发单位与业务人员，试着修改客户要求的规格，并得到客户认可。	C 君整合本公司研发单位的技术能力（"能5"）与业务人员的沟通说服力（"能6"），改变客户的规格要求（"决2"），并得到其认可（调整客户的"目2"或改变客户对规格要求的认知——"环2"）。

9.C 君透过业务人员，与该客户的研发单位认识，并建立互信，再从彼处了解客户未来产品与技术的大致方向，以及本公司可能提供服务的机会。	经由业务人员的关系（可视为一种业务人员的网络资源"资6"），建立本身与对方的关系（转换成为本身的"资6"），了解客户未来技术走向（是其未来的决策，也是"决2"之一），使本身对客户的认知（本身的"环6"）更正确更深入。
10. C 君向上级反映，指出此一客户未来潜力可观，本公司亦有机会创造长期业绩。并争取公司对本案之支持。	C 君采取行动（"决6"），将本身对客户未来方向（"决2"）的了解（"环6"），告诉长官（上一层是"5"，更上层是"4"），影响其认知（使"环5"或"环4"能与 C 君的"环6"渐趋一致），促使机构领导人（"4"）或部门主管（"5"）提高对本案的重视与支持（由于"环5""环4"这些属于长官的"事实前提"改变，因而影响"决5""决4"的决策方向）。
11. 新规格会用到某一供应商的零组件。由于该供应商同时也提供另外一些关键零组件，因此对公司上级颇有影响力。	采用新规格这一决策（C 君的决策"决6"），对某一重要供应商（也是任务环境中的一员，因此也属于"2"）有利（可达到其"目2"），因而促使该供应商采取行动，影响本公司高层对本案的重视（希望供应商为了达到其获利目标"目2"，而采取"决2"，即说服或影响本公司机构领导人的"决4"）。
12. C 君透过该零组件供应商，影响公司高阶人员，由该高阶人员请生产单位设法将该订单纳入排程。	零件供应商的决策（"决2"）影响高阶领导人的决策（"决4"），再影响生产单位的排程决策（"决5"），调整了生产的流程次序（"决5"改变了生产流程"流5"）。
13. 在研发设计、生产等单位全力配合下，及时完成此一订单。	由于客户所要求的规格可以让步（调整"目2"或"决2"），研发设计的流程因而简化（研发的"流5"改变），加上上述生产流程的改变（生产单位的"流5"），于是得以完成客户需求（"目2"）。
14. 与该客户建立良好的长期关系。	客户目标达到后（"目2"达成），在其认知中加强了对本公司的正面印象（改变其"环2"），将来更可能会进行更多的采购（未来的"决2"），对本公司资源的获得有所帮助（客户的"资2"可能对本公司的"资3"有挹注效果）。

案例四：学生社团领导人

管理行为或特性的描述	管理矩阵解析
1. 某大学舞蹈社社长D君。	D君是机构领导者，在管理矩阵中属于"4"。
2. 舞蹈社中又分国际标准舞、现代舞、民族舞蹈等组，各组设组长。	这些组长们在管理矩阵中属于"5"。
3. 全社有社员二百余人。	成员属于"6"。
4. 每年舞蹈社最重要活动是学年结束前的"舞展"，展出三天。舞展成败是本届绩效最重要的指标，也决定了次年新增社员的人数。	舞蹈社的机构目标（"目3"）很多，但最具体的是举办"年度舞展"，以及招收新社员（这两项"目3"，彼此间也有因果关系）。但可想见，D君作为机构领导者，也有其本身的目标（"目4"），例如：培养管理与领导能力、建立更广的人际关系，或只是纯粹对推广舞蹈活动的理想。
5. 社团运作需要学校学务处、总务处支持；需要从外界募款；需要有水平的舞蹈老师来校担任指导工作，更需要全体社员积极参与。	学务处与总务处的角色，部分是为学生社团制定规则的总体环境"1"，部分是社团资源来源（任务环境"2"）的一环。募款来源、外界舞蹈老师、舞展观众，甚至社员的家长等，都是舞蹈社的任务环境，都可称之为"2"。他们各有目标（"目2"），也有资源与能力（"资2""能2"），而他们的决策（"决2"）对舞蹈社的作为（"决3"）及目标达成（"目3"），当然也影响深远。
6. D君在学年一开始即拟出一个规模与创意兼备的舞展计划，并请各组组长、副组长共同参与。	"规模与创意兼备的舞展计划"是D君规划的结果（"决4"），同时也是舞蹈社本年度的机构使命（"目3"与"决3"），D君以此一使命作为尔后一切工作的起点。邀请各组长与副组长（"5"）的用意在使他们的想法与期望（"目5"）能纳入组织目标（"目3"）中。这也是整合各方目的与价值观念（整合"目5""目4""目3"）的典型方式，简而言之，即是设计一个大家都能接受的目标（"目3"），整合大家的共识与期望。
7. 为了避免大家"虎头蛇尾"，乃在计划完成后邀请校内媒体大力宣传，并使各组领导阶层公开对外做出承诺。	校内媒体属于舞蹈社的任务环境，在管理矩阵层级中属于"2"。D君利用媒体资源（"资2"），让全体社员对本届舞蹈社产生更高的期待（诱发某些社员的"目6"），也为各组领导人在公开承诺的情况下强化了一些社会压力（不愿在大家面前显得"虎头蛇尾"，也算是一种心理需求的表现，因此也等于是加强了"目5"）。

8. 请各组组长持此公开报道的舞展计划，分别邀请名师担任指导老师。	校外舞蹈名师不易敦请，但这些名师其实在价值观念（"目2"）上，也希望有机会指导真正有诚意学习的青年后进，D 君及该舞蹈社所提出的计划（"决3"），使他们认为（影响了他们的"环2"）此一计划颇能配合他们的想法，因而愿意担任指导老师（他们的"决2"与此舞蹈社的"决3"一致）。
9. 名师同意担任指导老师后，再以"不可亏欠名师"为由，请学生处提供更多资源，请总务处提供更好的平时练习场地。	指导老师加入后，表示他们对今年的活动有所肯定。这些"肯定"以及他们的"声望"，即转化为舞蹈社的一项无形资产（"资3"），D 君可凭此"资产"整合学生处与总务处的支持，在管理矩阵的术语上，即是将学校的"资2"，转化为舞蹈社的"资3"。 学校里社团很多，学务处与总务处在分配资源与关注时（"决2"），也有其目的与价值观（"目2"）。相关人员希望在"名师"面前为学校建立好的名声与关系（从舞蹈社观点看，也是"目2"），这些考量有助于这些单位做出对舞蹈社有利的决策。
10. 有名师指导、有好的场地，对年终舞展又有高度期望，全体社员士气及参与率就提高。社员间的感情更好，而各分组间的良性竞争也逐渐形成。	这些有形无形资源齐备以后，社员的部分目标（"目6"）即获得满足，因而使大家更努力排练或准备（"决6"）。 各组之间的良性竞争，以及希望在名师面前有所表现等，也是社员们的目标或价值观念之一（"目6"）。这些想法的存在也有助于大家的付出与努力（"决6"）。
11. "高度期望""高度认同感""社员感情""组间良性竞争"皆形成后，第二学期开始发动的社员对外募款活动也很成功。	高昂的士气（是否有士气，似乎也可算是基层成员的一种决策——"决6"）有助大家对组织的认同（"目6"认同组织的"目3"），而此认同可提高对募款活动的努力（"决6"），募款成功又提高了组织能运用的资源（"资3"）。 募款对象在管理矩阵中属于舞蹈社的任务环境"2"。这些社员们（"6"）如何经由满足这些募款对象的目标（"目2"），让他们采取捐款行动（"决2"），在案例中并未观察报道。
12. 以上资源皆到位后，再与各组组长及担任幕僚的组员，共同精心设计从彩排到场地布置、服装、前台、后台等各项作业细节。	在年度计划（"目3""决3"）的指导下，社长 D 君、各组组长及干部等制定决策（"决4""决5"），设计流程（"流3""流4""流5""流6"），再经由这些实际的营运流程（舞蹈演出、文宣活动等）创造价值，达到组织原先的目的（"目3"）。 结果：大一的学弟妹们对舞蹈社产生更好的观感（此次舞展影响了他们的想法"环2"，认为加入舞蹈社能充分满足其社团参与或演出的目标（"目2"），因而更倾向于明年加入本社（"决2"）。此外，由于过程中大家皆十分努力，展出亦极为成功，校外舞蹈名师也对本舞蹈社产生更好的观感（影响了他们的"环2"）。

案例五：理想中的中基层管理者

管理行为或特性的描述	管理矩阵解析
1. 理想的中基层管理者 E 君。	E 君既非机构领导人，亦非基层成员，故可视为"各级管理人员"，在管理矩阵层级中属于"5"。
2. 知道自己负责的业务范围、与组织内外他人的衔接。	其本身业务范围是整体组织创价流程的一部分，由于本身层级属于"5"，故其责任区是"流5"。E 君了解其职责范围（"流5"）与上级责任区（"流4"）、其他平行单位的业务责任区（也是"流5"）、外界任务环境中供应商、经销商等所负责业务（"流2"）彼此的范围与界面。由于其他平行单位在组织中也属于"5"的层级，因此它们的业务责任范围在管理矩阵中也称为"流5"。
3. 维持其进行的效率，达成预期效果或目标。	当事人 E 君采取正确的决策与行动（"决5"），维持本身业务责任区（"流5"）的效率，以达到上级赋予的目标，该目标是当事人决策的前提，也是努力的方向，在管理矩阵中相当于"目5"。且其目标（"目5"）能配合上级目标（"目4"）与组织目标（"目3"）。
4. 知道自己可以做哪些决策，各决策的可行方案。知道如何配合上级决策及现行组织政策。	知道本身所能决定，或应决定的决策有哪些（"决5"共有哪些，有哪些方案），并能配合上级各种决策与行动（"决4"）的方向，以及组织各种政策规范。由于"组织"在管理矩阵层级中属"3"，因此这些属于组织政策的规范在管理矩阵中称为"决3"。
5. 决策项目及方案皆有开创性，而非凡事请示，或推一步走一步。	用理性及创意确保本身决策广度及抉择（"决5"）的质量。
6. 决策正确，能从各方掌握正确而关键的资料，并以理性为基础，达到组织要求的目标。	其各种决策（"决5"）是基于由环境的认知（"环5"）所掌握到的政府与世界各种机构决策方向（"决1"）、相关任务环境的决策方向（"决2"）等等；而且在认知中（"环5"）了解组织整体的机构目标与追求方向（"目3"）。 这些也分别代表他在决策时的"事实前提"与"价值前提"。
7. 能鼓励部属努力达成目标、提出创意。	采取各种有效的决策与行动（"决5"）影响部属（在层级中属于"6"）的各种决策与行动（"决6"），使部属的决策与行动，能达到此一中级管理者目标（"目5"）、上级或机构领导人的目标（"目4"），以及组织目标（"目3"）。

	也设计一些方法（"决5"），让部属"6"在完成上级的"目5""目4"后，也能满足其本身私人的目标或人生期望（"目6"）。这是激励的基本原则。
8. 能有效指导部属，提升其能力，增加其见识。	采取有效的决策与行动（"决5"），提升部属的各种知能（"能6"），以期当他们的能力（"能6"）提升后，有助其决策与行动（"决6"）的正确度、创意及速度。
9. 能与平行单位协调，妥协或坚持皆得其宜。	E 君凭着本身的知能（"能5"），使其决策与行动（"决5"）能有效整合其他平行单位的目标（"目5"）、能力（"能5"）、有形与无形资源（"资5"）等，并使各平行单位的各种决策与行动（包括本身单位的"决5"与其他平行单位的"决5"）彼此一致而有效。
10. 能从平行单位、部属、上司、组织整体，甚至外界获得支持以完成使命。	E 君有能力（"能5"）来整合其他平行单位的各种知识与能力（"能5"）、有形与无形资源（"资5"），部属的知能（"能6"）、部属的资源（"资6"），上级组织的能力（"能4""能3"）、上级及组织的资源（"资4""资3"），甚至外界供应商、客户、有关机关的能力与资源（"能2""资2"）。
11. 能为上级及平行单位提供其需要的内部、客户、竞争者、产业的相关信息。	E 君有足够的能力（"能5"）、意愿（"目5"），将本身所掌握各种对事实的认知（"环5"），转移给上级、平行单位、部属，使他们对各种事实的认知（"环4""环5""环6"）也因而得以强化或更趋正确。

案例六：失败的管理者

管理行为或特性的描述	管理矩阵解析
1. 失败的管理者 F 君。	假设这位管理人员属于中阶（管理矩阵中第"5"级）。
2. 未能正确掌握本身的责任范围。	未能明了本身在组织流程中的职责范围（"流5"），未能明了本身该做的决策（"决5"）有哪些。有时该向上呈报的决策（"决4"范围），未向上呈报，而贸然决定，亦即越权。
3. 本身该做的决策未能及时定案。	决策（"决5"）质量不佳（"及时"是决策质量指标之一）。

4. 决策时不知本身共有哪些选项。	能力与知识（"能5"）不足，造成决策（"决5"）质量不佳或考虑未周。
5. 决策未能与上级的决策相互配合。	本身决策（"决5"）未能与上级决策（"决4"）配合，甚至违反组织既定政策（"决3"）。
6. 决策时，对外界信息研判错误。	决策（"决5"）进行过程，对所需的"事实前提"认知不足或不正确（"环5"不足或不正确）。
7. 未能了解上级的目标。	在决策与行动时（采取"决5"时），不能认知上级的目标（在他的认知"环5"中，未纳入上级目标"目4"的考量）。
8. 决策时私心太重，未能顾及组织的长期利益。	在决策（"决5"）的价值前提中，对私人目标（一部分的"目5"）过于重视，甚至牺牲组织的长期目标（"目3"）。
9. 对部属未能有效指导与训练。	未能采取有效行动（"决5"），提升部属（"6"）的知能（"能6"）。原因之一是本身缺乏能力进行训练（"能5"不足），可能是心中不重视部属的成长（本身的"目5"中，部属成长对他并无价值），也可能是未能认知部属的成长需要（"环5"不足）。
10. 不了解部属的需要与想法。	没有能力（"能5"不足）或没有意愿（"目5"不及于此）注意部属的目标与需求（"目6"）。
11. 无法将各方意见与信息纳入决策过程。	没有能力（"能5"不足）在本身的认知中（"环5"），纳入上下内外的各种信息认知（上级的认知是"环4"、部属所掌握的信息是"环6"、平行单位的是"环5"；外界所掌握的是"环1"与"环2"）。
12. 无法与平行部门或外界相关单位协调配合。	本身在决策（"决5"）过程中，未能考虑平行单位的决策（其他单位的"决5"），也未考虑外界供应商、经销商的决策（"决2"），甚至未参考政府的相关规定与趋势（"决1"）。
13. 无法创造资源，凡事只能依赖上级指示与支援。	决策、行动以及所负责的流程（"决5""流5"），所需的有形无形资源（"资5"），完全仰赖上级（由上级的"资4"转移而来），无法与组织内外其他单位或个人争取或自行创造。

管理上的含义

从以上几个案例的解析，可以更了解管理矩阵的运用方法，以及如何运用管理矩阵及其中各栏位及编码系统，以结构化地描述种种管理行为与现象。虽然在以后章节对管理矩阵及六大管理元素还有更多的讨论，但在此已可以做出几项观察。

⊙管理矩阵是周延有效的编码系统

管理上许多细微的动作，如**认知的改变、流程与决策的划分、各相关人士目标的掌握、利益结合、行动协调、成果分配等，都可以运用管理矩阵的编码系统具体表达。**

⊙整合是管理工作的核心

这些案例所描述的管理行为，都是企业日常生活中经常可以看到的，然而它们既不属于营销、人事，也不算是规划、组织与控制；虽然对沟通或谈判技巧有高度需求，但也并不等于沟通与谈判。事实上，所谓"管理"，本来就是这许多观念、知识、技巧的综合体，而"整合"是这些管理行为最佳的说明。

⊙以管理矩阵评估管理工作的质量

从这些案例中，尤其是两位分属成功与失败的管理者 E 君与 F 君，已可勾勒出管理工作的内容，以及评价的标准。借由管理矩阵，即可有系统地检视本身或本身所领导的各级管理人员，在"管理"上究竟努力到什么程度，以及在这许多面向中是否有偏颇或尚待加强之处。简而言之，在不同产业、不同职位，所需要的管理作为或能力，并不全然相同。**管理当局可以用管理矩阵为架构，针对每位管理者的职位要求，设计管理能力发展的计划，以及订定评估管理能力的指标。**

管理工作的自我检核

1. 本组织"总体环境"有哪些机构，其决策（"决1"）可能对本组织的运作发生哪些重大影响？

2. 本组织"任务环境"有哪些机构或个人，其决策（"决2"）可能对本组织的运作发生哪些重大影响？

3. 案例五描述一位"理想的中基层管理者"，案例六则描述一位"失败的管理者"，并分别以管理矩阵进行详细的分析。如果你身为一位"各级管理者"，将本身的管理工作与角色和这两个案例逐项比对，可能会对自己产生哪些建设性的检讨与建议？简而言之，有哪些管理行为与特性，比较接近 E 君？哪些管理行为与特性比较接近 F 君？

4. 续上题，您的部属如果也担任管理角色，则他们与此二案例的比对结果如何？您应采取什么行动，协助他们更接近"理想"？请试着在管理矩阵上表示您的各项行动，究竟是针对哪个"栏位"？预期将产生什么样的效果？

第 4 章

管理元素之阴阳表里

六大管理元素可以从组织角度看，也可以从每位成员个人的角度看。前者是"阳面"，后者是"阴面"。"阳面"也相当于组织中的正式体系，而"阴面"则是非正式体系中的行动或思维。整合六大管理元素的阴面与阳面，使之平衡而调和，是管理者重要的工作。

本章重要主题

阴阳表里
阴阳两面管理元素之交流与转换
对管理工作的含义

关键词

阴阳表里
公私分际
前程规划
例规
转阴为阳
转阳为阴
个人元素
组织文化
品德管理
调和阴阳
去私

一般管理学在讨论规划、组织，甚至决策时，多半假设管理者能全心全意配合组织目标来评估利弊、采取行动；然而在讨论激励方法或沟通领导时，又隐约假设组织中每个人其实都有自己的个人目标或人生方向。这两种理论体系间似乎存在某些前提下的矛盾。至于高阶管理人或管理团队"公私"间的分际，在实务上十分重要，学理上却又往往略而不谈。

事实上，组织中每位成员在思维、决策与行动上，既是"组织人"，同时也是独立的"个人"。绝大部分人当初加入组织，为组织贡献所能，无非也都是基于个人目的，或为了满足个人种种需求。个人目的或立场与所任职的组织不尽相同，这无可厚非，亦无须愧对。理性面对这个事实，并将其纳入管理范围，这才是更正面的做法。

第二章所举的几个案例中，业务代表 A 君、舞蹈社长 D 君全力以赴，完成组织使命，其努力难道与个人价值观或人生目标无关吗？万一个人前程与组织目标发生冲突（例如：课业负担与社团活动间的时间分配），应如何取舍？舞蹈社长 D 君在推荐"接班人"时，应从全社未来发展的角度来考量，还是从个人友情与关系来考量？业务代表 A 君能力强，如果经销对象（大型家电连锁体系）的负责人对他十分欣赏，想用更好的职位与待遇挖角，他应如何决定去留？创业家 B 君的公司投资人中包括家族成员，在家族利益与公司利益不一致时，他应如何抉择？这些都是"个人与组织"或"公私分际"的课题。

阴阳表里

"个人与组织"或"公私分际"的课题在组织中无所不在。为了简化说明，本书拟借用中华文化的"阴阳表里"表达这个观念。**"阳"与"表"代表与正式组织有关，或"公家"的事物。"阴"与"里"则代表每个人的内心世界，或非正式体系中的行动或思维。除非走向极端，否则"阴阳表里"并无道德的高下问题，只是代表不同的立场或观点。**

如果某一组织只是由一个人所组成，则"组织"与"个人"完全合一，便没有"公""私"的分野，也无"制度内"与"制度外"的差异，因而不会出现"阴阳"的问题。然而，在真实世界，此一极端现象不太可能存在。因为，既然是"组织"，就必然有来自各方资源与心力的投入，每一个投入的主体，无论是机构还是个人，也都各自有其目的。整合这些人的个别目的或目标，本来就是管理上的重大挑战。此外，当组织稍具规模，即必须建立制度，既有制度，就难免会有"制度外"的事务出现，这两者之间的关系，也可以用"阴阳表里"来比拟。

在华人社会的文化传统中，"公私分际"本来即不甚分明，每个人在组织外的网络关系相当复杂而多元，对制度的遵循通常也极有弹性，因此这一主题显得格外重要。

六大管理元素中，以"目标体系或价值前提"在组织与个人间的差异或矛盾最为明显，也最重要，而其他几大管理元素也分别都有其阴阳表里的现象存在，兹分别说明如下。

表 4-1　六大管理元素的阴阳表里

管理元素	阳面（表）	阴面（里）
目标与价值前提	组织绩效、满足顾客、市场占有率等目标。	个人生存、健康、财富、名望、权力、家庭幸福等个人目标。
环境认知与事实前提	正式管道所提供的资料或事实。	每位成员因个人背景、非正式组织，或外界网络接触而带进组织的信息或事实认知。
决策与行动	策略计划、成长方向、广告营销等组织决策。	前程规划、个人去留、是否要加入此一组织、愿意投入多少个人资源于此一组织等个人抉择。
创价流程	制式标准流程；组织正式规定的流程制度。	工作人员各自运用本身的方法去进行工作或"创价"；越级报告或越级指挥，甚至形成与组织正式规定完全不同，但又不见诸书面的"例规"。
能力与知识	属于组织的知能。	属于个人的知能。
有形与无形资源	属于组织的资源。	属于个人的资源。

⊙目标与价值体系的阴阳

阳面目标与阴面目标共同指导组织成员的决策与行动

目标与价值体系是决策与行动的前提，简而言之，决策方向及方案取舍，无不受到目标与价值体系的高度影响。影响决策的目标或价值前提可分为两大类：一是组织的，一是个人的。前者可称为组织的目标体系，后者可称为个人价值观或个人目标。

在管理矩阵中，此一观念就很容易表达。例如：就机构领导人而言，其目标（"目4"）可以划分为两部分，一部分延伸自组织目标（"目3"），属于"阳面"；另一部分是他自己本身的目标，可称之为"阴面"。同理，各级管理人员的"目5"，也是一部分来自组织的"目3"与机构领导人目标（"目4"）的"阳面"，一部分则是他们自己个人"阴面"的目标。基层人员的"目6"，情况也完全类似。

所谓"阳面"，指的是组织的绩效、满足顾客、成长、市场占有率等，而"阴面"则是个人的人生理想，或个人的生存、健康、财富、名望、权力、家庭幸福，甚至对全人类的关怀或宗教的灵性升华等。

组织中任何人的任何决策，基本上都是为了满足"阴""阳"两方面的目标而制定的。

每个人的目标体系皆包含不同比例的阴阳成分

每个人在组织中的作为，"阴阳"比重不尽相同，但极端值也不多见。所谓"极阳"是指全心全力为组织奉献，毫无私心，甚至置妻子儿女、社会人情或自身安全健康于不顾。所谓"极阴"正好相反：在组织中一切作为皆在图利自己，所有决策与行动前必须精打细算对本身的利弊得失。真实世界中，具极端倾向的人为数不多，大部分人都介于二者之间，只是程度上的差别而已。

⊙环境认知与事实前提的阴阳

对环境的认知是决策与行动的另一类前提，决策者对环境的认知也高度影响决策方向。

正式的信息渠道

为了影响部属行为，使其在决策与行动上能符合组织目标的要求，管理当局或上级管理者必须设法"告知"部属某些事实资料或提供某些信息，例如：公司未来经营的努力方向、公司内部的奖惩制度、公司与个人的未来发展前景、高阶层的理念与行事风格、各部门的决策与行动，甚至产业与竞争者的动向等，并希望部属能以这些环境认知与事实前提为基础，采取符合组织目标的行动。**这些由正式渠道所提供的资料或事实，可称之为"环境认知与事实前提"的"阳面"。**

非正式的信息管道

组织中每一个人，除了从组织的"官方管道"获得许多信息外，还有许多其他管道可以形成其对内外环境的认知，并根据这些认知进行决策与行动。再者，每个人在进入组织前各自都有其不同的教育背景与工作经验，也拥有各自的社会网络关系，这些都使每位成员对世界的认知呈现高度分歧。**这些由每位成员因个人背景、非正式组织或外界网络接触而带进组织的信息或事实认知，可称为"环境认知与事实前提"的"阴面"。**

两种信息管道的互补

此一元素方面的极端阴阳也不多。但实务上的确有些人就是"消息灵通"，信息来源多元而丰富，虽然正确度不易查证，但这些消息明显与正式管道所听到的不同，两者间或互相矛盾，或彼此互补。

从机构领导人到任何一位基层成员，其决策与行动所依据的事实前提通常都是综合"阴阳"两方面的结果。

⊙决策与行动的阴阳

组织决策与个人抉择

策略制定、供应商选择、人事晋升，甚至权力布局等，都是管理者在组织中的重大决策。然而从其个人立场，比这些更重要的决策则是：是否还要留在这个组织中？或是他的人生究竟要有多少比率与此一组织结合在一起？

用本书的说法，**策略计划、成长方向、广告营销等决策属于"阳面"决策，其性质与组织未来发展有关；而个人去留则属于"阴面"决策，是有关个人前程规划、个人与组织关系的决策。**

个人前程规划与去留抉择为先决考量

"是否还要留在这个组织中？"此一决策在"位阶"上高于其他所有的组织决策。因为就整体的"人生目标体系"来看，所谓事业前程，或是否加入某一组织，都是属于手段层面的决策。简而言之，一个人想获得温饱、收入、社会肯定、名利，乃至于事业理想的达成，管道可能很多，加入某一组织并从组织中得到这些方面的满足，只是许多可能的方法或手段之一而已。如果个人认为加入其他组织将有更好的发展，或"心"已不在职位上，则其所负责的组织决策，质量与成效也就不必深究了。

个人去留、是否要加入此一组织、愿意投入多少个人资源（人生、时间、知能、在外界所拥有的关系或声望、资金）于此一组织等，这些"阴面"的决策，不仅较"阳面"决策优先考量，而且必然影响"阳面"决策的方向。

⊙创价流程的阴阳

创价流程可分为"营运流程"与"管理流程"，简言之，前者是具体的产销活动，后者是配合前者所形成的管理制度或程序，这些在第五章中都将有更详细的说明。

营运流程的阳面与阴面

营运流程也有阴阳面的分野。例如：基层工作人员的工作是营运流程中直接"创造价值"的重要环节，其工作方法或处理问题的程序与行动中，合乎制式标准流程的部分，可视为营运流程的"阳面"。**如果工作人员各自运用本身的方法进行工作或"创价"，则这些方法或流程可视为营运流程的"阴面"。**例如：在零售连锁店中，如果店员一切都尽量依规定进行问候、收费、处理存货、安全检查等工作，则表示"阳面"比率高；如果每家分店或每位店员在这些流程上各有各的做法，则表示"阴面"比率高。

在作业管理领域，相当大一部分的努力是在设计标准化的营运流程，以提高效率，并便于管控，这即是"化阴为阳"的工作。以机器取代人工、以连续生产逐渐取代各自独立的加工过程，目的也都在于减少人为因素所造成的不确定性或差异。

管理流程的阳面与阴面

至于管理流程方面，当然也有"个人"与"组织"的差别存在。例如：在组织中有决策与授权制度，但往往有人越级报告或越级指挥，甚至形成**与组织正式规定完全不同，但又不见诸书面的"例规"。这些可称为管理流程的"阴面"，而组织正式规定的流程制度，则是管理流程的"阳面"。**

例如：会议与会议系统，是组织运作重要的管理流程之一。依"阳面"流程，重要信息应在会议中交换，重要决策也应在会议中拍板定案，然而在许多组织中，正式会议场合向来风平浪静，因为一切不同观点都已在会议前"协商完毕"。未能达成共识或协商未成功的，不会列入议程；能列入议程的，多半已经获得共识或妥协，因而在正式会议中不会出现争议或针锋相对的场面。在此，"会议"是阳面的流程，"会前协商"则是阴面的流程。

阳面的管理流程，虽然比较缺乏弹性，但由于权责界定清楚，易于事后追踪其责任归属，因此，大型组织通常比较强调阳面流程，以确保公司不致失控，其组织内部信息的流通以及内控内稽的工作，多半都有明确的流程。不过，除了正式流程外，高阶主管往往还有其他获得类似信息的管道与程序。这也表现出阴面与阳面互相补益或双轨进行的情形。

流程之阴阳，过犹不及。有些组织缺乏书面化的制度，一切做法大部分依赖约定俗成的程序，但是，各人对各项程序究竟应如何，都有极高的诠释权，既无一定的章法可循，也难以追究权责。另外一些组织则制度多如牛毛，一切照章行事，毫无弹性。前者表示管理流程的"阳气不足"，后者则是"阳气过盛"，各有所偏，这些在实务上都是常见的现象。

创立不久的中小企业，通常制度化程度不高，主要依赖非正式的阴面管理流程来运作，它们显然需要强化制度以增加阳气，否则不易因应未来组织的成长；历史悠久的大型组织，一切按部就班，若不设法在重重规定中找出空隙，几乎难以有所突破创新，此时"找出空隙"的做法即可视为依赖非正式的阴面管理流程，来弥补阳气过盛的问题。

⊙能力与知识的阴阳

每位成员或多或少都会为组织带来一些能力与知识，也从组织或工作中获得能力与知识的成长。另一方面，组织本身也会拥有许多属于组织的知能或能耐，虽然也是由成员集体的知能所结合累积而成，但通常小会因个别成员的离职而有重大的减损。有关"属于组织的能力"将在第七章再做进一步的讨论。

组织应将成员的个人知能转为组织知能

一群拥有丰富知能的人，其知识与能力未必会自然而然地转化为"组织整体的知能"，因此，个别能力的存在，并不等于组织整体的能力。在有些组织中，似乎人人都有不少能力与本事，但就是无法合在一起形成整体的力量，适足证明此一论点。从"阴阳表里"观点，属于每位成员的个人知能可归于阴面的知能，而属于组织的知能则可归为阳面的知能。

从组织整体的立场，来自各方的成员，理想而言，应能为组织带来许多有价值的能力与知识，彼此汇集结合成属于组织的独特知能。这些独特知能不仅能成为组织竞争力的基础，而且个别成员也无法轻易将这些属于组织的知能"带走"，即使带走，也不会冲击组织整体的能力基础。甚至当组织拥有独特的"知能"时，在组织中表现优异的个别成员，一旦离开本组织，其个人知能在其他组织也难以发挥。此**"个别成员将知能带进组织，形成组织整体知能"的过程，应可视为"转阴为阳"的过程。**

组织知能扩散至个别成员

从个别成员本身的角度，有时反而是希望从组织工作中"学"到一些知能，然后带着这些"可随身携带"的知能，在外界职场找到更好的发展机会。有些组织由于过去的努力，培养了不少人才，这些人才离职后到了其他机构都成为十分杰出能干的领导人物。**而原来的组织由于人才流失，本身又无法持续创造、培养属于组织层面的知能，于是日趋衰落。此一现象，可视为"转阳为阴"的过程。**

人才带着知能在组织间移动，这是难以避免的。从管理当局的立场，必须设法不断吸引组织所需要的人才与知能，加上组织内部累积、创新知能的机制与能力，使组织所拥有的知能，以及以这些知能为基础所建立的竞争力，可以生生不息。

⊙有形与无形资源的阴阳

资源所有权的归属

组织通常拥有一些有形资产如现金、设备等，其所有权的行使应该都有一定的制度，而品牌、智财权等无形资产，其"所有权意识"在近年来也日益受到重视。然而像"形象"或"网络关系"这些无形资产，究竟是属于个人的，还是属于组织的，则存在着相当模糊的空间。

属于组织整体的社会形象或网络关系是阳面的资源，属于个人的则是阴面的资源。与前述的"知能"一样，所有成员所拥有的无形资源，其总和并不等于组织整体的无形资源。欲将前者转化为后者，也需要投入一些功夫。

成果分配是正常的"转阳为阴"

为了吸引各种成员对组织投入知能或资源，必须在组织完成创价活动后，进行合理的成果分配。而成果分配的标的，大部分是组织所创造或交换而来的各种有形资源，例如：薪资、货款、租金、利息、股利、分红等。相关的成果分配过程，就是将属于组织的阳面资源，转变为属于个人所有的阴面资源。

此一转阳为阴的过程，是为了回报各种成员对组织的贡献，以确保组织之存续，因此是正常的"转阳为阴"之做法。

应防范不正常的"转阳为阴"

从组织整体角度，当然希望个别成员能将自己的社会形象或外界的网络关系带到组织中，成为组织经营的无形资产，帮助组织长期绩效的达成。例如：运用个人关系，为组织争取外界的支援与合作，或运用个人形象，以提升组织形象等。**然而在实务上，却常看到不少人借着本身在组织的职衔地位，利用组织的形象或网络关系，在外创造或建立属于自己的形象或关系。**

在有形资源方面，观念也相当类似。股东为公司投入资金，供应商为公司提供原料与零件，只要在公平而正常的交易条件下，这些资源的交换都可以视为将各类成员（含股东等）的个人资源转化为组织资源。而供应商短交原料、客户拖欠货款，甚至大股东"掏空公司"的情形，这些都属于不正常的"转阳为阴"过程。

与无形资源或能力知识相比，有形资源或有形资产的所有权范围明确得多，因此"公"与"私"的分际应该十分清楚，也由于分际清楚，其"转阳为阴"的做法不仅有更明显的伦理问题，也有更明确的法律规范存在。

⊙总体环境与任务环境的阴阳

本章主要是从组织层次说明阴阳表里的观念，其实在总体环境与任务环境中也一样有阴阳存在，兹择要说明如下。

总体环境与任务环境目标体系的阴阳

"目1"一方面是总体环境中各"规则制定者"的目标与价值前提，一方面也代表"世界"或"国家"的价值观念取向。因此，所谓"目1"的阳面，可以形容为人类社会或全体国民在价值观上展现出互为"生命共同体"的"和谐""一致"以及"长期考量"。而"目1"的阴面则表示人类社会中各自为本身利益打算的氛围。而"群""己"利益的适度平衡亦即是"目1"阴面与阳面的协调与互补。

任务环境的"目2"，其阳面表示产业中，包括互相竞争的厂商在内，在目标上虽有竞争，但基本上都愿意维持产业秩序，共创未来的"产业文化"。而阴面的"目2"则代表各机构追求自利的目标，其适度的存在不仅合理而且必要，但若"阴气过盛"则会表现出不惜破坏产业整体生存空间的价值观。

与组织内部一样，阴面与阳面本来即同时存在。任何组织或个人为求生存，在内心深处必然有自利的动机，这是人之天性，无可厚非。如何整合阴阳两面，才是重点。

古代所称的"大同世界"，即是期望有"圣人"出现，整合属于总体环境的"目1"。而从消费者保护、智财权，以至产业秩序的维持等角度出发，一部分作用也在于整合"目2"的阴阳两面，以防范个别厂商因为本身的短期利益而牺牲整体产业的未来生存空间。

总体环境其他管理元素的阴阳

总体环境的"资 1"，其阳面表示世界上已为人类社会有效掌握的资源，随时可以纳入各种产业的创价流程。阴面的"资 1"则表示人类社会或国家有"货弃于地"的现象，于是存在许多并未与创价流程相联结的资源。

同理，"能 1"的阴面代表"野有遗贤"的现象，亦即社会上有许多并未参与创价活动的"知能"或有才能的人未能在创价流程中充分发挥。"决 1"的阴面是社会中普遍对"入世与否"的相关决策。"流 1"的阴面则是"自耕自食"之类完全"与世隔绝"的流程。

历史上各种"盛世"代表阳气较重，而崩散或颓废的时代，则阴气较重。用六大管理元素的阴阳表里观念，也可以进行分析比较。

阴阳两面管理元素的交流与转换

从以上阴阳表里的分析，可以对组织与成员的关系产生更进一步的了解。而成员与组织之间在各个管理元素方面的交流与转换，更是达成组织目标、满足成员个人目标的重要途径。

⊙ 组织与成员在管理元素上的互动与交流关系

六大管理元素中，属于组织的称为"阳面"，属于个人的称为"阴面"。组织的六大管理元素全都是整合自个别成员所拥有的"阴面"元素，而组织所创造的各项元素，又分别流向个别成员而成为成员个人所拥有的元素。

简而言之，个别成员将本身所拥有的资源、知能、信息等"阴面元素"，经由事业前程规划等"阴面决策"，纳入组织的"阳面流程"之中，为了配合阳面的"目标"，牺牲了一部分本身行动的"阴面流程"。参与创价活动之后，再经由直接的成果分配过程或间接的"转阳为阴"过程（例如：增加个人知能或建立个人网络关系等），又满足了本身阴面的目标、充实了本身阴面的知能、资源与信息（环境认知）等。

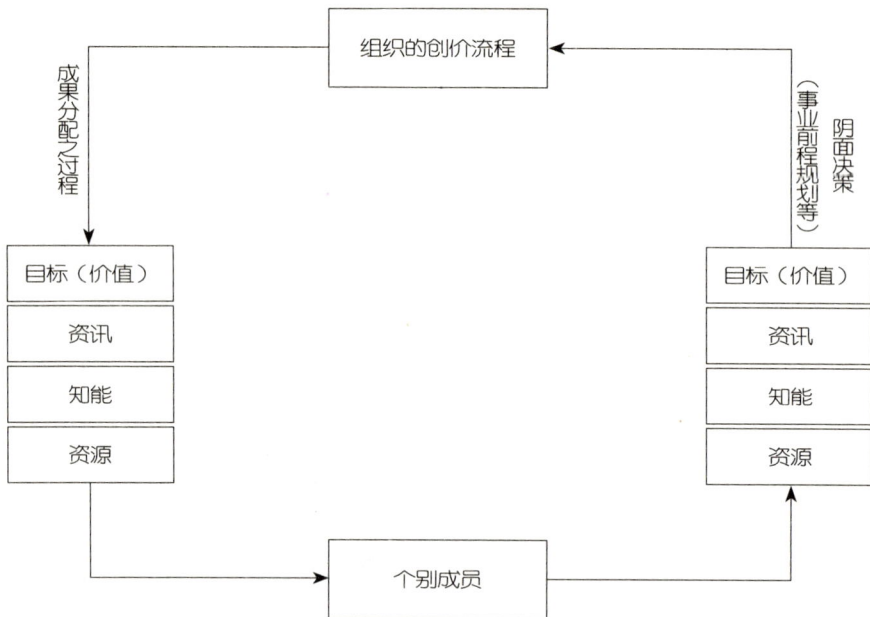

图 4-1　组织与成员在管理元素上的互动与交流关系

⊙管理元素与"个人元素"

若从更超然的角度来看组织与个人，则纯粹属于个人阴面的"六大管理元素"也可以称之为"六大个人元素"。简而言之，即使个人完全未拥有任何组织的成员身份，身为一个"人"，也有其"人生目标与价值观""对环境的认知与信息""对如何求生或前程规划的决策""行事或谋生（例如渔猎耕作）流程""谋生或生活知能""有形与无形资源"。而"正式组织"与个别的成员则是以对立的关系，基于互惠的原则，进行这些元素的交换。

此一观点有几项含义：

1. 任何成员加入组织，既有牺牲，亦有所获。是否值得，决定于其个人目标能被组织满足之程度、组织创价流程之效率，以及此一成员之可以选择的其他方案。

2. "个人元素"的变化与其一生的事业密切相关。初入社会的年轻人，在加入任何组织之前，即拥有某些特定的个人元素，退休离开组织生活后，其个人元素也因其事业生涯而发生改变。简而言之，在加入组织之前，必有其"价值观""认知""知能""资源"等，而数十年事业起伏之后，这些也必然有所变化，对人生的看法有所不同、对世界的了解也不一样、知能有增进也有折旧、财富或声望等有形与无形资源更是大不相同。因此，从组织角度来看，是"管理元素"的吸收与运用；从个人角度来看，则是组织生活或对各种创价流程的参与，改变了其原有的各种个人元素。

3. 有关个人事业前程规划的决策，从组织来看，谓之阴面之决策；从个人来看，则无所谓阴阳。如何在工作生涯中不断充实本身的各项个人元素，在不同的组织或工作岗位上发挥本身的个人元素，其实是个人理应审慎思考的重要决策。简而言之，在组织的创价过程中，经由贡献知能、资源与信息，以达到自己人生的目标、丰富自己的知能与资源，是事业前程规划的核心。而从此一"个人观点"来看，每个组织或每个职位，其实都是满足其人生目标的工具而已。

对管理工作的含义

从以上对管理元素之阴阳表里的分析，可以得到几项含义。

⊙对人性及管理应有更多关注

从三十六到七十二

管理问题不仅应考虑人性与组织的阳面，也应考虑阴面，以及两者间的交互作用。以管理矩阵的术语说，这三十六个"栏位"，其实可增为七十二个，因为每个栏位都有其阳面与阴面，而且二者交互作用的结果，又会产生许多新的管理议题。例如："总体环境"这一层中有政府主管机关，政府主管机关有其管理流程与法规制度（"流2"）。能熟悉了解这些流程，对企业经营当然大有帮助。然而，如果能深入掌握这些流程的"阴面"，也就是实际运作的程序、时效要求、权责划分，甚至承办人员的决策流程等，其所能产生的效果与境界，则又大不相同。

表 4-2　管理元素的阴阳表里对管理工作的含义

对管理的含义	内容
对人性及管理应有更多的关注	从三十六到七十二栏，产生许多管理新议题； 对一切事务的阴面应有适度了解。
以组织文化规范阴阳比重	建立文化规范； 面对阴阳并存的事实才能落实品德管理。
调和与管理组织的阴阳	组织目标与个人目标的结合； 正式与非正式管理流程的互补； 将知能与资源转阴为阳； 提升组织的整体知能，以因应知能之转阳为阴； 经由合理的分配成果程序，将资源转阳为阴。
去私是机构领导者最重要的修养	阴阳比重会上行下效； 机构领导人个人目标的满足应经由组织目标的达成。

对一切事物的阴面应有适度了解

实务上有人建议，各级管理人员应对同仁的人生目标、家庭状况等有所了解，认为这样可以在激励、领导方面更深入、更有重点。此做法即是建议管理人员了解（增加"环 5"的认知深度）同仁的个人想法与个人前程规划（"目 6"与"决 6"的阴面），然后再依此一认知（"环 5"）进行有关人事领导方面的决策（"决 5"）。

从另一角度看，身为部属，若能了解各级领导的人生目标、心理需求层次或现阶段的个人努力方向，则对自己的努力方向或工作重点，必然能发挥一定的指导作用。

对于人性或阴面流程的存在，固然不可全然不知，但对其关注的程度也应有所节制。因为从组织的生存定位，以及存在的正当性（第五章中将再进一步说明）来看，阳面目标的达成才是长期的首要之务。如果组织上下层级都投入过多的时间精神在建立私人情谊，或过度运用非正式管道搜集信息或推动政策，则可能忽略正式组织的长期目标与生存。简而言之，对阴面的了解与运用，只能是"工具"，不宜喧宾夺主，取代阳面的工作与努力。

⊙以组织文化规范阴阳比重

建立文化

正常组织不可能做到极端的"阳"，也不应放任成员的个人目标或考量凌驾组织目标。非正式的流程（管理流程的阴面）可以替代多少正式的制度，个人能享用多少原本应属于组织的资源，在组织中所学到的知能，可以私下对外转移到什么程度等，都应有所规范，或建立组织文化以便上下级同仁有所遵循。

面对阴阳并存的事实才能落实品德管理

有了规范，许多组织伦理问题即可简化，所谓"品德管理"也才可以落实。如果高阶领导人不能坦然面对"阴""阳"两面同时并存的现象，却为了创造在外界的形象，提出实务上难以落实的超高道德标准，结果徒然造成大家阳奉阴违，甚至使少数勇于突破道德要求的人更得其所哉而已。

⊙调和与管理组织的阴阳

六大元素的阴阳两面，是具体存在的事实，**高阶领导者除了必须针对过度自私自利的行动加以规范与杜绝外，更应设法"调和阴阳"，使二者相辅相成，互相为用。**

目标方面

成员有个人目标，组织有组织对每位成员的要求，二者原来并无交集。**结合组织目标与每位成员的个人目标，使大家在努力达成组织目标的过程中，同时满足个人目标，即是极为重要的管理作为。**

管理流程方面

在管理流程方面，非正式流程与正式流程或制度间，可能互补，可能替代，也可能因为前者的过度发达而妨碍了后者的正常运作。有经验的管理者了解这些非正式流程无法全面禁绝，因此设法使这些"阴面"的管理流程与"阳面"流程尽量达到互补，例如：适度利用非正式管道的消息，弥补正式信息管道的不足，但又不宜以小道消息取代正式的报表、报告或研究调查。此外，如果组织中大部分人都舍阳面流程不用，而大量依赖阴面流程，或许是显示出这些正式流程不合时宜或不合情理。管理当局应参考这些由"草根"发展出来的流程，增删或修改正式的流程。

知能方面

在能力与知识方面，"转阴为阳"当然是应该努力的方向，但有时"转阳为阴"（将公司中学到的知能带到其他组织去）也未必没有正面效果。如果离开组织的人都因为曾在组织中学得一身好本事，而在外界有了更好的发展，将对仍留在组织中的成员产生激励作用，不仅更愿意努力学习，也会提高对组织的信心。而且由于人员出路良好，可以畅通升迁管道，进而提高新人进入组织的意愿。如果这些离职员工后来在业界都成了"一方之霸"，也可以转变为组织的外部网络资源。总之，组织是否拥有提升整体知能的能力才是关键，只要本身条件够好，合理水平内的"转阳为阴"或许利大于弊。

资源方面

组织应建立合理的成果分配机制或程序，将创价流程产生的有形与无形资源，分配给对组织有贡献的成员，以鼓励其持续贡献。

在无形资源如网络关系等方面，各级主管利用公司资源创造本身资源是难以避免的事，但应设法让他们将这些外部网络资源，适度反馈给组织，使组织的无形资源可以不断扩大。这即是将个人的"阴面"再度转化为组织"阳面"资源的方法。

正视组织中存在"阴阳表里"的事实，加以调和转化，产生正面的效果，这是管理上的大学问。

⊙ "去私"是领导者最重要的修养

人性与组织同时具有阴面与阳面两个面向，这是极其自然的现象。身为领导者应接受并包容此一事实，然后在此一认识的基础上，设法调和转化，采取有效的行动。机构领导人本身面对"公私"课题时，必须有更严格的自我要求标准。

阴阳比重会上行下效

如果领导人本身私心极重，将组织的存在与运作视为满足一己之私的工具，甚至不惜牺牲组织长期利益以成全自己的目的，则组织中管理六大元素的"阳面"势将全面瓦解。风行草偃，上下交征利的结果，组织不可能有长远的未来。

换句话说，机构领导人的目标体系（"目 4"）中，如果认同组织目标（"目 3"）的成分高，而领导者个人利益（"目 4"的阴面）的比重少，则各级主管与成员自然会尽量压低其目标的阴面。反之，如果同仁感觉领导人的一切作为是为了私利，则同仁不可能相信他会依照大家对组织目标的达成程度来分配成果。如果同仁对领导者失去了此一信心，则大家对组织目标的投入当然了无兴趣，对组织使命的热情也不可能存在。

如果领导者能尽量促成正式信息管道的畅通（减少"环 4""环 5""环 6"间的沟通障碍），建立信息透明、有话直说的组织文化，则小道消息或谣言就不会四处蔓延。领导者以完成组织使命为职志，不会动辄考虑离开此一组织另谋高就（"决 4"的阴面），同仁对组织才会产生长期承诺（"决 5""决 6"的阴面比重降低）。

虽然非正式的管理流程难以避免（"流 4"的阴面），但却不宜过分依赖它们，并应针对正式流程的不足，不断追求修订与建构（努力提升"流 4"的阳面）。如此一来，正式与非正式的管理流程才能长期维持在相辅相成的水平，而不致产生矛盾。

总之，在六大管理元素中，**机构领导人都应力求无私无我，尽量发展"阳面"的部分，才可能使组织中的"阴""阳"两面互相补益，不致出现"阴气过盛"，而有碍组织长期的生存。这是为何机构领导人的品德标准与要求必须高于常人的原因。**

机构领导人个人目标的满足应经由组织目标的达成

机构领导人为组织投入最多，依常理，他应有远高于一般水平的个人目标，才愿意做出超过一般水平的付出。简而言之，有过人之志者，个人期望于人生者也必然愈高，真正要做到完全去私也未合人性。**但身为机构领导人，必须将个人目标建立在组织长期的成功上，因为只要无私地为组织付出，组织将来的**

成就即为其个人的成就。或是说，只要组织能发挥创价的效果，在成果分配时，自然能达到机构领导人的个人目标。如果为了个人目标而牺牲组织目标，长久而言必然是得不偿失的。

阴与阳之间，究竟是相生还是相克，就在这一念之间。

管理工作的自我检核

1. 你的人生目标，与组织赋予你所任职位的正式目标，分别为何？二者之间，有何"目标－手段"关系？你认为组织或上级应有哪些制度设计，才能使二者间有更好的配合或双赢？

2. 比照上题，如果你有部属，你对他的人生目标，或各种需求的追求与满足，了解程度如何？在结合其人生目标与组织所赋予的目标（调和阴阳）上，目前组织制度是否尚有改进空间？身为直属长官，针对此方面，你还可以采取哪些管理行动？

3. 你决策所需的信息（环境认知与事实前提），有多少是来自正式渠道？有多少是来自非正式渠道？针对后者，是否有继续开发消息渠道的必要？非正式的信息来源是否有必要逐渐正式化？

4. 组织的各项管理流程，书面化与制度化的程度如何？制度化以后，能维持的弹性空间有多少？"制度化"与"弹性"间的比重是否合理？

5. 外聘的"高手"带进组织的知能或外界网络关系，是否已与组织相结合？如果他们将来离开组织，这些"知能"与"无形资源"会随之带走，还是会有一大部仍然留在组织内？针对此事，组织在制度上是否有具体措施？

第 5 章

创价流程

组织存在的理由是为社会创造价值，创造价值需要有创价流程。创价流程分为营运流程与管理流程，前者类似直接创造价值的产销活动，后者则是串联、协调、整合各种创价活动的管理制度或程序。

本章重要主题

产业价值链

组织附加价值的创造

营运流程

管理流程

创价流程与其他管理元素的关系

关键词

产业价值链
价值创造
价值网
价值活动
经营模式
事业策略形态
营运流程
管理流程
次流程
组织正当性
核心能力
自制或外包

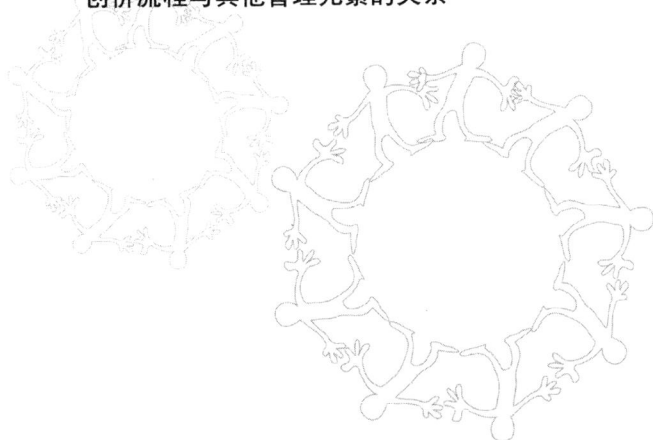

组织为了生存，必须从外界取得生存所需的资源。在现代社会，取得资源的主要方法是经由交换，而交换的先决条件之一是：**组织能够为外界的交易对象创造价值。**对外而言，组织的创价流程与其对外换取生存资源的策略息息相关；对内而言，创价流程也影响了内部组织划分以及效率的追求，进而影响组织成员的角色以及组织与成员间的交换关系。因此，价值创造以及组织内部创造价值的流程（简称创价流程）是组织生存发展极为关键的工作。

本章共分五节，分别介绍组织所处的产业价值链、组织附加价值的创造、营运流程、管理流程，以及创价流程与其他管理元素间的关系。

产业价值链

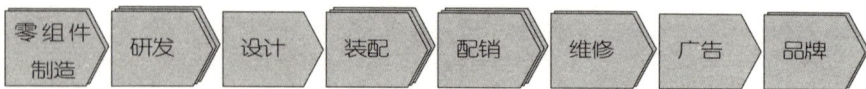

图5-1　汽车产业的价值链（部分举例）

⊙价值创造与价值网

组织存在是为了创造价值

人类要生存，就必须满足本身的各种需要。**能满足人类需要的一切有形无形事物皆有其价值，且可以成为交换的标的。**人类有食衣住行育乐等方面的需要，因此食物、车辆、艺术品、大学教育等都有其价值，这些也可以称为"价值之载具"。例如：大家购买或使用一辆汽车，所在乎的不是汽车本身，而是汽车所带来的价值或效用，包括"交通运输"、"安全舒适"，或"私密性"、"身份象征"等，而有形的车辆就是这些价值的"载具"。

产生或创造这些价值的过程即称为价值创造。组织存在的主要目的即是为社会创造价值。

价值活动

离群索居的隐士，为了生存，必须躬耕自食，耕作、渔猎、烹调、修缮房舍等皆亲自为之，这些活动都可以称为价值创造。在现代社会，这些价值创造过程都是经过切割后，分由不同的人或机构来负责，再经由交换，以满足众人的各种需要。**价值创造过程因而划分或切割成许多单位，这些单位通常称为"价值活动"。**

就以汽车产业来说，零组件制造、研发、设计、装配、配销、维修、广告等都是重要且为大家所熟知的价值活动，合在一起即称为价值链，其中各项价值活动都能为使用者创造某些价值。在这些价值活动中，有些主要是创造一些实体或客观的价值，例如：装配或产品设计；有些则在创造主观的价值，例如：广告、文宣，以及建立品牌形象等。最终产品或服务能提供给顾客的"总价值"，其实都是这些个别价值活动共同造成的，例如：一款汽车之所以吸引消费者，可能是因为"设计"得好，可能是"制造"过程带来的良好质量，可能是"品牌"创造的高档形象，也可能是因为"维修服务"的便利。各项价值活动降低或减省的成本，以及因成本较低所带来的价格优势，当然也是吸引顾客的重要因素。此外，有些产品价值是有效结合数种基本的价值活动而创造的（例如：研发与生产的密切配合所创造的价值），因此，此"结合各种活动以创造顾客价值"的动作，也应视为一项重要的价值活动。每种品牌或车款，由于在各个价值活动上所强调的属性不尽相同，因此呈现在广大消费市场面前的特色或"差异化的基础"就不太一样，甚至出现根本的差异。组织应如何设计价值链并掌握重点，再经由此价值链所提供的价值，换取组织生存所需的资源，是策略层面极为重要的决策。

产业价值网内的合作与交易

任何单一组织都不可能自行负责从原料开采到售后服务的所有价值活动，因而必须借重相关产业的上下游厂商，分别从事这些价值创造的工作，然后再经由彼此间形形色色的合作与交易，共同完成最终的产品或服务。**为了提供最终产品或服务，由各自具备不同专长的组织或个人，分别从事若干价值活动，再经由各种合作或交易所形成的产业体系，即是该产业的"产业价值链"或**

"产业价值网"。

　　"产业价值链"或"产业价值网"有三个主要元素：第一是各种能创造有形无形价值的价值活动；第二是提供这些价值活动的主体，即各种组织或个人；第三是这些组织或个人间的合作与交易。

组织内部价值活动的分工

　　组织内部的分工，也可以从价值链或价值网来看。组织通常会将其所提供或承担的价值活动，划分给组织的各个单位与个人。因此，基层员工的每项工作，其实都是整体产业价值网中的一环。简而言之，从搬运货箱到广告看版的着色，每一项工作或任务都是"创造价值"这个大流程里的小小一部分，都有其实质贡献。从组织的角度看，**如何在产业价值网中找到自己有利且可以生存的空间，是策略问题；如何将这些价值活动有效地在组织内分工、整合，提升价值、降低成本，则是内部管理的问题**。这两个层面的课题在实务上其实也是相辅相成，互相为用的。

⊙经营模式与策略形貌

描述经营模式的方式

　　企业在产业价值网中的定位，以及创造价值并换取生存资源的方式，通常称为"经营模式"（business model）。经营模式包括几项内涵：企业生存于哪个产业价值网？谁是主要的服务对象？与哪些人共同合作创造价值？在产业价值网中，本企业负责哪些价值活动以及价值的创造？本企业创造价值的流程与方法为何？创价流程的特色何在？本企业凭什么可以比其他同业更受到其他共生者和顾客的欢迎？用什么方式，从谁可以获得稳定的营收或其他形式的现金回报？

事业策略形态的构面

　　事实上，描述企业事业策略形貌的几项构面（亦称为策略形态），也是从相同的角度思考。例如：

　　1. "产品线广度与特色"是指企业所创造的价值，以及"价值之载具"；

2. "目标市场区隔方式与选择"是指"产出的服务对象";有时也包括"共同合作创造价值的共生者";

3. "垂直整合程度"反映企业在产业价值网,或产业整体创价流程中所负责的流程;

4. "相对规模与规模经济"与"竞争优势"是指本身创价流程与其他竞食者间规模与能力的比较,其间的差异可能表现在成本优势及各种产品特色的来源上;

5. "地理涵盖范围"是指创价流程的地理布局,以及因为地理布局的缘故,对上述价值创造、服务对象的满意所造成的影响,以及对共生者、竞争者、竞争优势等所造成的影响。

一般而言,如果企业或任何组织,在本身创价流程上有独到之处,造成服务对象与各个共生者对该企业的偏好或依赖,再加上产业价值网中,共生者多而竞争者少时,表示其生存空间相当广阔,生存与发展都将享有更好的形势。

总而言之,**策略管理所谈的生存空间、组织定位、策略形貌等,都可以从产业价值链、产业价值网,以及组织本身的创价流程进行分析。**

表 5-1 策略形态构面

1. 产品线广度与特色
2. 目标市场区隔方式与选择
3. 垂直整合程度之取决
4. 相对规模与规模经济
5. 地理涵盖范围
6. 竞争优势

创造组织的附加价值

⊙营运流程与管理流程

企业或任何组织之所以能够为社会创造价值,是因为拥有"创价流程",而创价流程又可分为"营运流程"(business process)与"管理流程"(management process)两大类。

表 5-2　创价流程

创价流程	
营运流程	管理流程
用以创价的实际经营活动； 如：采购、研发、制造、装配、销售、广告文案制作、储运、售后服务等。	用以串联、衔接、整合各营运次流程； 如：规划、协调、监督、稽核、计算薪酬、会议系统、决策程序等。

营运流程

所谓"营运流程"，是组织用以创价的实际经营活动。在制造业是指企业从采购、研发，一直到制造、销售、售后服务等活动。在服务业虽然未必有"制造""储运"等流程，但也都有其各自的经营流程，而主要的价值创造也都来自这些流程，或由流程再向下细分的"次流程"。例如：医院里医师的各种医疗行为，演艺事业的编导、表演，都是营运流程的价值活动或次流程。从更细微的角度看，机器运转、设备维修、货物搬运、向客户收款、与外界签约等，都是经营流程的一部分，也都可以视为次流程。

"流程"与"次流程"之间仅有观念上的区别，而不必有严格的定义。因为从整体产业的营运流程开始，"流程"可以不断细分，直到现场作业员操作时的动作，都可称为流程或次流程。中间究竟应分成几级，自然不必深究。

管理流程

所谓"管理流程"的作用，即是将这些营运流程中个别独立的价值活动或次流程，加以串联、衔接、整合，甚至将组织的创价流程赋予整体的生命力。企业组织的规划、协调、监督、稽核、计算薪酬，以及各色各样的会议系统与决策程序，都属于管理流程。而在实务所称的"制度"，其中有一大部分即是管理流程。

两种流程的表里关系

营运流程与管理流程二者在运作上有互为表里的关系。就像人体有骨骼肌肉系统，也有神经与意识系统，两者互相为用，相辅相成。如果只有管理流程而无良好的营运流程，则所有的管理制度、管理作为都无所依附。就以医院来说，即使建立了良好的管理制度，但若医师的医术水平低落，则至少在短期中，经营绩效难以乐观。相反的，即使大部分医师的医术、医德俱佳，但缺乏良好的管理流程，也不可能发展出可以创造高附加价值的营运流程。企业也一样，即使有好的技术、好的生产制程，甚至有能力高强的业务人员，如果缺乏适当的管理流程，这些个别的活动或次流程间也不易互相协调，形成步调一致且具有整体竞争力的营运流程。

⊙创价流程的产出绩效

创价水平应从顾客角度界定与衡量

创价流程的产出，可能是产品，可能是服务，可能是知识（例如：大学所提供的教育或以智财权表现的研发成果），也可能是具有"价值"的任何载具。然而价值是否存在，以及价值的高低，并非由组织本身自行决定，而是取决于服务对象的认知与感受。以管理矩阵来解析，创价流程的产出，必须要满足"任务环境"中"服务对象"的某些价值或目标（能满足"目 2"），才算是真正创造了价值。一般所了解的"质量""成本""服务""交货速度""购买便利""形象"等，都是衡量产出价值的构面，**但它们的意义与水平，必须由服务对象诠释与定义。**用通俗的话说，即是："产品好不好，要顾客说了才算。"

实际交易成果表现创价绩效

就营利机构而言，创造价值并非无偿工作。因此，**任务环境中的服务对象感到满意还不够，它们还必须在满意的同时，愿意提供足量的资源与组织进行交换。**简而言之，任务环境中的服务对象必须提供某些资源（"资 2"），挹注本组织（使这些资源转变成"资 3"的一部分），使本组织可以将这些资源用于成果分配，以酬赏或回报在创价流程做出贡献者。长期而言，从服务对象所获得的资源可以使组织的运作生生不息，并经由资源的累积而日益成长。以商业用语来说，即是企业必须配合客户的需求生产产品，顾客则以支付价款来表现对产品的满意，组织在获得这些交易而来的资源后，才能进行成果分配，以及后续的价值创造。

如果一项产品"叫好不叫座"，表示其所谓的"好"尚未能带来合理的交易，或为组织创造与外界交换资源的机会。必须在长期能为组织带进资源，其

产出的价值或创价水平才真正存在。

⊙组织正当性与行动正当性

组织正当性建立在为社会创造价值上

有了产业价值网及组织创价流程的观念，即可进一步探讨组织的正当性。大规模的强盗集团或欺诈集团，当然也有生存问题与管理问题，它们也需要从外界获得生存所需要的资源，也有规划、领导、激励和成果分配等课题。然而社会普遍认为这些组织缺乏"正当性"（legitimacy）。

它们之所以缺乏正当性，是因为在社会的产业价值链中，它们的"营运流程"并未为社会创造、提供价值；它们的存在，不仅与食衣住行育乐或更广义的福祉无关，而且还产生负面作用。由此可见，组织正当性的评估，可以借由创价流程的观念来思考。

然而"正当性"是个程度上的观念。例如：有些所谓黑道组织，实际上可能并非以杀人放火为业，而是自认为有其社会功能存在。简而言之，由于某些社会功能未能由正当的机构完成（例如：要求履行债务——简称讨债，或某些地方的秩序维持），于是转由它负责。因此，它们也取得若干程度的社会正当性。反观有些企业虽然是正式登记的上市公司，但主要利润是来自独占、联合垄断、设法用特殊的产品规格"套牢"顾客，或采用其他不合理的手法等，使获利水平远高于实际创造的价值水平，这样一来，此组织的社会正当性就难免受到质疑。

成果分配比例也会影响正当性

组织的正当性与其所创造的价值密切相关，也与其所得到的成果分配水平有关。如果组织获得的成果分配或资源，与其为社会创造的价值相当，代表有足够的正当性；如果创造的价值少，而得到的成果多，则表示正当性不足。如果创造的价值多，而得到的成果少，则表示有受到其他正当性不足的组织"剥削"的可能。

组织正当性可以被塑造

有些产业或组织，其"正当性"的水平可以经由对社会价值观的影响而加以塑造或提升。也就是说，要努力影响社会的价值观（"目 1"），或影响社会与政府机关的认知（"环 1"），希望在规则制定上（"决 1"）对本产业或本组织采取更正面的态度，进而影响直接服务对象的观感，包括价值观（"目 2"）的改变与认知的改变（"环 2"），使之更认同本组织的目标（使其价值观"目 2"更认同本组织的"目 3"）。

创价水平与成果分配影响行动的正当性

与组织正当性相似的是行动的正当性。从理性观点分析，成员加入组织，主要就是为了参与组织的创价流程，然后从组织创造的价值中（多半是经由与外界的交易过程），得到本身应得的成果分配。**每位成员从组织中所得到的，应与其在组织创价流程中创造的价值，或做出的贡献成比例。**如果大家的付出或贡献，与获得的成果分配不成比例，表示不合乎公平原则，或"正当性"较低。若有人进一步做出损害组织利益以图利自己的行为，则表示此一行为根本失去了其"正当性"。

公私比例影响管理决策的正当性

管理者或管理阶层经常在制定决策，也在设计管理流程、运作管理流程。这些决策或流程设计，如果不是为了改善组织的创价流程，而是为了直接或间接地图利自己，则表示没有正当性。**地位愈高，愈有能力在制度面做决策的人，愈有偏离正当性的潜在空间，**因而也更要防范本身"阴面"目标在决策或行事中的作用。

总之，组织内外都有"公私之辨"，从创价流程即可以检验组织与管理行动的正当性水平。

⊙创价来源与核心能力

创价流程的每个环节，都可能是企业创造价值的来源，只是创造的价值高低不同而已。

营运流程中的价值创造

在营运流程中，技术研发、制程效率、品牌、通路等，都是大家熟知的创价来源。

管理流程中的价值创造

管理流程当然也会创造价值。

经由某些流程，将各单位的信息联结在一起，或将行动一致化，或将各个不同单位或各个成员的知能与资源，与组织的创价流程相结合，或从外界学习吸收新的知能，或确保上级的意志可以落实到基层的行动等，都是**管理流程的作用，不仅能创造价值，而且也可能是组织核心能力的主要所在**。一般谈到的管理工作，都可以表现在管理流程上。例如：外部资源的争取、重要关系的维持、对外与合作组织的沟通配合、内部各单位间更有效的协调、生产流程的效率提升、成本降低等，都属于管理流程的一环。

如果组织缺乏适当的管理流程，或在管理流程上无所升级，而只是表面抄袭模仿他人的"低成本"或"差异化"策略，则不仅效果难以实现，而且还可能出现"画虎不成"的风险。简而言之，显露在外的策略行动，必须要有适切的管理流程，甚或设计管理流程的能力加以配合，策略的构想才可能落实。

管理流程也可以成为竞争优势

某些制造业，虽然名义上归属于"高科技产业"，但事实上主要设备及技术都购自国外。因此就纯技术面来看，这种公司在营运上应该并无独到之处。然而深入观察发现，这些成功的高科技厂商最与众不同的，其实在于从接单到产销配合，一直到协力厂管理等各种管理流程，以及这些管理流程所创造的独特附加价值。有些经营十分成功的企业，每天点点滴滴在进行"改善"，也大多是在管理流程上追求进步。

流程的独特性是组织核心能力的基础

无论是营运流程或是管理流程，如果创造价值的过程与方式公开而透明，则这些流程特色，不久后就很容易被其他同业甚至竞争者所学习，而失去其独特性。因此**如何保护这些流程的"窍门"，使外人看不透或看不懂，或至少学不来，是管理极为重要的任务。**

有些流程，由于本身性质的关系，不易做到"内隐"或"保密"，因此任何厂商在此方面的任何创新做法，在一段时间后很快就成为产业的标准程序，因此不太可能成为长期竞争力的来源。例如：自外界引进的管理信息系统或企业资源规划（ERP）等，如果一切只是依赖外界软件公司或顾问公司所提供的系统，而未加入组织本身独特的管理程序与方法，则此一系统能带来的优势，必然难以持久。

企业的"核心能力"，指的是在营运流程或管理流程中，内隐而不易被外界了解、学习、复制的一些程序或动作，且能为企业的整体创价流程创造独特的附加价值者。许多企业，其策略的设计，即是以这些核心能力为基础，以维持长期生存与发展的空间。

营运流程

⊙六大层级的营运流程

产业的整体营运流程中，有本企业或直接竞争者所负责的部分，也有其他上下游同业所负责的部分；而在企业中，又可将营运流程划分至各组织单位，而最后执行流程、创造价值的，多半有赖最基层的成员。

在管理矩阵中，此观念是很容易表现的。

总体环境与任务环境的营运流程

"总体环境"的创价流程（"流1"）包括世界上各种广义的经济活动；"任务环境"的创价流程（"流2"）是本企业所处产业价值网中所有的活动与流程，也包括最终消费者的消费流程。

理想上，机构的经营者或策略领导人（"4"），甚至各级管理人员，都应该时常关注从"流1"到"流6"的所有创价流程。在总体环境的"流1"方面，应时时了解世界上各个产业的发展，以及其他产业的发展对本产业可能产生的影响，甚至应注意其他产业有无进行多角化的机会。在任务环境的"流 2"层次，经营者要随时掌握产业上下游的动态、客户需求的消长变化与趋势、重要资源的供需、主要共生者与竞争者的发展方向等。重要零组件的供应商或代工厂，其创价流程虽然属于任务环境的"流 2"而非本身的"流 3"，但它们的流程（包括效率及创造的价值等）也应在本企业的密切关注范围内。同理，任务环境的客户，若为机构用户或下游厂商，则应设法了解其创价流程内涵，分析尚有哪些可以相互配合之处；客户若为最终消费者，则其消费流程与本企业息息相关，因此也应有所了解。

组织平台与组织内部的营运流程

"组织平台"的营运流程（"流 3"）是本企业负责的全部流程；"机构领导""各级管理""基层成员"的营运流程（"流 4""流 5""流 6"）则是各级管理者及成员关注或负责的流程。

组织平台层次的营运流程（"流 3"）就是本企业所负责的价值活动。这些价值活动，或依功能，或依地区，或依产品，再划分到各个单位，由各级管理来负责，形成了许多互有水平或垂直关系的"次流程"，亦即"流 5"。而在每个单位中，又将这些营运流程逐级分给基层成员，分别进行价值创造的工作。而每位基层成员所负责完成的部分或次流程，在管理矩阵中即是"流 6"。

理论上，机构领导人是不须亲自负责执行营运流程的，但无论企业规模大小，都难免有些营运流程需要机构领导人亲自从事，例如一些重大的销售、采购或签约，这些工作形成了整体营运流程中被分到"流 4"的一部分。事实上，机构领导人虽不亲身执行各项流程，但必须对组织所有的流程"负责"，包括全面的观照与最终绩效的承担，因此，"流 4"的管理流程应照顾到与组织整体的"流 3"，包括营运流程与管理流程在内。

同理，各级管理人员（"5"）针对其所负责的次流程，虽未必需要亲自执行，但也要对该次流程的最终绩效，承担所有责任。

表 5-3 六大层级的营运流程

层级	营运流程内容
总体环境	世界上广义的经济活动：从资源开采到食衣住行育乐的满足。
任务环境	本企业所属产业中所有活动与流程：从原料生产到顾客的消费流程。
组织平台	本组织所负责的创价流程：产销、研发、服务等。
机构领导人	参照内外的营运流程，必要时亦亲自从事重大的销售、采购、签约等创价活动。
各级管理者	参照所负责的次流程，亦即组织营运流程依功能、产品、市场、地区划分后的次流程，必要时亦亲自从事部分重要的创价活动。
基层成员	执行所负责的创价活动或工作。

⊙营运流程的相关重大决策

与营运流程有关的重大决策，包括自制或外包的决策、专用流程与共用流程的取决，次流程串联与划分方式的决策、核心能力的决策、流程弹性与效率的取决等。这些决策似乎仅与组织平台的营运流程（"流 3"）有关，但事实上由于每个阶层与每个单位的营运流程都是组织整体流程的一部分，因此这些决策其实与"流 4""流 5""流 6"都有关联。

"自制或外包"的决策

所谓"自制或外包"的决策，是指究竟**哪些流程（或次流程）应由本组织负责，哪些流程应由任务环境中其他互补厂商负责**。例如："产品配送"是创价流程之一部分，我们可以将之纳入组织流程（"流 3"），也可以由任务环境中的组织负责，将此一流程划分到"流 2"。有些企业本身只掌握品牌与营销，而将生产甚至产品设计交由其他厂商负责；有些企业则专心从事制造而没有自有品牌；有些企业自行生产部分产品，同时又从其他同业进货，以强化本身的产品线广度。这些都属于"自制或外包"决策的变化。

专用流程与共用流程的取决

当组织进行相关多角化时，有些价值活动或次流程可以供不同事业部共享，也可以切割后分属各事业单位。究竟如何取决，这是一项与组织设计、权责划分有关的决策。各个营运流程的次流程间，由于本质使然，彼此间存在着先后衔接的次序关系。例如："销售""生产""研发"等次流程，彼此当然有前后呼应的连结关系，而当企业进行相关多角化时（如多产品，但也可能是多顾客、多地区），究竟应该为个别产品分别提供专属次流程（如研发），以提高弹性与配合度，还是由各产品共享研发或销售等流程，以获得规模经济、范畴经济等综效。此一流程划分与归属的课题，当然也可以用组织设计的观念架构思考。

核心能力的决策

组织必须决定在其负责的流程或各种次流程中，有哪些是与众不同，因而可以产生竞争优势者。理想中，流程的每一段在创造价值方面都有独到之处，但实际上，由于组织资源与人力有限，如何选择重点，集中力量，是不得不思考的问题。例如，"因采购规模而来的原料成本低廉""因设计能力而来的产品外形创新""因维修站密集而来的服务便利性""因制造设备新颖而来的质量稳定"等，都是各个次流程能可能创造的优势，在不同产业中还会有无穷的变化。如何依据本身条件、竞争者定位及顾客需求，以决定核心能力的所在，是策略上的重点抉择。而这些核心能力在整体创价流程中，究竟为服务对象创造了哪些价值（质量稳定、质量特色、成本、服务、交货等），各类型的服务对象对这些价值究竟"在乎"到什么程度，也是策略面重要的考量。

弹性程度的取决

此一决策系指**组织内部各种流程或次流程间，甚至与外界合作机构的流程间，究竟应密切衔接以追求效率，或是维持弹性以便因应任务环境的不确定性。**例如：配合客户的需求规格，特别设计机器设备或订货系统，固然可以提高效率，但也难免牺牲一些弹性；零件厂与装配厂的半成品，若实施"零存货"，可以降低成本，但万一某一制程发生延误，则会出现停工待料的风险。至于在不影响流程弹性的前提下，设法不断改进效率，当然是管理当局平日就应努力的方向。

⊙科技对营运流程的影响

营运流程的形貌，是管理者可以设计的标的，然而在长期上，几乎所有产业的营运流程都会受到科技进步的影响，甚至可以说，科技的进步与应用决定了营运流程的模式。在此，所谓科技则包括了生产技术、运输技术以及信息与通讯科技等。

自从工业革命以来，**大量的生产及自动化技术，不断冲击各个产业的营运流程；资本密集、技术密集、快速而大规模生产等，改变了产品营销的方法以及地理涵盖范围，改变了产业的竞争基础，也改变了管理重点。**运输技术以及信息与通讯科技，降低了地理距离的限制、提升了沟通速度，因而对产业的形貌与经营模式，也产生类似的影响。如何因应趋势，配合并运用新科技，调整未来的营运流程，也是重大的管理课题。

管 理 流 程

⊙管理流程与营运流程的关系

营运流程中，各个次流程的设计、串联、协调、监控等必须依赖一系列的决策才能达成。为了提升决策效率，管理者将这些决策或决策的进行方式"程序化"后，形成各式各样的"管理流程"。

管理流程旨在协助营运流程

前文指出，外部资源的争取、重要关系的维持、对外与合作组织的沟通配合、内部各单位间更有效的协调，或将各个不同单位或各个成员的知能与资源，与组织的创价流程相结合，或从外界学习吸收新的知能，或确保上级的意志可以落实到基层的行动上等，这些都是管理流程的作用。管理流程是协助营运流程发挥作用的手段，其效果是否良好，对整体组织的价值创造影响甚巨，因此也是创价流程极重要的部分。

管理流程与营运流程的结合程度依产业而不同

某些产业中的价值活动，其管理流程与创价流程是很容易划分的，例如：医院里，医师的专业诊断或治疗，属于很明确而专业的"营运流程"，不致与医院的管理流程混为一谈。同样地，学校里教师的授课、实验室所进行的质量测试，也极易与组织的管理流程区别。然而在某些产业，如服务业的基层管理工作，或销售体系的运作等，营运流程与管理流程间的差别，可能并不明显，有时甚至是互相交错在一起的。例如：百货业销售人员的"现场销售"，是其营运流程的一环。从表面看，现场销售的"动作"不外乎"展示、说明、促销、收款"等部分，十分单纯，前后可能只需十分钟而已。但为了这"十分钟"的营运流程，事先的人员训练与编组、奖金制度的设计、卖场的陈设、动线规划等相关"管理流程"却可能极为复杂，而且在那十分钟的"营运流程"中，可能处处都表现出这些管理流程所意图达到的效果。

各种管理流程的"定规化"程度不同

由于产业性质或流程性质，各种管理流程或次流程的"结构化"或"定规化"程度不同。例如：第二章的案例中，舞蹈社长 D 君所负责的管理流程，从招收社员到策划舞展、洽租场地，一直到会计报账等，虽然有些可以发挥创意，但基本上历年的流程内容都差不多。业务代表 A 并非管理人员，其主要负责的销售工作是公司"营运流程"的一环，但在第二章案例中他所发挥的穿针引线、整合内外各方的角色，则可视为事先无法规划、每案不同，而必须充满创意的"管理流程"。

管理流程必须配合科技创新与组织规模

现代社会，科技一日千里，科技创新当然是组织重要的创价来源，然而"管理流程"所能创造的价值也随时代进步而日益重要。在知识经济时代，专业分工程度愈高，各种专业的流程或次流程（分别为营运流程的一部分）愈需要各式各样的管理流程加以协调整合。

此外，当组织规模愈大，经营环境所面对的不确定性愈高，则所需要的协调与监督就愈需要细致的设计，而所谓的"协调监督"即是管理流程中极重要的部分。许多中小企业在成长过程中，很快就遇到瓶颈，原因未必是资金的限制，而是因为管理流程无法配合规模与业务的成长。

⊙六大层级的管理流程

在管理矩阵架构中，"总体环境"与"任务环境"属于外在的宏观环境，而自"组织平台"以降，则属于微观层面。"总体环境"与"任务环境"的每个组织，固然也有微观层面的"管理流程"（例如：政府主管机关、大客户或竞争者的政策制定程序或内部管理流程），但为了简化说明，本书此处不讨论其内部管理流程。

"总体环境"为"规则制定者"，除了制定各种法律规章（属"决1"），也必须设计一些管理流程，以利于各项政策运作，亦即针对规则制定对象设计流程，以规范后者的决策与行动。此即为"流1"。例如："金融管理委员会"决定开放银行经营证券业务，或决定绩效不彰的上市公司要"转上柜"等，都是"决1"。而如何申请开放，在怎样的情况下如何进行"柜转市"，则是"流1"。前者是政策决定，后者是政策推行的方法或程序。

表 5-4　六大层级的管理流程

层级	管理流程内容
总体环境	总体环境中每一机构皆有其内部管理流程，亦针对其规则制定的对象设计流程，以规范后者的决策与行动。
任务环境	任务环境中每一机构皆有其内部管理流程。
组织平台	组织内部信息流通方式、决策形成程序、绩效评估与考核程序、会议系统、新产品上市程序、策略规划流程等。
机构领导人	制定策略、组织分工、任用、控制等，一方面需要配合组织平台既有的管理流程，一方面需要机构领导人自己设计及运用管理流程来处理或进行。
各级管理者	配合组织平台的管理流程，设计其所负责单位的管理流程，以与上级的流程整合、整合平行单位、整合内部知能与资源。
基层成员	知识密集与高度赋权的组织，基层成员亦有其管理流程。

"任务环境"虽非"规则制定者"，但其中各机构也可能制定一些正式的管理流程，以规范及管理与其他机构的互动方式，例如：大型制造商制定的"供应商审核程序"。此外，各行各业都可能发展出一些约定成俗的市场交易规范，这些非正式的管理流程，亦属于"流2"。

属于组织平台的管理流程

组织平台（"3"）中就有许多流程，例如：信息的流通方式、决策的形成程序、绩效评估与考核程序、会议系统，甚至新产品上市程序等。需要强调的是：**管理流程的"决策形成程序"，与"决策"不同。**前者是有关"此一决策由谁提供信息、由谁参与决策、在什么情况下进行决策、何时从事决策、由谁提出此项决策的必要性"等，后者则主要强调在方案间的抉择。其中，组织策略制定程序当然是十分重要的管理流程。

"信息流通方式"是指组织中由哪些单位产生信息、信息如何流通、如何储存、谁有资格掌握某些信息，以及在决策时，决策者或决策群体可经由何种程序得到哪些相关信息。

"会议系统"是组织中各种会议的时程、决策项目、决策方式（合议制或是由主席裁决）、决策如何联结行动，以及各种会议间的关系与位阶。

又如"新产品上市"，也必然有其管理流程。从消费行为调查到"策划"产品试销、"安排"量产，这些流程或"次流程"间必须环环相扣，也必须时时改进。对许多企业而言，这些管理流程，不仅可以"创造价值"，也是核心能力的重要来源。

大型跨国企业在"中长期规划程序"的管理流程中，详细区分规划工作的各个大阶段与小阶段，明订各阶段的"期限日"和"主要登场人物"，包括在某一阶段由谁决策、谁负责执行、应咨询谁、应告知谁等。只要"照表操课"，规划程序及计划书即可及时完成。这些是管理流程的预期效果。

请注意，**"策划产品试销""安排量产"与"试销""量产"不同。前者的重点为"策划"与"安排"，因此属于管理流程；后者是实际的"销"与"产"，属于营运流程。**就试销而言，进行过程中，往往"策划"的动作与实际"销售"的动作是交互进行，或互相调适的，亦即前文所称营运流程与管理流程差别不明显的意思。

通常组织愈成熟，这些管理流程就愈完备。流程设计固然也是一种决策，但管理流程本身却也影响了其他经营决策（例如：应如何面对竞争者的价格竞争）的取向与质量。

机构领导人的管理流程

在机构领导人（"4"）的层级，他必须决定整个组织流程的范畴（制定策略计划），整合组织的流程并决定流程切割的方式（组织分工），安排各"次流程"的负责人（任用），设定各"次流程"的目标，以及评估与奖惩办法（控制）。而这些"制定策略""组织分工""任用""控制"等，一方面需要配合组织平台既有的管理流程，一方面也需要机构领导人自己设计及运用管理流程来处理或进行。机构领导者除了必须针对这些要项有所决策，也负责这些管理流程的设计与控管。

例如：针对"控制"一事，机构领导人需要某些管理流程以确保整体机构的营运流程与管理流程（"流 3"）可以依原订计划进行，同时也需要一些管理流程了解下级各单位的流程运作情形。

当然在此所称的管理流程设计及运用，在实际运作上还需要领导团队成员及幕僚人员的协助，而不是由机构领导人单枪匹马来推动与执行这些工作。

各级管理者的管理流程

各级管理（"5"）所负责的管理流程视其所领导的单位性质而定。他可能负责一个"自给自足"的次流程（事业部），或是一个权责与其他单位共享的次流程（功能部门），使得其内、外部整合的比重不同。前者主要是对部门内整合，比较容易借由次部门间共同的目标，以合作的方式达成整合。后者主要是对部门外整合，但其他部门各有其目标，整合方法与对内整合就完全不同。

各单位的管理流程中，当然有一大部分是为了配合组织（"3"）的管理流程而衍生的。例如，如果公司每月举行一次业务检讨会，则各部门为了参加这次会议，本身也会有会前的业务会报，而为了业务会报及公司的业务检讨会，部门下又有各种资料搜集分析等动作。这些都属于整体组织管理流程的一部分，但负责的层级各自不同而已。前述高阶层（"4"）在规划、控制、信息掌控等方面的管理流程，划分到各单位后，情况也完全一样。

简言之，即是配合组织平台的管理流程，设计其所负责单位的管理流程，以整合上级的流程、平行单位、内部知能与资源。

基层成员的管理流程

基层成员（"6"）所负责的流程通常较单纯，传统上不太需要内部整合，但若其流程对外界面较多时，还是需要外部整合。例如：案例中的业务代表 A 君，即主动推展一些内外整合的工作。

在知识型的组织，或高度赋权的组织，基层人员不仅知能水平较高，而且也必须负担更多判断与决策的责任。因此，其整合的角色以及所负责的管理流程也与管理阶层颇为类似。

管理流程在各单位间的权责归属

稍具规模的组织，各种管理流程为数众多，必须明确划分这些流程在各单位间的权责归属。例如：同时有若干个事业部时，"媒体关系经营"或"法律顾问延聘"等流程，究竟应集中办理还是分权至各事业单位？类似的流程在各单位间"分""合"的程度应如何？又例如：集团总部的稽核流程，与事业单位本身的稽核流程，彼此间应如何合作？如何互相钩稽？这些都需要精心设计。这些都属于组织设计的范畴，将在第十三章再分析探讨。

⊙管理流程的表现形式

正式管理流程

各种规章制度、标准作业程序（SOP, Standard Operating Procedure）、排程（scheduling）、控管，甚至信息系统，都是管理流程的表现形式。

由于管理流程的存在，组织的决策与行动才能有所规范，决策与行动的结果也才能在预期中，而各单位或各个成员的协调，也需要管理流程的指导。

管理当局必须针对策略与管理的需要，不断检讨改进这些流程或制度，而组织上下是否依这些流程或制度进行工作，也是必须查核与追踪的项目。

非正式管理流程

第四章所讨论的"阴面管理流程"，或许多非正式的管理流程，并未表现在书面或制度上，而是存在于组织中相关人员的认知与行事方法上。管理者应注意其存在，并尽量了解其内涵，以及这些隐性流程对正式流程乃至经营绩效所产生的正负面影响。

组织有时也可以运用一些"阴面管理流程"推动某些任务，即刻意将正式流程或制度放在一边，而以"非正式"的方式进行比较需要弹性与自由度的工作。例如：有些组织为了解决某些经营问题，成立项目小组。项目小组虽然有明确的任务，但过程应如何进行则完全放任成员自行设计，也可以在进行过程中随机应变。由于进行方式可以自由发挥，往往可以打破传统的思维模式或沟通管道，而提出具高度创意的解决方案。这可以形容为：设计并运用"阳面"的管理流程（设立项目小组经过正式程序，其"自由度"也是正式认可的），保障并鼓励"阴面"管理流程的运作（例如：鼓励成员利用非正式管道搜集各种信息与意见），使成员得以全力发挥，然后再将其成果反馈至"阳面"。

⊙影响管理流程的因素

营运流程的串联与复杂度

管理流程的作用是设计、串联、协调并监控营运流程，因此其形式与内容当然深受营运流程影响。

有些组织的营运流程，次流程为数众多，而彼此又存在着串联或密切连动的关系；比起另外一些营运流程短、业务单纯的组织，管理流程所需的复杂度与协调监控功能当然大不相同。

经营环境的不确定程度

对经营环境变动快、不确定因素较多的组织而言，维持合理的弹性十分重要，管理流程较难以"定规化"，而良好的默契以及由成员视情况自行发展的"阴面管理流程"便能发挥更大的作用。

⊙科技对管理流程的影响

管理流程与科技的相互配合

为了配合生产技术、运输技术以及信息科技与通讯科技的进步，管理流程也不得不做出根本改变。近年来，信息与通讯科技对管理流程的影响尤为明显。事实上，借由引进或更新管理信息系统，而推动管理流程的调整，是组织变革中常见的方法。**因此，各级管理人员在管理信息系统的设计过程中，必须有高度的参与，才能将组织或组织营运流程所需要的管理流程，融入新的管理信息系统当中。**

管理流程与科技的相互替代

营运流程的科技运用，对管理流程不但有相互调适的必要，也具有某些程度的替代。科技进步一方面迫使组织必须迅速调整管理流程，一方面科技成熟使得各家同业在技术上日趋接近，所以竞争优势必须更加依赖较具独特性与内隐性的管理流程。

例如：在产品及制程皆未标准化的工厂，欲使其生产流程顺畅，发挥效率，所需要的"管理流程"必然是十分复杂的。各种单据、广告牌、存货的维持、次流程间的协调，都需要投入相当多的管理人力与时间。然而，工厂开始应用计算机信息系统后，这些流程即大幅简化，这表示信息科技取代了一部分管理流程，并使管理流程内涵发生质变。这时，谁最能快速引进信息科技并调整其管理流程，谁就能在竞争优势上争取到若干先机。

而自动化生产也取代了许多过去由管理流程所扮演的角色。想象如果有间"无人工厂"，从原料加工到产品完成都完全自动化进行，工厂中不需要工人，也不太需要管理人员，这表示创价的"营运流程"依然存在，但生产技术已经大幅替代管理或管理流程的角色。

事实上，信息系统及制程技术的改进，主要目的之一即是希望以稳定而较能掌控的硬设备与技术，取代不确定性与成本都较高的管理流程。这是过去百年以来，产业中十分清楚的趋势。

管理上的含义

此一趋势，对经营管理有几项含义：

1. 应配合科技进步，及时调整相关的管理流程；

2. 自动化所取代的部分，不易成为竞争优势的来源，因为只有内隐性高的管理流程，才能真正创造组织或企业的独特竞争优势；

3. 研究发展的创新与整合、客制化的营销或服务，以及不易被自动化机器设备取代的服务业或服务工作，才是管理流程可以大为着力与发挥之处，而且也可能是组织未来不可替代的竞争优势所在。

创价流程与其他管理元素的关系

管理矩阵的六大管理元素，彼此间存在着极为密切的互动关系，在运作时也互相影响，相辅相成。创价流程与其他管理元素关系密切，与策略、整合、组织设计等也高度互动。

⊙经营策略与营运流程

营运流程反映策略定位

组织在任务环境或产业价值链中，创价流程的定位，创价过程与所创价值的独特性，即反映经营策略大部分的形貌。这是经营策略与创价流程（尤其是营运流程）间的关联。

制定策略需要管理流程

制定未来的经营策略，需要经过精心设计的管理流程。尤其是事业单位复杂的大型组织，上级总体策略的构想与各个事业单位的策略如何结合、各事业单位间综效的创意发想与落实执行、资源分配、目标与预算的展开、策略绩效的控制等，都应有周延的管理流程才能顺利推动、确定权责，并借由管理流程规范组织行动与累积经验。

小型企业可以用"阴面"或相当非正式的流程制定策略。然而，当业务渐趋复杂、人员众多、专业分歧后，就需要更正式的流程制定策略，以及执行策略的构想。

营运流程与其他管理元素

营运流程中，**产销科技或信息科技的改变，都需要其他各大管理元素的配**

合，新的生产方式或生产科技，往往改变各单位的目标重点，所需负责的决策与管理流程不同，所需要的知能也完全不一样。例如：从前的"货运业"，接单、派车、车辆管理、驾驶员的管控等，都需要一些复杂的管理流程；而现代的"物流业"，由于可以利用计算机系统进行排程，甚至与客户端连线，并利用条形码随时查询每项运送物件目前所在位置，因而营运流程完全不同。再加上卫星定位系统可以掌握车辆、无线通信系统可以指挥驾驶员，管控流程也因此起了革命性的变化。至于现代物流业的组织分工方式、员工所需的知能，当然与传统货运业不同。

⊙知能与资源

知能与资源必须与创价流程结合

组织的竞争优势常需建立在组织整体的知能上。**而所谓组织整体知能，简言之，即是各个成员的知能加上组织的创价流程**。成员的个人知能必须与创价流程结合，才不会因少数个人的离职而导致组织失去整体竞争力；而所有成员的知能，也要有效纳入创价流程，整体竞争力才会出现。这是"能力与知识"这一管理元素与创价流程的关系。

知能与资源需要流程来管理

组织成员知识与能力的培养与获得，必须要有相对应的各种流程；知能的"载具"——各级成员的吸收、延聘、选用，当然也需要管理流程来处理；组织知能的创新，以及新科技、新知识如何有效运用到创价流程中，也需要管理流程来推动。

有形与无形资源是另一项管理元素。这些资源的取得、保护、分配，也需要设计流程来执行。

⊙目标

创价流程的产出，需要设计具体的指标，例如质量、成本、速度等，以确保创价流程的努力方向及产出合于任务环境的要求。简而言之，相关的目标体系制定与衡量，有助于创价流程的有效性。

　　组织各级正式目标的制定，以及各层级间目标的展开，都应有管理流程来运作；而前期设计或组织现有的流程，也会影响后来对各项目标的相对重视程度。例如：绩效评估与奖惩的流程，会影响组织成员对多元目标相对重要性的认知。

⊙环境认知与信息管理

　　从高阶开始的各级成员，决策时所需的信息（或环境认知），需要组织的各种管理流程提供。因此信息流程、控制与稽核流程、环境侦测流程，都会影响相关人员对环境的认知。

　　设计良好的流程可以协助各阶层人员在决策时，得到及时而正确的信息，亦即提升决策所需"环境认知与事实前提"的质量。

⊙决策

决策与管理流程的替代关系

　　管理流程可以部分取代管理决策，因为管理流程是一连串有先后逻辑关系的决策，经过程序化的结果。有了流程，管理者就不必凡事重新权衡利弊，检讨可行方案，因而可以提升管理效率。

管理流程可能影响决策方向

　　现存的管理流程会影响决策方向，决策也受限于组织现有的流程。新成立的组织常感到本身制度化程度不足，而历史悠久的大型组织，却又往往因为制度太多而使其动弹不得。后者即是因为现存的"管理流程"太多太杂，几乎任何决策都会与某些现有或过去建立的流程相抵触。

　　现有流程是否影响有效决策？是否不合时宜？流程是否能将决策必须考虑的各方观点、信息以及行动配合等纳入决策过程？流程是否合乎决策的时效要求？是否互相矛盾而令大家无所适从？这些都是管理当局应时常检讨的。

⊙管理流程

"管理流程"本身也需要"管理流程"来管理。

任何组织中所有的管理流程，当然不可能完美，而且经营环境变迁、组织规模与策略的调整，都使现有的管理流程有重新检讨与不断创新的必要。因此，组织显然需要一些管理流程以检视、检讨、修正现有的管理流程，并设计新的流程。

⊙整合

"整合对象与标的"与创价流程互相影响

创价流程是整合组织内外资源与知能的所在，因此整合与创价流程当然互相为用。强而有力的机构领导人或组织的创业者是组织创价流程的设计者，较不致受限于现有流程，因此，通常是一边物色选择可能的内外整合对象，评估其可能提供的知能与资源后，再逐渐形成创价流程。而组织的中基层主管，由于本身的任务已受到组织创价流程的限制与设定，因此必须先考虑其所负责的创价流程需要，选择整合对象，或设计整合方式。

与外界整合对象在流程上的衔接

广义的整合也包括设法满足任务环境中服务对象的需求。而这些服务对象或顾客，本身也有其创价流程。因此，组织创价流程的设计、流程产出的绩效指标与比重（效率、弹性、质量、速度等的相对重要性），以及彼此间流程如何有效衔接，都应考虑服务对象创价流程的需要。换言之，也就是整合组织间的创价流程。

我们会在第十一章中介绍整合的方法与机制，届时还会再深入讨论创价流程与整合的关系。

⊙组织设计

营运流程影响组织设计，而组织设计又会影响各种管理流程。

营运流程中，各个次流程的串联、并连等情形，影响了组织设计，而营运流程中的科技或自动化程度，也影响组织分工的方法。不同的组织分工或所谓

组织结构，就应有不同的管理流程加以配合。其中最简单的原则是：前后密切相关而又互动频繁的次流程，在组织上应归属于同一权责范围，以简化次流程间的沟通协调成本。

例如：一家在国内产销电子产品的公司，为了扩大经营规模，在东南亚某国也投资营运，在该国有生产基地，也有自有品牌的营销。此时，组织设计可有两种基本选择方向，方案一是让派驻该国的总经理，全权指挥当地的产销工作，并对当地的经营绩效负责；方案二是位居该国的生产单位向国内母公司的生产副总报告，该国的营销单位则向国内母公司的营销副总负责，派在该国的总经理只负责协调对外联系工作。

此二方案的选择，考虑因素当然很多，其中相当重要的一项就是：在该国的生产流程，究竟是与当地营销流程的衔接关系比较密切，还是与国内生产流程的关系比较密切？如果是前者，组织结构应倾向方案一，如果是后者，则应倾向方案二。而在不同的方案或组织结构下，单位内外的信息流程、协调方法、绩效评估流程等都会出现极大的差异。有关组织设计的观念，将在本书第十三章中再行讨论。

表 5–5　创价流程与其他管理元素之间的关系

管理元素及其他	关系
经营策略与创价流程	营运流程反映策略定位；制定策略需要管理流程。
营运流程与其他管理元素	营运流程中的科技运用影响其他管理元素的内涵。
知能与资源	知能与资源必须与创价流程结合；知能与资源需要流程来管理。
目标	创价流程需要具体目标的引导与评量；目标的展开需要流程来运作；流程设计影响对目标的重视程度。
环境认知与信息管理	信息的流程影响决策者对环境的认知。
决策	决策与管理流程存在替代关系；管理流程可能影响决策方向。
管理流程	需要管理流程进行管理流程的检讨与创新。
整合	"整合对象与标的"与创价流程互相影响；设法与外界整合对象在流程上衔接。
组织设计	营运流程影响组织设计；组织设计影响管理流程。

管理工作的自我检核

1. 如何描述本组织的创价流程？本组织的服务对象为何选择我们？本组织所创造的价值为何？有何特色？这些特色是基于本组织的哪些核心能力？

2. 本组织有哪些重要的管理流程？这些管理流程是否能有效串联、协调、监控分属于各单位的各种价值活动？

3. 机构领导者及各级管理人员，是否对本组织目前的各种管理流程拥有一定程度的了解与熟悉？并因为熟悉这些流程，而可以灵活运用流程来进行决策与推动行动？

4. 本组织的管理流程有何独到之处？与竞争优势的形成有何关系？

5. 针对未来产业科技的进步、产业结构的改变、顾客需求和要求的不同，本组织的营运流程可能会朝什么方向变化？对核心能力的要求以及竞争重点有何异动？为因应这些变化，管理流程有哪些需要及早调整之处？

6. 本组织有无适当的管理流程，持续对于所有管理流程的进步与精致化有所着力？

第6章

有形及无形资源

组织创价流程的基本作用即是"资源的转换"，因此，资源的取得、利用、创造、升级并维持适度弹性与互赖程度等，都是十分重要的管理工作，而资源与经营策略以及竞争优势也极有关系。

本章重要主题

有形资源与无形资源
与资源有关的管理议题
资源与其他管理元素间的关系

关键词

资源转换
人身依附
资源不可分割
取得资源的时机
选择权
创造资源
资源专用程度
资源流动性
资源来源的依赖程度
不对称关系
资源基础
资源的相生与互斥

资源是属于组织的有形或无形资产，在创价流程中发挥作用，以创造价值。在六大管理元素中，"资源"是相对具体的观念，即使是无形资源，其存在及作用在经营过程中也都十分明显。以最简化的说法，第五章所介绍的创价流程，也可以描述成"资源转换"的流程，而**组织则是资源转换的机构，其功能即在结合各方的有形与无形资源，创造出更有价值的资源。**而任何组织与其任务环境间的交易或合作，也都是资源的交换，例如：投资人投入资金，获得股权及未来经营的成果；顾客付出金钱购买产品；供应商提供原料获得价款等等，这些都是交易，而这些交易的标的（资金、产品、原料）都是资源的形式。

本章共分三节，分别介绍有形资源与无形资源的内容与意义、与资源有关的几项重要管理议题，以及资源与其他管理元素间的关系。

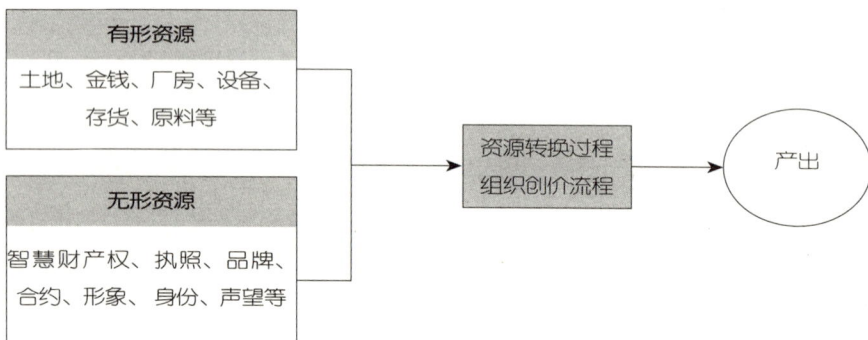

图 6-1　组织流程的作用是资源转换与创造

有形资源与无形资源

⊙有形资源

有形资源的意义

土地、金钱、厂房、设备、存货、原料这些显示在资产负债表上的有形资产，从经营管理的观点，只要具有为交易对象直接或间接创造价值的潜力，都算是有形资源。换言之，资源的存在是为了创造价值，并进而使组织对外的各种合作关系或交易关系能够生生不息，因此，**做为资源的先决条件是：可以经由创价流程实现其为交易对象创造价值的潜力。**一块位于深山的土地，或深埋地底，未知成分的矿石，若无法认定或评估创造价值的潜力，充其量只是个"物体"，却未必是一项资源。

总体环境中有形资源的转换与限制

个别组织所能运用的有形资源，受限于世界的资源总量，管理矩阵中属于总体环境的资源（"资 1"），即代表了世界中所有可能的实体资源总量。人类生存在地球上，最基本的工作即是经由各种方式（包括"流 1"以及各种产业中的"流 2"），将这些资源（"资 1"）经由各种流程转换，用于满足人类的基本需要（"目 1"）。资源有限而欲望无穷，于是不得不努力改善生产方法。然而，人类的科技与知能（"能 1"）虽然日新月异，但地球所能提供的天然资源以及生态环境，终将成为所有组织与人类社会整体的成长上限。此一事实虽已超过个别管理者所能影响的范围，但大家对此一大环境的趋势能有所体认，进而重视环保与资源精省的生产方式或产品设计方式，也势将成为未来企业界努力的方向。

⊙无形资源

智慧财产权、执照、品牌、合约、形象、身份、声望等都是无形资源，政府所授予的特许权，甚至广播电视业的频道，也都可以视为可以创造价值的无形资源。合作对象或交易对象对本组织的信任、人际间以及组织间长期建立的关系，也是无形资源。

与有形资源的情况相同，无形资源方面也应该是具有创造价值潜力者才能视为资源。例如：一些未能发挥作用的专利权，或与事业经营没有关联的社会网络关系，其创造与维持都需要付出一些成本，但若对组织缺乏创造价值的潜力，则难以称得上是资源。

表 6-1　有形资源与无形资源

有形资源	无形资源
土地	智慧财产权
金钱	执照
厂房	品牌
设备	合约
存货	形象
原料等	身份
	声望等

⊙资源的所有权与人身依附

资源所有权的归属与资源性质有关

资源所有权的归属是一项值得重视的课题。在人类社会中，有形资源的所有权制度已行之有年，争议不大，而无形资源的所有权，例如智财权、商标权等则日益重要，法律保障也日趋周延，因而影响了企业的经营。**而关系、形象、声望以及身份，**拥有这些无形资源者，即使身为组织核心成员，组织也未必能确保这些无形资源可以纳入组织的所有权范围。第四章所谈到的"资源的阴面"即在提醒管理当局注意这些资源的归属问题。

无形资源与知能的分野

有些管理理论认为，"能力与知识"也是一种资源。"知能"与高度人身依附的无形资源，在本质上固然有其相似之处，但本书认为，"知能"与"资源"所发挥的作用不尽相同。以"决策"为例，不论是知能或资源的多寡有无，皆可能影响决策者可以选择的"方案"，但是，知能还可能影响到决策的"质量"。因此，"能力与知识"不宜与一般的资源相提并论，而应列为另一项独立的管理元素。

此外，如前所述，近年来在各方努力下，智财权、商标权等无形资源的"计价"，以及计价后的所有权归属，已经产生相当高的共识与原则，因此未来渐渐可以运用有形资源的方式来管理或交易。而高度人身依附的知能，在知识自由流通、人员自由流动的时代，管理方式尚难与有形资源的管理互相参照。

⊙资源不可分割与资源闲置促使组织成长

有些组织所掌握的资源，由于难以分割或尚未充分利用，而促使组织不得不走向成长，以期充分利用这些多余的有形或无形资源。

例如：企业为了追求专业化与生产效率，建造大规模的厂房后，发现产能闲置甚多，且多余厂房又出租不易，为了充分利用产能，而积极开发新产品或外销市场。在无形资源方面，例如：建立品牌形象需达一定门槛，然而等到拥有良好品牌形象后，又开始感到产品线太单薄，似乎未能充分利用此一品牌形象，于是试图在此一品牌下，再推出更多产品。

产品线增加后，有些互补资源（例如检验设备）又显得不足，等到补足互补资源，又发觉另外一些资源出现闲置现象。许多组织的持续成长，便是在此一循环下进行的。

资 源 的 相 关 管 理 议 题

⊙资源的获取

广义的交易是取得资源的主要管道

在现代社会，获得资源的最主要管道为交易与交换，包括购买、合作、雇用、借贷、投资等在内，这些是所谓"广义的交易"。从组织观点来看，任务环境中为数众多的成员或机构，是本组织交换资源的对象。例如：资金提供者、产品购买者、原料及设备供应商、提供经销服务的各级通路商、提供各项周边服务的广告代理商、会计师、律师等等，都为组织提供各式各样的有形或无形资源，有了这些资源，组织才能顺利运作。因此，**如何选择合作或交易对象，并以合理的条件获得其所提供的资源，是管理当局的重要工作项目。**

取得资源的时机十分重要

各项资源，无论有形无形，都会因为供需的起伏，而在价格或为取得该项资源而必须付出的代价上，出现波动。掌握外界的供需趋势，针对组织未来发展需要"逢低买进"，往往是制胜的关键。例如：过去许多营建业的成功，即因为在土地价格飙涨前即采购大量土地，因而取得后续经营的优势。有些厂商在某些技术尚未成熟前，即开始与从事此方面研发的机构建立联盟关系或介入投资，其用意与期望的效果也极为类似。

回顾许多产业中各个企业成败的历史后发现，**是否能及早取得未来发展所需要的关键资源**是日后经营绩效高下的主要原因之一。这部分当然可以归因为"运气"，但对未来重要资源供需情况的预测，也极为重要。因为组织及早努力争取未来才需要的资源，也可能因为该项资源并未成为关键，或根本供过于求，而导致资源错误配置。

表6-2　与资源有关的管理议题

议题	内容
获取资源	经由交易取得资源； 取得资源的时机十分重要； 广种薄收以降低风险。
保护资源	从仓储管理到专利权申请等。
创造资源	组织层次的资源创造；成员层次的资源创造。
资源必须汇入创价流程	设计流程以发挥资源的创价潜力。
弹性水平的取决	资源宽裕程度； 资源专用程度的取决； 组织资源的形式与流动性； 资源配置的分散程度； 对特定资源来源的依赖程度。
资源与策略制定	以现有资源为基础的策略思维； 资源与策略间的动态关系。
资源与成果分配	资源是分配成果的主要形式之一； 与其他管理元素兼有互相替代的作用。

当然，所谓"时机"也不限于"及早"或"领先"。有时虽然很早取得关键资源，但由于其他条件尚未成熟，拥有此一资源也无法发挥作用，徒然牺牲经

营弹性以及积压资源成本而已。换言之，取得资源时机之"巧"，往往比时机之"早"更为重要。

广种薄收以降低风险

由于未来不确定性高，因此对未来所需的资源也不宜过于集中，甚至孤注一掷。为了减少风险，可以针对各种可能成为关键资源的"生产要素"，进行某一程度的投资、了解，或建立初步关系，以利掌握。这么做的目的在于，当情势渐趋明朗时，可以比对手更快速地取得这些重要资源。此做法俗语称为"广种薄收"，学理上称为"购买一项选择权（option）"，亦即**先付出少量代价，以取得未来可以拥有这些资源的机会或权利。**

⊙资源的保护

除了取得资源，保护有形与无形资源，避免流失或遭到滥用，当然也是管理工作的一环。

从仓储管理、工厂保全到申请专利权，都属于此一范围。在此虽然讨论篇幅不多，并不表示此项工作重要性不高。而是因为其专业分歧，已远超过作者知识范围，读者应参考其他相关专门著作。

⊙资源的创造

除了对外交换以取得资源，组织中**各级人员针对任务需要而从事的资源创造也十分重要。**

组织层次的资源创造

各级人员群策群力，可以直接或间接为组织创造资源，例如技术研发、厂房整建、建立声誉、创造形象、建构网络等，都是组织层面的资源创造工作。而组织的创价流程本身，除了为顾客或服务对象创造价值，也有相当大一部分努力是投注在重要资源的创造上。

个别成员的资源创造

个别的成员或管理人员，如果达成任务所需资源皆来自组织或上级（所有"资6"皆来自相关的"资5"，所有"资5"皆来自上级的"资4"或组织的"资3"），表示此一组织的运作缺乏开创性。所谓"开创性"是指各级人员都能如第二章案例中的业务代表 A 君或产品经理 C 君，能积极主动找到来自任务环境或各级人员的潜在或闲置资源（属于"资2""资3""资4"等的时间、关系、形象等），加以结合运用，有效达成使命。

"创造资源"或发掘具潜在价值的闲置资源，是一项非常重要的工作，也是本书所称"整合"工作中极重要的一环，同时是各级人员能对组织发挥贡献，创造本身附加价值的正确方向。

⊙资源必须汇入创价流程

资源必须具有创造价值的潜力，然而"具有潜力"与"实现潜力"间尚有一段距离。因此，将这些有形与无形资源有效汇入组织的创价流程，是重要的管理工作。

闲置的设备与厂房、未充分运用的资金、过多的存货、未发生作用的智财权或社会关系与形象等，都代表这些具有创造价值潜力的资源并未有效汇入组织的创价流程。而如何配合任务的要求，发掘这些闲置但可动用的资源，**并设计流程有效运用这些资源，是管理工作中极为重要的课题。**

⊙弹性水平的取决

企业经营除了追求效率，也应注意维持弹性，而资源的弹性水平是一项需要考量的重要决策。

资源宽裕程度

维持弹性的方法之一是保留某一程度的资源宽裕。例如上述的设备、厂房、资金、存货等，如果要全力追求效率或成果，就应将组织所能掌握的这些资源全部都投入创价流程，若有未能有效纳入创价流程者，就应尽量减少持有，以降低成本。然而，如此一来可能会牺牲经营弹性，万一临时发生预期外的状况，由于缺乏备用资源，或许会出现极严重的后果。

资源专用程度的取决

组织可以购买专门用途的机器设备，将厂房建造设计得符合某些专门的用途，以追求效率的提升，或配合特定客户的要求。反之，也可以维持若干弹性，以期适应环境的不确定性。在无形资源或品牌形象方面，也有专用程度的取决，组织可以将品牌塑造成仅适用于某一特定类型产品的形象，也可以维持弹性，以备将来多角化经营时，可以充分发挥原有品牌形象的优势。

资源专用程度代表"效率"与"弹性"间的取舍。

组织资源的形式与流动性

组织资源呈现的形式以及流动性也会影响其弹性。例如：现金是最具弹性的资源呈现方式或保存方式，流动性也最大。将现金转换为各种其他的资源形式，如土地、厂房或原材料，弹性与流动性就降低了。然而具高度弹性或流动性的现金，却也是最缺乏生产力的资源形式，因此，在资源生产力与资源弹性两端间，如何取舍，也是一项重要决策。

资源配置的分散程度

为了避免风险或尽快掌握机会，组织可能会将资源布局在不同地区或不同产业。然而分散代表力量不易集中，因此也必须有所抉择。

对特定资源来源的依赖程度

对特定的资源来源究竟应依赖到什么程度，或设法分散到什么程度，这些会影响经营的弹性。客户、投资机构、零组件供应商、金融机构等，都属于组织的资源来源，分别为组织提供不同资源。组织若过于依赖单一客户，或过于依赖单一零组件供应商，都有风险，也可能因为过于依赖单一来源而失去调整的弹性。但依赖单一来源，也可能进一步发展成对方与我方的"相互依赖"，而来源分散（例如客户分散或供应商分散）将使本身在对方架构中的重要性降低。取舍之间并无绝对标准。

在"相互依赖"的关系中，由于我方也可能因合作失败而蒙受损失，因而也隐含我方对此项合作或整合的重视，可以提高对方对我方的信任。反之，若合作失败对我方毫无风险，反而会引起对方的戒心。不过，**在与资源来源的互赖关系中，若能刻意创造并维持对我方有利的"不对称关系"，也是组织努力的方向**。例如：在合作的过程中，虽然彼此互相依赖，如果合作失败或整合不成时，对方所受伤害将比我方更深，则呈现一种对我方较为有利的不对称关系。

⊙资源与策略制定

以现有资源为基础的策略思维

策略制定是一项极为复杂的管理工作。策略思考可以从外界环境机会的发掘开始，或从本身所掌握的知能开始。当然，也可以从组织拥有的资源开始。换句话说，环绕着本身所拥有的有形与无形资源，思考组织凭着这些资源能有些什么作为，以及以这些资源为基础，可以建立及发挥哪些竞争优势，也是形成策略的方法之一。

实务上，的确有不少企业在成立之初，就是因为拥有某些专利技术，或某块土地，甚至某个网络关系，再来思考"有了这些我们能做什么生意？"而现有企业是否应快速成长，应否多角化进入新事业等策略决策，除了必须检讨本身能力，组织所能掌握或获得的资源特性与总量，也是关键考量。

策略思维能以本身拥有的资源为出发点，相对而言，比较踏实而不致天马行空、难以实施。但应注意，若过于环绕着现有资源，策略思考的开创性或许会受到限制。

资源与策略间的动态关系

策略制定者固然可以从现有资源来进行策略思考，但也可以反过来，从未来环境的机会、本身的策略愿景出发，思考当前应加强哪些方面的资源或知能。在此一思维方式下，即可更有系统、有方向地进行前述"潜在资源之发掘""资源之创造""资源之交易"等做法。

事实上，大部分组织刚开始都是以小量的资源与知能，在较简单的创价流程中创造价值以后，再设法吸引更多也更多元的资源与知能。有了这些新的资源与知能，即可从事较复杂的创价活动，在任务环境中的生存空间也愈来愈宽广。在此一动态的成长过程中，"资源"指导了未来策略的取向，策略构想也指导了取得资源与创造资源的重点，这可说是资源与策略间的动态关系。

⊙资源与成果分配

组织不仅应重视外界资源的取得与运用，在成果分配过程中，资源也扮演着重要的角色。

资源是分配成果的主要形式之一

成员参与组织，所期望得到的，可能有许多形式。目标认同、知能成长、资源取得等都是。

某些非营利的志愿性组织，其成员之参与主要是因为高度认同组织的使命，之所以不计酬劳的投入，是希望经由组织使命或目标之达成，来实现个人的人生价值。因此，"目标"可视为其"成果分配"的主要内容。此外，有些人参与组织是为了提升本身的知能水平，因此，只要因参与组织工作而获得知能成长，即愿意继续投入组织，对这些成员而言，"知能"是其"成果分配"的主要形式。

然而对绝大部分成员而言，有形资源，如薪资、分红等，是期望中最主要的成果分配方式之一。当然，组织所创造的无形资源，如声望与社会关系等，也是成果分配的形式。

与其他管理元素间有互相替代的作用

由于成果分配的形式很多，因此彼此间也必然存在着互相替代的关系。例如：知能的成长机会可以替代一部分有形资源的待遇；对组织目标高度认同时，则待遇与知能成长机会稍差亦可以接受。

资源与其他管理元素的关系

有形与无形资源与其他管理元素间的关系可以分析如下。

⊙目标与价值前提

"目标与价值前提"与资源是互相影响的。

目标决定资源的主观价值

目标水平与目标所设定的方向，会影响资源的价值，例如：在某一目标或策略方向之下，某厂房是极具有价值的，然而，一旦目标改变，该厂房就无法发挥作用，带给组织的价值也因而大幅降低。智财权、品牌形象等，也可能有类似的情况。

资源总量影响目标水平

组织所掌握的资源总量，也会影响目标水平的高低，以及决策者的风险偏好。有时因为拥有的资源增加，参与决策者的企图心或"心量"也会提升，有丰富的资源做后盾，行事的谨慎程度也会随之降低，更勇于冒险。但也有另一种可能，有时资源丰富者，"其心多懒"，反而丧失了积极与主动的精神。

成员个人目标的满足有赖组织资源的分配

激励成员、吸引投资人的过程，在本质上即是借由分享某些属于组织的"资源"，以达到他们的个人目标，并促使他们采取有利于组织目标的行动。简而言之，"资源"是整合机构目标，以及本组织内外人士"阴面"目标的重要媒介。组织所支付的薪资、货款、股息，都是"资源"的一种形式，而"支付"动作或所谓"成果分配"，则是希望能满足员工、供应商、投资人的某些"目标"，因而使他们愿意投入工作、提供原料、提供资金，以完成组织的"目标"。而他们是否在乎这些"资源"，则与他们的价值选择有关；他们的行动是否有助于达成本组织目标，则与他们的能力、在创价流程中的角色，以及组织目标的内容有关。

⊙环境认知与事实前提

"环境认知与事实前提"反映了决策者或决策当局的主观认知中，组织内外的现况，以及他们所"认为"的未来发展趋势。这方面的论述，将在第十章中再进一步说明。

表 6-3　有形与无形资源与其他管理元素间的关系

管理元素及其他	关系
目标与价值前提	目标决定资源的主观价值； 资源总量影响目标水平； 成员个人目标的满足有赖组织资源的分配。
环境认知与事实前提	资源的主观价值受环境认知的影响； 资源多寡影响环境认知。
决策与行动	组织资源的质与量影响决策方向； 过去决策塑造了组织现在拥有的资源。
创价流程	创价流程的基本作用即是"资源转换"； 资源必须依赖管理流程才能注入营运流程。
能力与知识	拥有知能方能善用资源； 良好知能有助于资源创造与水平提升。
资源间的相生与互斥	不同资源间的互补相生； 不同资源间的互斥。

资源的主观价值受环境认知的影响

在决策者认知中，**资源在环境中的稀少性，影响了资源的主观价值**。例如：在"报禁"开放前，许多人认为报社执照是极有价值的一项资源，不但可以作为策略运作的基础，而且也有极高的市场交易价格，然而此一"价值"其实是基于社会对其"稀少性"的认知。当此一环境认知发生实质改变，执照的价值必然随之调整。事实上，**许多交易标的（例如股票）就是因为买卖双方的主观认知中，对该项标的未来前景有不同的预期，才会发生交易**。简而言之，即是买方看涨，卖方看跌，交易发生时，双方都认为对自己有利，才可能产生交易行为。此一现象也反映出"认知影响资源价值"的过程。

资源多寡影响环境认知

资源丰富的组织，领导人所关注的范围，比起资源稀少的组织，当然格局不同。理由是资源丰富，未来的发展舞台必须更为开阔，才能满足这些资源提供者的期望，因此环境认知的范围当然就更广了。

⊙决策与行动

组织资源的质与量影响决策方向

如前述，资源水平会影响目标水平、风险偏好、环境认知，因此决策方向自然也会受到组织资源左右。目前的资源布局情况，容易促使决策者以充分发挥现有资源的角度来考量，因而很可能出现环绕着核心资源"聚焦"的趋势。同一产业中，各家企业发展的方向与结果不同，往往是肇因于当初所拥有的独特资源不同，然后各家分别以充分发挥资源效果为着眼点而成长，因而若干年后呈现出完全不同、彼此也难以互相模仿的经营形态。

过去的决策塑造了组织现在拥有的资源

任何一个组织，其当前所拥有资源的质与量也非自然而形成的，而是过去许多决策的结果。例如：创业股东的选择、股票是否应公开上市、目标客户群的抉择、机器设备的购买、专利权的申请，甚至形象的创造维持等，这些都是与资源创造或累积有关的决策。亦即，**过去这些决策与行动塑造了组织现有的资源基础。**

换句话说，组织当前拥有的资源性质与资源水平，是过去一连串决策所造成的。而未来决策与行动的方向，也深受当前所拥有资源质与量的影响。

⊙创价流程

创价流程的基本作用即是"资源转换"，因此创价流程与资源间的关系极为密切，自不待言。

而各种有形无形资源的取得、保护、运用，也都需要设计各种创价流程或次流程才能进行。换句话说，资源必须依赖管理流程才能注入营运流程。

⊙能力与知识

能力与知识可能属于组织中个别成员，也可能属于组织整体。无论哪一种形式，**"能力与知识"与资源之间，皆有互补效果。**

拥有知能方能善用资源

有些组织资源虽多，但若无能力善加运用，资源也等于闲置；资源少，但能力强，则可以弥补资源不足的缺憾。当我们比较一下冲劲十足的新创企业和疲态毕露的大型组织，即可证明此一现象。

而拥有足量资源，也会使组织的能力得以发挥；有丰富资源的组织，也更容易聘用能力高强的各级员工，这也说明了知能与资源的互补关系。

良好知能有助资源的创造与水平的提升

绝大部分形式的资源，都有逐渐"折旧"的可能，也有持续升级强化的空间。究竟是快速折旧，还是升级强化，取决于组织或相关人士的"能力"。例如：人际网络是一种无形资源，"经营得法"，即可维持日益密切的互利共生关系，否则即渐行渐远，甚至反目成仇。技术能力高，可以自行将外购的标准机器设备整修改装，使之成为独特的竞争力来源；技术能力低者，由于维修保养或操作无方，再好的机器也可能在短时间内即不得不报废。土地的增值，也未必全都仰仗外界的景气，本身致力周边环境的经营、土地用途变更等，也可以增加土地资源的价值。

如何运用组织知能来提升资源的价值，是管理上日渐受到重视的课题。

⊙资源的相生与互斥

组织拥有或需要的资源，类型很多，各种资源又可能有不同的来源。这些不同的资源内容，或同一类资源的不同来源间，有时存在着"相生"或"互斥"的关系。

不同资源的互补相生

所谓"相生"表示当拥有的某些资源较多时，将更容易吸引到其他资源。最通俗的例子是"愈有钱的人愈容易借到钱"。同理，资金雄厚可以更容易吸引技术的提供者或土地卖主；声望愈高者，更容易建立更多的网络关系；产品的品牌形象不只是一项吸引消费者的无形资源，有时品牌形象良好，在资本市场上也有加分效果。如何利用现有资源创造更多资源，或整合其他人的资源，这些无论在个人层面或组织层面，都是极为关键的。

不同资源的互斥

所谓"互斥"表示，当拥有某些资源时，即无法同时拥有另一些资源；或从某一来源获得特定资源，则不能从另一来源取得类似的资源。例如：拥有某一业务的执照则不能同时拥有另外一种业务的执照（例如过去的美国电信产业，市话业者即不得经营长途及国际电话）；组织既有的网络关系，会限制组织建立其他某些新的网络关系。后者如：为了取得某一技术而与某企业结盟，即不能与其竞争者结盟，而"结盟关系"即是一种无形的资源。

管理工作的自我检核

1. 本组织最重要的有形与无形资源有哪些？它们对本组织的创价流程有何关键作用？

2. 本组织有哪些管理流程，针对上述的重要或关键资源进行取得、维护、创造、整合？

3. 如果您是中基层管理人员，请问组织有哪些尚未充分利用的有形无形资源，可以协助你更有效地达成任务？

4. 请问本组织的策略发展方向，与目前拥有资源的质与量有何关系？策略是否充分发挥了资源的潜力？应尽快增加哪些资源，以提升策略的弹性？

第 **7** 章

知识与能力

管理功能的发挥以及所能产生的贡献，与知能水平息息相关。从结构面的知识、行为面的知能、观念上的知识与信息处理能力，一直到组织知能的累积与创新，都影响了管理与组织的长期绩效。

本章重要主题

有关知识与能力的基本观念

管理知能

个人层面的管理能力

知识与信息的处理能力（KIPA）

组织层面的知能

与能力及知识有关的管理议题

与各管理元素间的互动关系

关键词

知识与信息处理能力

变项间的因果关系网

知识体系

外显知识

内隐知识

互补知识

观念能力

转换能力

信息搜寻及筛选能力

输入输出的能力

组织记忆与知识库

知识管理

整体组织或组织中个人所拥有的能力与知识，是组织创造独特价值的重要来源。这些**能力与知识的质与量，影响了组织创价流程产出的水平。**

本章共七节。第一节与第二节分别介绍与知识和能力有关的基本观念，以及管理知能的意义。第三节至第五节分别说明属于个人层面与组织层面的知能，其中第四节特别介绍作者认为对管理者极为重要的"知识与信息处理能力"。第六节指出与知能有关的管理决策，第七节则分析知能与其他管理元素间的关系。

知识与能力的基本观念

⊙知识的意义

知识即是"变项及变项间的因果关系网"

"知识"最简单的意义即是"变项及变项间的因果关系网"。

例如："价格上涨则需求下跌"是经济学知识中的一环，其中"价格"是一个"变项"，"需求"是另一个变项，前者上涨时后者会下跌，则代表两者间的因果关系。"服用某些药物，身体会产生某些反应""建材的组合方式与施工方法，会影响建筑物抗震的强度"也都是知识的形式；其中，"药物类型""药物剂量""建材的组合方式""施工方法"都是"因变项"，"身体产生反应""建筑物抗震的强度"则是"应变项"，它们之间的影响方向或程度，则代表了其间的"因果关系"。

进一步说明知识内涵

除了此一最简化的意义外，**"知识"应更进一步包括这些变项的定义、变项的可能水平与选项、观察与衡量变项的方法、因果关系的强弱变化、形成因果关系的理由、因果关系的适用情况，以及各种变项演进与变化的规则等。**兹说明如下。

"变项定义"是指对"价格""需求""施工方法""抗震强度"这些变项意义的明确了解，"变项可能水平"是指价格、需求高低或剂量多寡的可能变化范围（何谓"贵"，何谓"高"），"变项的选项"是指"共有哪些可能的药物""共有哪些可能的施工方法"。

"观察与衡量变项的方法"是指，除了要了解"药物剂量""身体反应""抗震强度"等意义，还要知道如何客观地观察与衡量这些变项。理想上，所有拥有这些知识基础的人，都可以用同样的方法，对这些"剂量""强度""需求""价格""反应"得到类似或相同的观察与衡量结果。

"因果关系的强弱变化"代表"价格上涨多少，则需求下跌多少""药物剂量增减到什么程度，身体反应会发生什么现象"这种因果关系的本质，包括了方向与强度。

"形成因果关系的理由"则是试图用一些更基本、更为大家所了解与接受的"因果关系"，解释某个特定的因果关系。 例如：要解释"价格上涨则需求下跌"这一个因果关系，理由可能包括"消费者购买力有其总量上限"，以及"边际效用递减"等观念。而"购买力""上限""效用""边际效用""递减"等又是一些"变项"，它们也各有其定义，也有相关的因果关系存在。通常应该用一些已掌握或已了解的因果关系，来解释一些更复杂的因果关系。每个人对各种事务的了解程度，会受到每个人过去所掌握的相关基础知识丰富程度影响而有不同。

"因果关系的适用情况"是指"在不同的情况下，此一因果关系有何变化"。例如："价格上涨则需求下跌"的程度，可能与产品性质有关。一般而言，需求会因价格上涨而下跌，但若是民生必需品，需求下跌幅度则较小；若是某些奢侈品，价格愈高反而需求愈强。在这些例子中，"产品性质"本身也是一个变项，因为此变项的作用，价格与需求间会呈现不同强度，甚至方向相反的关系（这种变项在学术上称为"调节变项"）。此外，例如药物剂量对身体的影响程度，会因年龄、体重而不同；施工方法对建筑物抗震强度的影响程度，会因建筑物高度而有所不同。这些都说明了变项间的关系因调节变项的存在而发生变化。在任何知识领域，诸如此类的实例不胜枚举。

任何知识领域皆由复杂的因果关系网构成

然而在任何知识领域，所谓知识，都不只是一两个简单的因果关系而已。由于有关的变项为数极多，彼此间因果关系十分复杂，往往是原因之前还有原因，结果之后还有结果。而且任何变项的变化，都可能是许多变项所造成的，同时每个变项又可能影响为数众多的其他变项。简而言之，任何变项（例如：价格水平或品牌形象的高低）都可能既是影响其他变项的"因变项"，也是被影响的"应变项"，同时也是影响某些因果关系的"调节变项"。

任何知识领域都是一个错综复杂的体系，涵盖由无数相关的"因变项""应变项""调节变项"交织而成的因果关系网，以及形成这些因果关系背后的种种道理或理由。而以上所谈到的"变项定义""变项水平与选项""观察与衡量变项的方法"等当然也包括在内。

知识的累积与创新

因此所谓累积知识，即是不断地发掘、定义新变项，发现或验证新因果关系与调节关系，以及力求对变项与关系更精进的观察衡量。知识创新则是在目前已了解的因果关系网之外，发现新变项、新关系或新的定义与衡量方法。从小到大，每个人每天都在进行这种知识的累积与创新，方式可能是读书，可能是观察吸收他人的经验，也可能是从自己的实践行动中验证反省。而"学术研究"的过程，本质上其实也完全一样，但在过程中更精致周延，在体系上更能整理出一套完整的"理论架构"。而学术的著作与发表也加速了人类社会在知识方面的累积与交流。

表 7-1　知识的意义与举例

意义	举例
变项及其间因果关系网	"广告金额""价格"等会影响"产品需求"。
变项的定义	何谓"广告金额""价格""需求"？
变项的可能水平与选项	共有几种"广告金额"水平？共有几种可能的"价格"？
观察与衡量变项的方法	"需求高低"如何衡量？
因果关系的强弱变化	每增加十万元"广告金额"，对"需求"有何影响？"价格"每降价一元，对"需求"有何影响？
形成因果关系的理由	何以见得增加广告会提高需求？何以见得降低价格会增加需求？提高价格会降低需求？
因果关系的适用情况	何种产品或顾客，对价格比较敏感？何种产品或顾客，广告作用比较大？

⊙实用知识

理论与实用的分野是程度问题也是阶段问题

有些知识或学问属于上游的学术思想或纯粹理论，短期间未必能在任何产业中发生直接的创价作用。**有些知识则能对创价流程产生直接作用或贡献，可称为实用知识。**然而现在的纯粹理论，不久后可能逐渐发展成实用知识，而许多现有的实用知识，也是奠基于学术理论，或是由过去的学术理论演进而来。例如：前述"形成因果关系的理由"往往需要借助于学术理论深入解释，而许多运用这些知识的人，虽然知道因果关系的存在，却是"知其然而不知其所以然"。因此，严格而言，某一知识是否"实用"，并非绝对。

诊断性实用知识

在实用知识中，依性质又可大略分为"诊断性"与"行动性"两种。**所谓"诊断性实用知识"是指借着知识体系所呈现的因果关系网，我们可以从结果或表面现象推断出形成此一结果的原因。**例如：医师凭其专业训练，可以从各种身体状况的检验结果，推测患者的致病原因；经济学家可以从各种经济指标分析国家经济不振背后的理由；大地工程师可以从地质钻探结果，了解地质结构等。这些都是"诊断性实用知识"的运用。

行动性实用知识

所谓"行动性实用知识"是指知识拥有者可以从知识的因果关系网中，知道如果采取什么行动，将会发生什么效果。例如：医师可以针对病情，选择合适的治疗方法，达到预期的治疗效果；经济学家可以建议政府，为了经济的稳定发展，当前应采用何种经济政策。

无论是"诊断性"或是"行动性"，都是个人以其所拥有知识体系中的因果关系网为基础，直接或间接地运用在某些创价流程中。每个人所掌握知识体系的正确程度与周延程度不同，因此，各人"诊断"或"行动"的功力就有高下，效果也不一样。

⊙外显知识与内隐知识

两种知识的意义

有些知识极易用明确的文字或语言表达，有些则不易言传，必须运用许多隐喻形容，也需要学习者的长期观察与反思后，才能慢慢体会与内化。前者通称为外显知识，后者则为内隐知识。

外显或内隐程度因人而异

虽然"外显或内隐"是对知识的描述，但事实上，**同一项知识对不同的人而言，外显或内隐的程度可能完全不同**。有些人感到十分"内隐"难懂的知识，对有些人却可能感到浅显易懂。原因是后者对此一专题或专业有关的知识体系，包括因果关系网、变项定义等，已相当熟悉，接触到新观念时可以很快将之纳入原有知识体系，因而出现"一点即通"或"触类旁通"的效果。另外有些人在此一知识领域中，过去所知道的因果关系与变项很少，面对新的知识内容，当然感到吸收困难。

互补知识与学习效果

在学习新知识的过程中，学习者原先已拥有的知识，包括对变项的存在、意义、前后因果关系等的了解，若对学习新知识有帮助者，称为"互补知识"。**互补知识愈多愈深入，学习的效果就愈好**，感觉知识"不可言传"的程度也愈低。因此，年纪轻时即建立良好而广博的知识基础，对未来一生知识的成长与学习，会产生"举一反三"的加乘作用。

知识创新与累积的过程

许多知识都是多年以来，前人在实践或尝试错误的过程中累积而得。这些由经验（或观察别人的经验）所产生的知识，一开始时，由于缺乏现成的架构、名词、变项定义等借以相互沟通，因此"内隐"程度必然较高。然而，随着文明发展，社会逐渐形成或累积了许多"互补知识"，以及对这些因果关系及变项定义等的共同观念与架构，这些知识的"外显"程度因此提高。于是，更多知识可以用文字记录传承，知识的扩散、累积、创新得以加速进行。

　　换言之，知识创新与累积的循环过程是：从实际解决问题的过程产生新的内隐知识，再利用隐喻、示范、互动教学的方式逐渐扩散，等到略有架构与系统后，再书于文字，试图与社会原有知识体系相连结，进而成为人类社会共同拥有外显知识的一部分。外显知识经由教育系统，提升社会普遍的知识水平与解决问题的能力，然而在解决问题的过程中，又再度体验出内隐的新知识。此一循环使人类社会所累积的外显知识以及解决问题的能力生生不息，不断地向上提升。

⊙能力

　　创价流程中的工作，有些可以完全依赖知识，有些则还需要能力。所谓能力，有些只与体能或肌肉技巧有关，有些则需要知识配合，甚至"活用知识"本身，也是一种能力。

　　基于对知能需要程度的不同，"非管理面"的工作大致可以分为三类。

纯体能的工作

　　这一类工作者需要有某种水平以上的体力、肌力、眼力或神经肌肉的协调等。生产线劳工、运动选手以及体力劳动者，其能力与潜在贡献虽然与"知识"也有若干关联，但其体能是绝对不可或缺的。

　　音乐演奏、绘图、舞蹈，甚至语言表达等，这些也都属于广义"纯体能"的范围。

纯粹研判或决策性质的工作

　　财务报表分析、经济情势分析、证券分析等，其主要贡献来自个人拥有的知识，其"能力"的表现即为能否活学活用知识，亦即能否运用知识快速连结复杂的资料，将现象与知识结构的变项、因果关系等道理相结合，并依据道理或创意做出研判或决定。

　　纯粹的学术研究，也属于此一类的工作。

需要同时结合体能与研判的工作

现代社会中大部分工作，或所谓知识工作，皆属于这一类，只是对二者要求的比重不同。例如：外科医师进行外科手术时，一方面需要专业知识为基础，一方面对眼力、肌力、体力等要求也甚高。中医师若无科学仪器协助诊断，则借由"望闻问切"了解病情，也需要上述两种能力的结合。此外，工程研发、产品维修，甚至上课教学等工作也都属于此类。

无论哪一种能力，其发展都需要长期的实作或操练才能养成。有关体能方面自不待言，而第二类与第三类工作所需的知能，不仅必须经过练习才能结合知识与行动（包括诊断），**而且最好在边做边学的过程中，有高手"师父"在旁担任教练，随时反馈，依其表现适时指导，能力才可能较快成长。**

以上虽是描述人类知识进步的途径，但也是个别组织在知识管理方面可以努力的方向。

管 理 知 能

前节所谈，仅着眼于非管理面的知能，因为这些非管理面的知能，对人类社会的进步以及组织的创价流程都十分重要，作为管理者，对知能应有普遍性的了解。

管理领域内的知能，内容也极丰富，而且还应包括对以上所称"非管理面知能"的管理在内。管理知能大致可分为结构面的知识以及程序面的知能两种。至于更"内在"与"人身依附"的知能，留待第三节与第四节讨论。

⊙结构面的管理知识

依前节所述，知识是许多**"变项及变项间的因果关系"，加上"变项定义""变项水平与选项""观察与衡量变项的方法""形成因果关系的理由""影响因果关系的调节变项"等所形成的体系。**管理知识自然也不出此一定义的范围。

所有管理知识皆可表现为变项的因果关系网

在行销、生产、财务、人事，乃至于策略设计与组织结构等主题方面，内容丰富，博大精深。然而略为分析后可以发现，这些内容其实都是在介绍各领域或主题相关的变项、变项定义与衡量、变项间的因果关系、形成因果关系的理由、调节变项的影响与作用等。学习这些企管理论或知识，**如果能运用本章介绍的"知识的意义"（因果关系网等）来解析，对学习效果甚至对知识内容的融会贯通，应可发挥良好的正面作用，提高学习的效率。**

对知识广度与深度的需求

愈到组织高层，愈能体会与企业经营有关的"因果关系网"的复杂性与多元性。 例如：在思考或处理营销问题时，影响或被影响的变项往往远超过"营销"领域的范畴。同理，各个领域中的变项也都有类似的关系与现象，如果只专注于某一知识领域的变项或知识，极可能出现见树不见林，或以偏概全的结果。高阶领导者的知识基础必须多元且广博，并需有能力与修养，以广泛吸纳各方的信息与见解，理由即是与其决策责任范围有关的变项极多，所需要知道的因果关系网也必须十分广博才行。

学术研究讲求"单点深入"， 个别学者在研究时所关心的变项与因果关系不宜过多，才有"深入"的可能。而管理者所需接触的变项则是广而不深，才能做到全面观照。这是管理学术与管理实务二者的基本矛盾所在。

表 7-2 管理知能

内容	说明
结构面的管理知识	管理知识皆可表现为变项的因果关系网； 对知识广度与深度的需求，学术界与实务界极为不同； 管理知识应借助其他社会科学的思想与成果。
程序面的管理知能	不断搜集信息与采取行动的动态过程； 管理知识的变项关系复杂且衡量不易； 管理教育应注重启发思想能力，而非套用理论。
产业与科技相关知识的必要性	管理知能的运用必须依赖产业与科技的互补知识； 信息完整更能发挥知能的效用； 知能水平有助信息的取得与认知。

管理知识应借助其他社会科学的思想与成果

企业管理领域中有关变项或因果关系背后的道理，往往与其他社会科学的知识不易明确区分，甚至难免会借用到其他知识领域中早已存在的理论。因此，**学习管理知识时，也应对其他社会科学的基本观念有所涉猎，尤其应学习其推理的方法或"形成因果关系的理由"**，方有助于建立广博的知识基础与逻辑思考的能力。

多年前本书作者即指出，其他社会科学与管理学的关系类似"上下游"关系。各种社会科学提供深入而严谨的知识或变项关系，而管理学则"整合"各种上游的学问，以处理下游的实际问题。由是观之，**不仅管理的本质是整合，管理学本身也是整合理论与实务、整合各种社会科学精华的产物。**

⊙程序面的管理知能

管理工作并非体力劳动性质，也不能依赖纯粹的思考与研判等知识的运用。实务上，管理工作既需要深入的理性分析，也需要行为方面的表现。两者结合程度之密切，以及对知识广度以及行为面技巧的要求水平，远超过前述如"外科医师"的工作。

不断搜集信息与采取行动的动态过程

程序面的管理知能与前述实用知识相似，可分为"诊断性"与"行动性"两种。以学理中的结构面知识为基础，从财务资料、现场访视，以及各方意见中，归纳出问题的症结，这需要诊断性的程序面管理知能。了解问题症结后，再从结构面知识的因果关系网中，找出适当变项，设计具体方案，采取有效行动，这需要的是行动性的程序面管理知能。**无论是诊断性或是行动性，在进行这些工作时，当事人是以一种极为动态的方式，不断搜集信息，不断形成下一步的诊断问题或可行方案，然后依这些诊断问题或可行方案的内容与需要，进一步搜集资料验证。因此，结构面知识是程序面知能的基础，而后者则是前者的动态运用。**

变项关系复杂且衡量不易

管理行动不是科学研究，不仅牵涉的变项多，而且有关变项的认定与衡量，也缺乏客观的科学方法。例如：大家可以从学理知道，激励方法的选择必须考虑当事人的"心理需求层次"，在结构面知识体系中，二者的因果关系尚属明确，背后的道理也极有说服力。然而在真实世界中，当面对一位有血有肉，有生命有感情的同仁时，管理者实在很难界定他现阶段的"心理需求"究竟属于哪一层次。人事管理方面虽然也发展出不少问卷量表，但一个人内心深处的状态，并不易精确衡量或捉摸。这是实务上有关"变项水平"衡量的困难。其他如消费者心理、经销商的意图、竞争者动向等，都是重要的决策考虑变项，但也都不易衡量或预测。

此外，还有一些是"变项复杂性"所产生的困难。真实世界中，因果关系复杂，相关的变项为数众多且各别影响强度不明，使"套用理论"这件事极为不易，即使可以勉强套用某一理论，理论中所产生的解决办法，也未必合于实际的复杂情境。

对管理教育的含义

与其他学科或知识领域相比，管理学的结构面知识（或学理中所提出的因果关系网等）与实用上所需的程序面知能，存在着较大的距离。而且由于相关的变项多，因此所有的管理学术理论都有其适用范围的限制，因此，**在学习管理知识时，不宜直接"套用"其"理论架构"或"结论"，而应深入探究其因果关系、立论依据，尤其是学理形成过程中的推论方法。**

此一事实，对管理教育的内涵，以及管理人员的培养等各方面，都具有重大的含义。

⊙产业与科技的相关知识

管理知能的运用必须依赖产业与科技的互补知识

由于管理工作必须与实际现象及问题密切结合，因此身为管理者，也需要拥有某一水平以上的产业相关知识，甚至是专业知识，而且有时它们也是运用管理知能时必需的互补知识。

例如：化工业的经理，即使没有化工或化学背景，但至少要拥有某些程度的化工知识，包括对各种化学原料与加工制程的了解。简而言之，他必须对产业科技的相关变项与因果关系，有某一程度的掌握。同理，在百货量贩业、旅游餐饮业等，虽然没有牵涉太多科技，但经理人对其行业的消费行为、竞争法则、经营手法与相关法令的关系等也必须了解。**这些都不属于管理知能的范围，但与这些有关的变项、衡量、因果关系网等，却是担任这些产业的管理工作所不可或缺的。**

对事实的认知与因果关系的掌握

至于产业中的事实资料，例如：科技趋势、各家同业当前竞争的状态等，这些与"因果关系"无直接关联的"知识"，对决策当然也很重要。但在本书管理矩阵架构中，这些系属于"环境认知与事实前提"，不属于本章所称的"知识"。在第十章中还会指出，即使是个人拥有或知道的"因果关系"，也是广义"认知"的一部分。

从决策过程来看，决策者对"事实的认知"与"因果关系的掌握"是有互动关系的。对事实认知愈完整正确，"知能"愈能发挥作用；而对因果关系或知识的深入理解，不仅可以协助决策者研判信息的正确度，也可以对攸关的信息或环境变化产生更敏锐的感知能力。

个人层面的管理能力

相对于结构面知识，管理的程序面知能较为内隐，也更难教导传授。而更不易以言语形容的，是与个人有关的能力。这些能力却往往是这些程序知能的基础，从成功的管理者或领导人身上，很容易发觉这些能力的存在，但其中某些能力应如何培养，或究竟能否刻意培养，却仍无定论。

限于篇幅，本书不拟针对这些能力一一深入解说，只能简单列举。所列举的能力项目很多，而就任何管理者而言，事实上也无法齐备俱全，但求不出现重大缺憾即可。

⊙ 基本能力

体能、健康、情绪管理能力、学习能力、记忆力、阅读理解能力、数字运用能力、语文运用与表达能力（包括外语或方言）、创意、敏锐体察外界环境变化、果决、自信，甚至群众魅力与能够创造别人信任感的能力等，都是常被提到的基本能力。这些是**比较"纯粹"的能力**，与"结构面知识"未必有直接关联，也相当独立于当事人的"目标与价值前提"之外。

有些基本能力与个人"目标与价值前提"有关，可以视为一种价值观，也可以视为从个人价值延伸出来的能力。例如：全力求胜的意志力、积极奋斗的魄力与精神、负责的态度与习惯、坦然接受失败的胸襟等，固然是人生价值观的一环，但其贯彻也需要许多基本的管理能力。

⊙ 人际能力

与人际互动有关的能力包括：沟通技巧的运用、体认他人内心价值观与好恶、了解自己和别人的需求、掌握别人的心理需求层次所在、整合各方目标与价值观等。

其中所谓**"沟通"**，应不只是讲与听而已。讲话时必须得体，意思明确而不致伤及对方感觉，甚至可以创造听者的好感与信任；听时则必须能随时整理出对方发言要点，并了解其言外之意。

"了解"并冷静面对自己的情绪起伏以及内心深处的欲求与疑惧，不仅有助自己情绪的掌控，也是人际能力的基础。

而**"整合各方目标与价值观"**更是重要的管理作为，这部分将在第十一章中再进一步介绍。

⊙ 观念能力

分析因果关系时所需要的严谨逻辑推理能力、处理复杂变项关系时所需要的系统观念、结合抽象理论与实际问题的能力、规划所需的图像思考能力、安排行动顺序的能力等，都属于管理上所谈的观念能力。

观念能力的范围甚广，以下只能举例说明。

结合抽象理论与实际问题的能力

这是指面对实际问题时，能从过去经验或结构面知识中归纳出与当前问题相类似的地方，然后将这些知识，以及自己或别人的经验，灵活运用在解决问题的过程中。缺乏这种能力的人，即使经验再丰富、学识再渊博，处理实际问题的能力也不易提升。

图像思考能力

拥有这种能力的人，在进行规划时，可以针对不同的方案，实时在脑海中从事模拟推演（类似动态电影画面），及早发觉方案执行时可能的缺失。于是，规划时即可及时修正，因而提升规划的效率与质量。严重缺乏此一能力者，不易从书面规划中想象将来进行时的现场状况，许多原本可以及早发现的问题，就必须等真正行动开始，或问题发生后，才能进行事后的调整补救。

安排行动顺序的能力

此一能力是指在脑海中有能力将未来许多该做的事，依其逻辑关系，排列出合理的先后顺序。除了要能掌握亟待突破的瓶颈所在，也能因应情势变迁，机动调整排程方式。

"作业研究"或"作业管理"所介绍的"计划评核术"（PERT）或"要径法"（CPM），都是这类排程工作的应用工具。

知识与信息的处理能力（KIPA）

以上所列各项管理知能，其深层有一共同的根源，而此一更核心的能力，本书称为"知识与信息的处理能力"（Knowledge and Information Processing Ability, KIPA）。其中又可分为"转换""信息搜寻及筛选"与"输入输出"三部分，而三者间又互相为用，相辅相成。

⊙转换能力

所谓"转换"，是指对知识、信息，以及对所观察到的事物，进行**"编码、译码、演绎、归纳、类化、联想、抽象化、隐喻与类比、组合排序、观念与信息的验证"等动作**的能力。

编码、诠释与思想体系

自然科学与数理科学对名词的定义较为严谨，有其共同的名词定义，以及编码、译码的系统与知识架构，学习者只要依循一定的学习途径，即可掌握该领域的架构与知识轨迹，因此每一个人不太需要对各种观念赋予独特的意义或是自行发展诠释的方法。简而言之，在这些学科中，只要用功读书，自然能掌握大家所共同认知的知识架构与意义。

表 7-3　知识与信息的处理能力

能力分类	能力内涵
转换能力	编码、译码、演绎、归纳、类化、联想、抽象化、隐喻与类比、组合排序、观念与信息验证等。
信息搜寻及筛选能力	快速整理及归类信息。
输入输出的能力	在其"转换"机制下，有效听、读、说、写的能力。

然而社会现象与组织现象极为复杂，各种学科，从历史学、经济学、社会学到心理学，当然还有管理学，都从不同的角度切入，试图解释这些复杂的社会现象或人类行为，并形成各种不同的理论。实际参与社会或组织活动的个人（例如好学深思的企业家、生活经验丰富的长者，甚至每个普通人），也会从经验中发展出自己的"理论"，或对各种因果关系的解释。这些"理论"，或许有独到之处，但也是各执一偏。事实上，即使是经由严谨的研究过程发展出来的社会科学理论，也都有以管窥豹的倾向。我们必须加以整合或融会贯通，才能对各种社会现象有更完整的认识。但是各个"理论"所使用的编码与译码系统互异，形容类似观念的名词不同，关于变项间关系的观点也各异其趣，因而形成整合上的困难。**因此，为了简化各种理论与实务现象的沟通与结合，每位管理者都需要建立起某种属于自己的思想体系**，以吸收、整合与说明这些现象或

因果关系。

简而言之，每个人心中都有一套系统，将所观察到的事实现象、所学过的抽象观念、自己思考所形成的种种因果关系等，经由此一系统连结在一起。接着，经由此一系统，**才能将各种想法与观念有效累积，并针对互相矛盾的观念与现象加以比对与验证**。然后，再将所累积的思想内涵，与面对的决策情境或行动结合，甚至建构出新的知识或因果关系。此即运用编码系统进行知识与信息转换的过程。

从演绎到观念验证

除了编码译码，其他所谓演绎、归纳、类化、联想、抽象化、隐喻与类比，则是产生观念、验证观念、指导行动方向的手段。

例如，我们从理论或经验中知道了许多"结构面的知识"，包括人的心理需求特质、组织结构对人事政策的限制、策略与人力资源的相互关系等等。一旦被问及：在某一特定情境下，究竟应该采取何种分红制度？这时，就必须将这些理论上多元而复杂的因果关系，应用到既定的情境中，此时所需的即是决策者逻辑上的**"演绎"**能力。

如果我们探访了许多企业，发现各家在分红制度上各有不同，各有优缺点，则如何依据这些经验与观察，归纳出原则，以供决策时的参考，这种做法，需要的是逻辑上的**"归纳"**与**"类化"**的能力。

从表面似乎全无相关的现象或做法，引发出具有创意的解决方案或找出共同的原则，则是**"联想"**与**"类比"**的能力。例如从历史上朝代的更替，联想到大型组织高阶领导人的内心世界；以职业运动的劳资关系统理机制，归结出各种企业分红制度的优劣等。

此例中，何谓"心理需求特质"，何谓"组织结构""人事政策"与"分红制度"，又何谓"策略"，这些即是"编码"问题。至于仔细观察某一企业的组织运作方式后，能否指出其特性，并将其组织结构进行归类，则是"译码"问题。同理，与一群消费者深度座谈后，能否归纳出他们有哪些意见与哪些消费行为理论的变项关系相呼应，也是"译码"问题。一起观察组织，或一起参加消费者座谈的人，对所见所闻会产生不同深度或不同方向的诠释。除了因为各人所拥有的结构面知识总量不同，主要就是因为每个人在编码架构及译码能力的差别所造成。

当确切掌握观念的意义后，还必须针对不同来源的观念与信息，不断进行**"验证"**。察觉矛盾时，则试着发展出更高层的架构或更深层的道理，以整合不同的观念，然后再将之吸纳至本身的思想体系中。

以上所谈的是"KIPA"中的"转换"。**良好而有效的"转换"系统，不仅有助于管理知能的累积，也可以使思想系统在广度与深度方面不断进步。**

⊙信息搜寻及筛选能力

快速整理及归类信息

信息爆炸时代，每个人每天所接触的信息都十分丰富。社会关系复杂的高阶经理人，在组织内外经由书面、口头、正式或非正式管道所能获得的信息更是数量庞大，要全部记忆下来，几乎不可能。但具有"信息搜寻及筛选能力"的人，就可以在接触信息的当下，**立时感受到此项特定的"信息"，对本身某项决策有何"含义"，或此项信息与过去已拥有的信息间，是否相互一致或是矛盾。**然后，在脑海中实时进行信息或资料的比对、验证、累积、强化。而对决策无关，或相对重要性不高，又无争议性的信息，则可以快速略过。

拥有这种能力的人，可以快速地从书面资料找到所需的数字或字句，也可以从会议或对谈的过程中掌握重点，一方面在本身的记忆库里形成更完整周延的资料体系，另一方面也可以找出矛盾与疑点，要求澄清或提出进一步的疑问，进行验证。

互补知识与观念架构是必要条件

前述能力的先决条件之一是，必须对主题有关的互补知识有深度的了解，方可实时进行有意义的比对、验证及累积，进而收举一反三之效；先决条件之二是，需要对相关主题有一完整合理的观念架构与分类系统，才能在第一时间将所接收的讯息加以归类整理。

⊙输入输出的能力

"KIPA"的另一项是"输入输出"，包括在"转换"机制下，有效听、读、

说、写的能力。

此处所说的听、读、说、写，不只是单纯的沟通技巧而已，而是以"KIPA"为基础，强化这些输入输出的功能。

倾听与阅读

倾听与阅读都是重要的知识与信息"输入"机制。听觉正常的人都能听，但有些人就是会"听进去"多些，或理解程度高一些。**原因是他在听的过程中，可以很快地进行编码与译码的工作，然后将所听到的与本身原有的架构或知识体系相结合，并获得更多的意义与启发。**听完之后，不仅可以提出更深刻的问题，而且在知识体系中所增加的，可能还超过刚才讲话的人所欲传达的内容，而出现所谓"举一反三"的效果。反之，同样的内容，有些人就会"听不懂"，或只能吸收一小部分，或无法整理出发言的重点。两者不同就在于各自的"知识与信息的处理能力"高下有别。

这在"读"上也相同。有些人能很快从文字吸收到文章的重要观点；有些人逐字详读，却不得要领。书上画满线条，细看之下，却发现画线的部分其实并不完全是文章的主要意见。

表达能力

在语言表达上，"KIPA"也扮演了关键角色。有人可以**言简意赅地说明自己的想法及其背后的理由，或归纳摘要他人言论的要点，**有些人能够将一篇文章的主要内容，在短短几分钟内交代得清清楚楚；有些人则无法用自己的话表达一些比较复杂的概念，或身为主席而无法综合各人发言的内容。造成其间差别的原因，不是单纯的"口才"而已，而是语言背后的思维模式与观念能力。

⊙ KIPA 在管理上的作用

掌握问题核心并厘清关键事实

愈高阶的管理者，愈需要面对大量信息，处理高度复杂的问题。"知识与信息的处理能力"**可以帮助管理者快速掌握问题核心，提出一针见血的问题，追根究底，在简要的对话中厘清事实，归纳出每一个阶段的结论。**

KIPA 可以包容并整合讨论过程中各方重要的信息与意见，可以知道如何验证这些信息与意见的正确程度，淘汰其中不正确或与主题无关者，然后结合各方有意义的看法，促使共识的达成。

会议主持与领导风格

会议是组织重要的信息交流与决策机制，会议质量与组织绩效关系极为密切。如果会议出现议而不决，决而不行，发言盈庭却未有效验证或归纳各种信息或意见的现象时，其原因之一是主持者在 KIPA 上尚待加强。实务上有些中高阶管理人员，由于 KIPA 欠佳，无法在现场吸收整合各方分歧的意见与复杂的信息，不得不运用职位的权威，阻绝大家意见的交流，并以专断的方式进行会议与决策。因此，**表面上看到的专权或独裁式领导风格，背后其实与其 KIPA 水平，或一般所谓的"理路清晰程度"有关。**

过去数十年来，大部分的管理理论都主张应加强授权、重视各级人员意见。然而在执行上若有障碍，主要原因或许并非主管的人格特质，而是受到其 KIPA 的限制。事实上，即使高阶主管和颜悦色，诚心愿意聆听各方意见，但在聆听后却始终未能有效整合，甚至无法理解各方意见异同，或整理出各方的意见重点，则这种意见沟通与交流也是难以发挥效果的。

强化 KIPA，才是提升整体管理水平的关键。

KIPA 有助学习效率的提升

拥有 KIPA，才能从观察与对话中学习，并将所学的经验有效地吸纳入本身的知识体系之中。事实上，高阶主管拥有许多信息与知识的来源管道，如果他在提问、验证、吸收、整合等方面能力高超，吸收新知的管道应该是很多的，未必需要真的进行全面而深入的阅读，以其地位与所拥有的互补知识，随时请教专家即可。

而且，即使只是单纯的读书，强大的"KIPA"也有助于从文字吸收新知的效率。

组织层面的知能

本节虽然以组织层面的管理知能为主，但许多观念与做法，其实也可以应用到专业或非管理面的知能方面。

属于组织的管理知能与属于个人的管理知能，二者不尽相同。每位管理人员的知能水平加总，当然与整体组织的知能有关。但在某些组织，却发现每一位"个人"都很强，但这些高手所组成的企业或组织，整体知能的水平却不高。不断设法提升组织整体的知能水平，是管理当局重要的工作。

⊙营运流程与管理流程是组织知能所在

流程表现并储存组织知能

组织层面的能力与知识，其实绝大部分都表现在各种营运流程与管理流程里。针对何种情况，何时应由哪些单位提供信息，哪些单位如何执行，谁来确保质量、验收成果等，都是流程的一部分。历代管理者不断思考改进流程的运作方式，并在执行时全力落实，此举即是在建立与强化组织知能的基本途径。人员的选训用、决策程序，以及下述知识数据库的建立等，其实都可以包含在管理流程里。

流程改造或业务创新是提升组织知能的重要途径

随着企业规模提升以及策略升级（例如更高难度与高质量的产品、要求水平更高的客户、更广的地理涵盖范围），组织必须在各种流程方面进行升级动作。这一方面是因应新策略的需要，一方面也是管理当局借机强化组织知能的有效途径。即使规模与策略不变，有时也应利用大规模的新产品开发、新制度或信息系统的导入，动员组织全员，并经由这些动员，活化、深化管理流程，促进单位间知能的交流，并进而提升组织整体知能。

换言之，有雄心的机构领导人，常会刻意寻找一些略为超过目前组织能力的业务，**为内部创造压力与知能成长机会**，并希望经由承接这些高难度业务，在营运流程与管理流程上进行跳跃式的升级。

⊙组织记忆与知识库

人的记忆力有高下，组织亦然。缺乏记忆力的组织不易累积经验，知识总量因而难以成长。增加组织记忆力的方法有以下几种。

决策资料的保存与记录

组织每次决策所形成的政策或规定、决策所依据的资料、不同角度论辩的过程与重点等，都应系统化地归类整理。此一档案不仅可供后来者了解组织过去的决策历程与推理过程，也可供当事人事后参考与检讨。时至今日，还有许多大型组织并未从事此种记录，结果一切经验都深藏在决策者的脑海里，不容检视，也不能与组织中其他人分享。不做记录，一方面固然可以节省若干行政成本，一方面也可以**规避决策的责任**，但却不利于组织记忆与知识累积。

记录解决问题的经验与重要的互动内容

制度设计应设法将组织成员每天解决问题的经验，系统化地记录下来，最好还能储存于计算机数据库中，便于其他人的检索与参考。例如：机器维修、经销商往来、协力厂管理、工程设计等工作，类似问题常常重复发生，若能记录下来，成为组织知识记忆的一部分，不仅可以加速未来类似问题的解决效率，也可以成为新人训练的现成教材。而且，**更高阶的人员也可以针对这些解决问题的记录，检讨内部相关政策或决策过程的质量，或设计出更好的解决办法。**

实务上，"师徒制"的新人训练过程中，**如果能将新人（学徒）对训练人员（师父）提问所做的笔记，整理后上网，**不仅可以考核教学双方的努力程度，以及"师父"所教内容的正确程度，也可以借机建立属于组织的知识库。

⊙利于知识创造与学习的组织文化

开放沟通的组织文化

在权威领导下，一切创新必须仰赖高阶层的英明程度，然而即使领导人真的极为英明，长期下来，知识创新的质与量都难以达到理想境界。

因此组织应有开放沟通以及容许意见充分表达的文化，各级主管也应有容

许下级犯错的雅量，并鼓励提出与现状不同的想法与观念，才能培养组织成员创新的意愿与能力，以及不受阶级限制，互相辩证，实事求是的习惯。

鼓励多管闲事

各平行单位之间，也不宜有各扫门前雪的风气。各级主管应鼓励大家"多管闲事"，即使不属于本单位的责任区，大家也愿意提出建设性的意见，甚至批判性的看法，然后才能做到意见与信息的充分交流，逐渐提高属于组织的知能存量。

有时，主管可以刻意抛出议题，请各单位从各自的角度搜集资料，分析讨论，试图解决一些并不迫切的问题。就像军事演习一样，这么做也是提升组织活力，改进组织文化的方法。

有些学者甚至建议，高阶管理者可以刻意模糊单位间的权责划分，或者不下达明确的指令，然后借着这些潜在的矛盾与模糊，激发大家的创意以及参与意愿。

机构领导人本身对"学习"与"知识"的态度是关键

机构领导者以身作则，提升组织内分享与学习知识的意愿，也十分重要。高阶领导阶层若以身教表示对知识及学习的重视，并设法运用新知，以提升创价流程的内涵，则对同仁的知识学习与创新动机，必然能产生高度正面效果。若机构领导人本身从不学习新知，追求自我成长，甚至对"知识"或组织内部知能的累积工作，表现出轻视的态度，则组织知能是不可能走向创新与成长的。

⊙组织的 KIPA

个人有"知识与信息的处理能力"，组织也有类似的能力。

编码与译码

在"编码"与"译码"方面，如果**组织成员对许多观念都拥有共同的语汇**，虽有多元的知识背景与创意方向，但因为**有共同的思想架构**，长期共事与沟通的结果，形成多元但有高度默契的文化，因而可以提高组织内编码与译码的效率。这即是组织层面 KIPA 的一环。

验证资料与整合意见

在验证资料与整合意见方面，组织成员或各级主管若有共同或类似的逻辑模式，不仅在讨论时，大家可以分担主席的角色，而且各级会议的结论，也可以有效衔接，不致出现太大的歧义。

这些可视为组织的 KIPA。但显然机构领导人及各级管理人员的个人 KIPA，是组织 KIPA 存在的先决条件。

与知能有关的管理议题

⊙选训具有知能潜力的成员

本章主题是知能，然而"人"是知能最重要的"载具"，因此与人力资源管理关系十分密切。

配合未来策略方向及早培育人才

组织所拥有的知能总量，深受成员的知能素质影响。人才固然可以从外界礼聘或挖角，但在人数上及文化适应方面，自行培养人才当然最为首要。针对未来发展策略的知能需求，及早选用及培养人才，是与组织知能有关的第一要务。如果企业准备在未来进行多角化或跨国经营，当然也**应针对未来策略需要，及早培养内部人才**。许多企业遇见机会却未能有效掌握，出现"看得着而吃不着"的困境，主要原因即是本身未及早培养这些属于组织的知能，以快速结合外界的机会。

KIPA 应为选拔人才及培训的重点

选训未来的高阶管理人才时，前述"KIPA"的水平及其进步潜力，应是重要的评估指标。因为，未来领导人的"KIPA"高，组织整体的决策水平才可能快速升级，全员的知能也才可以汇整成为组织的知能。

管理者应及早构思未来团队，以因应个人升迁

选用人才并非仅是整体组织的工作。各级管理人员为了因应本身未来的升迁机会，也应及早在相关部门物色人才，建立关系与互信。这样一来，**若升迁到需要独当一面的职位时，即可快速成立具跨部门专业又有默契的团队。**反之，若管理人员在升迁或接任新职后，全无"班底"可以协助，便显示出对事业前程规划尚有不周之处。

表7-4　与知能有关的管理议题

管理议题	说明
选训具有知能潜力的成员	配合未来策略方向及早培育人才； KIPA应为选拔人才及培训的重点； 管理者应及早构思未来团队以因应个人升迁。
知识的吸收、转移、扩散、创新与累积	知能管理需要制度化； 项目任务小组是密集提升人员知能的方法之一。
将知能纳入创价流程	知能为组织优势的重要来源； 知能影响策略选择； 策略指导未来知能成长方向。
知能用途专属程度的取决	知能的专用程度与弹性程度应有所取舍。
知能所有权的归属问题	转换个人知能为组织知能； 知能与人才的适量流失，或有助于创造网络资源。
保护组织专属的知能	在组织设计上将知能切割，以保护专属知能； 保护效果应与在整合成本进行整体考量。

⊙知识的吸收、转移、扩散、创新与累积

知识管理需要制度化

有制度、有方法地自外界吸收知识，转移至组织其他成员，然后在扩散与应用知识的过程中，努力从事知识的创新，再将学习与创新所得的知识系统化地累积，是知识管理的基本流程，其中自然有许多值得关注的决策。

企业界的研究发展单位，主要工作是研发科技，但组织的每个单位，每项流程，其实都有知识的含量在内。因此，整体知识的创新，以及创新或改进后

的知识如何与创价流程结合，也需要专人的关注与推动。

项目任务小组是密集提升人员知能的方法

将各部门具有发展潜力的优秀人才，**组成跨部门任务小组，针对组织策略面的问题进行项目研究，这也是促进部门知识交流与创新最具成本效益的途径。**这种做法不仅可以深入检验小组成员的发展潜力，提升他们在组织中的能见度，也能扩大视野与格局，更可协助他们及早建立内部的网络关系，有助于在未来发挥整合功能。

⊙将知能纳入创价流程

知能为组织优势的重要来源

管理当局应设法将组织或成员所拥有的知能与组织的创价流程相结合，并力求以这些知能为基础，创造组织独特的竞争优势。企业经营策略上的竞争优势，无论是技术、制造、通路开发与管理、原料采购、品牌建立等，无一不与组织的知能密切相关，或是以某些独特的知能为基础。

知能与策略选择

机构领导人也可以"以知能为基础"，思考未来的策略发展方向。与第六章在讨论资源时相似，策略制定过程中，可以从检视组织所掌握或所拥有的知能开始，并以充分发挥这些知能为前提，设计或调整组织的创价流程。**在外界环境存在高度不确定性时，最踏实的做法之一，即是努力充实组织本身的知能水平，提升创价流程的独特性，然后静待环境的选择。**

当然，组织也可以针对未来策略构想的需要，重点式地创造知能或自外界取得知能。

⊙知能用途专属程度的取决

组织的知能，可以在政策上导向于专属某一产业、某一地区，或配合特定顾客的需要，设计知能成长的方向。然而也可以牺牲部分"专用"或"专属"的程度，追求知能可以运用范围的弹性与灵活度。这方面的观念，与第六章所讨论的有形与无形资源的弹性，分析角度十分相近。

⊙知能所有权的归属问题

知能的"转阴为阳"

从组织的立场，应该是希望成员从外界为组织带进知能，而且成员在组织任职期间所创造的知能，也应归组织所有。制度及法律如何保障组织对知能的所有权，也是管理当局应注意的。

知能与人才的适量流失或有助网络资源的创造

然而专属知能的外流或扩散，有时却有"失之东隅，收之桑榆"的效果。例如：以研究发展为主的财团法人，技术人员离职后固然带走一些智慧财产，但人员来来去去，也扩大了该组织与业界技术合作的网络关系。同理，专业防毒软件的厂商，离职工程师带着丰富的信息安全产业技术与知识，投效任务环境的"互补厂商"（生产其他信息安全软硬件如防火墙等的厂商），影响了"互补厂商"的技术取向，等于是间接为原来的公司拓展业务范围。

有时候，从更远、更广的角度来看知能所有权，或许能有一些不同的策略含义。

⊙保护组织专属的知能

利用组织设计将知能切割，以保护专属知能

组织的独特知能可能因人员流动或从供应商及客户端逐渐外泄。因此，除了必须持续创新，以维持知能上的竞争优势，还必须致力保护这些知能，以减缓外泄速度。"保密防谍"当然不可忽视，但更具有创意的方法，**例如：设法以特殊的"切割方式"，将属于组织的知能在单位间切割成若干个互补的部分。**由于"切割方式"与众不同，除非"全员跳槽"，否则即使单一成员离职，在其他机构也不易找到互补合作的对象。或设计特殊而专用的设备，使员工知能与这些设备的特性结合，换了其他设备则完全无法发挥。如此一来，不但离开的员工在外难以展现其知能，客户或供应商也不易向竞争者转述本组织赖以创造独

特优势的做法。

将研发工作划分在不同部门，或运用"独门"的计算机软件从事设计或研发工作，或以自行开发的制造流程，发挥产销配合的能力等，这些都是可行的具体做法。

保护的效果与再整合成本的整体考量

为了保护组织的知能，切割业务或单位，固然有其一定的效果，但组织划分以后，必然出现协调的必要，以及"再整合"的课题。**切割以后的"再整合成本"是否值得，需要权衡。**有关组织单位划分以及"再整合成本"的观念，本书在第十三章中还会再讨论。

与各管理元素的互动关系

能力与知识和其他管理元素的关系可分析如下。

⊙目标与价值前提

目标水平应与知能总量相配合

知能高低与目标有相对的关系。当目标愈高，愈显得能力不足；目标低时，知能则相对绰绰有余。制定目标应配合组织所掌握的知能水平。 无论对组织或是对个人，"目标过高，能力不足以配合"，几乎是大部分失败的根本原因。**量力而为，失败的机率自然降低。**从整合的观点，究竟要扮演多么积极或核心的角色，必须考虑本身所拥有的知能水平。知能不足，则不应勉强负责太多的整合角色，有时宁愿降低本身目标水平，接受其他人的整合也是不错的选项。用通俗的说法，即是"能力不足就不要强出头"的意思。

表 7-5　能力与知识和其他管理元素之间的关系

管理元素及其他	关系
目标与价值前提	目标水平应与知能总量相配合； 策略雄心亦应配合组织能力； 开放心态有助知能的吸收与成长。
创价流程	组织整体的知能储存于创价流程中，而知能的获得与创新，也都需要管理流程处理。
环境认知与事实前提	知能水平有助于信息的诠释与掌握； 人际能力有助于信息的取得。
决策与行动	决策必须依赖决策者所了解的"因果关系网"，以及观念能力、KIPA 等应用。
有形与无形资源	知能愈高，愈能善用资源； 组织应致力于将知能转化为易于管理的资源； 资源丰富者易于忽略知能成长。
创造知识的知能	KIPA 有助于管理知识的学习与创新。

策略雄心亦应配合组织能力

有些学者极力主张"策略雄心"，其实有**"策略雄心"并不等同于好高骛远、贸然行事，而是经常设定"略为"超过目前能力水平的目标，勉力而为，然后在一次又一次合理且富挑战性的考验下，逐渐提升组织整体的能力。**

开放心态有助知能的吸收与成长

出自内心的谦虚与开放态度，可以使人更愿意倾听与吸收来自各方的意见。年长位高者尤其应注意其成就所带来的心态是否会成为其知能成长的障碍。

⊙创价流程

组织整体的知能系储存于创价流程。营运流程与管理流程不断精进，表示组织知能水平的提升。而知能的获得，无论是人才选用或是外界知识的吸收扩散，也都需要管理流程来处理。

⊙环境认知与事实前提

知能水平有助信息的诠释与掌握

能否从多重而矛盾的信息中认知到真实世界，这取决于所拥有的能力与知识。**知识愈深愈广，愈能从信息中整理出事实的真相，或正确地诠释信息。**而专业知能是否能发挥，亦与其所拥有的事实信息有关。知识与信息相互结合，才能产生作用。而对环境变化的敏感度，或所谓"见树见林""见微知著"的能力，都与"KIPA"密切相关。

人际能力有助于信息的取得

人际能力与沟通能力等，亦有助于接近信息来源，或获得有价值的关键信息。察言观色或从他人的人际互动、行为语言中获得内隐讯息的能力，也与广义的人际能力有关。

⊙决策与行动

决策质量系以决策者所拥有的知能为基础。所有的决策，都必须依赖决策者所了解的"因果关系网"，以及观念能力、**KIPA** 等的应用。

⊙有形与无形资源

知能与资源的互补关系

知能强大的组织可以更有效地运用有限的资源，弥补资源不足的缺憾；资源丰富者可以弥补能力不足，而且也可以利用资源自外界争取到更多人才，或自外购买知识与技术。

例如：技术专利等智财权是一种无形资源，拥有技术知能与创意的研发人员代表"知能"。企业若从外界获得许多有用的专利授权，必然有利研发人员发挥知能；而高水平的研发人员更能充分发挥组织所拥有的技术专利。当产业科技近乎成熟，拥有专利智财权的多寡，可能比研发创意更重要；若产业科技尚在萌芽阶段，创意与知能将更有发挥空间。换言之，资源与知能间也存有替代性，而且在不同环境下有不同的效果。

组织应致力将知能转化为易于管理的资源

"知能"具有高度的"人身依附"特性，其稳定度较低，因此若从组织的立场，有必要将这些属于成员的知能，尽量经由书面化或文件化，成为属于组织所拥有的知识库，以便于保存、清点、传承，以及主张权利。而前人所留下来的知识库，又有助于后来者知识的增长。这些过程都代表知能与资源间互相转换的关系。

资源丰富者易于忽略知能的成长

历史悠久，过去累积资源丰富的组织，由于长期有恃无恐，难免忽视组织知能的成长。这是组织走向老化的重要特征之一。成功企业的领导人，对此趋势不可不及早防范。

⊙创造知识的知能

本章开宗明义地指出，知识代表变项间的因果关系网，此知识体系可以不断扩大延伸。就个人或组织而言，所拥有的知识体系或因果关系网愈大，知识所发挥的力量也愈大。然而，增加知识、培养能力，则需要另一层面的知能。各种领域的研究方法与思想方法，主要目的即在探讨这些方面的知能。

创造知识的知能愈强，则前述"保护组织专属知能"的必要性即愈低。换言之，当组织拥有较高的自我创新能力，则即使现有知能略有外溢，亦不致严重损及组织的竞争力。

在管理学方面，本章所介绍的 KIPA，对知识创新应有相当大的帮助，若再辅以正确的态度，每个人都可以在工作上不断地学习并创造知识。

管理工作的自我检核

1. 你曾否试图将书本上的知识，以"变项间因果关系网"的方式整理表达？每次阅听到一项新的知识，能不能将之与原来已知道的因果关系网联结在一起？或找出它们的矛盾之处？

2. 请试着分析自己、同仁、长官等，观察各人在分析同一事件时的思考程序。各人的思考程序有何异同？别人的思考程序有何可以学习参考的地方？

3. 本章列出许多管理者所需的能力。请自我检视，并评估应该加强之处？

4. 接续上题，你的部属在哪些管理能力上应有所加强？

5. 请逐项观察"KIPA"所谈的观念。你周围的人，KIPA 水平如何？有何可以学习参考之处？

6. 贵组织对新知识的取得、累积、扩散、创新等，做法如何？有何具体的流程进行这些工作？

7. 贵组织的竞争优势与组织所掌握的知能有何关系？配合未来策略发展的需要，贵组织对"组织知能"的充实与成长，已进行了哪些工作？

第 **8** 章

决策与行动

管理者不仅需要制定决策，采取行动，也必须设法影响组织中其他人的决策与行动。决策受到价值前提与事实前提的影响，也必须与组织内外各种决策互相配合。在未能进行完全理性决策的情境下，如何在复杂的组织中推动决策，十分重要。

本章重要主题

决策的基本观念

决策的类型

决策间的关系

决策的分工与授权

决策的有限理性

整合导向的决策程序

从管理矩阵探讨提高决策质量的方法

关键词

有限理性

典范转移

"目标—手段"关系

授权

主管参与深度

目标间的取舍

目标缺口

前提验证

应变计划

标杆学习

策略形态分析法

决策的"存量"

决策的基本观念

⊙决策与行动的关系

决策与行动是一体两面。组织的价值创造必须经由具体的行动才能完成，行动则必须有明确的决策来指导。任何行动背后皆隐含一系列的决策，可能经由精心策划，也可能只是依循惯例。另一方面，决策也必须付诸行动，如果只有决策而无行动，或决策缺乏行动的含义，决策将永远只是一些心中的想法或期望，不会对任何事物产生改变或发生作用。

⊙决策间的相互影响

组织内外皆为决策主体

并非只有管理者或管理当局才有"决策"的权责与需要。**事实上，组织内外每一个人都是决策与行动的主体，都拥有自己的决策体系与程序。从管理者的角度，"决策"还不只是本身对某些方案的抉择而已，更重要的是，"决定"如何影响组织内外其他人的决策。**

人人皆试图影响他人的决策

更深一层看，组织内外其他人也同时在试图影响彼此的决策，例如：政府主管机关有关产业政策的决策，目的是希望影响企业界的策略方向；企业在新产品促销方法上的决策，是希望影响客户的采购决策；主管对分红制度的决策，用意在影响员工对工作努力程度的决策；员工在工作上的许多决策与行动，则是希望影响长官对其升迁与薪酬的决策。

⊙过去的决策影响现在的决策与行动

在组织中，并不是每一次遇到问题时，都会重新诊断分析、界定目标、发展方案、比较评估并选择方案。因为除了完全新创的组织，否则必然存在着许多"先例"、规定与既定政策，以及存在于管理流程与组织结构的各种决策程序。**这些"过去的"决策结果，都会影响当前决策的方向。**

因此，组织甚至整个现代社会，其实是一个庞大的决策体系。

⊙决策的前提

决策环境：目标、事实认知、上级决策

决策过程必须配合目标以及对事实的认知，如果是管理者，还必须配合上级的决策。这些所谓的目标、事实认知、上级决策等，即构成了决策者的决策环境或决策前提。

简而言之，任何决策都必须考虑这些因素，甚至是不知不觉地在这些因素所设定的范围内进行的。

价值前提与事实前提

决策者在面临特定决策时，价值前提与事实前提在决策过程中具有关键作用，两者都高度影响了决策方向。而组织或下级管理者也希望经由影响成员的这两大前提，进而影响他们的决策与行动方向。

在管理矩阵中，"目标与价值前提"以及"环境认知与事实前提"之所以重要，也是基于它们在决策过程中的角色。

⊙理性决策的程序

从问题分析到方案选择

理性决策的基本程序，即是针对目标，比较方案的利弊，然后做出选择。

然而目标通常不止一项，为何在此时必须针对特定目标，进行决策、采取行动，也需要更进一步的探究。因此，**决策前往往需要分析问题，了解当前或**

可预见的未来，**哪些目标的达成可能会出现问题，进而确认进行决策的必要性。然后，探究这些问题背后的原因何在，以及为了解决这些问题，应采取哪些行动最有效果。**此外，采取行动的成本，当然也应在选择决策方案时加以考量。有时解决问题的成本太高，则宁可暂时让问题继续存在，等待更有利的时机再采取行动。

有些决策的成本效益表现于多种构面，因此在决策前最好能详细列出评估标准与加权比重，提高形式上的"理性"程度。例如：不同的方案在质量、成本、交货、人员士气、客户关系，以及经营风险等可能都表现出不同的成本效益，因此必须分项评估，以便衡量个别方案在每个"构面"的利弊得失，再依据各"构面"的相对重要性，进行整体评估比较。

因果关系网是理性决策的基础

第七章所谈的结构面知识与"因果关系网"，对理性决策极有帮助。从此层次看管理决策，其程序与其他专业的决策十分类似。例如：医师依据各种诊断方法与数据，找出病患的病因，然后决定如何用药或治疗等，即是以其医学知识的"因果关系网"为基础，进行理性决策的过程。在管理决策方面，任何决策当然不能脱离理性决策的主轴，但实务上则复杂得多。

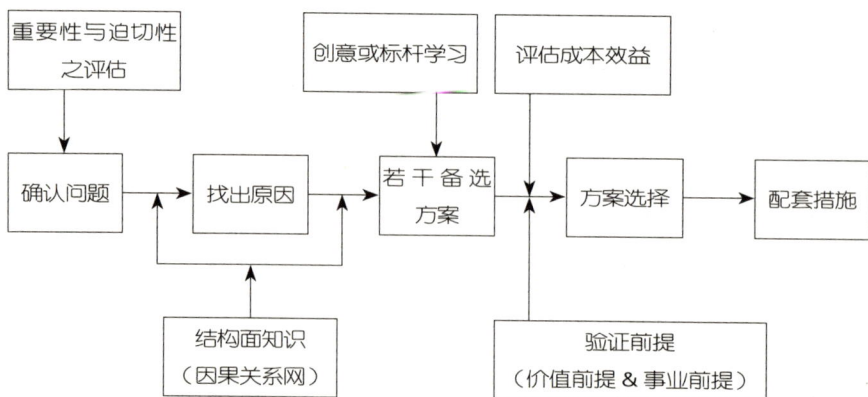

图 8-1　理性决策的程序与问题分析

决策的类型

⊙决策的类型——依理性程度分

影响决策理性程度的多重因素

有些决策的目标单一而清楚，有些则涉及多重而模糊的目标；有些决策已有明确的方案可供选择，有些则尚待构思与创意；有些决策，相关的决策项目十分清楚，决策后的配套措施也很明确；有些则必须且战且走，谁也不知道决策会有哪些后续发展；有些决策甚至连当事人都还不知道此一决策的存在或必要性。

有些决策的利弊得失可以精密计算与客观衡量，有些则全靠主观判断；有些决策的相关"利害关系人"十分明显，有些决策则完全不知谁会对此决策有意见，或谁会受此决策结果所影响。以上这些都是界定决策理性程度的构面，本章还会针对此议题再行探讨。

愈高阶的决策愈难达到客观理性

理性决策的极致，即为所谓的"完全理性"，其决策结果可获致"最佳解"。**然而，在社会科学领域中，几乎所有的决策都属"有限理性"。一般而言，愈近于高阶层的决策，其"理性程度"就愈低。**营利机构由于市场机制及利润目标的存在，简化了许多决策的过程与考量，使理性程度得以大幅提高；而非营利组织或政治机构，由于缺乏有效率的市场机制及绩效标准，欲达到理性决策，就更加困难。

⊙决策的类型——依阴阳立场分

阴阳两面的决策并存

任何决策者，除了组织中的角色，也是一个独立存活的个体。在其人生与事业前程规划中，应为此一组织投入多少，应为其家庭、健康、个人兴趣等保留多少，是第四章指出的"阴面"决策。从组织职位与任务角度思考的决策，则是"阳面"的决策。

阴面决策亦有助于阳面目标的达成

阴阳两面的决策，彼此间有极密切的互动关系。**从高阶管理者的观点，有时也应试图影响或考虑同仁阴面的决策，以确保或提升其对组织的投入；组织间建立或评估彼此的网络关系时，也不宜忽略其他机构中，各级决策者的这些阴面或个人层次的决策。**

⊙决策的类型——依影响对象分

本章开宗明义即指出，管理决策中很重要的部分，是为了影响组织内外其他人的决策。这些预期的影响对象，大致上可以分为组织外与组织内。组织外又可再分为总体环境与任务环境；组织内则包括上级、下级与平行单位。基本上，**决策影响对象的分类与管理矩阵中的"六大层级"是完全相对应的。**

任务环境与策略决策

任务环境包括客户、供应商、资金提供者，甚至竞争者在内。组织有许多决策，主要目的是试图影响顾客的决策，希望他们能增加对本企业产品的采购，或增加对本企业品牌的忠诚度。有些决策则是希望影响大众投资人、机构投资人，或金融机构的决策；有些则是希望影响供应商或竞争者的决策。传统上依"功能"划分的决策，包括营销、财务、采购，以及一部分的人事、生产等，其实即是依其决策影响对象而划分的。

策略决策与这些功能领域的决策，层次又不相同。**策略决策中，有相当大的部分是"选择本组织意图影响的对象"**，例如："目标市场的区隔与选择"，简单来说，即是因为任务环境中同时存在着许多不同的客层或市场区隔，各客层的决策受我们影响的程度可能不同。所谓"选择目标市场"就是要选择一些容易被我们影响的，或本身较缺乏选择空间的客户。当组织决定改变大部分"意图影响的对象"，即服务不同的客户，与不同性质的供应商及技术来源合作，资金也来自完全不同的机构或投资人而来时，则表示在策略上进行了"典范转移"。因为其任务环境已与过去截然不同，各个功能领域的决策方向，也必然完全改观。

总体环境

总体环境包括：本国与外国政府，以及有权力制定游戏规则的机构。企业有许多决策与行动即是针对它们，并企图影响它们的决策。"企业与政府"或"公共关系"领域中，有不少篇幅即在探讨此方面的议题。

理想的总体环境，应支持企业在任务环境中自由竞争。反之，**在一失去活力的总体经营环境中，企业成败系于政府的政策、税制、能否获得执照、一项法院判决，甚至是公平交易委员会对"独占"的定义与诠释。**此时，企业"策略"或决策的对象将集中于总体环境的规则制定者。至于任务环境的顾客满足、竞争情势，以及本身创价流程的价值，反而减少了关注。

若真到了以"游戏规则的游戏"为经营重点的时代，现有的市场经济制度，甚至私有财产制度都必须重新检讨了。

内部各级人员

机构领导人对内建立制度与流程、塑造组织文化与领导风格，企图影响的是组织内成员的决策与行动；各级成员的各种资料简报、协商会谈、横向联系，甚至合纵连横的整合行动，所希望影响的是平行单位以及上级的决策。

策略决策与管理决策

当影响对象是组织以外的机构，称为机构层面的决策，或策略决策；当影响对象是组织内的成员者，称为管理决策。管理决策又可分为规划、组织、任用、领导、控制等。机构面的策略决策与内部管理决策间，互动关系十分密切，必须彼此呼应配合。

过去认为，只有高阶领导人才需要处理对外关系，或影响外界机构的决策，但在开放系统的时代，几乎每位成员都或多或少分担了若干影响外界决策的决策责任。

⊙决策的类型——依影响标的分

管理矩阵中六大层级的六大管理元素，都是可能的影响标的。有些决策意图影响的标的是对方的"目标与价值前提"，有些则是"环境认知与事实前提"，余次类推。

例如：高阶层在员工雇用与训练方面的决策，意图影响的标的是成员的知能水平（管理矩阵中的"能6"）；部门主管对机构领导者的简报，意图影响的是对方的某些事实认知（"环4"）；机构对立法机构的游说，意图影响的是总体环境的决策（"决1"）。从决策主体的观点，"简报"的内容与方式、"游说"的对象与诉求重点等，都是其决策与行动的一环。

⊙决策的类型——依决策性质分

组织或个人的决策与行动变化万千，依其性质做出分类极不容易。但针对不同的管理元素，其相关的决策却尚有脉络可循。

目标与价值前提

针对"目标与价值前提"的决策包括"灌输""传达""满足""制衡""分化""整合"等。其中"分化"是指，将目标划分成若干次级目标再分给不同的单位或个人；而"整合"是指，在不同对象的目标或价值观念间，寻求共识。

环境认知与事实前提

这方面的决策包括"沟通""传达""操弄""监控"等。简言之，"操弄"即是选择性报道；"监控"是长期而系统化地搜集相关信息，或系统化关注其他人行为。

决策与行动

与"决策"有关的决策，如决策的"分工""授权""时机"等。本章以下将逐一说明。

创价流程

包括营运流程的"定位""所创价值的定义与衡量"、流程的"划分""衔接""汇集""搭配"等。

能力与知识

包括知能的"创新""获得""培养""累积""交流""切割"等。这些在第七章中已讨论过。

有形与无形资源

与"知能"相当类似，但还应包括"保管""维修"等。

⊙决策的类型——依主动程度分

被动因应的决策

有些决策是配合上级决策的"手段"，有些则是其他平行单位决策"配套措施"的一环，有些则是"依上级规定办理"的作为。对于这些决策，决策者不得不进行决策、采取行动，因此主动程度不高。

有些决策则是应部属要求而必须进行的。例如：当上级缺乏明确政策指示，下级单位即无法采取进一步行动，因而上级必须及时有所决定，这种也属于被动性较高的决策。

然而，有许多决策是可做可不做的决策，如果不主动发起，也可以暂时不必理会，拖延一阵也未必会出现立即的负面效果。

应主动进行具前瞻性的决策

积极前瞻的主管通常会主动找出重要的、具有潜在时效性的议题，在困难或争议出现前即采取行动，先行解决。位居高位者，由于决策自由度大，更应主动"决定"哪些决策是需要优先处理的，并借此带动组织的活力，提升大家的"问题意识"，加快进步的速度。

"决定"该优先去做哪些"决定"，也是一种重要的决策。

表 8-1　决策的类型

决策分类的方法	说明
依理性程度分	目标明确程度、信息掌握程度、方案具体程度不同，均会影响决策的理性程度； 社会科学领域中，几乎所有的决策都是"有限理性"； 愈高阶的决策，愈不易达到理性程度。
依阴阳立场分	有关于个人人生规划的决策，有关于组织的决策； 二者可能互相矛盾，也可能相辅相成。
依影响对象分	决策影响对象包括组织内外，相当于管理矩阵的六大层级； 对外的决策与"策略"有关，对内的决策与"管理"有关。
依影响标的分	组织内外的"六大元素"，都是可能的影响标的。
依决策性质分	六大管理元素可使决策有脉络可循。
依主动程度分	有些决策是被动的；积极主动的决策值得鼓励。

决策间的关系

组织是复杂的决策体系，在此体系中，每位成员都有自己的决策与行动。**如何使他们的决策与行动能互相协调一致，集中力量以达成组织长期的生存与成长目标，**而不是众说纷纭、各行其是，这是管理者极重要的任务。此外，现代社会中的组织，必须与其他组织互动与合作，组织的运作与行动也需建立一定的规范。简而言之，各组织间的决策与行动也必须有某种程度的协调与配合。

⊙组织内部决策间的配合

组织内高阶层的决策，必须经由其下各级单位或人员去落实执行。在执行过程中，各级人员也必须进行一些决策。**高阶层的决策塑造了下级单位的"决策环境"或"决策前提"，而后者的决策与行动方向则应与前者相互呼应。**

平行单位间的决策与行动，当然也需要互相协调配合。

欲达到此境界，有几种可能的方法。这些方法在观念上虽略有不同，但实务上却是高度互补的。

策略指导功能政策的取向

这是策略管理中常提到的观念。策略的决策层次高，虽是由组织高层负责决策，但是营销、财务、生产等功能政策必须与之配合。什么样的策略，大致应有什么样的功能政策配合，在策略管理中已有一些原则与逻辑。这些原则与逻辑的目的即是协助企业内部上下阶层决策的配合，以及各单位间行动的一致。在管理矩阵中，即是组织策略"决 3"，或高层策略决策"决 4"，指导了各部门的决策"决 5"。

表 8-2　决策间的关系

决策间的关系	方　　法
组织内部决策间的配合	1. 策略指导功能政策的取向； 2. 层级间"目标－手段"关系的建立； 3. 透过建立管理流程、组织文化、共同价值、共同沟通的语言与思想架构及共同的环境认知，使各级人员的决策能相互协调一致； 4. 选用成员时应重视责任感与忠诚度； 5. 平行单位决策配合程度的强化：上级制定公平合理的游戏规则、互相配合工作的追踪列管。
组织与外部决策间的配合	总体环境： 组织决策与总体环境的各项政策是互相影响、互相配合的。 任务环境： 1. 服务对象：服务对象或客户的决策方向，是本组织意图影响的对象，而他们的决策与想法，当然也是本组织决策的前提； 2. 合作者：本组织与其决策、行动间的配合，十分重要； 3. 竞争者：本组织与竞争者的决策，彼此间形成二元或多元的对局与互动关系。

层级间"目标－手段"关系的建立

上级针对自己的目标，发展出可以达成目标的手段，再将这些手段设定为下级单位的目标，并将下级目标的达成程度，与其奖惩结合。例如：营销副总有一销售目标，他可以将该目标依地区别与产品别，划分到其下每一位地区市场负责人与产品线负责人身上，而每位地区市场负责人再将这些目标划分到各个业务人员身上。在管理矩阵中，即是：高管为了影响基层成员的决策与行动（使"决 6"能配合"决 5"），于是依据"决 5"的方向，为相关各级主管设定目标（"目 5"，请注意，这是"阳面"目标）。于是，各级主管依据这些目标（各自的"目 5"），进行本身的决策与行动（各自的"决 5"）。在这些决策与行动（"决 5"）中，有一部分是为部属设立更具体的目标（"目 6"），使这些基层人员可以采取合乎上级期望的决策与行动（"决 6"）。

除此之外，各级主管还必须设计奖惩制度（也是"决4"或"决5"的一部分），让成员了解（塑造他们认知的内容，即"环6"），如果决策与行动能配合上级的"决4""决5"，他们自己的某些目标（"目6"，属于"阴面"目标）即可达到。

此例说明了管理矩阵中，"决策与行动"和"目标""环境认知"间的交互作用，以及目标的"阴阳"两面在决策与组织行动中的角色。

管理流程的设计与建立

组织中，贯穿各层级、各单位的管理流程包括：各级决策的制定与先后关系，以及行动与成果的管控等，目的即在规范各级的决策与行动，以确保彼此的协调与配合。表现在管理矩阵中，即是属于各级的管理流程："流4""流5""流6"。

组织文化与共同价值的建立

"目标与价值前提"是决策的重要依据，**如果组织内分属不同单位的各级成员有共同或类似的价值观，决策方向将更容易一致**。在管理矩阵中，即是：设法将各级的价值观念趋向一致（"目4""目5""目6"相近），因而使各级决策（"决5""决6"）能密切配合上级的"决4"。

共同的沟通语言与思想架构

第七章介绍的属于组织层面的"知识与信息的处理能力"（KIPA），可以提升组织内部成员的默契与共识。当彼此思维方式接近时，即不用严格的规定与流程以确保大家行动一致，而且也可以维持组织应变的弹性。

创造共同的环境认知

经由组织文化或信息系统，使组织上下各层级间，以及各单位间信息充分交流而畅通，因而有极为接近的"环境认知"。做决策时，由于"事实前提"相近，各级人员决策的结果自然容易相互协调一致。

选用成员时应重视责任感与忠诚度

选用人员时，应注意考核其责任感与忠诚度。简言之，如果其目标（"目6"）的"阴面"过重，不将上级交办事项列为优先，时时只想到自己的私利，或随时打算另谋高就（"决6"的阴面），当然无法配合上级的决策与要求。

平行单位决策配合程度的强化

组织在分工后，平行单位间仍然存在着互相依赖与互相配合的需要。为了促进平行单位间的决策与行动配合，除了上述各项方法之外，更应特别注意以下事项：

1. 上级制定的游戏规则应公平合理：在平行单位间决策的配合方面，略需强调的是，上级设定的游戏规则必须公平合理，以免因各单位的"目5"（包括阳面与阴面）间存在冲突，而造成决策（各个单位的"决5"）间的不配合，甚至力量的抵销。

2. 单位间互相配合的工作亦应追踪列管：平行单位间并无互相统属关系，通常亦无市场机制的运作（如内部转拨计价）。短期内偶尔互相支援问题不大，但若为了配合其他单位而长期牺牲对本身任务的关注，这是不可能的。因此，若高阶层认为某些"平行单位决策与行动的配合"十分重要，则应将之列入追踪考核范围。纳入评估考核后，互相配合的意愿自然会大幅提高。

组织高阶层若希望其决策方向能有效地在组织中落实执行，以上这些都是极有效果的手段。

⊙组织与外部决策间的配合

以上所谈都属于组织内部决策的配合。事实上，组织与外部的决策配合也十分重要。

与总体环境规则制定者的决策互动

对任何组织而言，**一般所谓的"环境"，其实都是指这些环境中有关机构或规则制定者的"决策"或"决策结果"**。例如：政府的产业政策、租税政策、利率政策、环保政策、劳工政策，以及一般法规等，都是有关机关"决策"的结果，这些决策即构成了企业经营的总体环境。企业或个别组织在这些政策的规范下，制定本身的决策，即代表组织决策（"决3"）或机构领导人的决策（"决4"）配合了总体环境的决策（"决1"）。国际组织或外国政府的情况也完全一样，本国企业在业务上若必须与他国组织互动，决策上也必须相配合。

此外，**个别企业或组织也可能影响总体环境**。国内外各级政府或某些国际组织，位阶固然较高，但身为规范制定者，设计游戏规则时也不能一意孤行，必须考虑其"辖下"各个组织不同的立场与需要，并据以设计规范以及法令政策。简而言之，这些法令政策（"决1"）的终极目的应是创造公平的永续经营环境、合理分配资源与成果的机制，以使国家或世界整体的创价流程（"流1"）得以顺利运行，进而使人类的各种生存目标（"目1"）得以达成，因此不得不考虑民间机构的想法。政治游说，甚至关说，只是一种影响方式而已，人民（包括各种机构）还可以经由选举、媒体、民意调查等影响这些规则制定者。

政治游说的正当性，取决于所希望影响的决策方向（"决1"）是否能配合国家或世界的伦理道德观念（是否与"目1"相合），或只是配合个别组织的目标（"目3"或"目4"），而牺牲了总体利益（"目1"）。

总之，组织决策（"决3"）与总体环境的各种政策（"决1"）是互相影响、互相配合的。

与任务环境中各成员的决策配合

在任务环境中，从特定组织的立场来看，成员大约可分为三类：服务对象、合作者以及竞争者。

服务对象或客户的决策方向，是本组织意图影响的对象，而他们的决策或想法（例如：客户的采购政策"决2"），当然也是本组织决策的前提。合作对象包括供应商与经销商等，本组织与他们的决策与行动间的配合，十分重要，自不待言。

至于与竞争者的决策或彼此未来的决策间，则形成二元或多元的对局关系。简而言之，**与一家或多家竞争者间，彼此在决策上的猜测、回避、操弄、欺敌、联手，或正面冲突等等，都是大家在决策与行动上互相运作的方式**，也是商场上屡见不鲜的。这些也代表了本组织的策略决策（"决3"）与任务环境中各个机构或个人的策略决策（"决2"）间复杂的互动关系。

决策的分工与授权

组织是多元而复杂的决策体系，上下层级之间，除了决策方面的衔接配合，决策的分工与授权也是管理的重要课题。

⊙主管参与深度因决策而异

决策重要性与主管参与深度

决策后果的重要性或严重性，是"大事"与"小事"间主要的差别。位阶愈高，愈应掌握大事，小事则不必事必躬亲。然而何者为大事，何者为小事，这也是一项决策，也就是通常所说的"授权的决策"。

事实上，将某些决策划分为大事或小事，高管只负责大事的这种做法，并不完全合乎实际。因为，即使是授权出去的"小事"，主管也不宜完全不管，而应保留对此项决策"头尾"的掌握。简而言之，小事也应有政策指导，事后则有绩效考核。主管对较重要的决策应有更多地参与，甚至亲自参与工作的执行。此观念即是决策参与的深度问题。换句话说，**从确认问题、构思方案、衡量利弊、选择方案、拟定执行计划，一直到实际执行与事后评估，可以完全由主管自行处理，也可以将其中一部分开放给大家参与，也可以将其中一些交由部属执行。**主管可以订出原则，维持执行上的弹性，也可以严格要求部属依原订的具体计划执行。主管管得愈多，表示参与的深度愈深。

例如：主管可以针对某方面的议题，请各单位广泛讨论后，提出目前面临的问题、构思解决方案，集体进行规划后再分头执行；也可以听取各方意见后，自己再行决定；也可以提出目标方向与若干原则，请部属依据原则去做，但在执行上可以保持高度的弹性。

"小事"亦应有管理作为

即使是小事，前述的"事前有政策指导，事后有绩效考核"还是不可或缺。"政策指导"在此为广义观点，包括：组织的各种流程，以及类似工作过去的惯例等，而"绩效考核"可能是纳入正式管理流程处理，也可能只是一句简单的口头报告而已。实务上发现，许多组织所遭遇的危机，有不少是"小事"所累积或衍生而成的。对这些为数众多的"小事"，高阶人员应"事必躬亲"到什么程度？"遥控"到什么程度？以及如何运用制度来管理？这实为相当复杂的课题。在此只能做原则性的提醒而已。

虽然对各种决策参与深度不同，但决策执行时，多半还是必须由各级部属分别负责进行。进行过程与成果的追踪管控，也应配合决策参与深度以及决策的重要程度有所设计。

⊙ "权责下授程度"的界定

"权责下授程度"与"主管决策参与"是两个相对的观念，主管决策参与得愈少，则表示权责下授的程度就愈高。以下将应用六大管理元素来分析权责下授的问题。

授权即是"整合"角色的分享程度

本书认为管理工作的核心是整合，整合的标的基本上是六大元素。就某一特定任务而言，**组织任何一个层级都可能扮演若干"整合"的角色，而各层级分享的"整合角色"比重，即是授权问题。**

机构领导人如果决定（"决4"）某一任务所需整合的内容（目标应如何决定、事实前提如何搜集研判、决策权力、流程设计、资源与知能调度等），皆由其本身负责，此即表示他完全没有授权。如果在六大管理元素中，有某些整合工作由部属负责，则表示有一部分授权。有些任务，从目标设定，一直到资源调度、人员（知能的载具）派遣，都由某基层人员（"6"）负责，则表示是高度授权。简而言之，从完全不授权到高度授权间，程度上的差异即表现在六大管理元素究竟是经由谁的决策（从"决4"到"决6"都有可能，而"决5"在实际组织中又可能再划分为若干层级）来整合。

决策前提的来源影响授权程度

"目标与价值前提""环境认知与事实前提"是影响决策的两大重要前提。长官在授权过程中，如果对授权对象（部属）的这些前提，给予极大的弹性空间，表示授权程度高；**如果对目标或环境前提界定得十分清楚**，使得部属只能在狭小的范围内选择方案，则表示授权程度低。

同理，如果长官将决策权保留给自己，但决策前提却深受部属影响（允许部属对目标及环境研判提出意见，而且也采纳这些意见），则表示决策过程尚称开放，与"完全不授权"并不相同。

国家产业政策的指导强度亦反映权责下授程度

我们也可以用同样的分析方法检视政府的产业政策或奖励措施。如果政府政策（总体环境中的"决 1"）运用租税，鼓励企业朝某些方向投资（以"决 1"影响企业的目标与价值前提"目 3"，以"决 1"调度国家资源"资 1"，作为奖励的筹码），或指出某些地区或产业具有高度的发展潜力（以"决 1"影响企业的环境认知与事实前提"环 3"），使企业在这些前提下，做出某些投资决策（"决 3"或"决 4"），则表示政府负责了部分的整合工作。在高度计划经济的国家，这些整合工作或决策的权责，几乎全都集中于政府（"决 1"），个别企业在目标、环境前提、资源与知能的调度方面，都处于被动或从属的地位。

⊙权责下授程度的取决

针对不同决策，权责下授程度当然不同。而权责下授程度的取决，也可以从六大管理元素来探讨。

目标与价值前提

如果此决策与组织的生存发展密切相关（与"目 3"关系密切），则高阶参与程度应较高，不宜过多授权；当决策牵涉的价值观分歧，甚至决策取向主要属于价值判断时，亦应由高阶人员处理。反之则较可以授权。

环境认知与事实前提

如果此决策所需的事实资料不足或内容分歧，或未来发展方向不易确定时，应由高阶人员进行研判，故授权程度不宜过高。若基层主管由于接近决策或问题发生现场，因而掌握更多与决策有关的信息，则应由对这些"环境认知"最了解的人负责决策，或对决策做更深入的参与。

表 8-3　何时应提高授权程度

六大管理元素	提高授权程度的时机
目标与价值前提	决策成败对组织目标达成影响不大，牵涉的价值观念不分歧。
环境认知与事实前提	大家对未来的环境认知有相当高的共识。
决策与行动	与其他决策的关联度不高，但时效要求高。
创价流程	非关键性的创价流程。
能力与知识	决策所需知能不高，或授权对象能力已具胜任水平。
有形与无形资源资	决策所需调度的资源有限。

决策与行动

如果决策的结果与其他决策的方向关联密切，甚至有"牵一发动全身"的性质，当然应由高阶负责决定。若决策结果的影响范围只及于某一单位或某一地区，则应授权由该业务范围相关人员决定。当决策时效性很重要时，亦应授权由行动现场人员当机立断，以掌握时效。

创价流程

如果决策与关键价值活动有关，或可能影响主要创价流程的产出质量与水平，则宜由高阶决定，不宜授权。

能力与知识

每一项决策都需要决策的知能。哪个阶层的主管最能掌握决策所需的知能，就应对决策担负起更大的责任。简言之，针对该决策，谁的"学问大"，谁就负责决策，"官"之大小未必是重要考量。

有形与无形资源

决策时所需调度的资源愈多，由于决策错误可能损失的资源就愈多，因此愈应由高阶人员负责。

换句话说，**如果决策成败对组织目标达成的影响不大，所牵涉的价值观念不分歧，大家对未来的环境认知有相当高的共识，与其他决策的关联度不高而时效要求高，在创价流程中与竞争力关系不大，决策所需调度的资源有限，而**

决策所需的知能不高，或授权对象能力已具胜任水平时，在这些情况下，则授权程度可以提高。

中基层主管对六大管理元素自由掌握的程度愈高，表示被授权的程度愈高，愈能弹性适应决策情境，发挥创意的空间也愈大。

实务上，同样的实际情境经由各个因素分析的个别结果，方向未必一致，因此究竟应授权到什么程度，仍需要许多主观的综合判断。

⊙授权对象的选择

授权对象

上述授权程度是一项重要决策，然而"授权给谁"，学问更大。有些跨部门的工作，究竟应由哪个单位负责，本来即有高度弹性。主管下授权责时，必须考量潜在授权对象的单位目标、个人价值观念、知能与信息的掌握等。

可从六大管理元素来考量

有些潜在授权对象的价值观与高阶层比较接近；有些授权对象在能力上或许更能胜任；有些对象掌握的信息较为充分完整；有些对象则可能更能从组织整体大局考量；有些对象能力高，决策错误的风险低；有些对象潜力高，赋予重责后更能成长，但失误的风险也高。取舍之间，有时也有相当困难度。

这方面的决策结果，其实也反映高阶主管本身的人格特质、价值偏好、长短期考量，甚至对公私目标间的相对重视程度。

⊙中层主管的积极角色

授权是程度问题。实务上，完全授权或完全不授权的情况其实并不常见，绝大部分的决策都落在两个极端之间。因此，中层管理人员在决策与行动的过程中，如何扮演起承转合的角色便十分重要。

简言之，**中层主管必须诠释上级意志、掌握基层信息、构思或发起具体决策，以整合上下间，以及平行单位间的各种管理元素。**

上下层级的整合

组织上下间的整合十分重要。从中级主管的立场看，他的上级与下级，在许多议题上，"目标""环境认知"等都不尽相同，"资源""知能"等也未必能灵活流用，双方决策当然也不可能自动合理衔接。在开放系统时代，组织各级人员都有自己的想法、知能与信息来源，因此**身为中层管理者，不宜完全被动地秉承上意，反而应该发挥整合上下的作用，甚至提出具有创意的方案，作为整合上下层级各项管理元素的机制。**

平行单位的协调

与平行单位间的协调配合方面，当各单位出现不同看法或立场，过去比较依赖上级单位的裁决。但现代企业经营环境变化快，上级主管的裁决往往缓不济急，而且各单位业务的专业性高，上级未也必拥有足够的知能或信息，做出合理的判断。因此，由各中阶单位主动提出可以整合各方的方案，有其积极正面的作用。

权责下授后的高阶角色

中级管理者有此认识及能力后，机构领导者或较高阶的主管，就应增加授权程度，只对重要的前提、限制条件以及目标等有所提示，不必注意细节，以提升中阶管理单位的创意空间，并在整合目标、资源等管理元素上，扮演更积极的角色。

中阶管理者或单位提出方案后，若未合理想，高阶可以再针对其前提与推理可能不足之处进行建议与指导。这种做法将比一开始即由高阶直接提出具体方案，效果更佳。

⊙被授权者的行为规范

从被授权者的观点，做法上也有些应注意的事项。

明了本身可以决策的范围

被授权者必须**明了本身可以决策的范围，以及这些决策与其他决策间的关**

系。在管理矩阵上，即是了解本身（假设是中级主管）掌管的决策（"决5"）有哪些，与上级的决策（"决4"）如何划分，如何衔接；与其他平行单位的决策（"决5"）如何划分，如何配合。

了解上级赋予本单位的目标

被授权进行整合工作的中阶管理人员，应知道本单位被期望达成的目标为何（"目5"），上级目标（"目4"）为何，甚至上级目标的"阴面"或上级个人的价值偏好，也应考虑在内，然后将这些纳为本身决策的前提。

适时回报进度与成果

在决策与行动进行至某一阶段时，**应将进度、成果、重要抉择等，主动回报给上级**，成为其认知（"环4"）的一部分。如此方可帮助长官了解目标达成进度，借以检讨授权决策，并据以改善上级决策（"决4"）的质量。

至于回报的方式及频率，则必须视长官的习惯及双方默契而定。

决 策 的 有 限 理 性

决策过程当然愈合乎理性愈好，然而在较复杂的管理决策情境中，理性的程度往往受到限制。因为许多决策的目标与价值前提分歧而不明确、信息不充分、所能掌握的方案其实也相当有限。以下即从几大管理元素的角度分析这些决策在理性程度上受到限制的原因。管理者若能针对这些原因，设法改善，应可提升决策的理性程度。

⊙目标与价值前提

目标多重且难以衡量

针对单一可衡量的目标，决策应比较容易符合理性。然而真实世界中的决策，**其意图满足的目标却往往是多重、来自不同人或立场、难以精确衡量的，而且各个目标的相对比重也难以权衡，不易转换到同一个构面上。**

表 8-4　决策理性程度的限制因素—依六大管理元素分

管理元素	限制因素
目标与价值前提	目标多重难以衡量，加上有些隐性的价值与利益，事先不易察觉，往往是决策结果出来后才产生反弹声浪。
环境认知与事实前提	对环境认知分歧，事实前提不明，组织内外已存在的信息又无法充分流通并汇进决策过程，决策效果将大受影响。
决策与行动	决策间的复杂关系完全明朗化之前，将使决策的理性程度受限。
创价流程	程序与规章也会影响决策的理性程度。
能力与知识	若决策参与者众多，大家对于因果关系的预测或认定莫衷一是，或群体决策中参与者各自的 KIPA 水平不一，都将使决策的理性程度受限。
有形与无形资源	资源的质量或可以创造价值的潜力难以评估。

例如：某些决策除了要达成利润目标，还必须同时考虑劳工权益、消费者保障、环保要求、公司长期形象。这些多重目标间当然存在着"取舍"（trade-off）的关系，但彼此间替换比率应该是多少，却难以列出公式。为了劳工权益，可以牺牲多少消费者权益？为了公司长期形象，可以牺牲多少短期利润？为了达到某一项目标，组织愿意负担多少风险或潜在的损失？这些都不是能用数学公式表达的。

而且，这些目标背后还代表了不同利益团体的观点与坚持。决策过程中，各利益团体或目标在组织内部都有"代言人"，而每位参与决策或支持某些主张的代言人，各自可能还有"阴面"的个人目标或价值观。这些都使决策无法依理性的理想进行。

隐性的价值与利益，事先不易察觉

更无奈的是，负责决策的人或单位，有时对于"本决策共牵涉到哪些价值，共有多少关心此案的利益团体存在"都不甚清楚，通常要等到决策结果出来后，才冒出一堆"反弹"声浪，使理性决策的过程几乎不可能实现。

⊙环境认知与事实前提

事实前提不易验证

决策必须依据环境认知与事实前提。然而，对许多决策来说，事实前提并不明朗，而大家对环境的认知极为分歧，同时也无法验证各种说法的真实性，而与未来有关的事实前提，更难用理性预测其未来实现的概率。

价值观与阴面目标的作用

每个人心中潜在的价值观，往往造成对各种内外资讯的选择性认知，立场不同或形成内心"阴面"目标，加上彼此缺乏互信基础，这些都形成组织沟通以及大家对环境认知的障碍。

对环境认知分歧，事实前提不明，组织内外已存在的信息又无法充分流通并汇进决策的过程，决策效果自然大受影响。

⊙决策与行动

构思可行方案并非易事

决策过程的重点之一是方案选择。然而，在某些决策中，**"共有哪些可行方案"却是未知数**。事实上，如下文将说明的，"构思及设计方案"才是重点，而传统上理性决策所建议的过程（先设定明确目标，再据以选择方案），在实务上却是很难看到的现象。

决策体系与既有决策的干扰

组织是一个复杂的决策体系，与当前决策有关的既有决策或政策可能已经有很多了，此一决策也可能与其他单位或上级的某些决策有关联。**在这些决策间的复杂关系完全明朗化前，决策的理性程度也是很有限的。**

⊙创价流程

决策并非独立存在，亦非有权者在掌握相当资料后，即可拍板定案。在略有制度与规模的组织中，必然有现存的决策程序与规章。**这些程序与规章也会影响决策的理性程度。**

例如：组织的管理流程"规定"，某项决策必须经由某个会议通过后才能执行，而该会议的成员、开会时间等，却未必与当前此一决策的时效配合。决策的时机不同，或参与会议人员的改变，都会左右决策的方向与结果。此即组织的管理流程对决策理性程度的影响。

⊙能力与知识

因果关系不明

第七章指出，表现知识的方式之一，就是变项间的因果关系网。这些因果关系网涵盖面愈广、变项的衡量方法愈清楚、因果关系愈正确，表示知识愈有潜在的价值。然而实质上，**决策者所掌握**的知识或事物间的因果关系，却是十分有限，甚至是难以验证的。**决策参与者若人数较多，大家对因果关系的预测或认定，更是莫衷一是。决策者知识的有限性也影响了决策的理性程度。**

KIPA 水平不一

此外，尚有知识与信息的处理能力（KIPA）。决策者对信息的吸收与诠释能力、将各别信息有效联结以产生更具价值信息的能力、结合客观信息与理论上的因果关系的能力等，每人高下不同。这方面的能力不足，自然影响决策结果或理性程度。**群体决策过程中，如果参与者各自的"KIPA"水平不一，往往会出现言不及义，讨论过程海阔天空，各方信息与意见无法融合汇聚的情形，这当然也会降低决策质量以及理性程度。**

⊙有形与无形资源

无论是企业的策略选择或是个别管理人员的管理决策，"量力而为"或依本身所拥有的资源水平来采取行动，都是重要的决策原则。**然而目前所拥有的资源究竟在未来行动上能发挥多少作用，能在创价流程中产生多少价值，却是相当主观而不易衡量的。**

在无形资源方面，"品牌"究竟对新产品之引进能有多少帮助、过去所建立的"人际关系"究竟能产生多少影响等，经常是决策的重要前提，而这些都难以在事前精确评估，因而也影响了决策的理性程度。

⊙针对决策有限理性的对策

以上从六大管理元素所分析的决策问题，或所谓决策过程中理性程度的限制，在任何组织中都是普遍存在的现象。既然知道存在这些潜在的问题，就应针对它们进行改善。即使效果仅限于局部，但对决策质量也会有所帮助。

善用研究调查

针对内外环境认知方面，组织应**尽量利用客观、系统化的研究调查**，就重大决策攸关的事实前提进行验证。许多市场调查、消费行为研究、产业分析、组织士气调查或顾客满意度调查等，都是为了改善此方面的决策理性程度。

改善管理流程

组织应持续修正改进管理流程，减少不合理的管理流程对决策程序的负面作用；并试图更严谨地运用"策略指导功能政策"之类的做法，以提升决策的理性程度。

建立开放的组织文化

经由良好的组织文化，使上下或平行单位间，意见与信息的沟通可以畅通无阻，并经由不断的对话，建立决策群体的默契以及共同的"KIPA"，这些也都是可以努力的方向。

在群体决策或会议过程中，应建立知无不言、言必有物，以及鼓励不同意见的文化。而且所有与会人员都应培养发言精简、注意聆听、用心思考的能力与习惯，加上有效的会议主持方法，才能透过群体的力量，澄清目标、验证信息、找出瓶颈，并提出有创意的方案。

"组织"或制度的存在，可以因信息来源与思考角度的多元化，经由博采众议或集思广益的过程而改善个人决策的理性程度，然而若处理不善，也可能出现群体决策的盲点（group blind 或 groupthink），而降低了决策的理性程度。

表 8-5　如何提升决策理性

善用研究调查

改善管理流程

建立开放的组织文化

经由训练提升观念能力及 KIPA

经由训练提升观念能力及 KIPA

组织应利用管理知识方面的进修与个案研讨等，提高知能运用方面的理性程度。第七章所谈的，从"编码"到"验证""整合"等方面的能力，皆可以经由个案研讨的训练改善提升。

整 合 导 向 的 决 策 程 序

在讨论过有关决策的一些基本观念，并指出理性决策的困难后，接下来将针对决策程序进行较深入的分析与介绍。

管理者为何需要做决策？理由很简单，必然是目标（包括阳面的组织目标与阴面的个人目标）未能达到理想水平，或预计未来可能无法达到理想水平，形成了所谓的目标"缺口"（gap），因此需要采取行动。要行动则必须有所抉择，因而产生了决策的需要。

⊙形成目标缺口的可能原因

目标未能达成的原因，大部分与六大管理元素在六大层级间的矛盾，以及与六大元素之间的矛盾有关。

个别管理元素在六大层级间出现矛盾

1. 目标的矛盾。例如：国家产业政策与本组织的发展方向不一致、顾客的需求与本组织目标相互矛盾、各单位所追求的目标不一致。

2. 对环境认知的矛盾。例如：本组织的环境认知与其他组织的认知有落差、各单位对产业未来的前景看法不同。

3. 决策的矛盾。例如：重要零组件供应商决定向下整合，因而与本组织的采购政策出现矛盾。或生产部门与研发部门行动未能协调。

4. 创价流程的矛盾。例如：各单位间管理流程重复或不衔接、顾客不满意创价流程的产出等。

5. 知能的矛盾。例如：本组织的技术能力大幅落后于同业、某些单位能力不足等。

6. 资源的矛盾。例如：组织的资源对外不具吸引力、组织无法从外部有效获得各种资源、各单位对资源的竞争过于激烈等。

六大管理元素间未能搭配或相互矛盾

这方面当然也是出现问题的原因。例如：

1. 目标水平要求太高，组织知能或所拥有的资源无法配合。

2. 目标订定不明，造成各单位决策无法协调。

3. 组织所拥有的信息不足或落后，影响决策质量。

4. 决策时机受到现有管理流程的干扰或限制。

5. 组织分工后，造成营运流程与目标不能配合。

6. 组织的知能或资源不足，使得创价流程无法顺利运作。

表 8-6　整合导向的决策程序

程序	说明
察觉目标缺口	原因在于：六大层级间的矛盾、六大元素间的矛盾。
以具体备选方案起始	针对问题，及早提出若干具体备选方案； 就具体方案进行前提的推导与验证； 可避免讨论空泛的理念，又可形成应变计划。
形成方案	追根究柢找出原因，针对原因提出办法； 系统化地验证各备选方案的前提； 标竿学习，参考前人经验； 依学理找出决策构面，进行排列组合。
与政策的互动	注意人与制度的互动； 尊重政策但也勿忘修改政策。
有时需要见机而作	情况不明，只好摸着石头过河； 必须有全盘构想指导，有清楚的逻辑以见机调整。

经营管理的潜在问题与困难成千上万，分类方法很多，无法详细列举。从六大元素及其间的矛盾着手，只是其中一种分类方式而已。

总而言之，管理者的决策就是，在分析这些问题的相对重要性与迫切性以后，找出背后的原因，采取有效行动。处理方法也无非是从此六大着手，针对相关的对象与标的，加以有效整合。

⊙以具体备选方案为决策的起始点

前文指出，决策的作用在处理六大元素间的矛盾或不一致，或六大元素在六大层级间的不一致，前者与"标的"有关，后者与"对象"有关。因此，我们可以视决策为一项整合的重要方法，也就是**经由决策整合各个对象与标的**。然而，可能的整合对象往往很多，不同对象的六大元素又极其复杂，**如果要事先进行全面分析、了解，再据以拟定及选择方案，几乎是不可能的任务**。

备选方案与前提验证

基于此一认识，本书建议针对复杂的决策，**起始点应是具体的备选方案，并以若干具体的备选方案为基础，验证各个方案的价值前提、事实前提，以及各方对因果关系的主张**。而"找出前提""验证前提"都是整合动作的一部分。

换句话说，不同方案其实是建立在不同的假设前提以及因果关系的推理上。提出具体方案后，决策者或决策团队即可运用逻辑推理，找出各个方案的攸关因素及背后的各种前提以及所相信的因果关系。在此过程中，各方的目标、价值取向、信念等都会自然浮现。若对本身能力、竞争者反应等认知（都属于"环境认知与事实前提"的一部分）有所不同，则亦可经由逻辑推演的过程，发现其间差异所在。目标或价值观间的差异，可以依赖妥协或裁决。对事实前提与因果关系认知不同，可以运用客观的资料调查研究或依赖主观的研判。然后，**决策者或决策团队在这些"整合后"的前提下，再试图修正方案，或结合几个方案形成一个大家都能接受的决策**。

从具体备选方案开始的优点

在此所介绍的方法或程序，有以下几项优点：

1.避免参与决策者就空泛的理念，或与决策无关的资料进行发言，这些不

仅无助于决策，而且可能横生枝节。许多会议中，发言盈庭而言不及义，最后依然议而不决，即是因为备选方案出现太晚之故。

2. 避免参与决策者以追求完美的标准，审视解决方案，自己却无法提出另一个完整的备选方案。在本书建议的程序下，任何人若对现有的几个备选方案不满，则应提出一个新的备选方案，以供大家分析其各项前提及可行性。任何人都不宜从"超然"的立场，一味批评，却未能提出自己认为更可行的方案。

3. 有系统地将各项争议置于台面上公开讨论或研究，包括目标、风险偏好不同、对环境认知的不同等，即使最后是由主席裁决，也可明确知道此一抉择是建立在哪些重要或特定的假设前提下。

4. 实务上真正可行的方案其实为数不多，先设计出几个可行而具有完整配套措施的备选方案，再从分析并比较这几个备选方案着手，可以**大幅提升决策效率**。

5. 明确列出方案的决策前提，并经公开讨论后，各单位在执行时，即可密切注意及追踪这些重要前提的可能发展，组织才可能**随着情势或各种前提假设的变化，机动调整行动方向**。

6. 此程序可进一步发展出若干完整可行的**"应变计划"**（contingency plan），分别因应不同的未来情境。万一决策定案时所设想的环境前提未能实现，仍可以转换至另一应变计划，而不至于措手不及。

实施成功的先决条件

此一决策程序成功的先决条件是：决策参与者有能力提出具有创意而且相对完整、具体的备选方案，在验证前提的过程中，也能配合前提的改变，而修正方案的内容。

当然，开放的组织文化以及推导前提的逻辑能力也不可少，虽然这两项对所有方式的决策程序都不可或缺。

⊙ 方案的形成方式

方案形成需要高度创意及足量的信息，也必须对问题与行动的因果关系有所掌握。形成方案的途径甚多，在此仅建议几个思考角度。

213

追根究底

这是从表面的问题开始，不断追究其形成的原因，利用决策者或参与幕僚对因果关系的认识，**找出原因以及原因背后的原因，并发掘根本瓶颈所在**。实务上，这些瓶颈可能是某项分工方法的不当，可能是权责划分不清，也可能是政府主管机关某个不合时宜的法令。在推测原因的过程中，当然也需要持续搜集资料，以验证各种假设与论点。找出原因后，再运用因果关系的逻辑，思考究竟哪些可控制因素（或变项）的改变，可以解决问题或改善目前的情况。此过程的前半，所需的是"诊断性程序知能"，后半则需要"行动性程序知能"。

运用此方法时，还需要决定"解决问题的深度"。因为从表面的问题或现象找出背后可能的原因后，会发现这些原因背后，往往还有更深层或更根本的原因，最后甚至或许会联结到组织策略、领导人的能力、人性的内涵甚至人类社会的基本结构。在这一连串的因果关系链中，决策者究竟应针对环节中的哪个部分着手，亦即是在表面或根本寻求解决办法？此决定与其所拥有的能力、权力、个人理想等都有关系，也与各个解决办法的成本与时效有关。

标杆学习

相关产业中，其他先进国家或先进企业，通常过去也遭遇过类似问题，在管理上也做过不少尝试。决策者或决策团队在比对问题性质、组织规模、法规环境等后，即可以从这些做法中，获得许多有价值的灵感。

依学理找出相关的"决策构面"

学理上必然针对当前有关议题加以分析讨论。决策者可依学理中各个决策构面下的可能选项，针对目前问题，设法**"排列组合"出较为周延的方案**。例如：营销管理的学理中，对营销组合的各个决策构面（如四个"P"：产品、定价、通路、促销）共有多少可能的变化与选择，都有详细说明。这些变化以及变化后的各种组合方式，都是方案构想的来源。又如事业策略，"产品线广度与特色""目标市场区隔方式与选择""垂直整合程度的取决""相对规模与规模经济""地理涵盖范围""竞争优势"等，也都是很重要的基本构面，从这些构面的变化与组合中，可以产生无数的可能方案。有了方案，下一步的验证就有明确的标的。此种思考与分析策略的方式，是作者所提出"策略形态分析法"的一部分。

⊙决策与政策

"针对问题，找出原因，选择行动"，可视为单一决策的过程。然而组织过去的决策使得当前任何决策都不能只从"单一决策"的角度思考。

长年累积的政策形成复杂的决策环境

组织过去的决策，对目前及未来的决策有所影响，或形成指导与限制者，可简称为政策。政策存在的目的，是使组织的各个决策在时间上有延续性，跨部门的行动也能有一致性。

这些政策可能并非由现在的机构领导人所决定，而是过去各"世代"决策累积的结果。在管理矩阵中，是位于"决 3"的栏位，属于"组织平台"的层级。**现存或过去留下来的政策，在观念上类似决策的"存量"，而当下的决策，则有些像决策的"流量"。**

政策可简化决策过程及提高决策质量

组织中层级复杂，决策者众多，若无正式的书面政策指导各方决策，授权将十分困难，且各单位间决策与行动方向不易一致。**如果缺乏政策指导，各级人员不是各行其是，就是动辄得咎。各级人员为了规避责任，势必凡事向上请示，恭请高层裁决。**如此一来，不仅高阶领导人会因事必躬亲而忙得不可开交，甚至会延误决策时机。而且，一人决策，考虑亦难以周延。

再者，一贯的政策有助于组织累积竞争力与资源（含对外形象）。在一些基业长青的组织中，政策的持续往往超越领导人的任期。而前述"策略指导政策的取向"则是希望经由此一过程，有系统地检视及调整组织政策，**使组织各单位决策能互相呼应，而且在长期中相对稳定。**

良好而合理的政策可以简化决策过程，提高决策质量。组织渐具规模后，逐步厘清各种决策原则，订为书面政策，这是极为必要的。

所有高阶决策是人与制度互动的结果

组织是决策的体系，决策不仅需与上级及平行单位的决策相配合，也因为既定政策的存在，而必须与过去的决策相配合或衔接。简而言之，现有决策势必受到过去决策的限制。事实上，所有组织的高阶决策，都是"人"与"制度"互动的结果。过去的政策可能也经过全面考量、深思熟虑的过程，若机构领导人只针对眼前情势，决策时未将制度纳入考量，将可能因思考角度的偏颇而产生一些风险。

政策与时空环境的落差应随时检讨改进

现存的政策在决策当时的时空环境与目前未必相同，时至今日，各种环境前提、条件前提、目标前提都可能发生重大改变，因此决策者常会感到现有政策不合时宜，必须修订，否则在这些政策限制下，无法做出合理的决策。于是，"修法"成为大型组织持续进行的工作。**找出现有政策的关键瓶颈，设法突破或修正，也是一项重要决策。**

政策繁多过时将成为组织包袱

经由现阶段决策辛苦形成的政策，将来也可能会被后来者视为不合时宜，或成为未来追求成长与绩效的障碍。因此，大型组织常常不得不在此一"除旧布新"的循环中努力挣扎。**历史悠久、规模庞大的组织，"列祖列宗"所留传下来的"条条框框"，甚至可能使组织陷入动弹不得的窘境。**加上每一项既存政策都牵涉或多或少的利益与立场，使组织变革更为困难。新创的中小企业，制度阙如，决策更富有弹性，原因在于此。

"政策诠释权"是最重要的正式职权之一

在权力运作上，掌握"政策诠释权"是一项极为关键的动作。"决3"是过去留下来，属于组织整体，而非特定人士的。然而谁能够拥有政策诠释权，谁就可以将"列祖列宗"纳入权力联盟的一环，对本身决策推动与目标达成可以产生不少正面效果。

⊙动态的决策过程

"见机而作"的意义与运用时机

当决策所面对的情势十分不确定，无法针对未来提出完整的"备选方案"时，就不得不采用"见机而作"的方法，使组织行动逐步有所进展。

当产业环境或竞争者的动作十分难以预测，或企业及产业的未来前景几乎全系于政府政策的一念之间时，则前面所提到的几种方案形成方式似乎都不太适用。因为未来发展充满不确定性，当前可以采取行动的空间极为有限，决策者所能做的就是找出关键问题，然后就可行的部分，向前推进一小步。行动后情况会明朗一些，然后再思考下一步的方向。所谓"见机而作"，或"摸着石头过河"即是此意。

全盘构想与布局指导"见机而作"

"见机而作"并不表示心中缺乏全盘的构想。反之，**心中要有一个具有弹性的决策架构。一开始只采取风险小可行性高的行动，在行动中试图搜集更深入的资料，验证某些前提，修正某些想法，然后再向前迈进一小步。简而言之，"布局"是极重要的，就像围棋中的"快棋"，下子虽快，心中却早已成竹在胸，只是配合对手的棋路，一边动态地修正自己的布局，同时也依布局快速采取行动。**

决策逻辑必须清楚

见机而作的过程中，**决策者必须对自己布局的逻辑十分清楚**，可以依据每次行动所得到的反馈（如对手的回应方法），对原先布局的构想进行验证，再依验证结果，修正布局。此一方式，相当于前述"策略形态分析法"的"加速版"：每次行动后，立即验证前提，并修正未来希望达成的"形貌"。

"见机而作"可能要从小事着手

大型组织的决策必须分层负责。在分权制度中，通常是由高层人员负责层次较高的决策，并订出指导原则或政策，其他层次较低的决策，则由各级主管分别负责。然而，在以上所谈的动态决策过程中，何谓"大事"，何谓"小事"，往往极不易分辨。某些善于运用此种方法的高阶主管，常对看似枝微末节的"作业面"工作投入很多时间精神，但事实上，或许此项工作正是可能改变全局的关键行动。高阶人员亲自执行，全力以赴，用意正是掌握重点，以推动其心中的策略布局。例如：领导人避谈未来策略，却投入时间精神于某项中阶管理人员的人事案；或对某项策略联盟对象的股权结构十分有兴趣。事后可能证明，这些"小事"才是真正的关键，只要能充分掌握，尔后的策略发展即可顺理成章地进行。

然而，实务上看到许多"只管小事"的领导人，他们究竟是否真的如此深谋远虑，或只是重视日常小事而忽略重大决策，外人其实也不易研判。

从管理矩阵谈提升决策质量

"决策与行动"是管理工作的核心。从以上的分析以及管理矩阵的架构，可以进一步探讨管理者在决策时应注意的事项，以及提高决策质量的方法。

⊙认识本身的决策空间与权责范围

本身决策权责

任何一位管理者的最基本要求，就是应该清楚了解本身必须负责的决策项目、潜在可能的决策项目、每个决策的可能备选方案、利弊得失与适用状况等。虽然决策时不可能完全理性，但应努力朝向理性的境界迈进。

与其他人决策的界面与配合

组织是决策体系，决策责任已划分至各单位或不同的人员。因此决策者也应了解本身与上下层级、平行单位，以及组织外的决策者，在决策项目的分工以及彼此间必要的配合。简言之，**对自己该做的决策应有所担当，对别人管辖的范围则应注意不要越界，并在决策过程中尽量与其他上下、平行、内外的决策相配合，或寻求决策间的一致性。**

表 8-7 提高决策质量的方法

方法	说明
认识本身的决策空间与权责范围	认识本身决策权责，以及与上下平行人员决策的界面与配合。
结合政策与流程，以确保时间轴的连贯	决策应考量现有政策，并将重大决策与管理流程结合。
注意检视决策的前提	检视本身的决策前提； 检视其他人的决策前提； 若有争议应诉诸理性的前提验证与逻辑推理。
强化环境认知与事实前提的深度与广度	加强研究调查与数字管理。
提升决策所需的知能	必须对因果关系有所掌握； 知识与信息的处理能力（KIPA）为关键； 防范"知识障"的负面作用。
决策与行动应掌握有利时机	当我方条件最好，而各方在认知、目标与想法上也最有利于我方时，再进行决策或采取行动。
创造良好决策环境，以利落实执行	执行不佳多肇因于六大管理元素上的缺陷； 从改善六大管理元素着手，提升执行力。
成立小型联盟有助决策推动	先整合一部分人，再扩大整合对象。
避免地位差异影响决策创意	地位愈高者应"少讲""后讲"，以免影响其他人的发言意愿与创意。

⊙结合政策与流程，以确保时间轴的连贯性

个别决策必须配合既有的政策与流程。面对当前的决策，一方面应思考其与现有政策与流程的关联，尽量予以配合；一方面也要因应现阶段重大决策的需要，设计新流程，包括追踪管控的制度，方可使决策得以在组织内落实执行，甚至成为新"政策"，有效影响组织后续的相关行动。

类似的观点已经在前文中讨论"决策与政策"，以及在第五章中讨论"管理流程"时说明。

⊙注意检视决策的前提

检视本身的决策前提

"目标与价值前提""环境认知与事实前提"是影响决策方向的重要因素。**决策时应注意检视本身的这些前提，并验证其正确性以及与决策间的逻辑关系。**针对自己"阴面"的目标或价值前提，也应时时反省检视，了解其存在对决策

方向的影响程度。

检视其他人的决策前提

其他人（上下、内外及平行单位）的某些决策与本身的决策有互动关系，也影响本身决策的有效性。因此，若有可能，也应探讨他们的各项决策前提，以增加对他们决策的深度了解，甚至可以预测他们未来决策的方向。

诉诸理性的前提验证可以化解争议

几乎所有的争议或歧见，皆起因于各方或双方在价值前提或事实前提下的差异，或对因果关系认知的不同。如果会议主持人或有不同意见的各方，**都能经由理性的逻辑分析，找出造成结论差异的关键前提，以及对因果关系的信念，然后进行较深入的分析**，则争议可以更理性，且因指出可疑的前提假设，而具有更高的建设性。若前提无法验证，至少也可以使各方知道采取某一方案的前提假设何在，以及逻辑推理为何，而不必全依权力大小解决争议。此程序及其优点，在第十一章介绍"整合"时，还会再深入讨论。

⊙强化环境认知与事实前提的深度与广度

研究调查、群体决策、广开言路、多方查证等，都可以强化决策者对事实前提认知的正确性与广度，也是提高决策质量的重要途径。

⊙提升决策所需的知能

因果关系的掌握及 KIPA

能力与知识是决策质量的基础。**管理者对决策有关的变项及其"因果关系网"应有一定程度的掌握，即使本身并非这方面的专家，至少也应有良好的"KIPA"，以吸收体会决策过程中多元的知识与信息，以及它们之间复杂的逻辑关系，如此方能发挥集思广益与博采众议的效果。**

防范"知识障"的负面作用

如果决策者本身是此一领域的专家，则尤应避免"文人相轻"的自我意识造成对其他人不同意见甚至创意的心理抗拒。**居上位者潜意识中的这种"知识障"，以及行为表现出来对他人意见的轻视，是降低群体决策效果的常见原因。**

对当前议题的专业拥有高深的学识，但是 KIPA 及观念能力不高的人，在主持会议时，经常无法以开放的态度博采众议。此一问题与现象，在实务界是十分常见的。

⊙决策与行动应掌握有利时机

有利时机的意义

决策与行动需要"能力与知识""有形与无形资源"的支持，也需要外界、上级、平行单位等在决策与行动上的配合，而他们的决策与行动又深受其价值前提与环境认知的影响。不过，我方的知能与资源，以及其他人的各种前提，其实也在不断地演进变化。因此，所谓掌握有利时机，即是等这些都发展到最有利的时候才采取行动。换言之，**当我方知能最强、资源最丰富，而各方在认知、目标与想法上也最有利于我方时，再进行决策或采取行动，往往事情会进行得更为顺利。**所谓决策的有利时机，即是指时机既不太早亦不太晚，当"目""环""能""资"等情势最理想时，即是最佳的决策与行动时刻。

在经营策略的行动上，也是要在本组织条件最好、任务环境的成员最需要我们合作或提供服务时"切入"，整合的效果最能显现。

拖延也是推动决策的方式

犹豫不决是决策的缺点，然而经验丰富的决策者有时也会善用此道。因为某些决策的时机尚未成熟，人早让大家关心，或许不易得到共识。不如等到组织内相关人员的疑虑渐轻，或心理认知失调降低，或出现其他让大家更关心的议题时，再设法"轻骑过关"。

这也是前述"见机而作"的表现方式。

⊙创造良好决策环境以利落实执行

执行不佳多肇因于六大不良

决策者通常不会亲自执行决策，而必须依赖组织各个层级的单位与成员。如果决策不能落实执行，可能的原因如下：成员的行动与努力，未与成员个人目标的达成相结合（目标与价值前提）；执行能力不足（能力与知识）；决策所需的信息不足（环境认知）；难以纳入现有的工作流程（创价流程）；或是与现有政策相抵触，因而窒碍难行（既有政策与当前决策矛盾）。高阶管理当局若能就这些方面，为组织或各级成员创造或提供良好的环境，组织的执行力就会提高。

提升执行力的方法

事实上，**所谓"执行"也是一连串的小决策构成的。执行者在执行过程中，会不断遭遇新的情境或阻碍，如果他能在上述所谓良好决策环境中运作，自然能随机应变，"见招拆招"，主动克服困难，完成上级交付的使命。**简而言之，如果能注意以下各项环节，则组织的执行力必可大幅提升。

1. 为同仁提供明确的目标；

2. 将目标的达成与个人的需求与目标相结合；

3. 提供足够的决策信息；

4. 提供明确的政策指导与决策分工；

5. 设计合理而与其他单位互相衔接的流程；

6. 培养足够的能力与知识；

7. 提供决策与行动所需的有形与无形资源；

总之，六大管理元素是诊断组织、改善管理的重要切入点。

⊙成立小型联盟有助于决策推动

先整合一部分，再扩大整合对象

各级的管理决策，都与"整合"有关。整合牵涉各方的目标、立场，也需要各方在资源与知能上的参与及支持。如果整合对象的范围很广，阻碍或许很多。有效的决策者常用的方法是先整合一部分重要人士，结合他们的目标与资源，形成某种实质"联盟"，**再以此一联盟为核心，进行更大范围的整合。**

针对议题，发掘潜在结盟对象，再逐步将各方目标、价值观、资源、影响力等进行结合，是管理者经常要处理的工作。

妥协不可避免

成立小型联盟的过程中，决策者难免会为了配合联盟内其他成员的要求，而牺牲一些本身原先的目标，但这也是不得不然的结果。有关整合与决策的观念，在第十一章中还会再讨论。

⊙避免地位差异影响决策创意

会议或群体决策是重要的决策方式。**参与决策者在职位或社会地位上的不同，可能会影响发言的方向与创意的水平。**例如：居下位者由于担心意见不同而"开罪"上级，因而语多保留，甚至为了"揣摩上意"而刻意附和。这些都会降低创意的水平，乃至于决策的质量。因此，地位愈高者，愈应"少讲""后讲"，使参与者在"猜不到长官底牌"的情况下，尽情地发挥、充分讨论，如此或许较为耗时费事，但对决策方案的广博周延以及同仁知能的成长，都会产生极为正面的帮助。

本书所建议的"整合导向的决策程序"，虽然是以提出具体之备选方案为起始点，**但最先提出备选方案者却不应是高级领导，**其理由也在于此。

管理工作的自我检核

1. 在贵组织的重大决策经验中，哪些因素影响了决策的"理性程度"？决策者曾运用什么方法处理这个问题？效果如何？

2. 贵组织曾经运用什么方法影响内外各方的决策与行动？你本人过去是否也曾经试图影响其他人的决策？运用哪些方法？效果如何？

3. 上下及平行单位在决策与行动上的配合十分重要，贵组织运用哪些方法促进各方决策的配合？你本人曾经用过什么方法促进各方决策的配合？效果如何？若效果未能完全合于理想，理由何在？

4. 如果你在组织中尚有上级主管，请问他的授权风格与方法如何？你们之间是否有高度默契？双方未来应怎样做才能提高授权默契？

5. 承上题，如果你有部属，请问你的授权风格与方法如何？你们之间是否有高度默契？双方未来应怎样做才能提高授权默契？

6. 在你的经验中，自己或其他主管在决策时，其程序与本章中的"整合导向的决策程序"是否类似？若未能如此，原因何在？是否有更好的决策模式？

7. 贵组织中有哪些既定的政策，其存在可以简化决策过程、提高决策质量？有哪些政策已形成目前决策时的困扰？尚未修正的理由为何？

8. 请反思你自己的决策风格？还有哪些可以改进之处？

第 **9** 章

目标与价值前提

组织有正式目标，内外成员有个人目标与价值观念，目标是管理者必须整合的标的，也指导了决策与行动。组织内的目标体系与组织的使命与文化相辅相成，而将整合对象的个人目标与组织的正式目标相结合，是管理者的重要工作。

本章重要主题

组织目标与使命

个人的目标与价值观

目标与价值前提与决策的关系

六大层级间目标的矛盾

整合目标与价值前提的方法

管理含义

关键词

组织使命

价值观

心理需求层次

激励方法

多元限制条件

责任归属

指标与权重

层级间目标的矛盾

赋权

组织认同

承诺

组织记忆

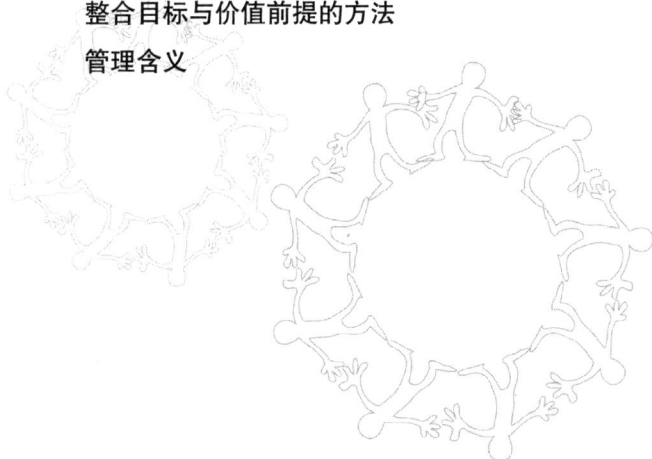

"目标与价值前提"是管理元素中重要的一环，不仅影响各层级的决策方向，其所表现的"阴面"与"阳面"的交互作用，对组织长期的绩效与成败也关系重大。本章前三节将分别介绍组织目标、个人目标，以及目标与价值前提与决策间的关系。第四节指出六大层级间，由于立场与角度不同，彼此目标间的矛盾，是各级管理者必须不断采取整合行动的根本原因。第五节则介绍一些整合目标与价值前提的方法；第六节针对本章内容提出一些管理上的含义。

组织目标与使命

组织若欲顺利运作，就必须有"阳面"的具体目标，以指导组织成员的决策与行动，同时也需要有某些形式的使命来整合各方多元而复杂、属于个人"阴面"的目标与价值观念，以建立成员对组织的认同。

⊙多重的组织正式目标

多重目标可避免注意力的偏颇

对营利组织而言，除了生存与成长，追求利润当然是极为重要的目标。然而，在实际运作上，只强调利润目标是不够的，或许也是不恰当的。因为组织如果只重视短期利润，可能会误导努力的方向，甚至使大家忽视组织长期的生存与发展。因此，**除了利润，还需对市场占有率、成长、创新、形象、生产力、能力培养、资源获得、新市场开发等，订出平衡而具体的多重目标。**

追求平衡发展

此做法的核心观念即是"平衡"。组织的运作必须平衡发展，不宜为了任何单一目标而牺牲其他目标，也不能为了短期表现而牺牲长期能力的建立与资源创造。而且在制定多重目标的过程中，可以借机让管理阶层有机会深入思考，在这些所谓"利润""成长""能力培养"与"创新"等目标之间，以及长期与短期之间，究竟应维持何种"平衡"关系或相对比重。

在协商目标比重的过程中获致共识

在目标制定过程中，高阶决策人员应经由充分的意见交换甚至争议，深入检视、反省、整合彼此对未来的各种看法，以及各种与目标相关的前提假设。而协商目标比重的过程，也是有关人员交流意见与信息，并进而获致共识的良好机会。

机构领导阶层订出多元而具体的目标，对各单位的资源分配及行动方向才有明确的指导作用。

⊙组织目标的内涵

从"投入""产出"到"分配"的过程皆可制定目标

通常最被重视的"利润"目标，只是代表组织系统最后成果分配的一部分。其实，从投入到产出，以及成果分配，每个阶段皆可制定目标。多重的组织目标也可以依此方式分类。因此可分为"与资源获得及能力培养有关者""与内部行动及效率有关者""与资源分配有关者""与成果分配有关者"，以及"与外部环境各种成员的预期行动有关者"等。当然，有许多目标都同时包含一种以上的本质。

所谓**"与资源获得及能力培养有关者"**是指组织希望在未来某一段期间内，在资金、技术、知能、品牌形象等方面能掌握或提高至怎样的境界。

所谓**"与内部行动及效率有关者"**是指在营运流程与管理流程方面，哪些单位或哪些人员应该在什么时候采取什么行动，而这些行动的时效与成本效益应达到什么样的指标水平。

所谓**"与资源分配有关者"**是指组织所掌握的人力、财力、借款能力、外部关系等，将依什么原则、依什么比例分配到各项业务、单位、次流程或地区市场等。

所谓**"与成果分配有关者"**是指在努力过一段时间后，组织所创造的成果在大小股东、经营阶层、一般成员等之间，如何分配。这类"与成果分配有关的目标"，也必须追求平衡，如果任何一方分配到的成果过高，则有可能牺牲其他人的利益；而如果任一方所获得的成果分配过低，则无法构成足量的诱因，换取其长期的投入与贡献。

表 9-1　多重目标的类型与内容

类型	内容
与资源狄得及能力培养有关者	未来在资金、技术、知能、品牌形象等方面能掌握或提高至怎样的境界。
与内部行动及效率有关者	营运流程与管理流程方面，哪些单位或哪些人员应该在什么时候采取什么行动，及其时效与成本效益水平。
与资源分配有关者	组织所掌握的人力、财力、借款能力、外部关系等，将如何分配到各项业务、单位、次流程或地区市场等。
与成果分配有关者	组织所创造的成果在大小股东、经营阶层，以及一般成员等之间，如何分配。
外部环境中各种成员的预期行动	总体环境与任务环境中，与本组织有关的客户、供应商、同业、主管机关等，所采取某些对本组织有利的行动。

所谓**"外部环境中各种成员的预期行动"**是指总体环境与任务环境中，与本组织有关的客户、供应商、竞争同业、主管机关等，所采取某些对本组织有利的行动。例如："市场占有率达到百分之十五"的目标，表示希望客户们能采取"购买本公司产品"的行动，其行动的"累积总量"可以达到该水平。而"外资持股比例到达百分之三十"，是希望外资法人能采取"投资本公司股票"的行动；"成立金融控股公司"，则是希望政府主管机关能同意本公司采取此做法（主管机关的"同意"也代表一种行动），而且其他互补的金融机构股东与管理阶层在"决策"上，也愿意共襄盛举或互相合并。

多重目标间的"目标—手段"关系

这些多重目标间又存在着复杂的"目标—手段"关系。简言之，内部行动与外部行动的目的，是为组织取得更多的资源。有了更多的资源，才能分配成果，而当可能获得成果分配时，内外各方才会愿意采取本组织所期望的行动。任何组织的运作，其实也可以从此一循环关系来看。**在此循环中，"外部环境中各种成员的有利行动"尤其重要**。如果组织内的作为无法影响外界，促其采取有利于本组织的行动，则组织长期势难与外界进行有利的交易或合作，甚至在资源获得方面产生障碍。当资源无法自外界源源而来时，即使组织不分崩离析，成员的凝聚力也会大幅降低。

⊙组织目标的分化

将组织目标层层划分至组织层级的各单位

欲落实整体组织的目标，必须将这些目标再划分为各级单位的目标，并一直往下细分到各个工作小组，甚至于个别成员的目标。在管理矩阵中，机构领导人的目标（"目4"）应与组织层次的目标（"目3"）极为接近（理论上机构负责人对机构的目标负完全责任），"目4"再将其正式目标，划分到辖下各单位的目标（"目5"），再分到各个成员的目标（"目6"）。

组织各层级间的"目标—手段"关系

高阶的目标与其下属单位的目标，应该存在着"目标－手段"的关系。例如：欲达成利润的目标，可以经由"销货增加"与"成本降低"两大手段；其中"销货增加"就成为某些单位（可能是销售单位）的目标。"销货增加"的手段又可划分为新产品的开发及原有产品的深耕两个手段，然后再分到更下一层，成为更下级单位的目标。从高层目标逐级划分为组织各层级、各单位的目标，已是企业界相当成熟的做法。但实质上，针对某一特定目标，如何找出重要手段，又如何划归至各个拥有权责的相关单位，不仅必须对业务的性质与内容十分了解，有时也需要水平以上的创意，这也是"分化"与"划分"的不同。前者是以创意为基础，思考如何"切割"这些目标，后者是将"切割"后的目标，分派给各个负责单位。

目标分化与组织设计相互影响

组织目标的分化以及"目标—手段"间的联结，与组织结构极有关系。不同的组织结构或组织设计，会在根本上影响目标的分化方式；而组织设计的方法，也会因对各项目标的相对重视程度而不同。第十三章谈到组织设计时，我们再深入讨论。

目标划分不清可能促成创意产生

目标在组织中划分得过于清楚，有时反而会发生负面效果。因为目标划分清楚，可能造成各单位间可以完全独立作业，甚至"老死不相往来"，这将会抑制组织综效或创意的产生。如果各单位间能保持某种程度的目标模糊甚至冲突，迫使**各个相关单位为了本身目标的达成，不得不与其他单位沟通协调，仔细思考或争辩究竟哪种做法才对组织整体目标有所助益，或设法以更具创意的方法解决各单位间的目标冲突。**此一刻意设计的做法，虽然影响决策时效，但有可能出现单位间的综效，或上级原先未曾想过的创意。

⊙组织使命的作用

使命未必能指导策略方向

组织使命往往是一些近乎空洞的文字，至多只能拆解为"本组织是为哪些对象，提供什么服务或价值"而已。用管理矩阵的说法，即是本组织创价流程的产出，希望为任务环境中的哪些对象带来哪些价值或满足，这些其实已在策略形貌中有所描述了。而"组织使命"一词往往较为笼统，意义也随人自由诠释，对策略或决策其实并无太大的指导作用。因此，特别凸显"组织使命"，以作为策略或规划的起点，实际作用十分有限。

使命是整合组织内外的重要工具

然而，从管理与整合的角度来看，有时组织使命却有相当大的作用。简言之，组织使命可作为一项整合组织内外的工具，如果运用得法，不仅能创造或强化组织的正当性，并且可以用极具"阳面"的共同价值，结合各方"阴面"的个人目标。

简而言之，机构领导人或创办者必须在内外成员或潜在成员的心目中，"塑造"一个值得终身奉献、值得长期投入的组织使命或组织形象，并使大家相信，经由此一组织使命，各人都能实现自己的理念与梦想。

使命对非营利组织尤其重要

非营利组织、各种社团、政党等，基本上皆非为了追求利润而成立，但捐赠者、参与者、领导干部与基层志工等，之所以加入此一组织，其实也有其各自的目标。为了结合这些个人目标分歧的广义参与者，必须提出具有高度号召力的理想，甚至响亮的口号，作为整合各方的工具。当大家的个人目标都"整合"在此一伟大的理想或使命下之后，组织才能整合各个参与者的资源与能力，顺利运作。

营利组织已有利润机制存在，前述的多重目标体系也对资源分配、组织行动，以及对外关系等做了说明，而且"策略形态"的构面也更具体地呈现了"使命"应有的内容，但为了整合（包括组织内外及一般社会大众的支持），"使命"依然还有其正面作用。在高度多角化的企业，由于创价流程不止一个，彼此也未必有共同性，因此**更需要有一笼统而具有正面意义的"使命"，作为整合内外价值理念，并强调组织正当性的工具。**

使命应笼统，以利各方自行诠释

由于必须整合为数众多的潜在成员与资源提供者的个人目标及价值观念，**组织使命就不得不用词笼统，让每个人可以从字面解释中"各取所需"，**而且使命的内容在字面上也必须尽量表现出组织的正当性，以显示本组织为社会"创价流程"所创造的潜在贡献。

从"整合"的角度与作用看，崇高宏伟的使命与乐观的策略远景，也是激励员工或创造同仁向心力的有效工具。

个人的目标与价值观

当谈到个人层次的目标与价值观时，其内容与上述组织的各种目标几乎是完全不同的。管理者很重要的一项工作即是整合这两种目标，也就是设法整合本书第四章所称目标的"阴面"与"阳面"。

人心不同，各如其面。**组织中众人的想法、人生目标、价值观，以及希望从参与组织中所得到的，都不相同。成员间的个人目标会互相冲突，个人目标也会与组织的目标相冲突。化解这些潜在的冲突，并进而整合出休戚与共的立场，是管理功能存在的主要原因。**

⊙价值观与心理需求层次

个人的价值观

简言之，**价值观是指当事人对"是非好恶"的认定，也反映出他的人生理想与方向。** 在任何决策情境中，决策者的价值观或价值取向，必然影响决策的方向。例如：一项重大的投资案，在一切事实资料都经过详尽评估后，最后决定的因素还是高阶层的风险偏好。其他层级的决策者也一样，例如：各部门争取资源或面对争议时，面对负责裁决的高阶主管，当事人是否应该将所知信息毫无保留地向上级说明，还是略有选择性，借以影响上级的研判？是否可以为了单位短期的绩效表现，而牺牲对长期目标的投入？与上级意见不同时，是否应该据理力争，犯颜直谏？基层人员是否应该为了本身前程，将心力投入于长官的私人事务，甚至牺牲对组织任务的关注？是否应该为了更好的工作机会，而断然离开照顾自己多年的长官与组织？这些最后都取决于个人价值观念。

与个人价值观有关的项目包括：**心理需求的结构与层次、人格、态度、动机、人生目标、风险偏好、潜意识的自我形象、人文关怀程度等。** 而与管理较有关系的，应该还包括：**成就动机高低、是否尽忠职守、态度的开放程度、是否有虚心学习的精神、挑战困难与承担责任的意愿、愿意与人分享的程度、对权威与服从的态度（对上级权威愿意接受到什么程度，认为部属对权威应接受到什么程度）、"自私程度"（公义与私利的分野或取舍）、积极进取的程度，以及认为在人生中，"事业""家庭"以及其他各方面应分别占有多少比重等** 各种想法。

有关此方面人性的分析，在心理学及其他行为科学，甚至哲学等，都已经累积了极为丰富的研究成果与看法，本书不拟深入讨论，事实上也远超过作者的专业知识范围。

心理需求层次

"心理需求层次"理论将人的需求分为生理需求、安全需求、社会需求、自尊需求、自我实现需求等，这是管理学常引用的人性假设。此理论认为，这几类心理需求是行为动因，并认为它们之间基本上存在着先后的层级关系。换言之，当低层次的需求，如生理需求或基本的温饱尚未满足时，当事人对高层次的需求如社会地位等不会太在乎，也不会为了高层次的需求而努力；然而当低层次的需求满足时，如果还是运用金钱等工具作为诱因，也未必能产生激励效果。

类似"心理需求层次"的理论或研究很多，读者可以参考其他管理学或组织行为学的内容。**总之，每个人人生中所追求的东西都不一样，期望从组织的参与中得到的也不一样**。有人爱钱，有人爱权，有人希望得到社会肯定，有人在乎工作环境的和谐气氛，有人则与世无争，只想过太平日子。而且，个人心中所在乎的，也会随着人生阶段以及职位、际遇、健康等情境而有所不同。从激励理论中，大家都知道，如果以其所"在乎"的事物作为诱因，有可能使一个人做事时有如脱胎换骨，士气如虹。

心理需求层次应随地位而提升

机构领导人的心理需求层次应该高于一般组织成员。如果只在乎物质的报酬与享受，而缺乏更高层次的成就动机与人生理想，充其量只能成为一位成功的"生意人"，而无法成为能够整合各方，并运用事业以"成就"各方的"企业家"。年轻而低阶者，为求温饱，人生境界或许不容易提升，但是地位较高而衣食无缺者，人生所追求者即应朝向"成就""服务""自我实现"这些层次，不应停留在物质导向的钱与权的追逐上。

这些只是本章所说的，"个人目标与价值观"影响"决策与行动"的部分过程。

⊙ 人员价值观对管理的含义

略有组织生活经验者都知道，每个人的基本价值观念、人生目标，以及对组织及工作的态度，对其工作绩效以及社交处世等，影响极为重大。此一事实对管理而言有几项含义。

基本价值观是用人的重要指标

选用人员时，应注意以上这些基本价值观；升迁时，更应视之为重要指标。然而，所谓"知人知面不知心"，无论是新进人员或即将升迁的职位候选人，多少都会刻意掩饰内心世界，而不易被外人察觉或看穿。

应重视价值观念之灌输

应适度对组织成员进行价值灌输，运用组织文化、奖惩制度或群体影响力，渐渐改善成员的心态与人生观。当然，此一方法的先决条件是，组织中大部分人的态度或想法是正确的。若相当高比率的成员在价值观或个人目标上都有问题，群体力量能不"污染"新人已是难能可贵。

因势利导以结合阴阳

运用整合组织目标与个人目标的方法，**设法使二者相辅相成而不互相抵销。**事实上，许多人事管理、激励奖惩等制度，都属于此范畴，亦即坦然接受人性中"阴面"存在的事实，然后因势利导，利用大家追求私利的心理，完成组织的任务与目标。古时，儒家与法家的主要差别即在于此。简言之，儒家致力于降低人性中"阴面"的成分，法家则利用阴面的存在，影响成员行动的方向。

⊙价值观与心理需求在策略上的运用

"个人目标与价值观"的观念，不仅可以用在人事管理或内部激励制度，也可以在策略上从事更广的应用。

策略方向的预测

从管理矩阵来看，管理工作欲整合的对象包括组织内外与上下层级。**而外部总体环境及任务环境中的各个机构，内部也有机构领导人与各级成员，这些人也都有心理需求层次及个人目标与价值观。**例如：竞争者或潜在的合作对象，其"策略雄心"或风险偏好，与该领导者的心理需求层次密切相关。欲分析其策略意图，则心理层面的相关信息将极有参考价值。

配合及满足相关人士的个人目标与价值观

总体环境与任务环境中，各机构与组织内，无论上级主管、机构领导人，甚至承办人员，也都有其个人目标与价值观念。其"阴面"目标以及这些阴面的个人目标与正式组织目标结合的程度，都会影响决策，进而影响本组织的生存发展。若能将这些属于个人的部分，纳入分析了解的范围，并予以灵活运用，必能产生一定的效果。任何一位需要整合内外资源或目标的成员或主管，对于这些也不可轻忽。

如果可以比照"选择激励方法"，以细致的思维逻辑，处理组织内外的人际互动以及彼此多方面目标的配合，整合工作必然更为顺利。

⊙管理者对本身价值观的自省

在决策的取舍过程中自我检视

管理者的自省也是不可忽视的一环。**管理者除了必须了解组织内外其他人的个人目标与价值观念，也必须在不断面对各种取舍两难的决策时，借机对自己的人生目标与价值观念进行检视。**我们自己究竟有多自私？有多勇敢？面对困难抉择时，会牺牲谁的利益？这些平时其实极难评估，唯有真正"临事"时，才有自我反省的机会，才有机会自问"这是我要的'我'吗？"。能勇于面对真正的自我，才有持续改进，追求更高境界的空间。

深刻自省后，才能了解自己的私心，或"阴面目标"的影响有多大。此一反省对高阶领导尤其重要。如果一位机构领导人私心过重，难免会被他人察觉而加以利用，长期未必能合于人生的真正目标。而且，个人私心或阴面目标愈少，愈能"天下为公"，能整合的对象就愈多，事业上可能获致的成就也愈高。

因此，职位低下，安心做"小丈夫"者，或可顺其自然追求本身的个人目标，并在别人的整合体系下满足个人目标。而地位愈高，权力愈大者，愈需要"去私"，因其意图整合的范围大，怀有宏图大志者应不计小利。在此要特别指出，心怀"宏图大志"的"大丈夫"们，并非没有个人目标，而是人生境界不同，希望满足更高的成就动机而已。

澄清本身目标，以提升决策理性

管理者的个人价值观、人生目标，以及它们对决策的影响，当事人通常并非了然于心，而是不知不觉中，经由对信息的选择性认知、对方案形成的自我设限、对组织目标的选择性诠释等，间接影响了决策方向。在评估方案的利弊得失时，个人目标及其相对比重，更可能直接影响评估指标及权重，进而影响方案的选择。因此，管理者对本身人生价值与目标认识愈清楚，愈能降低"非理性因素"的干扰效果。而且对本身的价值取舍思考得愈清楚，事后"后悔"的机会就愈低。

总而言之，**若决策者能清楚明白本身对各项价值的轻重取舍标准，又能尽量克制自己的私心，即能提升决策理性，而且在决策时，无论对人对事都能果决地处理必要的牺牲割舍，不致举棋不定或犹豫不决，事后的惋惜与悔恨也可以降至最低。此事对愈高阶者，尤其重要。**

前述所谓"了解分析内外上下其他人的个人目标"，并非本书创见，其实许多人都在彻底执行。**而"自省"这一部分，则是本书特别希望提醒，甚至大力呼吁者。**

目标和价值前提与决策的关系

⊙目标指导决策与行动

通常组织都会赋予各个单位主管或成员一些具体的目标，甚至包括衡量目标达成程度的指标。因此，理论上大家都会根据目标制定决策。然而，由于以下几项因素，该目标与决策间的关系并非如此单纯。

对多重目标的认知未必完整

组织目标是多重的，而且有些并未见诸文字，有时"上级"与"上上级"所指示的目标也未必完全一致。因此，在实务上，每位成员或各级主管是从其认知（管理矩阵中的"环5"与"环6"）的组织目标或目标组合中形成"组织究竟要什么"的印象。而升迁标准、奖惩依据、组织愿景、外界报道等，都可以是这些认知的来源。至于各成员对组织目标的认知，是否被其他人所"操弄"，还不包括在此范围内。

阴面目标的作用

决策者本身，以及与决策有关的上级、上上级、平行单位、外部机构，除了正式目标之外，也还有不少"阴面"的目标或价值观。这些属于许多个人的目标，彼此间或许存在矛盾，但对当前决策都有若干影响，使得任何决策的"目标与价值前提"形成一组极为复杂的"多元限制条件"。

个人价值观会影响组织目标的诠释

个人价值观会诠释个人所认知的组织目标，也影响他的选择，也就是说，"组织目标组合"其实是个人价值观或个人目标的函数。许多人依据个人目标的需要，选择性地接受组织目标，而决策方向主要也是针对个人目标的取向。例如：公司虽有多重的组织目标，但只有某些组织目标（如"销售业绩"）设有绩效考核，或与个别成员的奖惩相联结，于是大部分人自然只重视这些与本身奖惩有关的组织目标，难免就会忽视其他目标（如"顾客关系"）。

这些潜在问题未必有简单而放诸四海皆准的解决办法。但若能认识它们的存在，提高对潜在问题的警觉，对构思解决办法亦应有所助益。

⊙以"责任归属"指导组织目标与决策方向

欲使各级成员与主管在决策时能配合组织目标的要求，除了让他们对目标能有更明确的掌握，确定责任归属也是不可或缺的。

决策结果必须与决策者个人得失联结

所谓责任归属即是在制度设计上，**使某位决策者的决策结果，影响他个人目标的达成程度，或对其个人认为有价值的事物，有所增减。**当该制度或关系不存在时，即表示没有责任归属。

例如：业务人员若能达到业务目标，则给予奖金，未达目标则不给予奖金。其中，"业务目标"是组织所要求的目标，"奖金"是个人所追求的目标，或"认为有价值的事物"；如果业务人员真的很"在乎"奖金，奖金的发放标准又与业务目标的达成程度有合理的联结，则表示这种"责任归属"的循环是完整的；如果业务人员不在乎奖金，或奖金比重甚低，无关痛痒，则表示他很可能不会努力开拓业务，因为努力与否，与其"个人目标"无关，亦即责任并未确实归属。

该道理毫不复杂。但在组织或社会中，却有许多决策者，其决策是否正确，决策结果如何，往往与个人目标的达成与否，完全没有关系。有人声称"一切后果本人负责"，但事实上不论后果如何，都不会影响到他个人目标的达成，他个人在乎或追求的"价值"，例如所得或地位，也不会因而有所增减。这种"负责"，其实并非实质的责任归属。在某些组织，有些基层人员生产力低落仍可长期任职，甚至"大过不犯，小过不断"而安然无事，原因即是他们对升迁早无所求，基本权益又受到高度保障，"个人目标"的达成几乎不受任何因素影响，因而谈不上"责任归属"，长官对他们也无能为力。此方面有几项挑战：

1. 挑战之一：他在乎什么？

从管理的角度，这方面的重要工作之一是了解他真正"在乎"的是什么，是金钱？升迁？肯定？还是自我实现的机会？这都必须仔细分析。

2. 挑战之二：结果是他能影响的吗？

"归属责任"的另一项挑战是：组织目标达成水平，或呈现出来的绩效结果，究竟与当事人的决策与努力有多少关系。因此需要**设计制度，以期达到权责分明。也就是说，设法使决策者清楚地认知到：当他的决策或行动结果有利于组织目标达成时，则可同时达成他自己的个人目标**；否则，不仅无法达到个人目标，还要受到惩罚（对其追求的价值或目标采取负面做法）。销售成绩当然与业务人员的努力有关，但也与产品品牌形象、竞争者行为、景气起伏有关，业务人员其实只能对销售成绩负起一部分责任，或只有一部分功劳。因此，如何精确衡量真正能"归属"的责任，不仅需要更细致的方法，而且与组织设计、分工体系也大有关系。

3. 挑战之三：责任归属与创意间如何取决？

本章曾指出，"目标划分不清可能促成创意产生"，表示各单位或成员间目标维持某一程度的模糊性，可以经由少量冲突产生良性的互动与创意。由此可见，过分明确的责任归属或许会影响创意产生或降低组织整体的"问题意识"。因此，如何决定责任与目标的明确程度，也是一项挑战。

组织目标达成率与个人决策或努力程度间的函数关系，也必须仔细思考。

责任归属的观念亦可适用其他对象

权责的明确归属，是结合组织目标与个人决策及努力程度的必要途径，这不只是针对内部员工而已。推而广之，同样的道理与方法也适用于组织外部环境的成员。例如：若我们希望任务环境中的顾客、供应商，甚至总体环境中的规则制定者，能采取合乎本组织目标的决策与行动，则在分配成果或创价流程的产出方式与内容，也要尽量配合对方的个人目标或组织目标才对。

⊙多重目标的落实执行

多重目标应分别订定具体的指标与权重

由于组织期望于每个单位或每位成员的目标相当多元，因此在制度上可以尝试将这些目标转换为具体的评估指标，并明订每项指标的衡量方法与权重。一个基层业务单位最后出现的指标可能高达十几项，每项各有衡量方法、权重，以及最低的要求水平。

制定权重的过程是整合价值观的有效程序

制定结果通常是一张表格，作为日后评估的工具。**表格本身未必有何特殊之处，但在为每个单位制定此"表格"的过程中，若能利用这个机会，让上级、单位主管以及单位同仁有机会针对这些可能的"多重目标"以及相对重要性，进行沟通及确认，则这个过程本身即相当有价值。**对各项指标的权重与衡量方法，各人的认知或偏好不尽相同，也反映了各自的价值观念。因此，此项管理工作的进行，也相当于一次各方目标与价值的"整合"。

六大层级间目标的矛盾

管理矩阵的六大层级，从总体环境的各机构到每个组织的成员，如果价值观念与目标都一致或接近（从"目1"到"目6"内容都极为接近），则几乎已达到"世界大同"的理想。**事实上，这些层级间，或每个层级内，在目标上都充满了矛盾，这些矛盾造成人间的纷纷扰扰，也是各级管理人员"整合"角色永远不会消失的主要原因之一。**

本书是从整合的观点讨论管理，所涵盖的对象范围包括组织内外，因此论及目标与价值观时，并不限于组织内部员工，还包括组织与外界环境及相关机构间的关系。

表 9-2　六大层级目标的矛盾

矛盾类型	说　　明
组织与任务环境间	组织与竞争者、共生者、顾客与投资机构等，在目标上存在矛盾；组织的策略作为具有整合任务环境中各机构目标的作用。
任务环境中各个合作者间	资金提供者、经销商、其他外围服务提供者或顾客等，彼此在分配成果或分配资源方面，也存在矛盾，组织必须有所取舍。
组织目标与机构领导人目标间	机构领导人只是一位"代理人"，其个人所追求的目标与组织目标或许存在相当大的差异。
各级单位间以及部门与整体组织间	部门分化带来彼此目标矛盾；个别目标与整体组织间的目标矛盾。
派系与组织间	派系出现必有矛盾；派系存在会造成效忠对象分歧。
任务环境与组织成员间	顾客、投资人、供应商等所形成的任务环境，其目标与组织成员有时相辅相成，有时却是互相矛盾的。
总体环境及其变化所形成的矛盾	总体环境中的价值变迁造成组织成员的想法改变；机构及管理作为的正当性受到总体环境影响。

⊙组织与任务环境间的矛盾

就任何特定组织而言，任务环境中有竞食者、共生者以及服务对象，服务对象或顾客也可以包括在广义的共生者之中。

组织与竞争者、共生者、顾客、投资机构间的矛盾

在相同的地理涵盖范围、类似的市场区隔中，竞争相同的生存空间，提供类似产品给相同顾客的**竞争者**，彼此的目标当然存在着高度矛盾。而组织与**共生者或互补者间**，例如零件厂与装配厂之间，或 OEM 厂商与品牌商之间，虽然在许多场合属于联合阵线，一致对外，但在分配成果时或在议价过程中，立场却又是矛盾的。

企业虽然力求服务顾客，但在价格、质量与服务水平的期望上，双方目标通常也不一致。从特定组织观点，外界的投资机构或主要投资的家族，是资金的提供者，因此也是任务环境的一分子。它们之间的潜在矛盾与利益冲突，也十分常见。

大部分策略作为是在整合与任务环境成员的目标矛盾

顾客关系、协力厂关系、投资人关系，甚至家族企业的问题， 以本章观点，都可以从层级间"目标与价值前提"的矛盾与整合加以分析观察。而组织的策略作为除了选择与改变"整合对象"，作用也在整合任务环境中各机构的目标。例如："差异化"是希望经由产品或服务的特色满足顾客的目标；"向后整合"是将提供零组件的单位，在立场上、目标上与装配单位整合为一体；"上市上柜"是希望更多的外部投资人在目标上与本企业相结合，因而投入资金成为股东。

⊙任务环境中各个合作者间的矛盾

就特定组织而言，资金提供者、经销商、其他外围服务提供者，甚至顾客等，都有合作共生的关系，它们之间**在分配成果或分配资源方面，也存在矛盾。**例如：为了因应机构投资人对获利率的期望，而削减经销商的利润，即表现出投资人与经销商间的目标矛盾；以宅配取代部分的零售点铺货，则表现出运输业务提供者与零售商间的目标矛盾。因此，组织的策略选择，其实也就是在这些相互矛盾的目标间取舍。

⊙组织目标与机构领导人目标间的矛盾

机构领导人也是"代理人"

机构领导人对机构成败负完全责任，因此，理论上其目标应与组织目标几乎完全一致。然而，**机构领导人本身也只是一位"代理人"，其个人所追求的目标与组织目标或许存在相当大的差异。**实务上有许多例子反映出这些差异的存在，以及对组织运作产生的作用。

可能出现的矛盾

领导人与组织间可能出现的矛盾包括：组织追求成长，究竟是为了更多的利润，或只是领导人好大喜功，希望组织成长能为自己带来更多的影响力与社会地位？选择多角化发展方向时，是否将其个人的专长或潜在发挥空间视为关键的考量因素？升迁干部时，究竟考虑其未来对组织的潜在贡献，还是对自己的忠诚度？是否为了塑造本身在媒体上的形象，而一味追求短期利润，甚至牺牲组织的长期发展？是否利用组织的地位与资源，创造自己外界的网络关系？

这些都是常见的目标矛盾。至于利用职权，图利某些外部机构，甚至"掏空公司"等非法作为，对组织目标尚不只是矛盾，而是造成具体的严重损害。

⊙各级单位间以及部门与整体组织间的目标矛盾

部门分化带来彼此目标矛盾

组织成长后，势必成立部门，以分担所增加的工作，而组织目标也会随之划分至各单位。**由于各单位绩效指标的方向不同，立场不同，目标当然也可能彼此冲突。**例如：研发单位希望培养公司长期的技术优势，主张尽量提高自行研发设计的比重，但营销单位则希望快速交货，而设计的质量必须成熟而稳定。双方都有道理，也未存有私心，但目标间的冲突矛盾是极为明显的。

个别部门与整体组织间的目标矛盾

部门间的目标不一致，也表示各部门所追求的，与组织整体目标间存有差距。简而言之，各部门在决策时，往往更重视"本部门"的立场与利益（包括绩效的显现，或所获得的资源分配），而未必将整体组织的目标作为首要考量。以"人才流用"为例：优秀人才究竟应留在部门为部门绩效而努力，还是人才"归公"，将他们交由上级派任到对组织整体而言更合适的单位？又如：某项业务应否配合整体考量，划归至其他单位，还是留在本单位以壮大声势与影响力？这类矛盾在许多组织中几乎俯拾皆是。

如果组织分工方式不佳，或前述的"责任归属"不明，或单位间流程衔接过于复杂时，部门间的目标矛盾更容易显现。事实上，**组织设计的用意之一，即是希望降低分工后部门间目标的矛盾程度。**

⊙派系与组织的目标矛盾

派系出现必有矛盾

管理矩阵中"各级管理"这个层级代表了除机构领导人之外的所有各级主

管。这些主管或主要人员有时会因为某些原因而组成非正式的"派系"，并在派系中交流信息，互通声息，互相援引。**派系之间，目标当然有矛盾，派系目标与组织整体目标，当然也不一致**。此方面的道理，与前述各单位间的问题，其实十分接近。与派系有关的其他议题，将在第十二章中再行讨论。

由于"派系"已脱离"单位"，只谈人际网络的结合，因此亦可反映出各级管理者与机构领导人间目标的矛盾。简而言之，各个派系的目标，固然彼此未能一致，而派系目标与机构领导人目标间、派系目标与整体组织目标间，都可能存在着各种矛盾。

效忠对象分歧

通常谈到的"忠诚"问题，也可以在此一架构中讨论。如果"组织目标""机构领导人目标""各级管理者目标"都呈现高度一致，则不可能出现派系（整个组织就是一"派"），也没有忠诚议题。只有目标不一致时，才会探讨一位组织中的干部，究竟是忠于组织？忠于所属单位？忠于所属派系？还是只"忠于自己"？

⊙任务环境与组织成员目标间的矛盾

由顾客、投资人、供应商等所形成的任务环境，其目标与组织中的成员，有时相辅相成，有时却是互相矛盾的。

企业为了提高顾客满意水平，而要求员工增加服务时数，这样一来却牺牲了员工的休闲时间，此即说明了双方目标的不一致。

上市公司的投资者，近年来渐渐由散户转变为机构投资人，这些机构投资人在任务环境中的角色日益重要。机构投资人有本身的组织目标，负责"操盘"的人员在本身组织中，也有必须面对的压力与绩效要求。因此，为了达成目标，这些机构投资人往往更重视短期的现金收益，甚至忽视了被投资组织的长期发展，而组织长期发展或继续投资或许更符合员工利益。

⊙总体环境及其变化所形成的矛盾

总体环境中的价值变迁造成组织成员的想法改变

在管理矩阵中，"总体环境"的"目标与价值前提"可能包括各种国家目标，但更基本的是整体人类的文化价值观念。**这些社会价值观，随着科技进步、知识普及、传播与通讯发达而不断改变，这些改变自然也影响了全人类以及组织中每位成员的想法**。在管理矩阵中的说法是：总体环境的目标与价值（阴面的"目1"），影响了组织成员的目标与价值（"目6"）。

例如近年来，许多知识型组织日益重视的"赋权""参与"；专业人员对特定组织的忠诚度日渐降低，甚至数十年前"Y理论"说法的兴起等，都与总体环境的社会价值改变有关。

机构及管理作为的正当性受到总体环境影响

组织或企业目标的正当性，以及各种管理措施的正当性，也因总体环境不同而有不同的界定。例如，以现代化营销方法"经营"宗教事业，是否合宜？究竟企业应专注追求利润，还是应在追求利润之余，兼顾社会责任？组织在分配成果时，对投资人、高阶干部、基层劳工的重视程度，排序应该如何？对环境保护或消费者保障应付出多少代价？这些都深受总体环境中文化价值的影响。组织或企业在做法上，若与这些文化价值矛盾，都可能为组织带来严重的问题。**组织高阶层或机构领导人的重要任务之一，即是设法掌握社会文化价值的脉动，了解主流趋势，并在策略及经营方法上及早因应。**

总体环境内的分歧

世界各国间，或不同的文化、宗教、政治信仰、社会阶层间，价值观或追求的目标也颇不相同，彼此间甚至存有严重的冲突与矛盾。如此复杂的总体价值环境（"目1"），若希望深入掌握了解，亦非易事。但从管理的角度，至少应能了解它们的存在以及对组织的潜在影响。

整合目标与价值前提的方法

从本章的介绍，可知组织内外的目标与价值观极为多元而复杂。管理者在决策时必须了解甚至试图整合这些目标与价值观。

⊙包容、妥协与创意

包容各方目标

组织的运作需要组织内外各种人员与机构的投入与合作。如果组织目标能包容更多人员或机构的目标，组织能结合运用的资源与知能就愈多，成功的机会也愈大。而对它们的了解与尊重更是基本的要求。

妥协、退让与公平分配成果

各方目标或在成果分配的预期上，必然存在潜在的冲突与矛盾，因此，如何折冲妥协，如何考虑多方利益与目标，也是重要的管理功能。在任务进行过程中，位居中央的管理者，应不断"说服"各方牺牲部分自身的利益与目标，以达成整体目标。当然，在整体目标达成后，管理者又必须从事公平或至少是大家能接受的成果分配，这才是合作或组织长期存续的先决条件。

具创意的方案是整合关键

在包容与妥协的过程中，创意也是必要的。**具有创意的方案，可以使各方感觉自身所牺牲的部分，主观上并不重要，但所得到的却极有价值。**如果人人都有这种感觉，位居中央的整合者即可"得道多助"，组织或整合者所负责的任务即可获得来自各方更多的潜在资源。

而掌握潮流，让各种决策都能配合总体环境中社会文化价值观念的演进趋势，这也是不可忽视的。

⊙儒家、法家两种整合途径

组织中，"阳面"的正式目标与"阴面"个人目标的冲突与调和，是管理工作的重点。古时儒家与法家皆曾各自提出解决办法。

儒家的方法

儒家主张经由教育以及文化的熏陶，改变组织成员内心的状态，使其尽量做到"去私"，或减少"阴面"的作用，甚至做到全心全意为组织（或领导者）尽忠。这与现代管理所谈到的组织文化、组织承诺等相似。

法家的方法

"赏罚二柄"则是法家观点，认为这是君王所能掌握运用的两大工具，其作用在结合个人目标与组织（或领导者）目标。能达到组织目标者，就予以奖赏；不能达到组织目标，或损害组织目标者，就予以惩罚。道理十分简单，但在实际运作上，某位成员现阶段应做些什么才能达到组织目标？目标达成程度如何衡量？他目前在乎哪些诱因？目标达成程度与诱因大小间应有何种对应关系？诸如此类的问题却极不易精确量度落实。再加上许多人员或单位必须同时照顾到若干个多元的目标，这些目标间的比重，也不容易拿捏。

高阶应更重视个人价值观对组织目标的认同

"儒""法"的观念与方法当然是相辅相成的。**但"儒"的方法在高阶层应相对更为重要**，因为位居愈高层者，成就动机应更高，所能分享的组织成就也愈多。而且，若其私心过重，对组织的潜在危害也愈大。

依本书定义，所谓"公"即是个人价值观与目标对组织目标有高度认同，因此"目标的阴阳两面"相去不大，决策与行动可以高度配合组织目标的期望。所谓"私"即是个人目标与组织目标相背离，或内心的价值观并不认同组织目标。组织的中高阶层，权责范围较为广泛，裁量空间较为宽广，而决策的影响也较为长远，其表现不易于短期内有效衡量与监控。因此，**对中高阶层而言，组织认同与承诺，以及对品德方面较高的要求标准更有其必要**。反之，对基层工作人员的品德要求当然不可缺少，但明确的工作规范，以及公平合理的赏罚制度可能更合乎实际。

有些机构领导人，其个人私心早为大家所洞悉，却仍强烈要求基层人员提高品德水平以及对组织的投入与承诺，而又不舍得重赏有重大贡献的员工。在这种组织中，各级目标的整合以及绩效之达成必然困难重重。

⊙组织文化

组织内部共享的价值观

组织文化的意义之一即是组织上下共享的价值观。在管理矩阵中，若组织、领导人、各级管理者，一直到基层成员的价值观（从"目3"到"目6"）都高度一致，由于各人做决策时的价值前提相近，决策与做法也能协调一致，则表示组织文化相当明确，而且也发挥了具体的作用。

观察组织文化的构面

组织文化可以从以下这些层面来观察：大家对公私分际是否清楚、团队中是否有相似的思考风格、上下成员或平行单位间意见开放的程度、人与人之间以及部门之间是否愿意主动互相支援协助、对组织的未来是否有共同愿景、能否忍受短期绩效或贡献的起伏、人际关系的稳定与长远程度、各方（员工、股东、顾客）成果优先分配的原则、强调群体或个人的绩效表现、重视成员的忠诚抑或贡献、沟通时是否可以就事论事或必须考虑人际关系的圆融、是否容许挑战权威、是否鼓励创新而容许失败等。

组织文化、社会压力与个人行为的关系

虽然个人较深层的人生价值不易改变，**但强而有力的组织文化却还是能影响一些组织中的行为。**以"企业伦理"为例，一般而言，成年人的道德水平其实已相当定型而不易改变，但如果在组织文化中格外强调某些观念，例如：公私分际或守法态度等，则个人在行事时，因为感受到"社会压力"，行为上多少会比较注意检点。而如果组织文化表现出来的是"无所谓"，则个人在行动时就更为我行我素了。

君子之德风——领导者的行为塑造组织文化

组织文化固然是长期形成的，高阶领导人的行事作风，以及决策与行为所反映的价值观念，却高度影响组织文化的倾向。有时单位主管更替后，可能数月之间组织文化即与过去完全不同，无论改变方向如何，都显示领导人行事风

格对组织文化的影响力。

组织需要故事或具体事迹，以形容组织文化

"价值观"不易用语言文字明确描绘形容，因此组织需要一些**具体的故事或事迹**，以描述本组织允许或鼓励哪些行为或想法，哪些又是大家应该避免的。这些长期普遍流传于组织内的故事，加上大家每天看到的决策过程，是组织成员诠释组织文化真正内涵的重要基础。

有了一致的组织文化，各级人员的目标与价值前提当然就更容易整合。

⊙多重目标项目与权重的沟通与设计

前文中曾讨论，针对多重目标，**由上下相关各方参与，共同制定各工作单位，甚至个别成员绩效评分表的过程，也是整合各方目标与价值的方法**。例如：大学教师的"教学""研究""服务"三者，都是评估教师的指标。如果大学内部的教师、行政领导阶层、在校学生、毕业校友，甚至未来的"用人单位"，能充分沟通，仔细研讨此三者的意义、细项的指标与权重，以及各指标的衡量方法，并针对这些指标与大学"使命"与"创价流程"的关系，订出评估表格，过程中必然会浮现各方在许多价值观上的差异。主事者若能让这些分歧的价值观充分表达，努力整合其间的差异，则社会、学生、大学教师，以及教育主管机关等，对于与大学相关的价值观，或大学设立的目标，必能产生更深一层的了解与共识。

⊙成员选用与价值塑造

每个人的价值观念，自幼开始即逐渐养成，深植心中，不易改变。因此，为了使组织各成员的基本价值观互相接近，至少不产生明显矛盾，正本清源之道即为慎选成员。而如果组织文化已根深蒂固，改革不易，往往只有彻底"换血"，或自外引进新的高层团队，才能铲除积习，调整组织的想法与观念。选人与换人，是塑造组织文化与人员价值观的最后手段。

表 9-3　整合目标与价值前提的方法

方法	说明
包容、妥协与创意	包容各方目标； 妥协、退让与公平分配成果； 具创意的方案是整合关键。
儒家、法家两种整合途径	儒家的方法：教育以及文化的熏陶； 法家的方法：赏与罚； 高阶本身应更重视个人价值观对组织目标的认同。
组织文化	建立组织内部共享的价值观； 组织文化创造社会压力进而影响行为； 领导者行为塑造组织文化； 以故事或具体事迹形容组织文化。
多重目标项目与 权重的沟通与设计	各方参与，以共同制定各工作单位，甚至个别成员的绩效评分标准。
成员选用与价值塑造	慎选成员； 有时必须彻底"换血"。

管 理 含 义

以上从各种角度分析与组织管理有关的目标与价值前提的观念。这些观念可以进一步引申出以下各种管理上的含义。

⊙利润与其他目标间的平衡

利润是营利组织的核心目标

市场机制与私有财产权是现代社会制度的重要前提。在这些前提下，"追求利润"是营利机构的核心目标，甚至是社会责任。利润水平代表本组织创价流程的效率，以及流程的产出对社会所产生的价值与贡献。因此，任何营利组织如果利润未达合理水平，即反映其未能有效利用人类社会的资源与知能，或不善于整合各方的资源与目标。因此，利润可以说是整体组织经营的成绩单。

不同衡量方法下，利润意义不同

利润的衡量方法很多，每项衡量方法代表不同的意义，也指引了不同的努力方向。

例如："销货毛利"是一种利润表达方式，销货毛利高表示对目标客户所提供的价值高，客户愿意以更高的价格支付，因此销货毛利比较高。

"利润金额"代表经营主体在某一期间内，运用资源的效率，当然也包括满足客户的能力。除了有效率地运用资源，企业也可以利用交换股票的购并方式，快速提高总利润金额；如果法令许可，也可以用股票分红取代员工奖金，以减少费用支出的方式提高利润金额。

"股东权益报酬率"（Return on Equity, ROE）代表为原来股东运用资金的效率，是股东真正关心的指标。交换股票的购并或股票分红所提高的利润金额，由于被增加的股权稀释，因此未必对"ROE"产生正面作用。

总之，不同的利润衡量方式，代表不同的意义，也反映出不同整合对象的利益。即使在"利润目标"项下，各种形式的利润目标如何取得平衡，也是要深入思考的。

表 9-4 目标与价值前提的管理含意

管理含意	内容
利润与其他目标间的平衡	利润是营利组织的核心目标； 利润在不同衡量方法下有不同意义； 其他非利润的目标也不可忽视（多重目标相当于一组限制条件）； 多重目标的观念与整合适用于组织各阶层。
使命与文化	"柔性"管理不可或缺，但长期仍以"刚性"目标为主； 组织记忆是使命与义化能否发挥作用的先决条件； 组织文化可成为策略工具。
目标的落实与阴阳结合	目标与其他管理元素互相结合； 管理者应主动分享成果。
社会伦理为企业伦理的基础	强调领导人"自省能力"以及"去私"伦理的重要性； 企业伦理水平与当时社会伦理标准关系密切。

其他目标不可忽视—多重目标相当于——组限制条件

关心组织或为组织提供资源者，不只是出资股东而已。从内部员工到外界的服务对象与合作者、规则制定者，以及整体社会，各方对组织经营都有一些期望。身为整合的中心，组织必须设法满足各方期望，以获得各方对组织的继续投入。这些形成了利润以外的种种目标。

在创价流程的过程中，除了最后的产出以及各种资源的投入，各种阶段与层面也需要纳入组织应关注或追求的目标。

本章将组织目标分为"与资源获得及能力培养有关者""与内部行动及效率有关者""与资源分配有关者""与成果分配有关者"，即涵盖上述多元的目标体系。

由于目标项目庞杂，关心这些目标的人与机构亦为数众多，目标间往往又存在着互相牵制，甚至互相矛盾的关系，因此在实际运作上，任何一项目标，包括利润目标在内，都无法朝"最大化"的方向前进，因而形成各项目标间互相妥协的结果。简而言之，**这些目标共同形成"一组限制条件"，能满足各方提出的"最低要求标准"，即已十分不易。要如何在这些互相牵制、互相矛盾的目标组合中，找出可行方案，是管理者"整合"角色所在。**

多重目标的观念与整合适用于组织各阶层

以上分析似乎是以整体组织或组织机构领导人的观点思考，事实上，各级管理者也都面临着多重而冲突的目标。上级的要求、下级的激励、其他单位的协调、组织外部人士与机构的联系等，都表现出不同的目标方向。在满足上级以利润、成本、成长为主的目标时，过程中也需要考虑其他方面目标的平衡。

管理的"整合"工作，有相当高比重在于此。

⊙ 使命与文化

柔性管理层面不可或缺的从属地位

如果前述的各种目标在性质上属于"刚性"目标，则组织使命与组织文化即属于"柔性"目标。组织内外人员与机构的决策与行动，不仅受刚性目标影响，也受柔性目标或价值观念的影响。因此，设法经由组织使命，塑造出值得大家投入或合作的组织、建立组织文化以潜移默化成员的价值前提与行为，都是不可忽视的管理工作。

然而"刚性""柔性"两者，也有主从之分。组织长期生存当然以"刚性"目标为主。由于许多产业流程十分复杂，策略运用亦不便和盘托出，因此有不少对成功企业或领导人的报道，仅聚焦于组织使命与组织文化的柔性层面，使得某些读者对管理工作的"主从"形成倒置的印象。这是阅读这类报道时应稍加注意的。

简而言之，组织使命与组织文化不可或缺，但也只是管理工作的一部分，而且也未必是最核心的部分。

组织记忆是关键

使命与文化最重要的作用之一，是希望成员能从更长期的观点参与组织，或"接受"组织的整合，而不是凡事斤斤计较，在短期中即要求组织做出"公平"的成果分配或利益分配决策。

如果各方都能从长期观点思考，则可以达到互相协调、互相忍让，以利整体目标的达成。然而从对人性的了解可知，短期的妥协、配合乃至于牺牲，并非无条件的，而是希望在更长期中得到合理的回报。换言之，若大家都能从长期着眼，则可以减少协商的成本与时间，提高组织运作与整合的效率，以扩大日后可用以分配的资源。而分配成果也采用"长期累计"的做法，使各方在不同时间点的"取予"，在"结算"后能达到公平合理。

以上过程，成功的关键前提是"组织记忆"。组织在制度或文化上必须"记得"过去曾为组织做出贡献的人，并表现在尔后的成果分配上。若组织缺乏记忆，成员也知道组织缺乏记忆，则每个人在每次做出贡献或退让前，必然精打细算，提出条件。因为他们知道在该组织中，此时若不要求具体回报，所有的努力与奉献到头来都只是"白工"，或"为他人做嫁衣裳"而已。

组织记忆是使命与文化能否发挥作用的先决条件。

组织文化可以成为策略工具

从经营策略角度，组织使命与组织文化也可以作为策略工具。例如：组织如果为了生存发展，必须获得某些方面的资源，而为了得到对方认同，有时不得不调整本身的组织使命。

又例如，某一企业过去在技术与关键零组件方面，一向依赖美资企业，因此自身组织文化必须显现"美式"作风，包括沟通方式与领导风格。后来由于产业环境变化，主要的合作对象改为日资企业，此时组织文化也必须大幅调整为"日式"文化与作风，其目的在使策略联盟或合作双方能因文化近似而提升合作的效果。

改变文化的过程有时颇为"痛苦"，但为了策略上的生存，也不得不然。这也显示出"组织文化"在策略运用上的工具性质。

⊙落实目标与阴阳结合

目标与其他管理元素

目标必须与管理元素中的其他项目：决策、流程、资源的取得与分配、知能成长方向等相结合，才能落实目标中的理想与期望，此观念不待赘言。

组织内外各层级人员，都有其阴面与阳面的目标。试图整合各方的管理者，在本身的决策与行动上，必须从"如何结合各方个人目标与组织目标"的方向着眼思考。此观点在本章中已说明，在此仅是再度提醒。

主动分享成果

在管理行动上，要"结合阴阳"，必须掌握主动。换言之，成功的主管，应在对方提出要求前，提前发掘对方需要，主动提出足以激励对方的资源。若等整合的对象（例如员工）开口要求，即使成果能依期望分配给予，效果也必然大打折扣。

所谓"善体人意"，即是在员工、供应商、客户等整合对象提出"需求"，甚至感知到本身需求前，即体认其潜在需求，主动"分享成果"。这些"成果"的形式，可能是职位调动，可能是提名他角逐外界某个奖项，可能是参与某项训练计划，可能是分享某些重要信息，也可能是为顾客在产品上做出一些令其惊喜的改善。

及早感受或发掘整合对象的潜在需求，并在适当的时机予以满足，是整合工作的重点。

⊙社会伦理为企业伦理的基础

本章及本书其他章节中，皆曾强调领导人"自省能力"以及"去私"等伦理观念的重要。然而，企业伦理水平与当时的社会伦理标准关系密切。当整体社会对伦理不予重视，或缺乏记忆力时，企业伦理的水平势必难以提升。

如果社会极端健忘，只钦羡有钱有势者现有的地位与财富，而不在乎其过去获得这些财富的手段。这种"不问手段，只问结果"的社会价值观，是鼓励有权势者不顾伦理、甘冒风险，以获得不当名利的根本原因。这种社会价值观若无法铲除，再多的呼吁也是徒然。

"总体环境"中的政治领袖与世界领袖，其"整合"的功能之一即是，经由教育或示范，导正人类社会的价值观念，并强化社会集体的记忆。"君子之德风，小人之德草，草上之风必偃"，即是此意。

管理工作的自我检核

1. 请问贵组织中用以指导具体行动资源分配的组织目标为何？使命为何？组织目标与使命是否一致？你认为两者之间的差距是何种原因造成的？

2. 你对于贵组织成员的个人目标与价值观了解吗？你会如何利用组织目标的达成，间接达成组织成员的目标？

3. 你是否常常"自省"本身的价值观及目标？当你的个人目标或价值观与组织目标不一致时，你如何处理？

4. 贵组织是否存在"派系"？这些"派系"分别以谁为首（核心人物）？这些"派系"是否严重影响到组织目标的达成？你认为应如何改善这个情况？

5. 贵组织的组织文化为何？在什么样的情况下，你会着重于柔性管理？为什么？

第**10**章

环境认知与事实前提

决策者对环境的认知形成决策的事实前提。这些都会影响决策方向与质量。对环境的认知应包括管理矩阵中的各个栏位，而信息的深度、广度，以及信息的流通与验证也都影响了决策。

本章重要主题

事实前提的意义及环境认知的来源
环境认知的涵盖范围
事实前提的获得与验证
影响与操弄 / 管理上的含义

严格说来，我们周遭的世界，其实只存在于我们的认知中，而这些认知的内容影响了我们的决策与行动。本章前三节讨论环境认知的意义、范围，以及获得与验证事实前提的方法。第四节指出信息或环境认知对决策的影响。第五节则提出一些与环境认知、信息运用有关的管理建议。

事实前提的意义及环境认知的来源

在决策过程中，影响决策方向与决策质量的重要因素，除了决策者的价值选择或目标取向，以及对因果关系的逻辑思维之外，还有环境认知与事实前提。组织内外所有的事物，甚至包括自己在内，都属于决策者认知的范围。

⊙决策之事实前提

在任何决策过程中，除了前章所介绍的价值前提，另外一项重要依 据就是事实前提。在不同的事实前提下，即使目标相同，所运用的逻辑思维也相同，但决策的方向与结果可能大异其趣。**决策时的参考数据、上级界定的政策方向、本身能运用的资源究竟有多少、对未来经营环境的展望等，都属于决策时的事实前提。**

在第八章中已指出验证决策前提的重要性，本章中则更进一步说明"决策""备选方案""事实前提"与"前提验证"之间的关系。表10-2以简单的范例来说明这些观念之间的关联。在实务上，任何决策的"决策准则"都是多重的，因而有关的事实前提也必然十分复杂，同一方案各个前提的"正确程度"也未必一致。因此除了逻辑推理与客观的验证程序之外，决策时的主观研判还是必要的。

表 10-1 事实前提的意义及环境认知的来源

意义及来源	说明
决策之事实前提	决策的参考数据、上级界定的政策方向、所能运用的资源总量、对未来经营环境的展望等。
与决策有关的外部环境	政府政策、产业趋势、竞争者动向等。
与决策有关的内部环境	组织制度与文化、内部政策与例规、组织的权力结构、上级的授权程度、领导风格等。
对环境的主观认知	事实前提主要来自主观的环境认知； 每项环境认知的可验证程度不同； 互补信息与知能水平影响判断与解读； 环境认知能力与水平是竞争力来源。

表 10-2 验证事实前提—简单范例

决策	决策准则	备选方案	各方案之事实前提	前提之验证
任用人员	任用外文能力较强者	方案一：张三 方案二：李四	方案一：张三外文能力较强。 方案二：李四外文能力较强。	可以用口试、笔试，或查验在校成绩的方式来验证哪一个方案的前提比较正确，即选择哪一个方案。
产品上市	技术成熟可以量产时上市	方案一：今年 方案二：明年	方案一：今年六月以前可以研发成功。 方案二：今年六月以前无法研发成功。	以技术评估或进度追踪的方式来验证哪一个方案的前提比较正确，即选择哪一个方案。

⊙与决策有关的内外环境

组织外部的环境因素

存在于组织外，而可能影响决策的环境因素包括：产业趋势、竞争者动向、顾客需求变化、政治与经济情势、政府政策、社会脉动，法令规定，甚至世界资源、人口消长、科技发展方向等。若以管理矩阵观察，这些环境因素皆可重新编码为总体环境及任务环境的六大管理元素。

组织内部的环境因素

组织内部的环境因素包括：组织制度与文化、上级的授权程度与领导风格、内部政策与例规、组织的权力结构等。这些环境因素在管理矩阵中，也就是组织平台、高阶领导、各级管理、基层人员的六大管理元素。

其实，这些都只是举例说明而已。决策者周围一切存在的现象或事实，和决策与行动有关，或在决策与行动前必须参考者，皆可属于广义的内外环境。

环境认知影响决策方向与质量

对产业信息不熟悉，或初进入组织的新人，往往在决策时备感困难，决策结果亦不甚理想，主要原因并非其知能不足，而是对决策所需的内外环境信息，未能深入了解与掌握所致。**而许多决策在事后发现错误，原因也是由于决策时对有关的事实前提，认知上有所不足或有所偏差。**

⊙对环境的主观认知

认知的主观成分大

上述各项内外环境因素，当然有其客观的存在，但真正能影响决策方向的，却都是决策者"主观认知的环境"。简而言之，客观存在的环境因素未必能影响决策，主观的"环境认知"才能构成决策时真正的"事实前提"。因此，即使在同一产业环境中，不同的决策者，由于对各项因素的认知或诠释不同，所决定的方向也因而不同。

环境认知的可验证程度不同

有些认知是可以客观验证的，有些则否。前者如"某种材料究竟能承担多少重量""某品牌的市占率是多少""公司某项规定是什么"等，常出现于决策分析过程，虽然未必经过验证，但它们是可以被客观验证的。至于不能验证或难以验证的认知，包括"竞争者未来的动向""此技术研发在一年内成功的概率""老板的风险偏好""政府某政策的走向"等，虽然对相关决策具有关键影响，但至少在决策时却无从客观验证。

互补信息与知能水平影响判断与解读

对情势的判断或对事实认知的验证能力，各人高下不同。知识的深度与广度、过去的经验，以及信息来源的正确度，都影响了主观认知与客观真实的距离，而且价值观或目标等也会造成对环境信息的选择性认知。组织中许多制度与努力，其作用是试图使决策者对内外环境认知的"主观性"降低，而能以更客观或更接近真实的环境认知，作为决策的事实前提。

环境认知能力与水平是竞争力来源

能客观而正确地认知环境，也是竞争优势来源。例如：企业若能掌握消费者偏好，则更有可能及早推出具有市场潜力的产品；若能掌握世界科技走向，本身研发的重点即可更为正确。有些企业家过去的成功，主要原因是"眼光独到"。所谓眼光独到即是对环境变化的走向嗅觉敏锐，可以从极为有限的信息中感受到未来的机会，或生产要素的供需起伏。

环境认知的涵盖范围

⊙管理矩阵中的七十二栏

在管理矩阵每一层级的决策者，环境认知范围都可能包括六大层级的每一项管理元素。如果再加上阴面与阳面的区别，总共可能有七十二类与决策有关的环境认知，这些环境认知在某些决策过程会成为重要的事实前提。以下即以一位中级主管（管理矩阵中的第五级）的角度，分析认知范围。简言之，从"目1"到"资1"，从"目2"到"资2"，一直到从"目6"到"资6"，都经过这位中级主管的认知体系（"环5"），影响了他的决策与行动（"决5"）。决策者所认知的"世界"，固然是管理矩阵中的一栏（如"环5"），而整个管理矩阵却也正是"环境认知"的观念体系，使决策者得以有系统地理解其所面对的内外环境（从"目1"到"资6"）。这是管理矩阵应用的独特价值之一。

⊙对外部环境的认知—以中级主管观点为例

总体环境

中阶管理者（"5"）对总体环境（"1"）当然应有若干程度的了解。例如：世界或国家层次的文化价值观走向（"目1"）、世界与国家层次的政策与法规（"决1"）、各产业的结构与变化（"流1"）、知识与科技的存量与流量（"能1"）、各种资源的存量与运用情形（"资1"），以及法治环境、政治氛围、国际关系、国际组织等等，虽然不可能有人能全盘了解整个世界，但任何一位管理者对这些都会有某些认知，这些认知的正确程度各人不同，但多少都会影响到他的决策方向。

任务环境

在任务环境方面也相同。顾客、供应商、投资者，以及其他同一产业中的上下游机构、竞争者、周边组织等的"目标与价值前提""环境认知与事实前提"，一直到"有形与无形资源"，都属于他的环境认知范围，也都经由"环5"的认知机制，影响到当事人的决策。

在此再度强调，**总体环境与任务环境在管理矩阵中大部分是抽象的机构，然而事实上每个机构（无论是政府单位或是供应商、竞争者）都是由所辖各级单位及人员所组成。因此，在分析经销商或往来银行时，理论上，分析与了解的对象还必须包括各相关机构的领导人、各级管理者，甚至承办人。**

⊙对组织、上级、平行单位与部属的认知

组织平台

对任何层级的管理者而言，其组织（"3"）的使命、目标、文化价值、现行政策与流程对当前决策的规范与限制、组织所拥有的知能与资源条件等，当然都应在认知范围内。

上级及其他

管理者对其上级（及上上级）、平行单位的目标、任务、决策权责范围、知能、外界关系等，应尽量有完整而正确的认知与了解。

所领导的部门部属（"6"），有哪些想法、有哪些期望（"目6"）、能力（"能6"）等，当然也是与某些决策有关的环境认知范围。

对这些了解得愈深入、愈正确，本身决策的质量也必然愈高。

⊙对本身的认知以及对认知的认知

管理矩阵的这些"栏位"中，比较需要进一步解释或强调的是"对本身的认知"与"对认知的认知"。

对本身的认知

"知己"是重要而容易疏忽的认知标的。自己有哪些人生目标、上级赋予哪些任务目标、自己决策的权责范围何在、自己能力与知识的优缺点为何、自己掌握哪些有形无形的资源等，不仅应有所了解，也必须经常反省检讨。管理矩阵的架构将属于自己的种种管理元素，也视为一种"环境"或认知对象。因为，它们的存在以及决策者本身对它的认知，都会影响到决策结果。

深入地了解自己，是一件极不容易的事。这无论对管理者，或对任何一个人来说，都是如此。

对认知的认知

这是指管理矩阵上"'环5'对'环4'的认知"，或"'环5'对'环6'的认知"。也就是"当事人认为长官对这世界的认知是什么""当事人认为各级同仁对这世界的认知是什么"，以及"当事人认为政府主管机关对这世界的认知是什么"等。换言之，别人对环境的认知，也是我们所认知环境的标的之一。对别人认知的认知，也是"知彼"的一环，当然会影响本身决策的方向与质量。"知己""知彼"，决策质量才会改善。

⊙阴阳两面的认知

六大管理元素的阴面

本书第四章提出阴面与阳面的说法，此一观念应用在"环境认知"中表示，**决策者不仅应了解各个对象阳面的目标、决策、流程等，也应将其阴面的目标、决策、流程纳入认知范围。**

从显性的行为或现象推测隐性的内涵

所谓"听其言，观其行"即表示，公开宣称的组织目标、个人努力方向、流程设计等，只是影响决策与行动的部分因素，我们必须从对方的具体决策与行动中，推测其管理元素的各种"阴面"或实质成分。例如：某人公私分明到什么程度、组织在升迁人员时对忠诚与贡献的相对重视程度、管理程序可以弹性调整的上限何在等，这些都不会以口头明说，更不可能见诸书面，但却可从过去的决策过程进行推测与掌握。

管理矩阵中所称的"七十二栏"，即表示对每件事（栏位）的了解，都应包括"阴"与"阳"两个部分。

事实前提的获得与验证

"对环境的认知"将成为影响决策方向的"事实前提"，因此对这些认知或相关信息的搜集、获得与验证十分重要。

⊙信息系统

此处所谓信息系统并非仅指狭义的计算机信息系统，而是**包括组织对内外环境信息的搜集与分析的正式机制。**

表 10-3　事实前提与决策信息的来源

信息来源	说明
信息系统	搜集外界信息的正式机制：如营销研究；搜集内部信息的正式机制：如组织内部控制、绩效反馈与评估、成本与财务分析等。
其他信息来源	亲临现场；消息网络。
全员皆为商情员	全员分担搜集信息的工作；书面纪录是基本动作。

搜集外界信息的正式机制

在外界环境认知方面，最为人熟知，也最常见的管道或工具是营销研究与市场调查。这些是运用科学方法了解市场需求、消费行为、竞争动向等环境信息的做法。较有规模的企业，也设有专门单位**针对国内外产业趋势、政府政策、科技发展等进行侦测与分析。**

搜集内部信息的正式机制

财务报表、成本与财务分析、组织的内部控制、绩效反馈与评估等，目的也在协助管理当局了解情势，使其对内外环境产生更深入、更确实的认知。近年日渐普及的管理信息系统（MIS）、顾客关系管理（CRM）、企业资源规划（ERP）等，基本作用也无非是配合决策需要，提供及时的信息，以强化内外环境认知，使决策时能掌握更具时效、更正确的事实前提。

在绩效管理与内部控制方面，如果被管控的对象本身目标十分明确、流程相当独立，且成果不受其他人的干扰，则只需掌握其最终目标的达成程度即可。否则就必须针对其决策及执行过程，掌握较为动态的信息。对这些信息的认知，可以协助管理当局及时要求当事人修正行动方向。

针对组织内部成员的**士气调查、组织气候调查、员工满意度调查**等，则是系统化了解内部人员与组织现况的管道。这些调查结果可以作为组织变革或制度设计的参考。

⊙其他信息来源

正式信息系统极有价值，但其所能提供者绝大多数为抽象的数据，与实况难免存有差距；而正式研究或信息系统的设计逻辑，与决策者的思考方式也未必全然相符。因此，其他更直接的信息来源也不宜忽视。

亲临现场

主管偶尔到现场察访，除了可以对基层人员产生激励与警惕作用，在察访过程中，有时也会听到、看到一些正式系统无法提供的重要信息。尤其，中高阶主管在能力与知识，以及经验方面，必有独到之处，亲临现场观察各项流程运作，可能产生更多的体会与感受。

消息网络

机构领导人或一般高阶主管，由于在组织内外网络关系复杂，凭其地位又能直接接触到任务环境或总体环境中的重要人物，加上双方私人情谊的助力，因此多半"消息灵通"，这些当然也会成为决策信息的重要来源。

古时有些皇帝为了能掌握基层民情，了解各级官员的勤惰操守，往往在正式管道之外，另行"布建"耳目。现代大企业中，这些"小道消息网"应运用到什么程度，会不会因过于依赖耳目而危及正式组织的运作，则是见仁见智。

⊙全员皆为商情员

全员分担搜集信息的工作

大型组织，尤其是大型跨国组织中，各级人员每天都会接触到不少外界人士，并从这些互动中很自然地获得一些有价值的一手信息。这些分散在各人印象中的片段消息，未必对个人有实际作用，而且不久后即会淡忘。有些日本商社很早就了解信息累积与整合后所产生的潜在价值，因此要求全员每日将各种见闻以书面纪录回传后送。总部有专人将这些来自各方庞杂而片段的资料，加以分类整理研判，因此往往能掌握甚至预测各产业的全面动态。**此一以资讯为基础的竞争优势，即是建立在此种商情搜集制度上。**而且，为了提升书面记录效率，各商社甚至发展出本身专用的速记符号，这也可算是一种"编码系统"。

书面纪录是基本动作

有些组织连重要会议或出国参访都未留有书面记录，或在会议记录中只记录简单的结论而未记录决策过程与各方意见，再加上"档案管理"不佳，常遗失重要文件。这些组织相较于全员皆为商情员的商社，信息的掌握程度当然有天壤之别。

⊙事实前提的验证与检讨

每人每天能获得的消息或信息为数众多，但是这些消息或信息未必正确，因此验证与检讨十分重要。

关键前提应经由多方查证

针对关键信息，进行多方查证，甚至进行正式研究或科学验证，当然有其必要。本书第八章所谈到的决策方式——先提出具体方案再找出前提、验证前提的程序，也可以**协助找出影响决策的关键前提或关键信息为何，并深入研究这些前提或信息。**

知识与信息处理能力有助于信息的验证与解读

第七章所提到的"知识与信息处理能力"（KIPA），则可以协助决策者，就有限的资料分析，研判各项信息的真实程度，并归纳出对环境实况更正确的认知。

在群体决策过程中，如果主持人能运用"从方案找出前提"的决策程序，并拥有适当水平的"KIPA"，再加上参与者对议题有良好的知能，则不难从各方不同的观点，整理出对决策选择具有关键性的事实前提。知道关键事实前提何在，后续的验证工作即可掌握重点，深入进行。

以上所提出的几项**搜集信息、认知环境的管道，彼此间是相辅相成且有累加效果的。而验证信息的科学方法与逻辑思维更能确保信息的正确度，**大幅提升决策结果的质量与决策过程的效率。

影 响 与 操 纵

运用环境认知以影响他人决策的事实前提，进而影响其决策与行动的方向，是管理上十分重要而普遍的做法。

⊙影响部属的环境认知

每位成员皆为决策者

组织的每位成员，无论是否担任管理职务，都有自行决策的空间。决策范围除了与任务内容有关的"阳面"决策，也包括是否继续留在本组织、是否全心投入、是否真心听命于上级指挥等"阴面"决策在内。

环境认知是决策的事实前提

不论是哪种决策，决策方向都会受到事实前提的影响。组织内各式各样的规定、训练、倡导，主要目的都在影响或塑造成员的环境认知与事实前提，而组织内所看到的种种现象、高阶主管的言论、作为、决策风格等，也会不断经由诠释，日积月累地形成成员的认知内涵。

借由认知的塑造影响决策方向

组织高阶层，或各级管理人员，**希望属下成员采取怎样的行动，就应设法让他们有怎样的环境认知**。当成员拥有的环境认知，以及决策所需的事实前提与高阶期望相近时，授权或分权才有可能。

简而言之，如果成员的事实前提以及前章所介绍的价值前提，能合于高阶的理想，则实施授权与分权时，决策与行动的结果，也不会与高阶的预期方向相去太远，策略或任务的落实执行，成功概率也大为提高。

⊙影响任务环境与总体环境中成员的认知

广告、文宣、公关、游说

广告的基本作用即是希望透过媒体，创造顾客对企业或产品的正面形象，这就是刻意对任务环境中"顾客"的认知做出影响。

其他各种文宣、公关、游说等活动，目的也在试图影响任务环境与总体环境的上下游同业、社区、政府机关等对本组织的认知，并进而希望他们未来能做有利于本组织的决策。

社交活动中的沟通

更进一步观察，许多社交活动的沟通内容，一部分是搜集信息（强化本身对环境的认知），一部分即是努力影响其他人的认知。当认知内容累积到某一程度，不仅会影响决策的方向，甚至也会影响决策者基本的价值取向。

⊙信息流通与透明化程度的取决

组织上下，除了希望有组织文化之类的工具以整合大家的价值观念，共同的环境认知也十分重要。因此理论上应鼓励上下之间、部门之间，大家将本身拥有的**信息尽量与其他同仁分享，以改善内部沟通与决策的效率，提高分层负责的可行性。然而，保护业务机密的考量、各级管理人员权力基础的维持等各种因素，都会限制组织中资讯流通与透明化的程度。**

机构领导阶层如果认为部门间或上下级之间，信息的充分流通有助于组织目标的达成，则应设计制度，鼓励或要求大家配合组织需要，进行必要的信息分享。简而言之，这也是需要运用"管理流程"来推动的。

⊙操纵与欺瞒

以错误信息影响他人的认知

所谓"影响其他人对内外环境的认知"，若做得过分或别有用心，则可能出现操纵与欺瞒的行为。例如：过度包装美化、选择性报道，甚至提供不实讯息等，其用意无非是希望依自己的意思，改变对方的环境认知，并进而影响其决策的方向与结果。

这些信息的操纵，可能表现在组织内非正式消息网中的"谣言"，可能是不实广告，也可能表现在政治人物对媒体的操控。竞争策略的运用中，也有人试图放出风声或足以造成其他人错误解读的讯息，以诱使竞争者采取错误或有利于我方的策略方向。

"三十六计"的信息操纵

古代所谓"三十六计"，如"声东击西""围魏救赵""暗度陈仓""调虎离山""欲擒故纵""金蝉脱壳""偷梁换柱"等，无非是利用信息的操纵与欺瞒，以误导敌方决策。这些就是本章所说的："影响对方的环境认知，改变其决策时的事实前提，因而做出有利我方的决策。"

伦理问题与信用维护

信息的操纵、欺瞒、选择性报道等，当然都有程度上的伦理问题，运用时不可不慎思。提供不正确的信息，误导他人认知或决策，固然可以获利于一时，但若运用频率太高，长期难免破坏本身的信用及形象。因此，操纵与欺瞒是不宜轻易采取的行动。自古以来，即有人不断提醒，"信用"或他人的信任，是交易与合作的基础。当一个人所提供信息的可信度常受到质疑，无论在组织内外，都无法扮演好"整合者"的角色。

防人之心不可无，前文所谈的信息验证方法以及信息验证的能力，是避免本身因被操纵欺瞒而蒙受损失的不二法门。

管理上的含义

各级决策者是否能充分掌握决策所需的信息，是影响决策质量的重要因素。所谓**"上情下达，下情上达"**是最基本的管理要求，内外情势的掌控，也是机构领导人必须投入心力的工作。这些方面的成效，对组织规模的成长也有深远影响。因为，若高阶层无法掌控内外情势与信息，基层又缺乏正确而完整的"事实前提"时，组织便难以及时采取正确的行动，顺利运作，也就到达组织规模的上限。每个组织由于这方面能力不同，规模上限自然也不同。

除此之外，本章所提到的环境认知与事实前提的观念，对管理有以下几项含义。

⊙与管理者个人有关者

这里又可以分为态度、行为及知能三个部分。

在态度方面

在态度方面，**"察纳雅言"**当然是一项重点。愈有权力的人愈应态度谦和，才能听到真话，而且要发自内心地尊重他人，才能有开放的心态吸收可能与自己原先意见对立的各种想法。如果对自己所不认同的意见，心存抗拒，甚至形之于色，自然会断绝"言路"，而且导致部属只愿意选择报道长官喜欢听的消息。久而久之，高阶决策所能掌握的内外环境认知难免偏颇。此外，配合本身价值偏好，选择性吸收与自己想法接近的意见与信息，对"逆耳"的话，听而不闻，也是人之通病。居高位者不可不防。

表 10-4　"环境认知与事实前提"观念的管理含义

管理含义	说明
管理者个人	察纳雅言、广开言路； 针对部属与上级的决策需要，分享信息； 强化本身知识与信息的处理能力（KIPA）。
制度的建立与运用	分权程度取决于，哪个层级对该决策所需的事实前提最了解，或最能及时掌握； 授权必须影响或提供相关决策前提； 系统化的"越级面谈"； 组织的编码系统有助内部沟通； 书面化与制度化有助记录及分析； 信息保防； 运用正式研究以验证关键前提。
中阶管理者承上启下的功能	诠释与整合信息； 慎防个人观点造成信息传达的扭曲。
动态时代的环境认知	应经常反省经验是否过时； 检讨组织平台中各项管理元素的事实前提。
信息及对内外环境认知的 边际成本与效益	信息有成本，因此未必多多益善； 对阴面信息的掌握更应有所节制。

此外，主持会议或听取部属意见时，应尽量克制，**勿将本身对某些意见的好恶表现于神情态度**，以免部属为了揣摩上意，而扭曲对信息的报道。简而言之，若欲对信息有更完整客观的了解，就不宜因本身的态度而局限了不同观点信息的传达。

在行为与做法方面

在行为或做法上，应注意信息的分享。有许多未见诸文字的外部信息，极具关键性与时效性，主要是经由人际互动而流通。高阶人员往往可以运用社会地位与网络关系，获得中阶主管无从得知的信息，而这些信息又极有可能是中阶主管决策时的关键前提。因此，在会议或群体决策过程中，设法将这些信息或环境认知分享予各相关主管，是高阶十分重要的任务。有了充分的信息，才能进行授权，各级主管也才有机会发展管理能力。有不少高阶管理人，平日大叹部属决策能力不足，无法放心授权，不得不事必躬亲，甚至出现上忙下闲的现象。解决此一问题，应从"目标与价值前提"的灌输与要求、知能培训，以及"环境认知与事实前提"的分享着手，而最后一项是最常被忽视的。此外，重要信息不宜只听一面之词，必须多方验证，这也是众所周知，但在实务上却经常未能切实做到的重要事项。

"信息分享"不只是由上而下的单向流动，当事人**对上级所需的信息，若能见机搜集，适时提供，也是十分重要的做法。**因此，各级人员应设法从上级思考与决策的角度，体认长官此时正在思考什么决策、需要哪些信息，而本身在工作或对外接触中是否可以获得这些信息。在适当时机提供重要可靠的信息，也是身为部属不可忽略的任务。

在知能方面

知能方面，应培养并运用"知识与信息的处理能力"（KIPA），从有限信息中进行分析验证。而当接收到一项讯息时，也应不断思考，此一信息对哪些职权范围内的决策有何含义？如此方可利用"知能""环境认知""决策"三者间的互动关系，不断强化决策者对三者的运用与掌握能力。

社会现有的知识体系（例如各种社会科学学问），以及各种知识领域的推理过程，对建立思想架构、强化思辨方法，都帮助极大。拥有这些思想架构与思辨方法，即可将各种零碎的信息与意见，有条理地分类"归档"，与个人原有的互补知识相结合，不仅可以对信息产生新意义，应用时也更能针对当前问题，快速从脑中资料库搜寻摘取相关信息。因此，**读书或求知过程中，若能尝试建立自己的观念架构，对思考、决策，以及后续的学习，都是极有助益的。**本书介绍的"管理矩阵"，即是一个简明有效的观念架构。

⊙与制度的建立与运用有关者

与制度有关者又可分为授权与分权、编码系统与书面化、信息保防，以及正式研究的运用等。

分权程度的取决

组织的授权与分权程度，应视组织中哪个层级对该决策所需的"事实前提"最了解或最能及时掌握。一般而言，在稳定的经营环境中，高阶层对全面情况最为了解，因此许多决策由中央决定即可；然而，当经营环境变化迅速，不确定性高时，接近现场的中基层人员，有时反而更能掌握最新状况，并及时予以回应。简言之，谁对决策所需要的"环境认知"愈能充分掌握，谁就应有更多的决策权。**分析每项决策可能需要的事实前提，以及谁最能及时掌握这些事实前提，这是决定分权程度的第一步。**

授权必须涵盖决策前提

高阶无法事必躬亲，因而对某些工作或决策必须授权。授权并不意味着高阶可以完全不管，而是设法适度影响这些将被授权者的"价值前提"，并提供其所应知道的"事实前提"（包括组织现有的政策与目标要求），然后希望他们在这些前提下，加上本身由于接近问题发生地点而能掌握的事实前提，做出及时、正确而又合乎上级意向的决策。

换言之，"授权"不只是授予决策权力而已，与决策相关的"事实前提""关键信息"等，也必须一并授予。从另一个角度看来，事实前提与关键信息也是"权力基础"的一环，因此，告知这些信息也是"授予权力"的方式。反过来说，**如果授予决策权而不提供关键信息，对授权对象以及组织绩效都可能造成严重的负面后果。**

系统化的"越级面谈"

下情不能上达，是大型组织中常见的问题。为了避免组织层级阻碍上级了解"下下级"的情况与意见，可以尝试以**系统化的定期"越级面谈"方式**，在不影响正式职权的前提下，让指挥链中未直接统属的人员有直接向上沟通的机会。例如：总经理越过副总，与副总辖下的经理进行一对一的面谈；副总则越过经理，与经理辖下的副理或组长进行一对一的面谈等。由于是正式定期举办，次数亦不频繁，效果远优于"门户开放政策"，负面作用也比较不易出现。

组织的编码系统

所谓编码系统是指，**组织中对各种观念或事物的用词用语，应有某种共识**。有了共识，组织内部在沟通时即不容易出现误会，沟通或信息传递的效率也会因而提高。第七章所谈的"组织共同的 KIPA"，当然也会对信息流通与验证大有帮助。

书面化与制度化

书面化是制度化的第一步。决策时的推理过程、所参考的数据及来源，以及评估各方案时，对各种事实前提的假设与推论等，如果能有书面纪录，对事实前提或信息的运用必然更为精确。事后也可进行回顾，以提升组织或各个决策者在验证前提、以及由事实前提推论至具体决策方案的能力。比书面化更进一步的是档案化，或运用计算机系统将相关信息，包括上述"人人担任商情员"所搜集到的情报整理归档，如此也可以有效增进组织整体对环境认知的记忆广度与深度。

信息保防

信息保防工作，其重要性自不待言。如果竞争对手，甚至策略伙伴，拥有"人人担任商情员"的习惯与能力，则本组织在此一方面更应注意。

正式研究的运用

在此值得一提的是为验证事实前提所进行的**正式研究**。许多组织不常运用研究协助决策，其原因未必是费用问题，而是**决策思维缺乏"列出具体方案，找出各方案的关键前提，再加以验证"的习惯或能力，因而不知如何找出具关键影响力，但有待验证的重要事实前提**。另一方面，虽然有许多机构（例如政府机关）经常从事许多研究调查，资料与数据极为丰富，但未必与特定决策有所联结，导致一旦面对特定政策时，往往找不到合适的资料来支持。这些都是未能运用由"方案的前提"到"事实前提的验证"思维方法的结果。

⊙中阶管理者承上启下的功能

数十年前曾有学者预测，当计算机信息系统发达以后，中阶管理人员的角色将大幅缩减，所余者仅为员工士气管理的工作而已。事实上，信息系统普及的确会影响各级人员的角色，但在"信息"这部分，当经营环境变化无常且因素复杂时，中级管理者在信息方面承上启下的功能却有增无减，而且此一功能是否有效发挥，也影响了组织整体的绩效。

信息的诠释与整合

高阶领导人日理万机，未必能亲自了解基层的细节与意见，而基层人员对某些议题或许十分深入，但其认知范围通常十分狭窄而片面，因此"下情上达"与"上情下达"的工作势必依赖中级主管，**为上下双方"诠释"彼此对环境的认知，或作为双方沟通的桥梁。能干的中阶管理人还可以更进一步"整合"上下的信息与意见，提出更有创意且为上下双方皆能接受的方案。**

除非计算机系统可以将组织可能产生的所有信息，以及所有可能需要的信息，都经由系统分析而完整"编码"及联结，否则信息或各种对环境的认知，还是需要人类智慧与判断加以诠释与整合。

慎防个人观点造成信息传达的扭曲

中阶管理者要能发挥承上启下的功能，除了在态度、行为、知能上应尽量合乎前述要求外，也应**注意防范其"阴面"目标在此一过程中产生负面的作用。**实务上，中阶管理者为了自身考量而扭曲信息的传递，"欺上瞒下"以获得自己的利益，或"挟信息以自重"，也是时有所闻的。

⊙动态时代中的环境认知

决策依据认知，然而在快速变动的时代，许多现有的"认知"却是不合时宜的。以过时的认知为基础的决策，当然会有问题。

应经常反省经验是否过时

年长者的"经验"，其中有极大部分是基于对过去环境所产生的认知。这些固然提供了许多有用的事实前提，但也可能因为时代改变，已不合乎现状。这也是决策者必须经常反省检讨的。

检讨组织平台中各项管理元素的事实前提

管理矩阵中的"组织平台的决策""组织平台的流程"等，是过去决策的"存量"，它们会影响当前组织运作方式。然而，这些"决3""流3"却是依据过去的环境认知（"环3"）而来。当时所认知的内外环境，与当前环境必然存有差距，无怪乎任何组织都会感到现有的政策、流程不合时宜。不合时宜的原因，并非当年制定政策或流程的人员有所疏失，而是时过境迁，现在所认知的环境与当时已大不相同。**配合环境（或环境认知）的改变，不断修改政策法规与流程，似乎是现代组织难以逃避的宿命。**

⊙信息及对内外环境认知的边际成本与效益

信息有成本，未必多多益善

本章前述内容指出，管理当局可以运用各种方法，增进对内外环境的认知以及对信息的掌握，这似乎意味着管理者所掌握的信息应该多多益善。但事实上，搜集信息、累积信息这些工作本身，所需投入的有形与无形成本十分高昂。管理矩阵的"三十六栏"或"七十二栏"，是在极端理性下所有可能的环境认知项目，实际上不太可能全面掌握。因此，如何选择重点，也是管理课题。

对阴面信息的掌握更应有所节制

有时候，"知道太多"反而有害无益。尤其，"阴面"事项固然无所不在，而且也会影响各方决策，但其内涵错综复杂，甚至晦涩不明，知道得太多，不但可能使决策顾忌过多，更可能本末倒置，反而忽略阳面事项。**在许多产业或组织中，领导人物仅深入掌握几项关键信息，专心致志于满足顾客需求的流程，或努力完成本身任务，内外风风雨雨皆不入心中，也颇合"简单就是福"的道理。**

管理工作的自我检核

1. 就贵组织的重大决策，有哪些影响因素来自组织外部的环境因素？有哪些影响因素来自组织内部的环境因素？

2. 承接上题，这些环境影响因素，有哪些可以客观验证，而哪些则具有高度的主观认知？针对后者，决策者又是如何处理？

3. 如果你担任中阶主管，在进行决策时，你是否充分了解你本身对内外环境的认知？你是否能掌握你的上级主管或下属对内外环境的认知？

4. 贵组织都是采取什么方式搜集组织外部信息？以什么方式搜集组织内部信息？又如何验证这些信息的正确性？

5. 请问贵组织是否运用规定、训练或是倡导等相关做法，影响和塑造成员的环境认知和事实前提？而你自己如何借由你的言论、作为或是决策风格，形成贵组织的认知内涵？

6. 贵组织的部门间或上下级之间的信息是否充分流通？应运用何种机制鼓励或要求大家配合组织的需要，分享信息？

7. 请反思自己在听取他人意见时，是否发自内心尊重他人提供的信息与意见？是否对与自己不同的意见心存抗拒，甚至形之于色？

8. 贵组织的授权程度为何？除了权力，高阶管理者对于决策相关的"事实前提"和"关键信息"是否也一并授予？

9. 贵组织是否时常依据环境的变动，而检讨当前的组织运作方式，以及现有的政策？

第**11**章

整合

　　整合为本书最核心的观念。所谓"整合"即是在内外各方的多重目标、多种限制条件下，运用各方资源与信息，为需要合作的各方解决问题，并提出各方皆可接受的方案，使各方依此方案采取行动，并获致多赢的结果。

本章重要主题

整合的基本观念

整合的基本程序

创造价值与维持整合关系

整合对象

整合标的

整合机制

整合的能力与原则

整合的基本观念

⊙整合观念的回顾

管理工作的核心是整合

本书第一章即指出，"管理"的定义是"管理者经由决策或决策机制，整合各方面的资源、目标、信息、知能、流程、决策，以完成组织所赋予的任务，或创造组织的使命"。其中，"整合"是指"发掘、结合，且有创意地运用这些来自各方的资源、信息、知能，并使各方的决策与流程能与我方目标配合"。简言之，即是整合各方的目标与资源，以共同创造价值。随着本书中各种论述的铺陈，本书对"管理"与"整合"的解读，也渐形丰富及深入。

整合的标的与对象

从第二章的分析中可以得知，上述这些整合标的——资源、目标、信息、知能、流程、决策等，即是指管理中的六大元素，其中"信息"相当于"对环境的认知"，用途是作为决策过程的"事实前提"。"各方"即是从总体环境到基层成员等各个层级中，拥有目标、资源等六大元素的个人与机构。而"整合各方"即代表各方是经由相当自愿的合作与交易过程，进行这些资源与信息等的结合，而在目标上的妥协，以及成果分配的过程中，当然也是整合所不可缺少的部分。

⊙策略与管理皆可用整合观点诠释

策略

策略代表经营形貌的取决与变化，也代表组织为求长期生存发展所制定的一组重要决策。而策略决策所追求的，不仅是长期获利，更圆满的**理想境界是：**

本组织的创价流程令服务对象（相当于顾客）十分满意，因而愿意对本组织提供资源的回报；经由合理的利益分配过程，组织内成员以及任务环境中的合作者，也都感到满意，而乐于继续提供他们的资源与知能，并在相关决策及创价流程上继续配合。当然，组织行动也都能配合相关规则制定者的期望。

用通俗的说法，即是顾客、员工、投资者、供应商、经销商，乃至于政府单位都感到满意，并愿意提供他们应提供的贡献，使组织营运（创价流程）可以继续顺利运作。相信此境界应是绝大多数经营者所追求的。

能达到此境界，企业自然能长期获利。非营利组织虽无利润指标，也同样可以并且应该追求此境界。

这是从"整合"的观点思考、诠释策略的意义。

管理

规划的目的之一为整合分散于各单位或个人的决策与行动；组织设计是希望经由流程安排、权责划分、信息流通，以整合组织内各成员的目标、知能与行动；控制则强调如何经由整合机制，确保企业营运活动可以达到预期目标。

由于六大层级的六大管理元素（亦即管理矩阵的三十六栏或七十二栏）内涵复杂而多元，甚至变化无穷，不可能由机构领导人负责全部的"整合"工作，必须由各级人员分别负责。因此，中基层管理者的管理工作主要也是配合组织所赋予的任务要求，努力整合上下内外的各种管理元素，以顺利进行其所负责的创价流程。

这是从"整合"的观点思考、诠释组织内部管理工作的意义。

⊙整合作用在现代社会日益重要

"整合"在管理思想中的相对重要性与核心地位，与时俱进。社会开放、知识与思想多元、组织营运层面扩大，乃至于权力的解构，都使"整合"的重要性日益增加。"整合"出现在管理相关言论的频率不仅大幅提高，更成为管理者平日思考与行动的重心。

开放的社会

当前我们所处的是一个开放的社会，每个人都享有某种程度的选择自由，也能拥有自己的想法与人生价值。开放社会中的各种活动，例如：经济活动以及与产销等有关的决策，都分散到各个不同的组织或机构中进行。这样的社会中，每个组织各有其本身的目标和资源，但又无法独立存活，必须相互合作或交易。在个人层次也一样，每个人各有其目标、资源、知能等，而且也需要与其他人或组织合作或交易，包括加入组织，以达成自身的生存目的。然而，**个人与个人之间、个人与组织之间、组织与组织之间、组织内各单位之间的合作或交易都不是自动发生的，因此产生"整合"的需要，也因而有了管理者角色的出现。**

在实施中央计划经济的集权社会，或上级拥有绝对权威的组织中，虽然也有整合的必要，但是由于可以高度依赖指挥权与惩罚权，其中的管理课题完全不同。

知能的进步与普及

因为知识的进步与普及，以及知识工作者大量出现所造成的知识世纪，使"能力与知识"或"知能"方面的整合，也日趋重要。专业知识水平愈高的知识工作者，愈需要有人或机制将其专业知能与其他人的专业知能进行整合，这显然也是管理者整合角色的另一种表现。曾有学者指出，专业人员与管理者的关系，相当于运动明星或影视明星与其经纪人的关系。由于经纪人或管理者的存在与努力，才能协助专业人员或运动、影视明星专心致力于专业才能的发挥。在知识时代，管理者在整合各方专业知能方面的功能也因而更加凸显。

需要"整合"以达多赢

第二章中曾谈到："不论整合如何进行，都必须经由管理者的决策与行动才会真正发生作用。"此即指出管理工作在现代社会的必要性与重要性。

简而言之，由于个人与组织各有其独立的目标、资源与知能，因此每个人或每个单位、每个组织，基本上也都是独立的决策个体。然而，为了合作或交易，他们又必须采取共同的决策或行动。**各方的初衷未必一致，合作或交易难以自然顺利运行，因而需要有人负责整合工作。**就像第二章所描述的产品经理C君，他所面对的客户、研发单位、生产单位、供应商、高阶层等，各有其本身的目标、资源与知能等六大管理元素，因此各方面原先的决策或对备选方案的偏好都不一样，要他们放弃本位的想法来迁就其他人，极为困难。这些困难背后，还不只是意愿问题，可能也的确存在实质障碍。案例中 C 君的角色就是设法从各方面争取到一些资源，解决大家的问题，让各方最后都能同意接受 C 君所建议的方案，达到"多赢"的境界。

若需要合作的只有两三个人，共识比较容易达成。当关心或必须投入的人或单位为数众多时，整合就极为困难。**古往今来，所谓"成大事"者，都是有能力或机缘整合多方面资源、满足多方面目标的人。整合能力有多大，事业就可能有多大，道理即在于此。**

⊙ "整合"更深层的定义

从以上各章的分析，以及对整合观念的重新检视，可以进一步知道，"整合"的核心观念是"提出方案""解决问题"以及"多赢"。因此，"整合"也可以定义如下：

"整合即是在各方的多重目标、多种限制条件下，运用各方资源与信息，为需要合作的各方解决问题，并提出各方皆可接受的方案，使各方依此方案采取行动，并获致多赢的结果。"

例如：第二章案例中的创业家 B 君，在创业过程中所面对的投资者、技术专家、供应商等，初次面对此一创业计划以及各种利益分配的构想时，肯定不是"一拍即合"，而是各自从本身的角度提出意见与主张。而这些意见与主张，刚开始时也不可能出现高度共识。B 君或其中某些人士，最后一定提出了一个各方都能接受的方案，此一创业计划才能"成局"。

有效的管理者，平日工作中即是不断综合各方的目标、期望、信息，提出具有创意的方案，以整合各方的资源与行动。

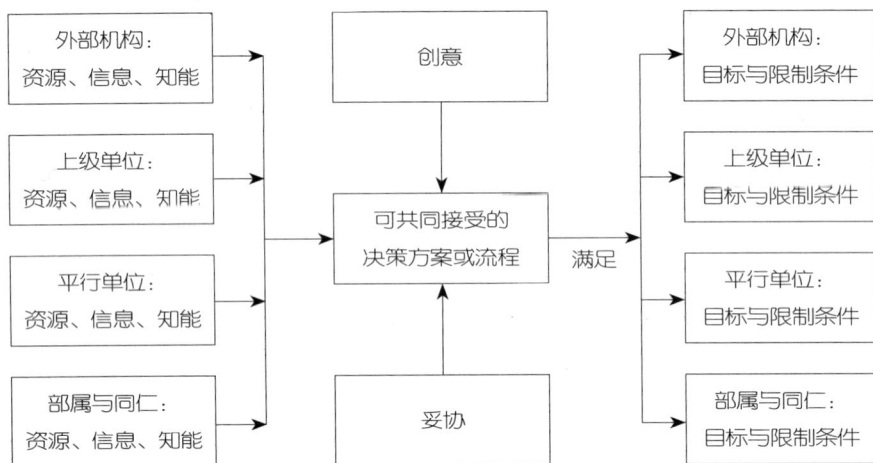

图 11-1　整合的意义

整合的基本程序

基于以上对整合的了解，可以发展出一较完整的整合程序，逐项分析介绍如下。当然，并非每回"整合"行动都必须历经以下所有步骤，而且此一过程亦非单向的线性发展，而是不断来回反复进行的动态过程。

⊙掌握对象

合作或交易的第一步是搜寻潜在的合作或交易对象，了解**他们在哪里？分别拥有哪些可能的资源、能力与信息？他们可能的目标与需求为何？**

为了简化文字，以下谈到"资源"时，可能已包括六大管理元素中其他项目如信息（对环境的认知）、知能等。

对组织内外环境的了解，以及拥有可以提供信息的人脉关系，皆有助此项工作的进行。对许多整合者（成功的企业家或能干的经理人），最大的优势之一即是针对任何议题，都能掌握或至少知道潜在的合作对象或资源的来源。这在组织对外整合，以及组织内部整合皆如此。

与整合对象有关者:	与创意有关者:		与关系管理有关者:
掌握对象； 评估各方的潜在价值； 网络定位与立场的选择与设计。	发掘与撮合各方定位与角色； 信息之验证与累积、综合； 设计整合方案，作为创价与共识的基础。	**与妥协有关者:** 调整各方目标与修正方案	承诺成果分配以及建立互信； 实际的创价与成果分配； 整合关系的后续管理。

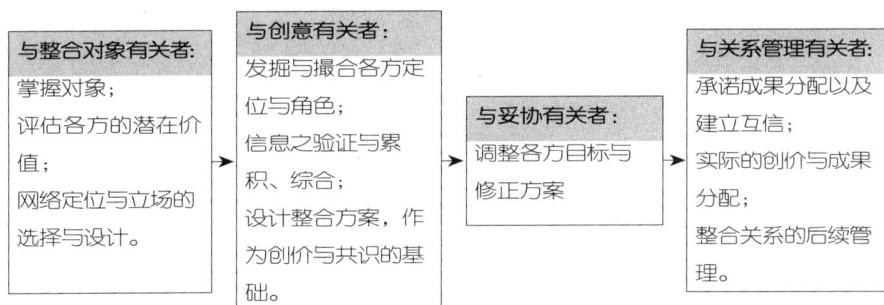

图11-2 整合的基本程序

⊙评估各方潜在价值——检视资源的重复或多余程度

各个合作对象间，资源最好能互补而不要过于重复。如果某方之所长，正好是对方之所缺，未来合作或整合成功的机会就能提高。此外，如果甲方希望乙方提供的资源，对乙方而言是多余且价值不高的资源；同时乙方所需于甲方者，甲方也认为多余而价值不高，整合将更容易成功。

例如：贸易商的基本生存方式即是掌握信息，然后协助在不同地区的不同对象彼此互通有无，这是最明显的整合动作。产品经理察觉某一零组件供应商在某一时段将有闲置产能，只要略经制程调整，即可满足客户突然出现的订单需求，这就是将对某方（供应商）没有价值的"产能"，转换成另一方（客户）高度在乎的生产服务。

此动作称为"各方潜在价值的评估"，目的在**互通有无，以达到潜在的双赢或多赢**。

⊙网络定位与立场的选择与设计

选择合作对象的基本原则

潜在合作对象在网络体系中**是否有竞争关系、彼此互相需要的迫切程度、此项合作对各方的重要性、各方与其他人的潜在合作机会，以及各方的相对谈判力等，都是整合过程中需要加以检视的。**

理想上，最好各方都十分重视此合作，合作成功对各方都有很大的好处，而且也都没有与其他对象进行类似合作的机会。有时整合对象也不宜选择条件太强的，因为资源条件强大者，固然有助于合作体系整体力量的提升，但他们在成果分配过程中所要求的也必然比较多。合作者太强，可能也会影响本身在组合中的主导地位。

网络定位的长期考量

合作体系中各方角色为互补关系，因此，如果合作者或整合对象在某些方面有独特的优势或能力，可能会抑制我方在此一方面的发展。反之，若各整合对象的某些能力不足，可能迫使我方努力发展这些能力，以补强"缺口"，长期而言反而成为我方优势。例如：有些代工厂由于国外品牌客户的物流功能不强，结果使代工厂不得不自行发展物流方面的业务，长久下来，不仅增加对方对该代工厂的依赖，也成为该代工厂的一项竞争优势来源。

整合者或被整合者的角色定位

从当事人的角度，固然是设法整合各方，但**参与此合作的各方，其实也同时拥有本身的"整合计划"。换言之，我们在试图整合别人的过程中，其实也在被别人所整合。**因此在进行整合时，不能只从自己的角度看问题，也应了解各方角度的整合想法。

能设身处地从各方角度来思考，不仅可以避免出现"一厢情愿"的想法与方案，也能经由此分析过程，选择真正可以长期互惠的伙伴，提出各方更能共同接受的方案，甚至可以确保本身在合作网络中的核心地位。

发掘与撮合各方的定位与角色

在整合之前，各方未必知道彼此有何可以互补之处，因此**通常需要整合者去"撮合"**，也就是设计各种做法，说服各方，让彼此的网络定位与整合计划，能朝互利互惠的方向发展。开始整合后，**又需要彼此"磨合"，**使合作的潜在利益可以充分实现。

简言之，实际上很少会出现理想的"天作之合"，"互利多赢"的境界是需要引导与创造的。这些都是管理者可以做出积极贡献的所在。

以下各步骤即在更具体地描述这些"撮合"与"磨合"的过程。

信息的验证、累积与综合

整合来自各方的信息

有些整合工作其实并未涉及实质资源，纯粹只是信息的整合，亦即整合者只是从各方吸收信息，再依据这些信息进行研判与决策。

由于各方所提供的信息未必正确完整，各种信息间还可能互相矛盾，因此**运用逻辑或更科学的方法验证这些信息，并使各种来源的信息产生互补效果，或对内外环境产生更明确的认知，也是整合工作很重要的一环。**

掌握并整合各方的环境认知

整合资源与目的时，过程中通常也需要整合各方的信息或对环境的认知。各方对事实认知不同，可能会降低合作意愿，也可能造成长期合作的障碍。而且整合者的信息愈完整，对环境认知愈正确，将来的"整合方案"就愈容易成功。因此，**各方信息的综合、验证与累积，十分重要。而各方主张的方案不同，如果是由于某些环境认知的差异所造成，则应理性地针对这些差异进行验证工作。**

整合方案设计——创价与共识的基础

具体的可行方案为起点

此为"整合"的核心动作。由于整合是"为需要合作的各方解决问题，并提出各方皆可接受的方案，使各方依此方案采取行动，以获致多赢"，因此当整合者完成前述各项步骤后，即应运用创意，结合各方想法，提出初步的整合方案，并以此方案作为未来共同创造价值以及获得各方共识的基础。

从具体方案开始对话与验证

所谓"初步方案"，表示此方案还可以配合各方期望进一步修正。方案构想或初步方案出现前，不可能产生共识，有了具体成型的方案，各方才有针对观点异同进行实质对话的可能性。而各种不同的方案，其观点差异如果是由于某些环境认知差异所造成的，也应理性地针对这些差异进行深入的验证工作。

整合未必是经由共同集会而形成共识，由整合者与各方分别进行协商，也是常见的整合方式。然而，无论是开会或分别协商，**能设法考虑各方目标与期望，并将各方的资源结合，对各方的信息进行验证，然后形成一个可供后续协商的具体方案，是整合工作重大的一步。**

避免空谈

有许多决策过程之所以议而不决，主要是因为无法（或无人）提出具体有效（可以创造多方价值）的初步方案。结果，发言虽然踊跃，其实都在陈述各方的理念、目标、信息等，虽然内容丰富、理想宏远，却未必有助于设计方案及形成共识。

⊙调整各方目标与修正方案

理性下的妥协

初步方案形成后，通常不可能立即获得共识。但是，有了初步方案，各方才能更明确地知道，在此合作方案中，彼此目标或利益的异同，或对事实认知的差异所在。然后，再经由互相妥协，各自退让一些目标或利益，或澄清大家对环境前提的认知，以提升共识程度。任何一项整合方案，修正到最后其实都是**各方妥协的结果**。最后的方案，必然是各方都坚守了一些本身原先的目标，也牺牲了一些目标或本身所追求的价值，但相信合作案的结果能弥补所牺牲的部分。

升高整合层级

如果有一方以上不肯退让，坚持不下去，则谓之"破局"。处理方式之一是可以请更高阶，或资源、能力更丰富者再来进行整合。

部门间协商若破局，即必须**敦请更高阶的长官来整合**。更高阶的长官可以改变各单位的目标函数，可以重新分配资源与利益，因此整合的力量与成功的可能性更大。然而组织中如果凡事都需要老板出面"摆平"，即显示各阶层管理者的整合功能与创意皆未能发挥，其工作充其量只做到传达意见，或"报告问题，请求支援"而已。

⊙承诺成果分配以及建立互信

合作方案的目的在于产生成果，而将来可能的成果分配，则是各方参与合作或愿意"被整合"的主要动机。

以互信确保未来成果分配的实现

合作成果的产生时点在未来，而资源或知能的提供时点却是现在。**为了确保未来能得到原先预期的利益与成果，整合者或相关机制必须能对各方的期望，提供可以信赖的承诺。**

例如：业务人员的奖金制度即是一种"承诺"的表现。企业希望业务人员投入努力，因而承诺在达成业绩后，给予若干奖励或奖金。在当前策略下，业务人员应做出怎样的努力，这些努力是否与公司的目标有关，达到这些业绩后，应从公司所得到的收益中分出多少作为奖金，这些都可以从"整合"与"成果分配"的角度思考，也都是整合工作的一部分。而对奖金发放的承诺，或令业务人员确信，只要做到某一水平的业绩，就可以得到怎样的报酬，则是"承诺"的问题。我们可以想象，如果公司常常言而无信，业绩做到了却不发奖金，则将来再好的整合方案（在此是奖金制度），员工也不会认真面对。

"信用"是整合者不可或缺的无形资源

组织内部的奖金与升迁、部门间协调合作的共识、组织间的创业投资、策略联盟等，若承诺经常未能实现，未来的合作或整合将非常困难。这是何以"信用"或创造维持各方对整合者的"信任感"是非常重要的。甚至可以说，"信用"或"被信任"是身为整合者不可或缺的无形资源。

⊙实际的创价与成果分配

整合过程并非在获得各方支持后即告结束。各方资源到位以后，应进行实际的"价值创造"工作，而且在执行"创价流程"时，通常未必能顺利无阻。因此，过程中的问题解决，以及更细部的整合工作，还必须持续进行。

创价活动顺利展开后，各方既已投入资源与贡献，即应就各方所创造的价

值，依原先约定，进行各方的成果分配。所有投入资源、愿意被整合的对象，最在乎者也在于此。

⊙整合关系的维持、深化、淡化与结束

有些合作关系是长期的，有些则不然。长期承诺有助于形成互信，但也可能失去选择的弹性。一般而言，属于同一组织下的各单位或个人，较不需有此考虑，因为组织本身即是一个整合平台，加入组织成为一员，即表示放弃了相当程度的移动弹性。

但是，组织之间的整合则存在移动弹性的抉择。因此，除了在合作过程中应创造互利共生的效果外，有时还有若干其他考量，例如：移动弹性的取决、关系应否扩大或深化，以及应否淡化或结束。

合作关系的长期维持与深化

创业的合作伙伴是否还要继续合作创造另一事业？策略联盟的关系是否应进一步深化？公事上往来的同事，是否应进一步培养私人情谊？这些都是关系深化与否的课题。

长期的整合或合作经验，使双方或各方在目标与价值观念上，以及彼此对环境的认知上日趋接近，而各方的网络资源也因互相交流而逐渐重叠。此一发展方向，有利有弊，好处是**相互更为了解、信任，未来合作将更为顺利**，但也可能因为与这些合作伙伴关系过深，而失去了**与其他人合作的机会**。此外，合作过一段时间后，由于彼此知能、信息与一些资源皆已"整合完毕"，或已"各达目的"，双方或各方似乎已无继续合作的必要，此时对合作关系应采取何种态度，也是整合者的决策之一。

合作关系的结束或淡化

当各方认为已经达成合作目的，或合作已无法创造新利益，或为了要寻找其他合作对象，却又担心网络关系的互斥性，则适时结束合作关系或淡化合作关系也是顺理成章。

当然，淡化后的关系仍然需要适当的维持，因为与这些对象之间，未来永远有可能合作的空间。

创造价值与维持整合关系

上述整合程序中，有几个值得重视的观念值得再进一步强调。第一是整合对象的内部尚有"有待整合的对象"，整合方案中应尽量考虑；第二是价值的创造；第三是合理的成果分配；第四是在执行面落实整合动作；第五是兴利与防弊的取舍。管理上的各项努力包括设法吸引人才与资金的投入、满足顾客、设计管理流程、平衡各方利益、畅通内外沟通管道等，皆与这些有关。

⊙整合方案应考量整合对象的"内部矛盾"

解决方案所整合的对象包括各单位或各组织内的成员

"整合对象"往往并非单一主体，而是由许多想法不同、目标各异的人所组成的。整合方案应考虑更广的对象。

表 11-1　整合程序中各步骤的说明

步骤	说明
掌握对象	潜在对象在哪里？分别拥有哪些可能的资源、能力与信息？他们可能的目标与需求为何？
评估各方潜在价值	最好能互补而不要过于重复。
网络定位与立场的选择与设计	基本原则：各方皆需要此一合作关系； 长期考量：合作"缺口"可能成为发展能力的契机； 对局观点：设身处地，了解对方的"整合计划"； 发掘与撮合各方的定位与角色：整合或合作的潜在利益需要说服与磨合。
信息的验证与累积、综合	整合各方信息； 掌握并整合各方的环境认知。
设计整合方案作为创价与共识的基础	以具体可行方案为起点，进行对话与验证； 不断修正以获得共识。
调整各方目标与修正方案	理性下的妥协； 由更高层级进行整合。
成果分配的承诺以及建立互信	以互信确保未来成果分配的实现。
实际的创价与成果分配	从流程中创造价值； 依约定分配成果。
整合关系的后续管理	维持与深化； 淡化或结束。

整合的对象各自有其目标，也各有其资源，然而也**有其本身内部的矛盾。例如：部门间的合作若遇到障碍，通常并不是部门负责人缺乏合作意愿，而是其部门的资源不足，或未形成内部共识**，或若投入力量于此合作项目，可能会妨碍到原有部门目标的达成，甚至可能是对于此合作该由谁付出辛苦，成果在内部如何分配等，部门内各相持不下。简而言之，这些部门本身无法解决这些内部问题，因此难以与外界互相配合。

因此，整合对象显然也应该包括各个有关单位内的各级成员，以及其上级单位在内。

跨部门与跨层级的动态整合过程

基于以上认识，许多整合工作并非仅出现在单一层级，或几个人沟通后即可定案。例如：几个部门间的整合，各部门所提出的初步方案，常是部门内几经协商的结果，因此已包括部门内各级人员的想法在内；部门间整合出更具体的方案后，若与原方案有出入，就不得不再送回各部门重新确认各方承诺，若内部异议过多，甚至必须再到部门间重新协商。

部门间行动的协调，需要在整合过程中统筹规划，部门内部认为执行有困难，也需要整合者提供协助。分散于各单位的信息与目标也必须不断往复地发掘与澄清。各部门知能的不足，应予强化，所提出的资源需求，也要有所回应。这其实是大型组织中，整合工作进行的实况。

此冗长而动态的过程，即是**试图在完整的"解决方案"下，分别为各个部门"解决"其各自在整合过程中可能遭遇的问题。**

⊙整合的结果必须导致价值的创造

整合各方后应有价值创造

合作的目的必然包括成果的分配。这些成果或利益包括有形的财货，以及无形的"信任""声誉""关系"等等。然而，**这些成果分配，必须以"创造价值"为前提。**纯粹的"交换"当然也可以形成整合或合作机制，但如果此一整合机制在长期未能创造更高的价值，只停留在"互通有无"的层次，合作关系通常难以持久，整合者所能分配到的剩余价值也必然十分有限。

以网络购物为例，如果其功能只是为买方提供信息，则其所创造的价值与一般平面广告相去不多。因此，必须要有进一步的顾客关系管理与分析、信用评鉴、收费与送货等更多的附加价值，才有生存的机会。成功的电子商务业者，经由努力使这些功能渐趋齐备后，即可利用潜在顾客的数量，使供货厂商有意愿提供信息、接受评鉴与选择。电子商务的特性是可以快速反映顾客的意见与消费行为，在了解顾客后便能更有效地选择供应商，进而提升产品与服务的质量，吸引更多的顾客。

"创造价值"与"吸引资源"的良性循环

由前例可以说明整合者从创造价值到吸引资源，并继续进行更大规模整合的过程。简而言之，**此"良性循环"就是利用不同整合对象所提供的有形或无形资源，不断地创造价值，再运用这些所创造出来的价值，去吸引更多更理想的整合对象**。

总而言之，整合后，必须借由创价流程，将各方所投入的资源有效结合，而产生"一加一大于二"的效果。

价值的创造不宜依赖少数对象

如果价值的创造是由整体（包括整合者及所有被整合者）共同协力完成，则较能确保组织或合作的长期稳定。反之，**若价值是由少数人所创造或提供，合作随时瓦解的可能性就会提高**。同理，组织间的整合或合作，若是完全以"人"为基础，则有可能出现"人亡政息"的结果。反之，如果大家是以组织或机构作为整合核心，则整合更能可长可久。例如：有些宗教组织或政治组织以某位领导人为核心，以整合各方的资源与目标，若无法渐渐转变为"以机构为核心"的整合，表示大家所认知的"价值"都是由领导人所创造，而非机构或组织所创造，这种组织的长期存续是堪忧的。

⊙合理的成果分配

整合对象竞相争取创价成果

任何组织都有创造价值的功能，企业更是为了创造价值而成立的组织。所

293

创造的价值，有些分给顾客，有些给员工，有些给供应商，有些给高阶经理人，当然也有些留下来成为利润以及上缴给政府的租税。由于能创造的"总价值"有限，各方应分配多少，就成了一个重要的决策。降低产品价格，有时固然可以增加销量甚至利润，但价格太低也会影响其他资源提供者或被整合对象的成果分配。同理，股东分多了，员工就分得少；基层员工分得多，高阶主管就分得少。有时分得少的，可能会因此怠于贡献，但有时分得多的，也可能深受激励，或感到取之有愧，因而创造出更多贡献。

组织内各单位间，当然也有成果分配的问题。有些单位"红"，有些单位"冷"；有人有功劳，有人只有苦劳；"当红"的单位获得较多资源，或业绩好的单位分到较多奖金，究竟是否合理可以再讨论，但这些都是所谓合作后成果分配的结果。**如果上级长期让某些单位或某些人觉得不公平，这些单位或人员可能会退出组织，或降低投入程度，**进而损害整体所创造的价值总量。果真如此，也代表"整合"失败。

依相对贡献与关键程度分配成果

整合者一方面要检视**各方的潜在贡献**，一方面也要分析**各方所提供资源的关键程度或稀少性**。如果所提供的资源并无相当的替代来源，在整合过程中又不可或缺，则在成果分配时当然应纳入考量。

各方贡献度与资源稀少程度，会因情势或各种因素的供需变化而不同。因此，在创造价值的同时，不断修正成果分配的原则，以确保关键资源的投入，也是整合者的重要工作。

⊙整合的落实执行

确保资源的承诺与运用

各方投入资源，创造价值后，再获得成果的分配，这是一个基本过程。然而此过程在大家约定后，未必会自动向前推进。因此，**如何确保各方遵守约定，依预期投入资源，如何确保这些资源都能有效运用在价值创造上，以及各方所获得的成果分配，是否皆依原先约定执行，**都需要由整合者或管理体系负责。这也应该算是整合工作的一部分。

监控、互利与互信

从此一角度看，监督员工是否准时上班、认真工作，进行质量管制以确保顾客可以得到预期质量水平的产品，要求供应商准时交货等，都可以视为"整合的落实执行"。因为"员工的投入""产品的质量""零组件的准时交货"等，都是组织在整合时，各方所承诺的付出，为使整体创价流程的产出不受影响，各方又感到公平，就必须在执行上确实做到原先整合计划的构想与约定。

此外，设法创造经由整合才能出现的价值，提高任何一方为图利自己而违约的成本，以及提高彼此的互信程度等具体作为，都可视为落实执行整合工作的一部分。

⊙兴利与防弊的取舍

经济学的"交易成本"观点，在面对合作或交易时，十分强调防范投机行为以及降低"交易成本"，这些都是值得注意的事项，也有一定的管理含义。

然而从管理的角度，重点却是合作机会的创造与掌握，以及后续的创价活动。换句话说，就是"兴利"应重于"防弊"，管理者应致力于发展具创意的整合方案，使合作所能创造的价值远大于各自独立运作，并提出可信的承诺，使各方不要过于计较短期利益，才能共创大业。前文所介绍的这些整合"程序"，就是为了达成这个目的。**随时寻找整合的机会，构思整合的方案，结合各方资源以共创价值，是成功管理者的工作核心。**防弊或"防人之心"当然不可无，契约保障与合作者的行为监控也极为重要，但却不应是管理工作的核心或重点。许多"管理措施"的基本出发点是"防弊"而非"兴利"，忙于维护短期蝇利而忽略了长期的创价机会，可能是一种舍本逐末的表现，或在根本上误解了"管理"的意义。

整 合 对 象

⊙整合的第一步：发掘、选择整合对象

整合程序中，第一步即是合作对象或交易对象的选择与掌握。

人人都是潜在的整合对象

从"人"的角度来看，所有与完成人生目标有关的人或机构，都是潜在的整合对象。若是缩小范围，从"管理者"的角度来看，则是所有与完成管理任务有关的人或机构，皆可视为潜在的整合对象，其中包括：组织内部上下及平行单位的人员、任务环境中的各种成员，以及总体环境"规则制定机构"中的相关人员。

简而言之，从机构或组织的立场看，任务环境中的顾客、经销商、供应商、投资者、媒体、大学研究机构等，以及内部员工、外部有关的规则制定机构（如相关的政府机关），都是潜在的整合对象。

发掘潜在整合对象是管理的重大创新

发掘过去未曾注意的潜在整合对象，往往是管理上重要的创新。例如：开发新客户群、找到新投资者、找到新技术来源、成立新策略联盟，都可视为整合对象的增加。有些企业负责人，发现员工眷属对公司的看法对员工向心力有极大的影响，于是设法争取他们对公司的好感，再透过这些眷属，影响员工对公司的投入与向心力，这也是一种整合对象上的创新。

除了纯粹科技的创新外，许多管理的创新，其实都与整合对象或整合标的的创新有关。

⊙选择整合对象

理论上，能整合的对象当然愈多愈好，不但能世界大同，整合者也可以从此"一统江湖"。然而实际上，整合个体数目增加后，不仅在成果分配上更难让各方满意，彼此角色间的相互竞争与矛盾也会渐渐浮现。任何超大型的联盟或组织，终会走向分裂，几乎是必然的宿命。因此面对为数众多的潜在整合对象，**应如何选择？如何搭配及组合？整合对象的特性、整合广度以及整合方式，应如何相互调适？**这些都成为管理的关键课题。

选择合作对象的标准

在选择整合对象时，最重要的考虑因素是各方知能、信息、资源等方面的

互补程度、各方目标兼容的程度，以及各方在决策上需要互相配合的程度。简而言之，还是可以从六大管理元素来思考。

例如：从整合的观点来看"目标市场的区隔与选择"。潜在客户为数众多，当然应该集中力量，选择对本企业产品潜在需求最强、本企业服务最能满足对方目标的对象。世界品牌大厂选择 OEM 厂商时，通常会优先选择本身并未拥有品牌的厂商，原因也是双方的资源、能力互补，而且目标间潜在矛盾较低。

整合或合作对象会影响本身未来的定位

就个人而言，朋友的选择会影响人生观与人生方向。组织选择整合对象，效果也极为相近。例如：某一科技产业，中游大厂都在台湾地区，但某些关键零组件必须向一家极具独占力的外国供应商采购。面对此一情势，单一中游厂商有几种结盟的可能，相当于几种整合模式与整合对象的选择原则，列出如下：

1. 与台湾地区几家同业结盟，提高共同的采购谈判力，联合对抗供应商，并要求其降价。

2. 设法与该供应商结盟，甚至邀请入股，联手对付其他同业。

3. 与财团法人研发机构结盟，开发新技术，并以新技术的潜力（即使尚未开发出来）与国外供应商进行谈判，希望对方能降价，以换取本身"中止开发新技术"的承诺。

4. 与该供应商的潜在竞争者结盟，由于其技术能力高于台湾的财团法人研发机构，效果可能更好，但要付出的代价（包括该供应商的惩罚措施）可能也更高。

在此不拟评论这些方案的优劣，只是指出**整合对象的选择有多种可能性，而且每种选择方式都反映了策略思维的根本差异，而且选择结果也会影响组织未来的发展与命运。**

整合对象的广度

整合对象的广度也是重要选项。**整合对象愈多，结合的力量固然愈大，但大家目标或利益的潜在冲突也会大。**因此，整合时应考虑本身能力的限制，以决定整合范围，或以初步整合成功的对象为核心，进行更进一步的整合工作。例如：政治上，"天下为公，世界大同"固然是伟大的理想，却不符实际。因此，政治人物多半从较容易整合的小派系开始，再逐渐扩大整合范围，形成政党或政党联盟。政党是整合派系的平台；联盟又是整合政党的平台。而"天下为公，世界大同"这些使命，其实也只是整合"天下"或"世界"的另一种平台形式罢了。

有时整合对象的选择，其实并无太大的自由选择空间。例如：在组织中工作，为了完成上级交办的任务，必须要得到组织内外某些单位或人士的支持或资源投入，这时即不得不针对他们进行整合。通常，职位较低者，必须整合的对象比较少，也比较固定。

反之，大型组织的领导人，必须整合的对象就非常广，例如：机构领导人需要整合的对象，除了顾客与供应商，还可能包括政府机关、金融行库、投资机构、新闻媒体，甚至不同政党中的政治人物。**不断"开发"各种具潜在价值的整合对象，调整其整合对象的组合，不仅是机构领导人的重要管理工作，而且也拥有极大的选择空间。**

了解潜在整合对象

了解潜在整合对象的需求与目标

整合对象之所以愿意被整合，必然是着眼于未来可能的成果分配。因此整合者必须了解他们究竟追求什么？在乎什么？在管理矩阵中，即是阳面与阴面的"目标"。例如：员工中有人在乎名；有人在乎利；有人希望能一展身手；有人谨守本分，只望平安无事。组织外的整合对象当然也有不同的期望，这些都是整合者不可不知的。

了解潜在整合对象的资源与知能

任何组织、单位、个人之所以被考虑为整合对象，原因是其所拥有的"能力与知识""有形与无形资源""信息（环境认知）"等，有助于整合者达成本身目标。他们这些项目（也可从管理元素来看），是否对未来的整合有帮助，也应进行评估与了解。

决定交易内涵与合作深度

有了以上两方面的了解，除了可作为选择整合对象时的参考，亦可作为交易内涵与合作深度方面的决策参考。换言之，即是**针对特定整合对象，决定双方究竟应交换哪些资源或信息才可互利互惠？合作项目之多寡应如何决定？双方对此一整合的长期承诺程度等。**

⊙整合对象的调整与掌握

不论是组织层面的策略变化，还是个人层面的职位调整、任务改变、人生阶段的演进等，这些因素都会影响整合对象的组合。而善用时机，更可以有效掌握整合对象。

经营策略改变

组织成长及策略上的各种变化，如垂直整合程度、地理涵盖范围及目标市场变动等，都会导致整合对象变动。

组织成长之后，就不得不面对更多整合对象；不同阶段的客户，代表不同的整合对象；垂直整合程度的变化，当然也会改变交易与合作的伙伴。地理涵盖范围的移动，也必然面对各种新的交易或合作组合。组织成长各阶段的策略联盟对象、技术来源或资金来源，当然也会不同。这些都是因策略变化而带来的整合对象改变。

个人职位异动

职位调整或升迁，会带来新任务、新上司、新部属。因此，整合对象也必然随之改变。任务或所需解决的问题不同，必须整合的对象当然不一样。这些都不必细述。

掌握整合时机

从接触潜在整合对象，一直到整合完成，时机相当重要。此方面有两个观念值得一提：一是未雨绸缪，及早准备；二是掌握有利的供需情势。

所谓**未雨绸缪**，是指当整合的需要尚未具体出现，即提早接触未来的整合对象。例如：进入新地区前，即开始搜寻潜在的供应商、经销商；进行多角化前，即开始注意人才的争取，以及与技术合作对象的联系等。当正式策略行动开始时，即可水到渠成。

所谓**掌握有利的供需情势**，简言之，即是指在整合对象尚未被其他人所注意，或条件尚未成熟，且其潜在合作对象为数不多时，即开始取得其合作或开始整合。例如：投资尚未开始起飞的产业，雇用尚未有具体表现但有潜力的人才，或与尚未广受肯定的技术来源结盟等。由于切入的时间早，为了整合而必须付出的代价自然比较低。

⊙整合对象间的关系

一对多或多对多的复杂关系

整合对象与整合者间，虽然有时是许多"一对一"关系的加总，但通常是"一对多"或"多对多"的复杂网络关系。

例如：创业家分别去找技术专家、投资者，如果这些技术专家完全是"冲着"这位创业家而愿意投入，并不在乎谁是投资者，而投资者也只在乎创业家，不关心技术来源是谁，则可视为所谓多重"一对一"的整合关系。但如果技术团队知道某些人要参与投资，因而提高加入的兴趣，或投资者因为某一技术团队加入而提升了投资意愿，则可视为"多对多"的关系。

换言之，**当被整合对象间，以对方的参与为前提，而加入此一合作案或整合体系时，即属于"多对多"的整合关系，或简称为"多元关系"或"多元的角色关系"。**

多元关系的形态

在 X、Y、Z 几个整合对象中，由于互相吸引，或因存在着正面的关系而结合，结合后，彼此关系可能比过去更为密切，如此可称为**"聚合"**。如果他们各自分别向整合者或组织认同，彼此并不在乎对方参与与否，则属于**"平行"**关系。如果整合者类似中介或贸易商，将 X 的资源转给 Y，同时将 Y 的资源转给 X，并经由此一过程满足双方目标，则可称此关系为**"中介"**。如果 X 与 Y 之间本来即存在着正面的关系，此次 Y 与 Z 的整合中，Y 又拉了 X 进来，此即为**"延伸"**的关系。如果 X 与 Y 本来是竞争者，或过去彼此关系或印象不佳，而形成网络互斥的现象，然而若在某一整合体系中，X 与 Y 同时皆为整合的对象，则可能产生"抵消"的效果。

多元关系形态的并存与运用

这些多元的角色关系往往是并存的。因为"聚合"与"平行"未必是绝对，而是程度上的不同。纯粹的"平行"其实也不属于"多元关系"的一种。同样，纯粹"中介"也很少见，整合者或组织通常在"中介"之外，可能还会设法创造其他附加价值，以稳固本身的地位。而整合对象间，既竞争又互补共生的关系，也屡见不鲜。处理这些整合对象间如此复杂的多元角色关系，是管理者的重大挑战。

⊙对局观点

人人都是整合者

就某种程度上，人人都是整合者。从任何人或任何组织的立场来看，自己都是整合的主体或整合行动的发动者。这就像网络一样，只有从某一特定网络体系的观点，如中卫体系、技术联盟，才有所谓网络中心或边缘地位的问题。因为从每一个独立个体或"网络成员"的立场看，每个人或组织都分别拥有以本身为中心的网络体系。

用通俗的话说，就是**"你在整合别人，别人也在整合你"**，每人各有一个"局"（或同时有许多"局"），在自己的局中，自己是操纵棋子的棋士，但在别人的局中，自己却成了棋子。此即"对局观点"的运用。然而，请注意，真实世界中并非只有两人在对局而已，而是**同时有不计其数的"棋士"，各自在设计及运作其棋局**。因此以下在谈到"对方"或"对象"时，通常并非一人而已。

分析各方的"整合棋局"

"对局观点"提醒管理者：在选择整合对象，甚至在整合过程中，除了要考虑对方的目标、资源等，也应分析对方的"整合棋局"。**对方的"局"如果与我方的"局"未来有互利共生的可能，则长期合作更有成功的机会**。如果双方整合方案的未来发展方向，难以达到双赢，甚至势必发生重大冲突时，则应早做准备，或改变整合对象。

聚合

原来即有良好关系

当前的整合关系

平行

原来并无关联或正/负面印象

当前的整合关系

中介

延伸

Y 拉 X 进来

当前的整合关系

抵销

原来即有负面或竞争关系

当前的整合关系

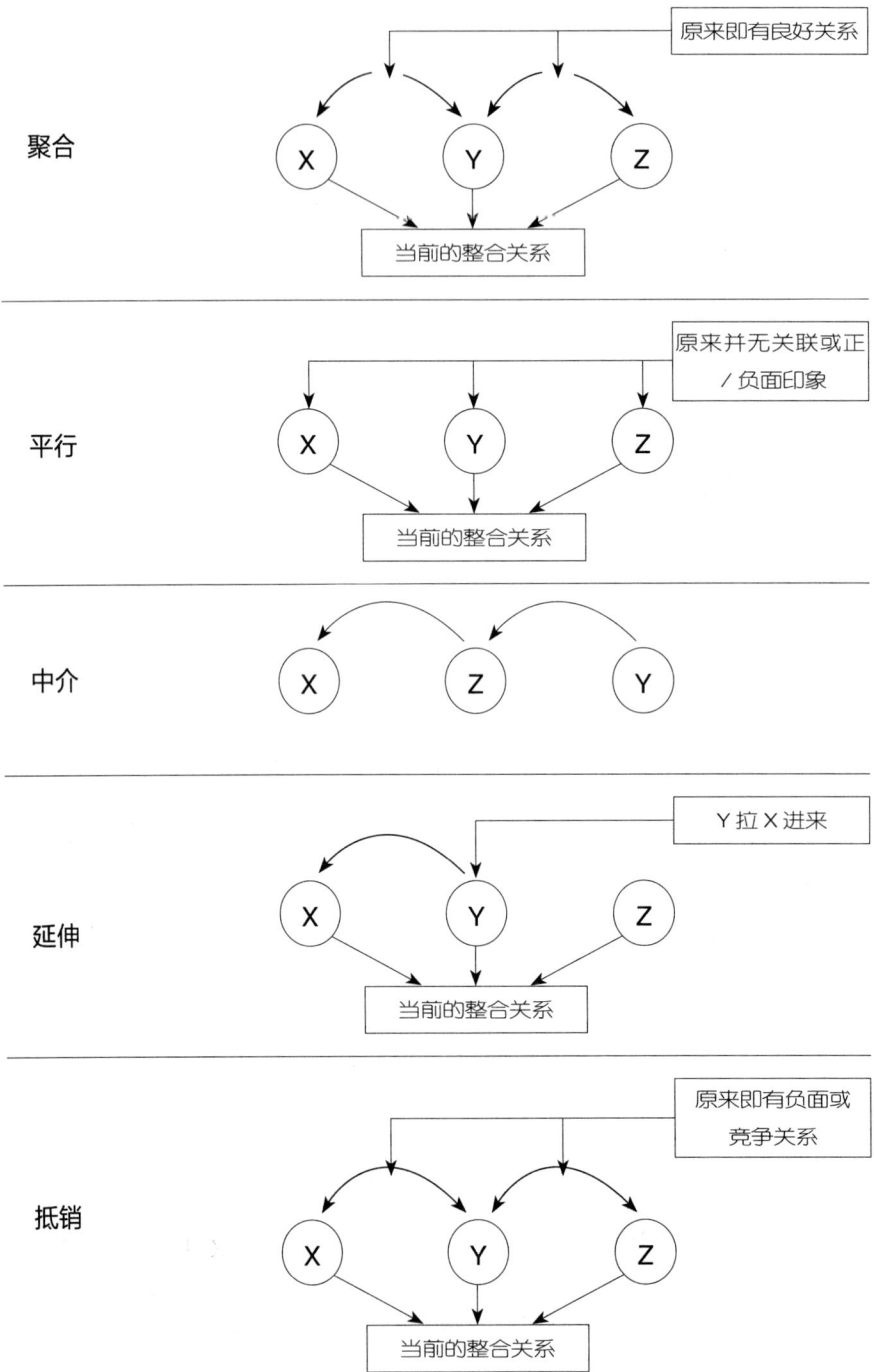

图 11-3　整合对象间之多元关系形态

配合各方"棋局目标",追求互利双赢

基于"对局观点",管理者应努力促使整合对象或潜在对象,在设计其整合方案或"局"时,**尽量与我方产生双赢的结果**。例如:当发现一位野心勃勃的部属,正在为其本身前程布局整合时,不妨配合他的整合计划,调整我方的整合方案,若能将其整合方案"整合"到我方的整合方案中,则可以顺利将其努力与组织或组织高阶人员的目标相结合。

以小事大

当我方的影响力小,主导全局的能力不足时,便可以运用多元的网络关系,甚至各个整合对象间的潜在矛盾,为本身创造**"关键少数"的地位**,以提升相对重要性。

若无法成为关键少数,且本身条件与能力不足以整合其他人的目标、资源等六大管理元素时,就不得不接受自己身为别人整合方案中"棋子"的角色。简而言之,就应该**配合别人更大的"局"的游戏规则,以推动自己较小规模的整合工作,然后试图累积自己的能力与资源,静待未来的机会**。顺势而行,成功的概率才会比较大。组织内成员揣摩"上意"、企业加入由别人所主导的策略联盟、甚至被迫与大型客户签订"不平等条约"等,依此"对局"架构,将可对这些现象产生更为深入的看法。

⊙自身组织也是整合对象

组织平台中的既存目标、政策与流程

管理矩阵中的"组织平台",并非指一般所认知的"组织"—所有成员所构成的"集合",而是一个抽象的存在。组织本身有既定的目标、使命、政策,也有每日在运行的各种创价流程,而属于组织所有的资源与知能也有一定的存量水平。**由这些所构成的"组织巨兽",对管理者任务的达成,可能是助力,也可能是阻力,甚至对机构领导人而言,有时也是如此。**

整合组织平台的方法

面对"组织"这个整合对象，整合的方法包括：善加运用组织现有的政策与流程，以协助本身任务的达成、重新诠释目标、调整政策、改造流程、改变组织文化等。无论是否为机构领导人，这些做法的用意是使组织既有的"六大管理元素"能配合当前的任务，发挥正面的作用。许多组织的管理方法与作为，皆可以从这一角度观察。

⊙整合任务环境与总体环境机构

任务环境中的顾客、供应商等，是重要的整合对象，不待多言。而总体环境中的各个"规则制定者"，也是不可忽略的整合对象。

整合原则皆可适用

以上所谈的各种整合原则，大部分皆可适用于总体环境中的规则制定者，至于如何掌握规则制定者的期望，如何在不损及本组织目标的前提下采取配合行动、争取其支持或"关爱"，如何结合资源、共创双赢等，都可以从前述各种角度来分析与设计。

总体环境也是选择的对象

传统上，政府是规则制定者，其位阶当然高于个别企业组织。面对政府政策，企业界只有被动接受，至多只能据理力争。然而，在这个资源、人才皆可以在国际自由流动的时代，企业在长期也可以"选择"未来经营环境的所在。换言之，跨国经营者可以到各个不同的国家或地区进行投资，或将经营活动移往它们认为有利的总体环境。因此，"规则制定者"甚至"政府"，也是可供选择的对象。

从另一方面看，**政府作为规则制定者，也应考虑如何"整合"这些拥有高度移动弹性的企业。从本书的观点，即是各国政府与不计其数的企业，都有其"整合棋局"。**

本书架构对"环境"的诠释

管理元素中的"环境认知与事实前提",其重点在决策者的"认知";而一般管理学所讨论的"环境",包括各种机构、现象与趋势等,在本书中则是"整合对象"及其六大管理元素,甚至是对局观念中,另一方(或多方)的"整合主体"。这是本书与其他管理学观念颇有不同之处。

表 11-2　整合对象的相关议题

重点	说明
发掘与选择整合对象的第一步工作	人人都是潜在的整合对象; 发掘潜在整合对象是管理上的重大创新。
整合对象的选择	选择标准:各方在六大管理元素的互补与兼容程度; 整合对象的广度:整合者应考虑本身能力的限制,决定整合范围,或以初步整合成功的对象为核心,再进行更进一步的整合工作。
了解潜在整合对象	了解各方需求与目标、资源与知能; 决定交易内涵与合作深度。
调整与掌握整合对象	经营策略改变、个人职位异动,都会影响整合对象的组合; 整合时机:未雨绸缪或掌握有利的供需情势。
整合对象间的可能关系	一对多或多对多的复杂关系; 可能形态:聚合、平行、中介、延伸、抵销; 多元关系形态并存。
对局观点	人人都是整合者; 分析各方的"整合棋局"以期互利双赢。
本身组织也是整合对象	应试图整合:组织平台既存的目标、政策与流程; 方法:运用、诠释、调整、改造。
总体环境的机构是重要整合对象	影响、配合、选择、结合资源,与规则制定者共创双赢。
任务环境是重要整合对象	影响、配合、选择、结合资源,与顾客、供应商、同业等共创双赢。

整合标的

个人无法独力完成任务,组织通常也无法独力完成创价的工作,因此需要整合。为了完成任务或创造价值,就必须整合各方的"有形与无形资源"及"能力与知识",前者包括物资、金钱、声誉,后者包括依附于人身的知能。这是本书的主轴思想。本节即明确指出,所谓整合标的,其实就是组织内外的六大管理元素。

⊙六大管理元素皆是整合标的

有形与无形资源

各种形式的有形与无形资源，当然是组织或管理者需要整合的标的。无论是企业领导人或是各级管理人员，必须设法获得组织内外各方面的有形无形资源，才能顺利推动工作，完成使命。各种资源中，资金、品牌等自然不必再行解释，而一些**个人可以巧妙运用，甚至可以自行创造的无形助力，也是整合标的**。例如：一位中阶管理人员在推动一件工作时，借由设法使高阶层当众公开支持此项项目，而使任务更容易达成。此例中，高阶层是他的"整合对象"，而他所争取到的高阶层"背书""承诺""力挺"，则是属于无形资源类的"整合标的"。

能力与知识

为了完成任务，管理者也必须整合现有员工、未来潜在员工、外部其他机构所拥有的知能，包括吸引他们参与组织，以及积极地为组织提供知识、贡献能力。因此，各方的能力与知识也是整合标的。

目标与价值前提

"目标"当然也是重要的整合标的。资源拥有者各自有其本身的目标，为了使他们乐于提供资源，管理者必须整合各方的"目标"，不仅应妥协各方的需求以获得共识，有时也必须为组织创造一个令人感到值得贡献的使命与愿景，吸引各方资源的投入。因此，投资者、员工、顾客等的目标是组织所希望整合的"标的"。

简而言之，整合对象无论是组织、单位或个人，其目标与价值各有不同，之所以愿意投入其资源或知能作为整合标的，先决条件是此一整合方案能满足其本身的若干目标。整合者必须了解各方需求与目标，包括阳面目标与阴面目标，并进行成果分配的工作。

环境认知与事实前提

"信息"或"环境认知"也是整合标的。管理者必须制定决策，决策所需的信息来自组织内外，也来自管理者的上级与部属。这些信息虽然丰富，但往往既不完整，内容也常互相矛盾，因此需要将各种信息进行累积、比对、验证，以期对事实的认知产生更完整正确的掌握。这是对"信息"的整合。

决策与行动

决策当然也需要整合。上级与下级的决策、平行单位间的决策、供应商及经销商的决策，都应该互相配合、互相呼应。若是各行其是，组织根本无法运作。因此，各种法律、政策、制度、契约、沟通、协调、训练、甚至威迫利诱，都是整合各方决策与行动的工具。而各方的决策与行动，即是整合标的。

创价流程

"流程"也是整合标的。为了创造价值，各组织或各部门分别有其营运流程与管理流程，为了共同行动，各个流程有时需要互相衔接，或在步调上互相配合。例如：为了加速交货速度，品牌商与制造商间在产品设计、品管、验货、仓储、单据处理等方面，就必须有一致而互相呼应的做法。

事实上，大部分的管理流程，其作用也在串联、协调、监控那些直接创造价值的产销流程。

⊙六大管理元素也是整合工具

管理矩阵中的六大管理元素，既是整合标的，又是整合工具。而许多较复杂的整合机制，其实也是这六大管理元素的组合。例如：可以用"目标"整合"资源"与"知能"，也可以因拥有"资源"而整合各方"目标"；可以提供"环境认知"以影响"价值观"，也会因为"价值观"而产生对"环境认知"的选择性吸收。又例如：投资者、员工、顾客等各方的目标是组织希望整合的"标的"，而组织的正式目标与组织使命，一方面是整合工具，另一方面也是整合结果。

诸如此类，不胜枚举，读者可以举一反三。

整合机制

本书第一章即指出，所谓整合的"各种机制"是指管理者或历任管理者所设计的管理程序、制度、组织结构、合约、联盟等，其用意在以更制度化、更有效率的方式，协助与简化决策的过程，稳定整合的关系。

稍加分析即可理解，**所谓整合机制，其实也是组织内外的六大管理元素的组合与运用。**本节将择要介绍这些整合机制的内容。

这些整合机制在实际运用上，经常是同时存在、相辅相成的。

⊙具创意的决策方案

在前几章已指出，**具创意的决策方案是最重要的整合机制。**

以知能为基础，提出具有创意的解决方案，并经由解决方案整合各方目标与资源，是本书所主张的基本整合程序。有了初步方案，再逐步修正，以尽可能满足各方目标，并获得各方资源、知能的承诺与投入，这是借由决策或解决方案作为整合机制。

在此，所谓"知能""决策""目标""资源"都是管理元素。此一观念在前文中已有介绍，不再赘述。

⊙信息的运用

前文指出信息（或对内外环境的认知）是整合标的，然而信息的运用也是整合机制之一。

拥有信息的优势

运用信息整合的方式之一是，整合者若能拥有"独家"或更深入的信息，了解潜在整合对象与分散在各处的资源，则可**运用信息主导各整合对象的资源投入与行动**，因而可以确保达成整合目的。因为，即使是整合对象本身，有时也未必知道自己拥有哪些可用资源，尤其是大型组织，往往需要外人发掘并告知其内部究竟有哪些闲置资源。

表 11-3 整合机制的内容

整合机制	说明
具创意的决策方案	以具有创意的解决方案整合各方目标与资源。
信息的运用	整合者可运用信息主导整合对象的资源投入与行动、影响各整合对象在决策与行动时的事实前提、隔离各方信息流通以维持居中地位。
管理流程的规范	透过标准作业程序、跨部门项目计划、策略规划制度等管理流程，规范整合对象。
信息与成果的分配	以有形与无形资源的成果分配机制整合各方； 将某些人的理想或价值观纳入组织的使命或努力方向，也是一种广义的成果分配整合机制。
使命、价值与领导人	透过高度认同的组织使命、目标或价值观，或灌输组织的价值观等，皆是整合机制； 领导人是价值与使命的载具。
规定与契约	组织内部规定可以整合组织内部成员； 组织与外部的整合则可依赖法律契约。
运用网络结构	平衡与牵制、由内而外逐次整合、居中地位与关系的运用、移动弹性的调整、提高各方对我方的依赖等，皆是整合机制。
创造整合平台	创造整合平台也是一种整合机制。

影响其他人的环境认知与事实前提

整合者因为拥有更完整准确的信息，因而可以**影响各整合对象在决策与行动时的事实前提**。又因为可以发挥影响力，而成为整合体系的核心，或至少将其丰富正确的信息，化为各方乐于被其整合的诱因。

隔离各方信息流通，以维持居中地位

位居网络结构中央地位者，可以刻意隔离各方信息的交流，使整合对象中无人能得知情势的全貌，唯有**依赖位居信息流中央地位的整合者提供完整的事实前提**。事实上，整合者的信息也大部分是因为位居网络结构中心，加上整合信息与验证信息的能力强，因而变得"消息灵通"的。

其他方式

前章所述对于信息的操弄与欺瞒，也有人用于整合。然而由于有潜在的道德问题，缺乏正当性，以此为基础的整合，应该难以持久。

⊙管理流程

组织内外的成员或整合对象，行动皆可用管理流程加以规范。因此，流程也是一种整合机制。组织内的管理流程为数众多，以下仅能举例说明。

标准作业程序等

组织内部的标准作业程序（SOP）、工作手册、供应商的审核标准与程序，甚至与供应商订定的定价公式等，都是希望借由事先制定的流程，规范各方行动，达到行动整合的目的。

跨部门的项目计划

大型项目计划，在拟定时虽然大费周章，但一旦定案后，各单位即一体遵行。其中，拟定计划相当于整合的过程，其间各方可就本身立场各抒己见，计划定案后则采取一致的行动。因此，**拟定计划的流程，以及计划书所订定的流程，都可视为整合机制。**

策略规划制度

组织各单位或关心组织未来发展方向的成员，对组织未来经营策略都有一些不同的想法或信息。**"策略规划制度"即是运用策略规划流程，有系统地整合各方的策略思维、信息与主张。**因此，策略规划流程及其最后所形成的"策略"，都属于整合机制。有些机构的"策略"十分笼统，缺乏行动指导作用，就表示在策略形成的过程中，整合工作并不成功。

高阶主管与中阶主管的流程分工

规模较大的组织中，高阶与中阶管理人在流程方面各有职守。中阶主管在负责的各种流程中，应尽量整合到相当程度，以减轻高阶必须亲自面对问题的辛劳；高阶所负责的流程，除了整合中级主管无法整合的问题外，更重要的是建立一个有利于组织内各级成员彼此互相"整合"的内部环境，例如：绩效评估制度、激励制度、组织文化，或合情合理的会议系统或策略规划制度等。

⊙资源与成果分配

预期的成果分配是整合对象愿意被整合的主要原因。成果分配的内容与几项管理元素都有关联，但有形的资源与阴面目标（个人目标或价值观）的满足是其中最重要的两项。用通俗的说法：要"能给""敢给""给得恰当"，自然能发挥整合的作用。

有形资源的分配

员工的薪资与奖金、投资人的股利、供应商的货款，甚至政府所在意的租税收入等，都是有形资源，这些分配的结果，若能让他们满意，则他们被整合，或愿意为组织付出与配合的意愿就高。否则，若大家因不满而退出整合体系，各自离去后，组织必然解体。

从各级管理人员的角度，当整合对象是平行单位时，就短期而言，或许无法运用有形资源作为整合机制（例如：发放奖金给平行单位），但**长期中，所有单位间互相配合的行动，都应透过组织制度，与实质报偿产生联结，**效果才能长久。换言之，"与其他单位协调配合"的程度也应该被评估与被鼓励，大家才愿意长期合作与配合。

无形资源的分配

部门间的互相协助，即使短期中未必与绩效或奖金直接联结，但与人为善，至少能赢得一些"关系"或"人情"。关系与人情其实也是一种无形资源，只要组织尚有"记忆"，它对未来本身工作的推动，还是相当有价值的。换句话说，**部门间的支援是互相的，"关系""人情"这类无形资源一定是有来有往，团队合作才会长久，**部门间的整合才容易进行。

例如：在部门间分摊成本或计算功劳时，如果太斤斤计较，可能会对未来的整合工作产生不良的后续作用。"宽以待人"的建议，其实多半也是为了将来的整合工作着想。

目标、知能与信息

有些整合对象所在乎的，可能并非有形或无形资源。如果高阶领导者愿意将某些人的理想或价值观念，纳入组织的使命或努力方向，也是一种广义的"成果分配"方式。而重要信息或关键知能，由于有其"稀少性"所带来的独特价值，因此对它们的分享，也是一种"分配"，也可以作为一种整合机制。

⊙ 使命、价值与领导人

提出宏伟使命，创立组织

"目标与价值前提"是整合的重要标的，然而它同时也是整合机制。许多组织的兴起，或成员的加入，主要是因为**高度认同组织的使命、目标，或所强调的价值观**。换言之，即是领导人或发起者提出一个宏伟远大而令人信服的使命或愿景，而吸引了众多成员的投入。

这在成立初期的宗教或政党，尤其明显。教徒或党员为了组织的理想，愿意投入一切，甚至散尽家财，牺牲生命亦在所不惜。在这种情况下，其他整合机制的相对重要性都大幅降低，既无任何流程或制度，也不在乎资源的回报，更不需要任何合约约束，依然可以出现高度的整合效果。

领袖是价值与使命的载具

强烈的价值观与伟大的使命有时难以描绘形容，因此必须有其"载具"。**具有高度个人魅力的领导人，例如：宗教领袖或革命领袖，就成为这些价值观与使命的载具**。这些人的共同特色，除了充满群众魅力之外，也有高度的说服力，甚至"煽动性"，能为大家在彷徨或困境中提供信心，而且在个性上也有某些合于群众期望的特质。

以领导人为最主要整合机制的组织，必须及早制度化并建立其他的整合机制，以替代或补强。因为，伟大的理想通常不易长久维持，"神格化"的领导人也迟早会面临接班问题，甚至在接班以前，即因流露凡人本性，而失去群众魅力。所谓"人亡政息"，一部分就在形容这种现象。

价值的灌输

组织文化与共同的价值观是整合或创造组织认同的重要机制，因此在许多组织中，"价值的灌输"是极为重要的培训内容。其频率往往高于专业知能方面的培育。

价值认同的其他作用

即使并非机构领导人，有时也可以运用个人魅力作为整合机制。例如：有些人由于"人缘好"或容易让别人产生好感，因而造成价值上的认同，在推动工作上也可能得到更多协助。同学、校友、同乡、亲族以及有相同宗教信仰的人等，也会产生一些价值的认同，有助于初期的合作与整合。但通常这类"人缘""好感"或身份上的相似性，只能作为初始阶段的助力，真正长久的整合，还必须依赖其他的整合机制。

⊙规定与契约

内部规定

组织内部为了规范行动，在上述"流程"之外，尚可进一步运用"规定"。规定比流程更严格，理由是**"规定"通常除了流程，还加上针对个人"目标"的潜在惩罚**。换言之，如果不依规定行事，组织或上级有权可以让当事人感到痛苦、不便，或降低其个人目标的满足水平。这也就是经由管理矩阵的管理流程（"流"），加上对个人目标的作用（"目"），影响当事人的决策与行动。"规定"可以规范或强制成员的行动，当然也是整合组织内各级人员行为的机制。

对外契约

组织与外部的整合，则可以依赖法律契约。订约前，各方经由谈判决定各自的权利义务，订约以后，借助法律力量强制各方履行。若不依约履行义务，则由法律执行惩罚。员工与组织间也有签约，但一般而言，签约时组织仍视该员工为"外人"，一旦成为内部员工后，通常只依"规定"要求员工，而不必再依赖法律合约约束员工行为。较例外的是有关商业机密方面的签约，似乎是想借助法律力量，加重对违规员工的惩罚，以加强约束力。而研发人员智财权的归属，也需要法律契约规范。

契约应有罚则，违约者的目标应因违约行为而受到惩罚。若以对方的管理矩阵来说明，即是：若对方当事人的决策与行动（"决4"）未遵守契约，则总体环境的法律体系（"决1"）能对其所在乎的事（该机构领导人的目标，阴面的"目4"），或组织目标（阳面的"目3"）采取负面行动。**有时法律体系效率不佳，就必须设法强化罚则的效果。**例如：有些公司在聘任前要求员工要有"保人"，或与经销商签约时必须"设定不动产抵押"，都是为了强化万一违约时的惩罚效果。

总体环境中各机构所制定的规则

如果将层级拉高到总体环境中的"规则制定者"，这些机构制定国家或世界层次的"游戏规则"，其目的也在"整合"各个产业、厂商、劳工、消费者，以及对环保、文化、性别等拥有不同价值观念的个人与机构。这些整合机制的运用，其实与组织内部以各种规定整合各方目标以及权利义务的过程，是十分接近的。只不过它们的位阶较高，这些整合后所形成的"决策方案"（"决1"），即成为一般企业决策（"决3"）时的前提。

⊙网络结构的运用

整合者与各个整合对象间，往往并非一对一的关系，而是形成多重的网络关系或网络体系。在此一网络结构中的运用，也可以作为整合的机制，在实务上有不少可以参考的做法。

平衡与牵制

各个整合对象间有时难免存有立场或利益上的矛盾，当各方影响力势均力敌时，各方为了本身利益，都想"拉拢"位居中央的整合者。在这种网络结构下，整合者可以刻意维持各方力量的均势，甚至有时必须对力量成长较快的一方略加打击，以维持本身对各方不可或缺的地位。组织领导者要维持部门或派系间势力的平衡，国际政治上也希望其他各国互相对抗以从中得利，都是运用此一机制以稳固整合者的地位。古语说**"天之道在去其余而补不足"**，即表示居于"天位"者也常用此一程序，以维持居中整合者的地位。

这种平衡与牵制也可以用在组织内与组织外的关系。例如：所谓**"养寇自重"**就是将军们深知"狡兔死，走狗烹"的道理，于是利用外部敌人的存在，以确保或提高本身在组织中的地位。只要敌人不被彻底消灭，本身在组织中即有不可取代的价值。这就是利用此一结构关系，提升本身在组织中整合角色比重的方法。

由内而外逐次整合

此一做法是先整合一小部分目标接近的整合对象，然后以该组合为基础，再去整合更多的整合对象。**从小圈而中圈、大圈，使整合的范围逐渐扩大。** 这也是在网络的结构及思维下的常见做法。有远见的大格局整合者，可能在整合"小圈"时，即已针对未来"大圈"的架构来选择核心成员了。

居中地位与关系的运用

由于网络结构中各个成员彼此了解不深入，整合者位居中央地位，不仅成为大家可以共同信任的对象，而且整合者也可以在每位整合对象心目中**创造一个印象：他代表了网络体系中所有的其他成员。** 例如：贸易商可以让国外买主认为国内制造商都十分"拥护"此一贸易商，同时又让制造商感觉他在国外买主面前十分"罩得住"。由于国外买主与国内制造商未必有直接深入沟通的机会，于是位居网络中央的贸易商即可借着双方的认知，创造并获得其他成员更多的尊敬，进而提升本身的整合力量。

移动弹性的调整

在整合过程中，利用本身一开始即拥有的谈判力，要求整合对象做出资源或流程方面的承诺，因而**提高其移动的成本，减低其与其他人整合的机会**，也就是俗称"套牢"对方的意思。例如：要求供应商投资购买只有本公司才用得到的专用设备、使客户投入专属的计算机软件系统、训练客户的工程师，使其仅专精于本公司的设计软件，因而难以转换至其他系统等。这些做法固然可以提高网络内部的效率，但从整合者的观点，却也产生了强化整合的结果。

又如，"公私立机构间，年资不可累计"，或"未到某一年限，离职不得领取退休金"等规定，也降低了员工的移动弹性，因而也算是一种整合机制。

提高各方对我方的依赖

在合作体系中，若其中一位成员拥有不可替代的地位，如果他不参与合作，其他人的合作势必"破局"，则此一成员不仅可以大幅要求本身成果分配的比率，而且也很容易成为整合的核心。

因此，拥有独特的知能或资源，也可以善加运用而成为整合的机制。

⊙创造整合平台

"组织"本身即是一个整合平台，十二章会再深入介绍。除了组织之外，还有许多整合平台。**创造整合平台，也是一种整合机制。**

无所不在的整合平台

所谓整合平台，是用以规范参与者或成员行动与资源投入的系统或流程；整合平台也规范了与成果分配相关的权利义务。

例如：**"婚姻制度"**即包括法令规定、风俗习惯与价值体系，它可视为整合夫妻及家庭成员权利义务的"机制"，而**"家庭"**则是一个"整合平台"。在此一平台上，男女双方愿意投入有形无形的资源，组成家庭，成为此平台的"成员"，再依原先的预期或约定，得到应有的权利或回报。而法律系统与此平台的运作有关，因为婚姻关系中的权利义务必须要有法律的保障。

"产业标准联盟"是整合各厂商研发方向的平台。**"职业篮球协会"**是整合各球团、球员及其他相关人士的平台；各种**"学会"**是整合相关学术界的平台，甚至**"计算机展"**也可视为一个方便业界上下游沟通信息、交流资源的平台。篮球协会或计算机展筹备会中所成立的各种项目小组与委员会，也是整合各单位目标、信息、资源、知能，以及决策的平台。

"市场"也是整合平台。市场有交易的规范与流程、有参与者的资格认定与权利义务，也有某种程度的"所有权"观念在内。

往更高的层次看，国家是整合人民的"平台"。而宪法、语言、文字、历史、宗教信仰则是维持此一平台的整合机制。古代的**科举制度与文官轮调制度，**也是国家这一平台的整合机制，因为从中央或皇朝的观点，可以借由这些机制提升国家意识，让全国的读书人觉得国家层次的目标认同与资源交换，比地方层次的平台更有吸引力，因而提升了对中央的向心力。

整合平台的更进一步思考

前文指出，整合平台是一种系统或流程，其存在的作用是"规范参与者行动""资源投入"，也规范各方的"成果分配"及"权利义务"。"整合平台"与"整合机制"的差异在于**"整合平台"可以界定"成员身份"（membership），且本身即是"所有权"与"诠释权"的行使对象**。因此整合平台有下列几个含义：

1. 平台始于对"成员身份"的认定

"公会""协会""校友会""政党""企业"等都是整合平台。整合平台与其他整合机制最大不同在于，平台可以界定"成员身份"，**然后在成员身份的基础上进行资源投入、行动运作与成果分配**。简而言之，平台本身即拥有目标、资源等六大管理元素，可借以吸引成员，将其资源、知能、行动等投入并汇整至平台上，成员再以平台所赋予的"身份"，对内及对外进行各种整合与交换，其成果一部分分配予各成员，一部分则留存于平台，作为后续各种整合与交换的基础。所谓"成员身份"，其实相当于赋予成员一组"阳面"的六大管理元素，一旦接受了"成员身份"，平台中的成员即必须依约定尽其义务，也可以享受平台的成果与资源。

绝大部分的平台，都不是可以自由参加的，而决定"谁可以成为成员"，则是平台拥有者最基本的权力基础。此外，"成员身份"能否获得成员认同或外界认可，势必影响平台存续。有些平台建立在法律基础上，在形式上较有保障；有些平台则是借由严格的规定、繁复的仪式，甚至惩罚手段等，来巩固其"成员身份"。当然，长期而言，"成员身份"受重视与受肯定的程度，还是**取决于平台能为成员所创造的价值**。

2. 平台可以凭主导者的意志而设计

平台（例如委员会）的成员与功能是可以调整的变项，成员如何选择、功能如何定位，或选择成员的流程等，"平台拥有者"皆拥有高度影响力。而法律如何诠释、产业标准如何规范、比赛规则如何订定、计算机展的受邀对象等，都是"平台拥有者"的权限。因此，**争取这些平台的运作权与诠释权，是"整合"工作十分重要的一环**。

3. 平台间也有竞争

掌握了某一平台或拥有其运作权与诠释权者，会极力强调此一平台的重要性，并希望更多人能在此平台整合。如果其他整合平台与此平台有竞争关系，或向同样的来源争取资源，各平台必须**努力证明本平台在整合力量上的优越性及贡献度**。例如：同一国家内可能有若干个"棒球联盟"，彼此竞争；各地区的"证券交易所"也互相竞争，竞争或比较的基础是各方的整合能力，而竞争的结果又造成整合能力的消长。

平台间有时候会出现刻意破坏整合对象所参与的其他平台的现象，以降低整合对象参与其他平台所能获得的利益，其目的在提升本身所掌握的平台对整合对象的吸引力。

4. 管理者不断创造整合平台

管理者或整合者的重要整合动作之一是"创造整合平台"。甚至可以从现有平台中再创造新的平台，使本身所能掌握的平台不断增生，彼此环环相扣。因此，创造整合平台也是一项整合机制。例如：在组织内组成委员会，委员会内再组成工作小组；协会中的部分成员，再同时另外成立学会；政党内有派系，政党外有联盟，都是"平台增生"的现象。其背后的道理其实是前述**"网络结构的运用"，亦即经由本身所不断建立的平台，创造出一个有利于本身运作的网络结构或网络环境，以充分运用前述的各种整合机制**。

上市公司投资成立子公司，子公司再回过头来掌握母公司的股票，运用交叉持股的方式以保障少数股权的董事会席次，这种做法其实在观念上也十分接近。

整 合 的 能 力 与 原 则

本书第七章虽已介绍过"管理知能"，但经本章详细解说整合的意义、方法及机制后，有必要进一步从整合观点思考管理人员需要哪些能力。

⊙整合能力是经营成败的关键

成功的新创事业，能够无中生有，显示创办人必有过人的整合能力，方足以结合各方的力量与资源。当组织成长出现瓶颈时，多半也透露出该组织的整合能力已达上限。而各级管理人员的整合能力，也是较具规模的组织，其执行力高下的关键。

机构领导人的整合能力是组织规模的上限

若机构领导人缺乏大格局的整合能力，组织规模到达某一水平以后，由于各方目标不能整合，资源亦无法因结合而创造整体的规模优势或综效，于是具潜力的成员或主管认为，从组织任职中所得到的成果分配，远不及其潜在能力与贡献，因而另谋他就或自行创业，或所谓"另外成立新的整合平台"。结果，组织尚未累积一定实力，即不断分裂。事实上，**大部分创业家之所以出来创业，主要即是感到原来组织中，上级的领导风格或整合能力限制了其能力的发挥**。中小企业为数众多，而无法出现旗舰型的大型企业，即表示大家的整合能力其实很容易就遇到瓶颈。

整合者就是要结合大家的资源与知能，为各个部门的问题，提出共同的解决方案。居于高位者，能运用的有形与无形的资源固然都比较多，但所照顾的目标也比较多，因此，所需具备的整合能力也比较高。**如果整合能力不足而身居高位，虽然可调度的资源多，却不知如何运用。身处网络核心却未能组成有力的联盟，又要面对更多且目标更分歧的利益团体，结果多半无法提出具有共识的方案，这是常见的管理问题之一**。许多管理者升迁至高位后，却未见积极之作为，原因或许并非心态上的怠惰，而是整合能力已遇到瓶颈。

整合能力不足，而勉强进行规模的冲刺，或贸然接掌需要高度整合能力的职位，都会带来组织与个人的风险。

承传上的两难

许多领导人常感叹部属虽然学历好、学问好，但无法提升"独当一面"的能力。在此所说的"独当一面的能力"，其实即是本书所说的整合能力。整合能力不易传授，是传承的大问题，然而**组织中有整合能力或潜力的成员，又往往不满于现有机构领导人的整合格局**，不甘心接受其整合而自行创业。

整合能力博大精深，知易行难，本书只能择要介绍而已。

⊙领导人及各级管理者所需的整合能力

洞察情势

整合者应利用多元的消息管道，发挥洞察情势的能力，了解谁可能可以被整合？潜在整合对象能提供什么资源、知能或信息？这些在我方的创价流程中可能产生什么潜在的作用？他想要什么？我们能从创价的产出中，分配什么给他以作为交换？

环境中有哪些潜在的机会？有哪些尚未受到大家注意的资源、技术、市场、人才？虽然日前整合者所能掌握到的"管理元素"可能十分有限，但它们搭配组合在一起，能有什么作为？这些都与洞察情势的能力有关。

信息的解读、吸收、诠释与整合

管理矩阵中，"环境认知与事实前提"这一栏代表了各级管理人员对内外环境认知的窗口。经由此一窗口，当事人可以进行信息的解读与诠释。

1. 阅听与理解能力

无论是文字报道、数字报表、口头说明，整合者都应有某一水平以上的阅听与理解能力。并能从表面所能得到的信息中，进行解读与诠释，对不了解或可质疑的部分，要能提出深刻而具关键性的问题，做进一步的澄清。对于对方的言外之意也应能掌握体会。

此外，各个整合对象在用词用语、专业背景、表达能力上，各有千秋，整合者位居中央，应有能力为各方从事"翻译"与"解释"的工作。简而言之，虽然他不必认同该看法，却必须有能力理解，以及协助其他人理解该看法。因此组织中若有"共同的语言或编码系统"，即可以简化许多信息整合的功夫。

2. 整合、吸收与验证

单纯的"听"或"听懂"还不够。还应将吸收到的信息与本身的知识架构相结合，并摘出重点，找出异同，随时做出"小结"，以供各方检视，带动各方更进一步的意见交流，并促进各整合对象的"目标与价值"及"信息""决策"等，逐渐走向整合的方向。

在信息交流过程中，出现的信息未必正确完整，整合者应有能力凭借其经验与思维能力，进行验证或比对工作。

以上这些，是与信息处理有关的整合能力，第七章已有相关的说明。

表 11-4　整合的能力与原则

项目	说明
机构领导人与各级管理者需要的整合能力	透过多元消息管道以洞察情势的能力； 信息的解读、吸收、诠释与整合的能力； 运用创意以说服各方的能力。
组织的整合能力	各级组织目标清楚而衔接，也与个人所追求的目标相结合； 各单位间信息通畅，有共同语言，对外界情况也能掌握； 决策分工清楚，各级决策者主动而有创意； 流程有助效率而不妨碍组织运作； 各级人员不仅专业知能充足，也有足够知识与信息处理能力； 能吸引内外各方投入有形或无形资源，并与创价流程相结合。
整合过程的注意事项与原则	追求多赢； 考虑对局观点； 舍得给、努力奉献、勇于要求； 应明确表达本身期望； 愿意低头却不可心软； 建立互信并斟酌运用潜在的惩罚力量； 利用新的整合对象以提升组织整合能力； 整合程度的拿捏；整合范围有其限制。

⊙创意与说服

1. 设计与修正方案皆需要创意

能满足各方目标，又能结合各方资源与行动的"方案"，是整个"整合"动作的核心。形成具有此一特色的方案是需要创意的。整合者未必是创意的提出者，但**他必须能在各方试图形成方案的过程中，敏锐地"捉"住稍纵即逝的创意，提醒大家针对此方向再深入思考。**而从原始创意（可能并非整合者所提出）开始，所进行的不断修正补充，也需要创意。

2. 整合角色可由团队分担

如果参与的各方，或所谓各整合对象，都能以开放的心态，提出许多具创意的方案，也愿意针对这些方案，配合各方的考量去做修正补充或妥协退让，表示大家都扮演了一部分整合者的角色。这样的团队，成功概率是很高的。

3. 说服各方的能力

除了有能力提出具有创意的方案，或以创意修改方案之外，说服各方接受方案也需要一些能力。此种能力不只是沟通而已，而是**有能力让各方相信，此方案其实也能达到他原先的目标，因而觉得做出若干退让是值得的。**

整合者若对整合对象的情况十分了解，甚至曾经亲身在该一单位担任过类似职位，则在信息掌握、方案形成以及考虑各方立场而进行的整合工作，将更容易成功。

⊙提升组织的整合能力

组织的整合能力不仅影响组织的整体绩效，也与组织成长及规模上限息息相关。 若整合能力不足，规模很快即达到上限。整合能力不仅必须配合规模，也必须随着策略的扩张与调整，有所进步。

例如：国际化表示组织整合的对象包括了更多国外的厂商或员工，多角化经营表示需要到不同的产业，面对完全不同的供应商、经销商与技术来源。垂直整合程度的变化也会反映在"对内整合"与"对外整合"的对象改变上。因为，当垂直整合程度增加（例如自创品牌），表示必须直接面对经销商或消费者，而垂直整合程度降低（例如将重大业务外包），则势必也要面对完全不同的外界整合对象。

组织若无法应付这些整合对象，解决新出现的整合问题，当然无法顺利从事策略的扩张。

前述各章所介绍的内容，其实都可以用在提升组织整体的整合能力方面。组织整合能力的表现，可以经由制度、组织文化、人员选训等，而有所提升。

1.各级的组织目标清楚而彼此衔接，也与个人所追求的目标相结合。

2.上下层级之间、平行单位之间，信息保持通畅，有共同的语言，对外界情况也能掌握。

3.决策分工清楚，各级决策者主动而有创意。

4.流程有助效率而不妨碍组织运作。

5.人员不仅专业知能充足，也有足够的知识与信息处理能力。

6.吸引内外各方投入有形与无形资源，并与创价流程相结合。 以上这些都与六大管理元素相对应。

⊙整合的注意事项与原则

无论对组织内或组织外，整合过程都有些值得注意的原则或事项。

追求多赢

整合的长期结果必须是多赢，亦即是各方都有付出，也都各有所获，比率虽然未必合理，但至少要"不满意但可以接受"。所得到的，或许是物质报酬，也可能是精神上的满足，例如获得肯定或认同；也可能是能力与某些无形资源的增长，可以成为下一阶段与其他人整合或合作时的基础。成果分配不均，则整合关系难以长久，大家对整合者的信任程度也会降低，因而造成未来整合行动的困难。

考虑"对局"观点

整合者必须深刻体认各个整合对象都有自身的整合架构与计划，**要常从各方的角度，设身处地去思考分析**，才能真正掌握对方真正希望得到的是什么，以及愿意付出的代价为何。这是达到前述"多赢"的先决条件。

舍得给、努力奉献、勇于要求

所谓"舍得给"是指做老板的人，身为整合者，虽然应对部属提出严格的绩效要求，但在绩效达成后，应当也乐于重赏有功人员。

所谓"努力奉献"是指每个成员或部门，应对任务全力投入。

所谓"勇于要求"是指在向上级要求回报或奖赏时也不必保留，**因为这些回报或奖赏所形成的资源，也将用在组织内下一阶段或层次的"整合工作"上**，未必是当事人贪心的表现。事实上，只要自己的边际贡献大于组织或对方所付出的边际成本，这些要求虽然未必能如愿得到，却也不致违背道德。只有当贡献少而获得多时，才真正有害整合的长期存续。

与"舍得给、勇于要求、努力奉献"相反的是该给的不给，应在决策与流程上配合者不全力配合，该付出努力者也不愿尽力投入资源与知能，各自为政；或想要的不敢提出，对所得到的又感到不满。结果各方离心离德，也无法共同进行有效的创价活动，正是整合失败的表现。

应明确表达本身期望

上述的"勇于要求"并非只是数量上的要求而已，**也包括各方对所期望的**

回报内容做更具体的说明。合作各方或整合对象之间，或许并不了解彼此的需要。当双方分别提出更明确的期望后，可能发现甲方所期望于乙方的，其实乙方根本不在乎；而乙方所亟须的，正好也是甲方感到已经过剩的资源。"说清楚讲明白"往往有利于整合，达到互通有无，为各方都创造更高的价值。

愿意低头却不可心软

整合者即使地位较高、知能与见识较广，但在进行整合时却不可因表露傲气而影响了整合的角色与工作。换言之，整合者必须愿意心态保持谦冲，以争取各方的支持。真实世界中，对本身学识自视甚高的知识分子，或自小很少有"低头"经验的世家子弟，不太容易成为整合者，其一部分原因即在于此。

然而从另一方面看，整合者也不能心软，因为各方整合对象都必须有贡献，也都期望有合理的成果分配。如果其中有人的贡献与成果分配不成比率，迟早会对此一整合造成伤害。此时，居中的整合者，必须拿出壮士断腕的精神，撤换或淘汰这些成员，或降低他们所分配的成果水平。可能被淘汰的整合对象，当然包括员工、供应商、经销商等在内。"心太软"往往也是整合难以长期维持成功的原因。

建立互信并斟酌运用潜在的惩罚力量

整合者以及整合对象间，彼此间的信任以及潜在的惩罚力量，都是整合成功所必需的。

交易或合作的过程中，通常各方的"取予"未必能当场实现或"结清"，而是某方先付出，经过一段时间有了合作的成果，再进行成果分配。因此合作必须有互相的承诺及互信，才能进行。如果各方彼此缺乏互信，而只有**居中的整合者可以同时得到各方的信任，则此一信任，也能作为整合能力的基础。**

整合各方除了互信之外，也应该对彼此拥有某一程度的**潜在惩罚力，可以对不依承诺履行义务者进行制裁，**则整合过程中，失信或投机取巧的概率也可以因此降低。**在法治良好的国家，由于法律系统能提供合理的潜在惩罚力，因此任何形式的合作，**也比较容易成功，整合者所面对的挑战也远低于在法治落后地区进行合作。

新的整合对象是提升组织整合能力的机会

当组织进行策略调整或面对新客户、新业务时，应设法利用这些机会，检讨并强化现有的流程、制度，以及知识与信息的吸收与累积，以提升组织整体的整合能力。而向先进企业学习时，也应注意它们在制度上如何整合目标、分配成果、统整各级决策与行动，以及信息流通等整合机制细节。

唯有组织提升这些整合能力，"自创品牌""技术自主""国际扩充""多角经营"，甚至希望藉购并而快速成长等，才有更高的成功机会。缺乏组织层面的整合能力，却在策略上采取大动作，其所带来的风险是相当可观的。

整合程度的拿捏

有时整合得太成功、太深入，甚至使各方的想法完全一致，资源也互相配合得天衣无缝，固然有助于系统运作的效率，但若各方间毫无冲突摩擦，或许反而有损系统的弹性、适应能力，以及创意的产生。

例如：部门间决策权责的划分，若留有若干模糊不清的地带，或与外部供应商间的流程衔接得并不紧密结合，因而出现双方或多方的良性冲突。这些小冲突可以促进各方对话，可能激荡出原先高阶整合者未曾思考过的问题与解决办法，也可能在"向上请示"的过程中，使上级了解更多原先深藏在基层底部的讯息，这些都是会产生正面效果的。

⊙整合范围有其限制

管理上虽然强调合作与整合，但合作的范围也不可能无限扩大。整合对象太多太广，不仅会出现整合能力的瓶颈与多元目标的冲突，而且范围太广的整合也违背生态原则。资源有限，优胜劣败是不可避免的自然法则，弱者终将让出资源给强者。而合作或整合的终极目的，即是在使自己成为竞争与淘汰后能存活的强者。因此，与谁合作一起进行这场竞争淘汰的游戏，哪些人是竞争生存空间的对手，不得不有所界定。简而言之，即使整合能力尚有余裕，整合对象与竞争对象间的界线仍应有所划分。

毕竟，在资源有限、能力高下有别，却又欲望无穷的市场经济时代，世界大同的理想还是遥不可及的。

管理工作的自我检核

1. 请你以组织内部的日常行动为例，说明该行动所代表的整合意义为何？是否符合本书对于整合的定义？

2. 为何整合的核心动作在于方案设计？没有方案的整合有什么缺点？请问贵组织或你本人在进行本书所谓的整合行动时，是否都能产生具体的方案？如果不行，原因为何？

3. 请问什么是整合的对局观点？在与其他人协商时，你是否试图从对方的观点分析本身所构思方案的可行性？

4. 请举例说明贵组织的成果是如何分配的（例如员工奖金）？这样的成果分配方式能使各方满意吗？在这样的成果分配方式下，可以使各方更愿意为贵组织贡献吗？

5. 贵公司与哪些企业间存在网络关系？彼此之间的利益关系如何？贵公司在此网络关系中是否处于居中地位？贵组织在此网络关系中的移动弹性如何？贵公司如何整合此网络关系中的其他成员？

6. 过去在贵组织面对新客户与新业务时，曾经对流程、制度方面做过哪些调整？又对知识与信息的吸收与累积方式如何强化？这些调整与强化，对组织整体的整合能力有何帮助？

7. 若你身为贵组织的部门主管（或者你已经是一位部门主管），你觉得你在洞察情势方面的能力如何？换句话说，在你的管理工作中，你了解有哪些人可能可以被整合吗？这些人可以提供什么资源、知能或信息？这些人在你的部门所负责的创价流程中，可能产生什么潜在作用？并且，从这个创价流程的产出，可以分配什么给这些人作为交换？

第12章

正式组织

正式组织的运作，即是将各方的资源、目标、知能等设法聚集在一个相对稳固的平台上，然后依某些原则，将这些管理元素进行流程与决策上的分工，经由价值创造而达到整合的目的。

本章重要主题

合作系统与整合
组织成员
组织成员的类型
非正式组织与派系
组织均衡与组织绩效
正式组织的六大管理元素

关键词

合作系统
成员身份
组织角色与角色冲突
概括承诺程度
诱因与贡献
核心成员
剩余价值及分配
准成员
移动弹性
家臣
派系
组织均衡

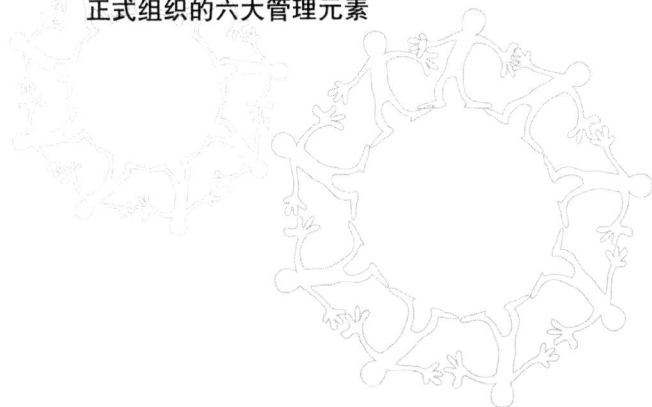

前一章介绍了许多整合机制与整合平台，显示出所谓整合的行动与做法，在社会中几乎无所不在。然而与策略联盟、网络群聚以及交易市场相比，正式组织是一种十分特殊而重要的整合平台，值得专章讨论。

正式组织的运作，简言之，即是将各方的资源、目标、知能等设法聚集在一个相对稳固的平台上，然后依某些原则，将这些管理元素进行流程与决策的分工，经由价值创造而达到整合的目的。与管理元素结合有关者，将在本章介绍；与组织内部分工有关者，属于组织设计的范畴，则留待下一章讨论。

正式组织在管理矩阵位于"组织平台"这一层级。组织平台或正式组织有其本身的目标与价值前提等六大管理元素，其内涵不同于属于"机构领导人"或所有成员的六大元素，而且也未必是所有成员所拥有之六大元素的总和。

现代经济发展的重大关键之一，就是创造出"法人组织"，赋予"独立人格"，成为独立于自然人之外的"整合平台"，其整合范围可以多达数十万人，时间则可跨越世纪。**"整合平台"对外竞争资源，对内则存在一定程度的"资源共享"，而"成员身份"或成员身份的"认定"，即是界定成员个人与正式组织间权利义务的重要机制。**

合作系统与整合

个人力量有限，无法独力生存，必须寻求其他人合作。为了使合作关系更稳定，乃形成各种不同形式的合作系统，这是人类出现社会与组织的缘起。

有些合作系统固然是自然形成的，然而绝大部分合作系统的形成，有赖于少数人主动去集结各方的潜在合作对象。而在合作系统开始运作后，也需要有人努力维持此一合作系统的存续。这些人的这些作为，即是本书所说"整合"的一种表现。

因此，"合作系统"可说是一群互利互惠的成员之稳定组合，而"整合"则是创造与维持该组合的作为。

表 12-1　组织是需要努力整合的合作系统

观念	说明
正式组织代表长期稳定的合作关系	稳定的流程与成员身份； 较长期的取予关系； 提升与外界交换关系的稳定性； 正式组织与市场运作的取决。
组织目标与个人目标	加入组织是达到个人目标的手段； 组织目标应配合创价流程的定位； 组织目标与个人目标相辅相成。
维持合作系统的存续需要整合	加入组织的代价与必要性； 整合工作不可或缺，以免组织萎缩或解体。
组织内外整合的类型	凝聚内部组织资源与向心力； 从外界争取资源； 组织结构分工后的整合。

⊙正式组织代表长期稳定的合作关系

对组织内的成员，以及组织外的机构与个人而言，组织都是维持长期稳定合作关系的整合平台。

稳定的流程与成员身份

就组织内部而言，由于成员关系相对稳定，不会经常变动，使正式组织得以运用**更稳定的流程，整合各方的资源、知能以及信息。**也由于流程以及成员身份稳定，**各种不确定性因而大幅降低，**包括：各个成员的决策前提，以及彼此间决策与行动分工上的不确定性。这些都会提升创价流程的效率。

较长期的取予关系

经由正式组织，个别成员目标的满足可以有更长远的考量。每个提供资源、知能、信息的人，若在提供这些以后，可以立即"结清"并取款走人，则在市场上交易即可。但在许多情况下，投入资源与个人目标满足之间，通常有一段时间落差。前章指出，此一合作或交易的"时间差"，所带来的不确定或潜在的投机行为，需要信任与潜在惩罚力来克服，而**"组织"就是提供互信与潜在惩罚力的平台。**加入组织后，各方都能获得来自组织或整合者的承诺，可以放心投入。由于**组织这一平台拥有"记忆"，**因而大家都相信再过一段时间后，可以从组织获得预期的回报，以满足个人目标。

提升与外界交换关系的稳定性

就组织外部而言，组织也是整合外界资源，并与外界资源投入者分享成果的平台。由于已有一整合完成的组织平台存在，可确保其资源取得及创价流程的稳定性，外界机构或个人与其交易合作的意愿当然大幅提高。例如：银行放款、先进厂商技术授权、经销商进货等，自然会优先考虑资源丰富、人才众多的厂商作为对象；消费者在选择产品时，也比较偏好正规厂商品牌。这些"优先考量"或"偏好"，并非针对个别的业务人员或机构领导人，而是**相信此一整合良好的组织平台，是更值得信赖的合作或交易对象，**可以与之建立长期而稳定的关系。

所谓"安内攘外"的另一个解释就是：**当平台内部整合良好，即有利于外部整合。**

正式组织与市场运作的取决

有些合作不需要长期关系，也不在乎合作关系稳定与否。在这种情况下，或许不需要正式组织，而完全经由市场交易，即可达到各种管理元素的交流与结合。

例如：有些零组件由于是**标准品，外界供应商多，价格机能运作正常，法律体系又能有效保护交易安全时，则可以从外界购买，而不必自行制造，**意即**"以市场交易取代组织"。而当这些情况存在时，可称为"市场机制效率高"。**

反之，有些零组件规格十分特别，经常需要调整，而且又必须经常改变交货条件，如果要从外界购买，则每次交易时，双方为了确保本身利益，在规格调整、价格协商等方面必然十分耗时费事。因此，为了简化交易，稳定流程，避免每次计算成本与议价的麻烦，应设法将买卖双方的利益加以结合。极致的做法，就是自行制造这些零组件。在此所谓"自制"，即是将零组件的交易活动"纳入正式组织"，转变为部门间的合作关系。

当组织内部某项合作关系趋于成熟，**各方的权利义务划分良好，流程衔接的界面也相当清楚，足以订定明确的计划或契约时，**也可以考虑"以市场交易取代组织"。除了核心的产销工作外，一些外围业务尤其如此。例如：许多机构早已将清洁服务、餐厅等工作外包，正式组织中减少了"工友""厨师"这些职位。而人事训练、市场调查、资料处理与备份等，外包的比例也愈来愈高。

这些业务究竟应纳入正式组织，还是经由市场交易，各有优缺点。而广义的"自制或外包"的决策原则，也是管理理论中经常讨论的议题。

⊙组织目标与个人目标

每个人都有其人生的个人目标，从最基本的生存，到名利与社会肯定，乃至于自我实现或无私奉献等，都是属于个人目标。在某些时代或某些社会，这些目标也会与其家族分享。但从本书架构或正式组织的观点看，这里的"家族"其实与"个人"的意义极为接近。

"加入组织"是达到个人目标的手段

为了达到个人本身的目标，个人才会加入组织，因此，"加入组织"或"组织"其实只是达到个人目标的手段而已。此一观念在本书第九章已说明。例如：一位化学工厂的员工，他之所以加入此一组织，目的是为了生活或满足人生其他的目标，未必是因为对这些化工产品有何认同或偏好；而这家公司的投资人，所在乎的也是公司的获利与股价，可能根本未曾见过这些产品。

组织目标应配合创价流程的定位

组织目标并非众多成员个人目标的集合，而是整合者配合组织的创价流程而"创造"出来的一组事物。组织或整合者并应订定规范，以确定当组织创价目标达成，并从外界获得回报的资源后，将依何种原则分配成果给所有曾经为创价流程投入资源或知能者。各方获得这些成果分配后，再去满足每个人的个人目标。

组织目标与个人目标相辅相成

为了有效完成此一循环，整合者或管理当局，就必须设计流程、划分权责，并为每个组织成员制定属于组织的目标（例如：在某段期间内达成若干销售额）。这些"属于组织的目标"，与当事人的个人目标通常完全不同。**从组织的观点，可以经由提供诱因，满足组织成员的个人目标来达成组织目标；从个别成员的观点，加入组织后虽然势必牺牲一部分个人的行动自由，甚至个人目标，但达成组织目标也是达到其个人目标的手段。**

所谓组织平台凝聚成员目标，其过程应作如是观。

⊙整合以维持合作系统存续

加入组织的代价与必要性

个别成员加入合作系统后，投入努力很辛苦，投入资源有风险，组织的工作又限制了行动自由。大多数人都抱怨成果分配不公，但本身却又可能因私心作祟，而做出投机的行为。因此从某种意义来说，加入组织似乎违背人性自私与追求自由的天性。然而社会进步，已不可能再回到鸡犬相闻、不相往来的先民时代。加入组织已是无法避免，问题即在于如何使牺牲获得合理的回报。

整合工作不可或缺

基于以上理由，组织需要有些人基于其本身的某些价值观念或人生目标，不厌其烦地担任整合者的工作，使组织平台得以存续，各方的投入也可以源源不绝。缺乏整合或整合不当，都会造成组织的萎缩或解体。而为了新的目的，有时也需要有人创造新的组织平台，结合新的成员与资源，以完成新任务。

组织管理者或整合者的主要功能，即在创造并维持组织平台这一合作系统的存续与顺利运作。

⊙组织内外整合的类型

正式组织是合作系统，也是整合的结果。然而与正式组织有关的整合，依其性质又可分为三类。

凝聚组织

第一类是从机构领导人观点，对正式组织本身所进行的整合。创业家结合各方资源与目标成立正式组织，或机构领导人为了组织存续及创价流程的顺畅，不断从外界吸引人才与资源，并维持内部人员向心力等皆属之。此类整合的基本性质是"凝聚组织"。

争取外界资源

第二类是从组织的观点，去整合任务环境中的服务对象、合作伙伴、资金提供者等，为组织生存与发展提供各式各样的资源。此类整合的基本性质是"从外界争取资源与支持"。

组织分工后的整合

第三类是从各级管理人员观点，整合被组织结构所切割，而分散至各单位的资源与知能，其基本性质是**"针对组织分工而进行的整合"**。不同的组织方式，会对各项管理元素造成不同的"切割"，因而需要不同方式的整合。

以上三类，只是指出其"观点"的不同，在实施时，当然无论任何层级的管理人员，对这三类或多或少都要担负起一些责任。例如：维持员工向心力，虽然属于机构领导人观点，但各级管理人员当然也有责任，至少应致力于凝聚各自部门的向心力；而内部部门间的整合，高级长官也必须重视，或设法提供有利部门间整合的整体环境。另外，若各级管理人员未能充分完成部门间的整合，最后还是需要高阶主管出面裁决。

组织成员

"组织"基本的组成分子是"组织成员"。前文亦指出，成员身份的"认定"，即是界定成员个人与正式组织间权利义务的重要机制。任何组织中都会有一些工作同仁，他们当然是组织成员，但深入一层想，"组织成员"的意义却未必如此单纯。从组织的观点，每位成员的角色与特性也未尽相同。

表 12-2　组织成员与组织角色

观念	说明
组织成员的实质意义	任何人皆同时拥有若干不同组织的成员身份； 应依六大管理元素投入比率界定成员身份。
组织角色与角色冲突	组织角色：大家对组织成员在组织创价流程中，所做决策与贡献的期望。 角色内的冲突：因来自不同人员的期望有所差距而产生者。 角色间的冲突：因同时扮演不同角色而产生者。
组织成员对组织投入的概括承诺程度	交易条件与投入产出的明确程度愈低，即概括承诺程度愈高。 愈核心的成员，其概括承诺程度应较高。

⊙ "成员身份"的意义

任何个人皆同时拥有若干不同组织的"成员身份"

在现代社会，由于社会活动日益复杂，一个"人"通常可以"分属"至为数众多的组织。因此，在管理上，一个"自然人"不应是成员或成员身份（member-ship）的计算单位，**他对各组织中"活动"的参与，以及时间的投入，才是成员身份的表现**。任何人都可能在几个组织间分配他的时间与心力的投入比率，而任何组织所能得到的，也只是此人全部"投入"的一部分而已。

例如：一家公司的大股东，大部分的自身财产都投资在这家公司，但他并未在公司上班支薪，请问他算不算是公司成员？在现代社会中，一人身兼数职的情况日益普遍，某人可能是一家企业的副总，同时也是某一扶轮社的社长，而且还兼任另外一家公司的董事。在这三个互相独立的组织中，组织图上都会出现此人，因此很难界定他究竟"属于"哪个组织。

依六大管理元素的投入比率界定成员

此一观念，若用管理元素来看，就更容易理解。每个人都有个人的"目标与价值观"，以及所掌握的"信息（环境认知）""能力与知识""有形与无形资源"。他在价值观上愈认同此一组织、其人生目标愈与此一组织目标相结合、所拥有的知能与资源于此一组织投入愈多，则表示他在"比率上"更是此一组织的成员。因此，正式聘用的员工，当然是组织成员；上述将大部分财产都投入此一组织的股东，也算是成员；企业专属的供应商，彼此互赖程度甚高，也算是一种成员。只是每个人身为组织成员的比重不同而已。

任何组织成员，都不太可能将自己的几大元素全部都投入此一组织，或甚至将自己全部的积蓄都投资到所任职的公司，而至少会保留一些给家族或其他团体。但从组织的观点，或许希望每位成员对本组织投入的比率愈高愈好。

依投入比率界定"成员身份"的优点

此一界定成员身份的方式，有几项优点，也可以协助我们对组织管理产生更深入的体会。

1. 可以解释上述一人身兼数职的问题。

2. 可以提醒管理者，**每一个组织中的"自然人"，其实投入此一组织中的，只是他的一部分而已**，另一部分可能投入到其他组织，因而往往出现角色冲突，当然也包括了本书所谓的"阴面"课题。因而，如何处理这些角色冲突，如何设法使成员为组织投入更高比率的各种"元素"，是管理者的重要任务。

3. 在此定义下，有些外界的机构或组织（例如：供应商或机构投资人），虽然不是自然人，但也可以视为一种**"准成员"**，可以适用许多与组织管理有关的道理与思维方式。

4. 以"投入程度"界定成员身份，可以对"成员"的意义产生更深入的认识。例如：有些人虽然名义上是**组织的专职人员，但并未对组织做出什么贡献，"心"不在组织里**，阳奉阴违，只想利用组织的资源（包括关系网络）达成自己的目标。而另外有些供应商，全心为组织服务，前途也与组织完全结合，近乎生命共同体，它们虽然并不出现在组织图上，但其身份可能比前述那位专职人员更接近"成员"。

如何使这些外部的"准成员"，在各项管理元素上为本组织投入更多，将其目标与本组织目标做更多的结合，也是管理上的重要工作。

⊙ "组织角色"与"角色冲突"

"角色"与"组织角色"

所谓"角色"，意指相关各方对某一身份或职位拥有者的行为，所存在的各种"期望"的集合。例如：教授的"角色"是指，包括学生、社会、校长以降的各级主管、家长、校友等，他们期望一位教授应有怎样的行为，或应做哪些事。妻子的"角色"则可能包括丈夫、公婆、亲友等对她身为妻子，应有行为表现的期望。

个人进入组织，成为组织成员，也就拥有其组织中的角色。组织中的角色或"组织角色"可以用管理矩阵中的两项观念来思考："创价流程"以及"决策与行动"。

从创价流程来看，"组织角色"是组织内外相关人士期望该成员，在本组织的创价流程中，做出什么贡献或创造什么价值；从决策与行动来看，组织角色

是组织内外期望该成员进行哪些决策，采取哪些行动。其贡献水平或所创造的价值若合于期望，所采取的决策与行动亦无不过与不及，则可称为"扮演好其角色"。

例如：大家期望机构领导人能适时制定策略方向，这是领导人的角色之一。如果做到了，就是完成这一部分的角色任务。组织内外对经理人、基层员工、投资人、董监事等，在创价流程中的潜在贡献，都有来自各方的各种期望；也希望他们负责某些决策、采取某些行动，若能符合这些期望，则算是扮演好其角色。

所谓"决策与行动无不过与不及"，**是指当事人的决策与行动，既未疏忽自己该做的决策，亦未逾矩而侵犯了别人的职权。**当然，决策过程中是否尽心尽力，决策方向是否正确，也在合理的角色期望范围之内。

角色冲突

由于"角色"是来自许多人的期望，这些期望的内容极可能互相冲突或互相矛盾。例如：身为中阶经理人，部门内的同仁期望他能代表大家向上级争取更多的资源或成果分配；但上级却期望他在现有的资源水平下，要求同仁做出更好的绩效。这是同一角色内，来自不同方向的期望间的冲突，通常称为**"角色内的冲突"**。

此外，每个人都可能同时扮演不同的角色。例如：一个人可能同时是"副总经理"，也是"社团干部"，也是"父亲"。三种角色集于一身，各自有不同的期望来源与内容，这些不同角色所带来的期望间所出现的矛盾，称为**"角色间的冲突"**。

根据前文对成员身份的定义，任何人对任何组织都只投入自身几项元素的一部分，其他部分则可能投入其他组织中。由于无法为任何一个组织全力投入，因此，几乎每个人都会感受到若干程度的角色间冲突。

⊙组织成员的"概括承诺程度"

原则上，每位成员都必须对组织有所投入，然而有些成员的投入是明确具体甚至可以列举的，有些成员的投入则难以列举，而是一种"概括"的承诺，只要在可以接受的范围内，组织可以要求其采取某些行动，而不必事先明确约定具体的项目。

交易条件或"投入产出"的明确程度

前述所谓"外界"的"准成员"，例如：投资者、供应商，他们对组织所提供的资金或零组件，所承诺的金额与数量都十分明确。如果是供应商，零组件的质量水平与交货期限也都事先有所约定，因此他们对组织投入的"概括承诺程度"很低，彼此的权利义务可以很清楚地划分与衡量。

受薪的专任职工，进入组织后要从事的工作通常并未事先明定，而是在员工认为可接受或认为公平的情况下，就其能力所及，都应有所投入。因此他们投入的"概括承诺程度"是比较高的。

然而，即使在专职人员中，概括承诺程度也高低有别。愈基层的员工，工作说明或工作职掌应该愈明确，若组织需要他们临时加班，不仅应另外支付费用，而且对其加班意愿，组织亦无强制力量。反之，**愈高阶的管理人员，愈不必逐项列举其职责范围，因为他们对组织所负担的是"无限责任"。**

而年资愈久，其专业或知能与组织独特创价流程的结合或互赖程度愈高，或在组织间移动弹性愈低者，通常更近乎组织的"命运共同体"，因此其"概括承诺程度"也会比较高。

管理上的含义

"概括承诺程度"的观念在管理上有几项含义。

1. 区别"内外"成员的身份

此一观念可以对上述"成员"与"准成员"的身份做进一步的界定与解释。换言之，成员的身份虽然可以视为程度上的问题，**但真正区别"内外"的因素，应是他们的"概括承诺程度"，愈是外部的准成员，其交易条件愈明确。**

2. 不同工作应由不同"概括承诺程度"的成员担任

有些工作必须由"概括承诺程度"较高的成员担任，有些则不需要。例如，为了精简组织，有些工作可以从"自制"转为"外包"，但必须是可以明确规范权利义务者，才可能外包。如果对此一成员的任务内容，或期望他对组织的投入水平较为笼统，则似乎应由内部专任人员负责较佳。也就是说，权责范围、工作项目或绩效水平等不易界定清楚的工作，应由概括承诺程度较高的成员担任；如果有意**将工作外包给概括承诺程度较低的准成员来做，就必须能够明确地描述与界定交付工作的内容或产出标准。**

3.“概括承诺程度”影响对上级要求的接受程度

与“概括承诺程度”密切相关的重要观念是**“成员的可接受范围”**。专职人员对组织的承诺或应投入多少时间精神，虽无明文约定，但大家心目中总有一些“总量”的上限。简言之，拿了这一份待遇，虽然不知具体的工作细项，**但应该投入的总量，必然有一些默契。这些默契也称为“心理合约”**，也代表成员对组织“取予”水平的预期。在此一心理合约范围内，组织或上级所交办的工作应无异议接受，而超过此一心理合约的水平或范围，则“恕不奉陪”。因此，上级的职权再大，也不能超过部属心理合约的接受水平。

4.对组织目标的认同程度影响成员的“概括承诺程度”

无论成员或准成员，其概括承诺程度都与其对组织目标的认同程度密切相关。**对组织目标认同度高者，其心理合约中对组织要求的可接受水平，以及其对投入的概括承诺程度都比较高。**如果其他条件不变，设法提高内外成员对组织目标的认同，不论是配合大家期望修正组织目标，或是配合组织目标的特性来选择成员，都是促使成员对组织更为投入的方法。

5.组织核心成员应负起“无限责任”

愈接近组织核心，“概括承诺程度”高，而且由于愈能享受组织剩余价值的分配，愈需负起“无限责任”，这也代表了权利与责任的平衡。日渐向上升迁的各级主管，对本身所负的责任，尤其应有此认识。

组织成员的类型

组织成员除了因上述“概括承诺程度”不同，可予以区别外，尚有其他几种分类方式。这些分类，都有管理上的意义。

表 12-3 组织成员类型的划分方式

划分方式	说明
依贡献与诱因性质划分成员	成员为了诱因而为组织做出贡献； 贡献与诱因可依管理元素分类； 个别成员拥有多重的贡献与诱因。
依核心程度划分成员	核心成员是： ——决定谁可以成为成员； ——决定其他成员加入组织的条件与诱因； ——拥有剩余价值及分配的权力； ——"拥有"组织平台并承担经营结果； 核心成员的地位主要决定于对组织有不可或缺的贡献。
依目标认同程度划分成员	组织内成员认同组织目标的程度不同； 顾客是认同组织创价流程及其产出的"准成员"。
依移动弹性划分成员	移动弹性：因脱离合作关系或失去成员身份而感到的痛苦程度； 移动弹性高则组织认同程度低； 有时应设法降低成员的移动弹性。
专业人员与家臣	家臣与机构领导者间存在个人互补关系； 专业人员与家臣并存，有其正面作用。

⊙依贡献与诱因性质划分

诱因与贡献

正式组织是整合平台，整合对象包括投资人、员工、高阶管理人员，以及各级员工等。他们分别为组织有所投入，也因为投入而获得一些回报。在组织理论中，这些投入又称为"贡献"，回报又称为"诱因"，意思是每位成员都是为了自己能得到的"诱因"，才会对组织做出"贡献"。这些各色各样成员的性质，可以从他们的贡献与诱因内容分类。

依管理元素划分成员的贡献与诱因

"目标与价值""有形与无形资源""能力与知识""信息（环境认知）"这几项管理元素，可能是成员的贡献项目，也可能构成他们的诱因。大家的贡献必须可以转化为组织创价流程的一部分，而诱因则必须满足其个人（或阴面）的目标。

以最简化的方式说，投资人的贡献是资金，诱因是股利或资本利得；供应商的贡献是原物料，诱因是货款，这些都是有形资源。顾客得到的是创价流程的产出，可能是有形的产品或无形的服务，付出的是价格。一般员工的贡献是能力与知识，诱因是薪资、升迁与肯定；高阶经理人的贡献除了能力与知识外，也可能贡献了一些无形资源如外部网络关系，其诱因除了薪资，还满足了一些个人的成就动机或权力需求。

个别成员拥有多重的贡献与诱因

每位成员可能贡献于组织的，或希望从组织得到的，通常都不止一项。例如：即使是基层员工，除了薪资，也在乎公司的声望。因为这对他而言，无论是面对同学亲友，或将来另谋高就，都构成一种无形资源。他也在乎在组织中所能得到的知能成长机会，而组织使命如果与其个人人生目标或价值观念相结合，则加入组织的诱因也必然更为强烈。在贡献方面，机构投资人除了投入资金外，也可能为组织带来声望或信息，甚至是重要的网络关系。

因此，组织成员的贡献与诱因虽然有其主要的内容，但其实都是多元的。这对管理当局的含义是：**如果能设法从每位成员获得更多元的贡献，同时又给予更多元的诱因，对组织平台的整合作用，必然产生更为正面的影响。**

⊙依核心程度划分

在管理矩阵中，机构领导人当然是组织的核心人物，然而有些组织的核心人物可能不止一位，而且每个人究竟有多么"核心"，基本上也是程度的问题。

核心成员的意义

核心成员的定义是：在组织中有权力决定"谁有资格成为成员""对每位成员进入组织的条件与诱因"，而且有权力对"组织创价后的剩余价值"从事分配者。

无论是营利组织或非营利组织，外人想加入成为成员（包括成为供应商或投资人这种身份的成员），并非来去自如。现阶段需要吸引哪些特性的人加入组织，加入组织的条件如何，固然应有一定程序，但最终还是由某些人决定。有权做这些决定或制定有关政策者，即可视为组织的核心成员。

核心成员也可以经由"调整组织目标"或策略方向的方式，间接决定其他成员的去留，或在组织中的相对重要性。例如：当策略上决定提升品牌经营的比重，则组织中负责营销的人员，相对重要性就会大幅上升或需要增聘；若决定扩大委外生产，则原来负责制造的人员重要性就降低，或大部分必须离职。因此，成员的组成或相对重要性，有时也反映了组织目标与策略的取向。

核心成员在进行此项决策时，理想上当然是考虑目前组织中，资源、知能等方面的水平，以及配合未来发展所需要的元素，再考量各种成员所期望的诱因水平（对组织而言是一种成本支出），再行决定。而实务上则难免参考核心成员本身阴面或个人的目标，以决定未来成员的组合。

正常情况下，核心成员应该对组织目标的认同度高于一般成员，而个人目标也与组织目标高度结合，对组织投入的概括承诺程度也最高。若是如此，则其对各方的成果分配理应比较公平，决策方向也更能考量到组织长期目标。

以上所说的决定权，往往分散在许多人身上，因此核心成员通常不止一人。但各人的影响力或最后发言权，显然高低程度不同，有些还是被授权的结果。因此我们可以说，是否为组织的"核心成员"，是程度上的问题。

剩余价值及分配

所谓"剩余价值"是指组织在整合各方资源、知能等，汇入创价流程中所创造出的"价值"，减去为了提供这些资源提供者所预期的诱因后，所剩下来的部分。这些剩余价值未必全都表现在财务报表的利润金额上，有时也可以用各种形式的"开销"，转为费用支出。此外，组织所累积的资源（例如营利事业的保留盈余）、未充分利用的举债能力、未完全投入创价流程的知能等，也可视为剩余价值的表现方式。

核心成员也是有权力分配或享用剩余价值的成员，甚至只要利润能达到令股东满意的水平，某些组织内部的费用支出即可配合核心成员的期望支用，其中经常有一些非必要的开销，借以蓄积个人资源、实现个人理想，甚至提升个人工作生活的质量等。此外，例如组织内闲置的人员，虽然裁员并不会影响正常产销，甚至可以提高利润，然而组织通常不会如此力求精省人力，而是由核心成员将其派遣担任非必要的任务，或是参与组织以外的活动，当然也包括依上级指示协助慈善机构之类。这也是核心成员支配组织剩余价值的方式之一。

核心成员的权与责

出资比例或股份大小，当然是决定成员"核心程度"的重要依据。然而在非营利组织或股权极为分散的大众握股公司，情况则复杂得多。前者并无股东，后者的核心成员也未必是大股东，而是实质上"拥有"此一组织平台的成员。组织中最根本的"权"，即是上述核心成员所享有的权利。所谓"夺权"，即是将这些权从现有核心成员手中，非自愿地转移过来。有些组织出现高阶权力分裂的现象，亦可从此角度来观察。

然而若组织整合效果不佳，或生存环境出现不利的变化，则剩余价值也可能出现负数，简而言之，所创造的价值尚不足以支应各方所需的诱因。**这时身为核心成员，当然也要承担后果**，牺牲或放弃本身原先预期的诱因，或退出核心地位。

创造核心地位

在新创组织中，创办人是主要的整合者，因此创办人或创业团队顺理成章地成为核心成员。长此以往，正常情况下，必然有些成员由于所提供的知能或资源对组织十分关键，是众所公认整合过程中不可或缺者，因而逐渐由外围变成核心分子。简而言之，在正常情况下，位居边缘的成员可以**在知能与资源的提供上，创造自己的不可或缺程度，或其他成员对他的依赖程度，然后再逐渐走向核心地位。**

实务上未依此程序而成为核心成员者，当然也所在多有，例如：真实贡献并不高，但因缘际会，得以掌握组织平台而成为核心成员。如果其个人目标与组织目标不一致，或其决策与行动的方向只是为了个人目标，而非组织目标，则此一组织的未来前途势难乐观。

⊙依目标认同程度划分

利润目标简化组织目标的认同

在营利组织，组织虽然有使命宗旨，但组织的利润目标已经解决了绝大部分所谓组织目标认同的问题。在专职人员中，当然有些人对组织服务的对象，或组织所提供的产品，有高度的个人偏好，但是这些可能是在组织中工作日久，自然而然产生的价值倾向。从组织的立场来看，当然值得鼓励，但却未必可以视为成员的必要条件。

在非营利组织，此划分成员的方式则更具意义。例如：志工与职工都属于组织成员，受薪的职工由于是专职人员，因此在组织中的时间可能更多些，但是对于组织目标的认同，却未必高于志工。

顾客是认同组织"创价流程"及"产出"的准成员

"顾客"是组织任务环境中的"服务对象"，从组织理论的观点，可视为"概括承诺承度"不高的"准成员"。**"顾客"认同的是组织创价流程的产出，或这些产出所创造的价值。**由于顾客是组织整合或创价最终希望满足的对象，因此他们所认同的目标十分重要，而他们也形成了成员中极为特殊的一群。如果这类准成员未能认同组织的创价流程与产出目标，则代表组织效能低落。

非营利组织、社会福利机构的服务对象，其"目标"或所在乎的"价值"也应是整体组织目标的重要一环。

核心成员应对组织使命与核心价值有更高的认同

企业中，机构领导人与其他高阶成员对组织目标应有高度认同，并从内心深处诚挚地期望，此事业创价的产出结果，对其所服务的对象能够产生价值，甚至对他们的人生幸福有所增进。若能如此，才能真正地"以顾客心为心"，设计组织未来努力的方向。其他各级成员，若能做到此水平，当然更好，但能做到的程度通常远不及高阶人员。

在非营利组织，**志工对组织目标的认同程度应该更高才对**。职工当然不宜对组织使命持反对态度，但他们之所以加入组织，主要目的还是取得一份工作，未必是对组织使命存有高度认同。类似情况也出现在政党或宗教团体。政党是非营利组织，有其政治理念与使命，而其成员中有公职人员、一般党员、党工，也有工友警卫。依理，**公职人员应该对政党的政治理念认同程度最高**，甚至将之视为终身事业；党员则次之；而职员工友的角色是提供各项服务，认同使命未必是他们加入组织的首要原因。同理，宗教团体也一样。

如果由党员转变成政党支持的公职人员，或一般教徒被选任为教会执事长老，则其对组织使命的认同度应同步提高，对组织提供给个人的其他物质诱因应该更不重视才对。

以上所谈当然是理想状况。实务上常见到，高阶人员决策时，心中并无"顾客利益"的存在，仅于口头上要求基层员工"顾客导向"，其效果必然不佳。

同理，如果宗教团体领袖本身信仰并不虔诚、政党领袖缺乏中心的政治理念，则其所领导的团体，也不可能长期蓬勃发展。

⊙依移动弹性划分

任何合作或交易，都有移动弹性的问题。组织是整合平台，以此平台为中心，各方经由投入资源而获得目标的满足。由于投入资源或知能的形式或数量不同，也导致移动弹性高低有别。

移动弹性

所谓移动弹性，即是脱离合作关系的方便程度。移动弹性主要受到"本身因脱离合作关系，或失去成员身份而蒙受伤害，或感到痛苦程度"的影响，潜在痛苦程度愈高，则移动弹性就愈小。负责经营的大股东，股票不易大量出脱，因此移动弹性较低；在公开市场上买卖股票的散户，虽然没有经营权，但若对此组织不满，可以很方便地出售股票，换回资金后再去投资其他企业，而成为其他企业的"准成员"，因此移动弹性就高得多。

知能局限于本产业或本组织，或年资较久而学习新知能力出现退化现象，或仅能适用于本组织的同仁，移动弹性低；专业高、外界机会多的同仁，移动弹性高。此外，如供应商、经销商等这些身份的组织成员，也会因许多因素而各有其不同的移动弹性。

移动弹性影响组织认同

移动弹性低者，前途与本组织更加紧密结合，甚至成为生命共同体，因此对组织的认同自然会高些。可以自由来去的专业人才、为各家同业提供广泛服务的经销商等，由于移动弹性高，对本组织的认同通常相对较低。

移动弹性高低不同的组织成员或准成员，管理方法与重点也不相同。管理上有时必须设计种种做法，"绑住"各种重要成员，例如：严格规定董监事转移持股的程序；与关键研发人员签订"竞业禁止"条款，以限制其转业的空间；要求供应厂商投入专属的设备等，都是希望借此提高他们对组织的认同、概括承诺程度以及忠诚。

⊙专业人员与家臣

成员可能基于不同的原因，而升迁至接近核心地位。有些人是因为其所拥有的知能或资源，极有助于组织目标的达成，而在组织中不可或缺，可称为"专业人员"；有些人则是因为能与机构领导人密切配合，而受到组织重用，可称为"家臣"。

家臣与机构领导者间存在"个人互补关系"

组织中有些成员，位阶或许不高，但其重要性与影响力却不容忽视。他们之中有些人能力也不差，但受到重用的主要原因是，**其个人目标高度认同机构领导人的个人目标**（"目5"与"目4"二者的阴面相互密切结合），**能力与机构领导人互补**（"能5"与机构领导人的"能4"互补），有时又能**提供一些非正式管道的信息**（"环5"的阴面强化了"环4"的阴面）。

这种人可以称之为"家臣"，与"为组织平台贡献知能以创价"的"专业人员"不同。这两种人在组织中都必然存在，而且真实世界中，这两种类型并非完全互斥。因为家臣也可以在专业上有其专长与贡献，而专业人员有时在决策上也会慎重考虑长官个人的立场与目标。

在此必须强调的是，家臣虽然在知能、目标、信息（环境认知）等方面比较着重"阴面"的角度，**但未必存在道德伦理的问题**。家臣的角色与行为是否不恰当，完全取决于机构领导人本身目标对组织目标的认同度，以及二者的一致性。如果领导人的个人目标（"目4"的阴面）与组织目标（"目3"）背道而驰，甚至在做法上不惜牺牲组织目标，以达成个人目标时，家臣的作为即属于"为虎作伥"，才会出现道德上的质疑。

如果领导人的个人目标与组织目标一致，个人所有的心力与知能等也全力投入组织，希望为组织创造更好的绩效，则家臣或家臣角色的存在只是强化他对组织的掌控，也间接有助于达成组织目标与绩效。

简言之，**从组织的角度来看，家臣本身并无道德问题，领导人的道德操守才需要深入检视。**

专业人员与家臣并存的正面作用

在不考虑道德问题的前提下，组织中专业人员与家臣并存，如果运作良好，也是使专业与监督两项功能得以同时发挥的设计。古代将军率军作战，需有"监军"随行，现代大型政治组织也有类似的组织安排。在欧洲，有些历史悠久的家族企业，为了从事复杂的多角化、多国化经营，而有所谓"house staff"的设置。这些"house staff"背景以法律或会计为主，从很年轻时即依品德、能力、籍贯等选拔进来，领导的家族待之如家人，彼此间亦相处如兄弟。其主要工作即是外派至世界各国的事业单位，负责监督业务，并协助进行与总部沟通的工作。而各国的实际经营者则为该产业或该地区的专才，称为"professional staff"。两种角色相辅相成。因为有"house staff"在场，机构领导人也可十分放心地让远在各地的专业经理人尽力施为。这种方式与古代的监军制度似乎也相去不远。亚洲大型跨国企业派驻各国的"驻在员"，作用也十分类似。

"house staff"、监军或家臣本身的品德必须达到高水平的要求。 否则，负责监督别人的人，若本身出现问题，其玩法弄权的空间就很大了。

非正式组织与派系

正式组织是整合各方管理元素的平台。然而，任何正式组织都无法做到完美的整合，因此在正式组织中，可能自然形成非正式的整合方式，甚至衍生出新的整合平台。非正式组织与派系的存在，都是此过程的结果。而成员的外部网络关系，也属于非正式组织的一种特殊形态。

表 12-4　非正式组织与派系

主题	内容
非正式组织	非正式组织的主要作用在满足社会需求； 非正式组织亦可能有助于跨部门六大管理元素的整合。
派系	派系是与正式组织相互竞争的整合平台； 派系出现显示正式组织整合能力不足； 派系存在影响人才晋用； 高阶人员常需面对派系利益与组织利益的两难。
成员的网络关系与目标认同	每个人在其网络结构中皆拥有多元成员身份； 组织间的网络关系必须靠"人"来维持； 网络结构中身份与角色的潜在冲突：究竟认同哪个组织？

⊙非正式组织

非正式组织以满足社会需求为基础

正式组织是以组织结构中的任务划分单位、归属人员。然而，由于工作上的互动、工作场所接近、职等相同、休闲活动中的相聚，以及过去背景相似性（如籍贯或学历），成员通常会自然形成一些非正式组织。

非正式组织的基本作用之一是，满足大家的"社会需求"，这是个人心理需求（也是个人层次的阴面目标之一）相当重要的一部分。在非正式组织中，大家互相支持、互相安慰、互相鼓励，公事私事皆有倾诉商量的对象，这些对成员的心理健康都是有助益的。

非正式组织有助六大管理元素的跨部门整合

除了满足成员间的社会需求，非正式组织也有助于六大管理元素跨部门的整合。例如：**非正式组织也是信息沟通的管道**，大家所掌握的非正式管道信息（阴面的"环5""环6"），可以借着非正式组织彼此交流整合，这些交流整合，常可弥补正式信息管道之不足。透过非正式组织，组织内的知能交流也会更加顺畅。如果非正式组织运用得当，组织中跨部门的资源整合、决策呼应、流程衔接等，都会更有弹性，也因为不必事事公事公办、向上请示，或必须依循层级全由上级整合，对提升跨单位的决策与行动的效率，很有帮助。

大型组织，尤其是经营范围地区辽阔、单位为数众多而且在业务上需要互动配合的大型组织，应有系统地设计各种培训、社交或团康活动，协助跨部门成员间建立私人情谊，帮助公务推动。

学理上对非正式组织的讨论，内容极为丰富。以管理矩阵的六大元素来分析，其正面作用即相当明白易解。

派系

上述的非正式组织，其存在对正式组织而言，作用多半是正面的。然而，如果非正式组织逐渐发展成派系，则可能会妨碍正式组织的正常发展。

派系是与正式组织相互竞争的整合平台

派系与上述非正式组织的差别在于：“派系”是**已经在正式组织这个平台上，又发展出另一个平台**。此一平台与正式组织的组织结构划分当然不同，而且往往是跨部门、跨层级的。派系有整合各项管理元素的功能，有本身的权力结构，以及成员“身份”及“核心程度”的界定，也有其派系本身的派系目标。简而言之，成形的派系相当于正式组织中另一个近乎正式的组织。

派系存在对正式组织有负面作用，原因是派系的目标通常与正式组织的目标不一致，而且**多半是派系成员个人阴面目标的集合**。派系成员将自己的各项资源、信息等投入派系，并从派系中获得回报，其过程与其他整合平台完全一样。但是，派系成员为了达到本身的个人目标，究竟应先满足正式组织的目标，还是派系的目标？如果二者互相矛盾，取舍标准为何？**如果派系的资源丰富，有些成员在决策与行动的优先级上，难免会牺牲组织目标，优先配合派系目标。若人人如此，组织势将走向分崩离析，或成为派系共治的“邦联”。**

派系出现显示正式组织整合能力不足

正式组织若出现强而有力的派系，则显示组织的整合能力不足，**以致许多条件良好的成员认为，单纯地为组织目标贡献，将无法得到应有的回报或诱因，**不如参加派系，可使其“贡献－诱因”的成本效益更高。当大部分人都有此想法，纷纷加入派系时，其他有志向上者，不加入某一派系将完全没有发展机会。因为在这种组织中，不加入派系者永远是组织中的“孤鸟”或“隐士”，正式组织所能提供的诱因不及其贡献，也难以随着派系的成功而成为组织的核心成员。

派系存在影响人才晋用

派系存在的另一个问题是，未来无论哪个派系当权，人才晋用都难免局限于派系之中。这不仅打击其他人的士气，也因未能用人唯才而降低了高阶人员的平均素质。而且，由于唯有加入派系才有前程，全员都会提高对所属派系的向心力，降低对正式组织的向心力，因而加速正式组织实质上的瓦解。

如何避免派系坐大，如何整合现有派系，是许多大型组织机构领导人在组织内部感到最具挑战性的工作。

派系利益与组织利益的两难

在大型组织中，全凭能力与贡献，通常只能升迁至某一层级，若欲更上一层楼，则跨部门或跨层级的认同与支持势不可免。在高度中央集权的组织，可以"大夫无私交"，只要忠于领导人或皇帝即可，在现代权力与资源多元化的组织，"无私交"者只宜担任前述"家臣"，却未必能成为未来的领导核心。

这与第十一章中的建议——整合者应"先整合一小部分目标接近的整合对象，然后以该组合为基础，整合更多的整合对象，从小圈而中圈、大圈，逐渐扩大整合范围"，在观念上颇为接近。

然而在各种层次的"圈"中，整合对象各有所图，其阴面的个人目标未必与组织目标完全一致。因此，整合者在迈向高阶的过程中，或成为机构领导人之后，在分配成果时应如何在"组织整体目标与永续发展"及"派系（圈内）利益"间取得平衡，极不容易。若完全关注前者，则可能被过去支持者认为"忘恩负义""喜新厌旧"；若过于照顾后者，则可能被指为"不顾大局，只图利小圈圈"。大型组织中最后"胜出"的领导人，针对此一课题，如何取舍，利弊如何，值得深入研究。

⊙成员的网络关系与目标认同

网络结构中的多元成员身份

本章指出，组织中任何成员对组织的参与及投入，只是人生的一部分。其个人目标、资源，以及为达到人生目标的所作所为，是依某一比率分配至若干组织中。因此，组织成员可同时拥有不止一种"组织成员身份"。例如：本章所举的例子，某人既是企业的副总经理，又是社团负责人，同时又兼任另外一家公司的董事，而再深入观察，除了这些之外，他还有许多家族、朋友、校友、社区、政党、教会的网络参与。

此现象十分正常而普遍（若某人一生只与一个正式组织有关系，那才是极端的特例）。然而，就像前述非正式组织与派系一样，如果适度发展，它对组织会产生良好的正面作用，若发展过度，或方向偏差，则会出现问题。

组织间的网络关系必须靠"人"维持

在管理学术与企业实务中都常提到"企业间的网络关系"，但事实上，**组织**

只是一个"平台"，除了依赖法律契约，组织与组织间不易建立长远关系。能互通消息、互相信任，以及产生感情认同的是"人"。因此，组织的对外网络其实高度依赖各级成员（尤其是中高阶以上层级的成员）个人间的联结，甚至局部参与对方组织，而具有其组织成员的身份。高阶人员能掌握的组织资源多，此一跨组织角色远较中基层人员更为普遍。

基于此，成员参与其他组织是极其自然的现象，与其他组织中的成员逐渐建立私人情谊，也是人之常情。以这些私人情谊为基础，组织之间才可经由"个人"管道，在组织网络体系中互通信息、交流知能、结合双方的无形资源，并协助有形资源的交易与流动。

网络结构中成员身份与角色的潜在冲突

从管理观点，以上现象值得关注的是：**个别成员在与其他组织或网络成员交流与取予的过程中，所给予对方的种种，是否危及本组织的目标；从外界取得的，是否有效地汇入组织整体的资源或知能存量之内。**简而言之，这些跨组织或网络中的人际关系，是否"损己（本组织）利人（其他组织）"，是否做到双方互利互惠，还是双方组织都"出多进少"，只有居间者坐收好处。

个别成员与外部网络的关系及其管理，也属于非正式组织议题范畴。

组织均衡与组织绩效

在营利组织，企业若能长期获利，又能保持稳定成长，即是绩效良好的表现。但从整合观点，尚可做进一步的分析。

⊙组织均衡

基本观念与定义

从整合观点，组织若希望永续长存，就必须使此一平台所整合的各个对象，都认为长期为组织所付出的，与从组织所获得的，二者间的比例合理而值得。简而言之，即是**各种身份的所有成员与准成员，都觉得其所得到的"诱因"，与**

其付出的"贡献"相比，是值得的。 而且，因为感到值得，便继续对组织投入组织所需要的各种管理元素，例如：资源、知能、信息，以及目标认同。

当所有成员或整合对象都到达此一境界，即称为"组织均衡"。

创价流程的边际生产力是先决条件

欲达到组织均衡，组织的"创价流程"必须有效创造出"价值"。而且，当更多的整合对象或各种成员投入更多资源后，这些资源的"边际生产力"仍能维持一定水平之上。当所投入资源的边际价值低于边际成本时，就表示已经达到组织成长上限。

例如：创业初期的资金，边际生产力一定很高，等到规模大了，出现闲置资金，资金的边际生产力就降低了。此时，必须是很会"运用"资金的组织，资金的边际生产力才会不断提高。但无论如何，到了某一水平，还是会出现资金闲置的问题，于是就不需要更多资金，因而也无法为继续加入的资金提供者提供令其满意的报酬。同理，人才或其他资源的情况也完全一样，组织在某方面的"存量"若超过一定数量，即难以继续有效创造价值。当组织所创造的边际价值达不到取得资源的边际成本时，就无法负担其"诱因"，因而不会有更多的资源进来。至于何谓"过量"，何时边际价值才会"不足"，则与组织的"创价能力"息息相关。

表 12-5　组织均衡与组织绩效

主题	内容
组织均衡	各种成员与准成员，皆感其所得到的"诱因"值得其所付出的"贡献"； 创价流程的边际生产力是先决条件； 其他可选择整合对象的多寡与议价力影响均衡水平； 应持盈保泰以因应不确定性。
衡量组织绩效	创价流程的效率； 内外各方在管理元素上投入的质与量； 内外各方对其所得到诱因的满意程度； 决策与管理流程的质量； 各种管理元素的创新与强化； 组织的成长与盈余。

整合对象其他选项的多寡与议价力

整合对象通常本身还有与其他组织平台整合的选择机会，其选择机会之多寡与相对吸引力，影响了本组织的"组织均衡"状态。如果某一整合对象或"生产要素"，在外"供不应求"，则其要求的诱因也会随之提高。就像某一原料如果供不应求，价格就会提高，或资金需求强，利息也会提高一样。**这些"其他选择机会"或"选项"的出现，会影响其要求的诱因水平，因而破坏原有的组织均衡，**导致其他生产要素或整合对象所能得到的诱因水平降低，进而减缓组织成长的速度。

持盈保泰，以因应不确定性

"组织均衡"的精确定义是指，所有整合对象的满意水平都到达"最佳化"的临界点。尚未达此水平，组织便仍有成长空间；若超过此一水平，则边际生产力势必下降。然而，真实世界中的任何组织都处于某程度的变动环境，或不确定的环境下，如果以最佳化的均衡为目标，由于各种资源都处于充分利用或"紧绷"的情况，因而失去可以机动调整的弹性。因此，**组织应该"持盈保泰"，保留一些实力而不追求最佳化，方可使组织承受更大的波动与不确定性。**

此处所谈的"均衡""临界点""最佳化"等，在经济学等领域中也有类似观念，甚至这些管理学观念有不少是从经济学延伸而来。实务上虽未能精确定义，但应该可以想象实务上所呈现的现象与意义。

⊙组织绩效的衡量

在最单纯的想法中，营利组织的绩效指标就是获利，能赚钱的就是绩效良好的组织。然而，利润是许多因素累积而成的结果，若只着眼于最终的获利，而不思考造成长期获利的原因，在管理上将无从着力。若能将组织绩效有系统地分为若干个构面，则在绩效的评估与改善上，也更能顾及全面性及攸关性。

学理上及实务上衡量组织绩效的指标很多，依本书观念及管理矩阵的架构，组织绩效可以从几个方面来思考：创价流程的效率、内外各方投入管理元素的质与量、内外各方对其所得到诱因的满意度、决策与管理流程的质量、各管理元素的创新与强化，以及组织的成长与盈余。

这些观念都与本书各章内容有关，也都从各章观念延伸而来。而实务上所发展的绩效指标形形色色，也都可以依此架构予以分类，并从分类的过程与结果中，更深入体会这些指标的意义与作用。

创价流程的效率

组织存在是为了运用创价流程为社会创造价值，因此创价流程的效率是组织生存的依据。"组织所掌握的各种资源、知能、信息等，是否有效汇入创价流程""流程运作是否顺畅""每个次流程所产生的价值，与投入的成本相比是否恰当"等，都属此类绩效指标。

内外各方投入管理元素的质与量

总体环境与任务环境中的成员或机构，对组织而言谓之"外"，组织内部员工谓之"内"。"顾客是否以有利于我方的价格，采购足量的产品""经销商是否已尽力铺货与促销？""员工是否高度认同组织的目标与使命""员工是否已为组织尽力贡献其知能"等，皆属于此类。这些指标表面上似乎相当分歧而且关联不大，但从"组织是整合平台"的观点，即可知道这些都是各方的"投入项目"，也是组织所欲整合的"标的"。

内外各方对其所得到诱因的满意度

包括"顾客对本公司产品与服务的满意度""经销商对本公司的佣金制度与其他支援活动的满意度""员工对薪酬福利及组织气氛的满意度""政府对本公司守法及纳税的满意度"等。这些内外的成员或机构，将来是否愿意继续为本组织投入各项管理元素（包括政府主管机关做出合于本组织期望的各种"决策"），或是否愿意继续"被整合"在本组织的平台上，都与其满意度有关。换言之，此一指标也反映了他们未来继续投入的意愿与概率。

在实务上，这些都是应该经常进行实地调查、科学分析，并且不断进行检讨的指标。

决策与管理流程的质量

包括"划分决策权责""制定策略及重大决策的程序""各项管理流程是否

配合策略与营运流程的需要"等，相当于检视所有管理作为与制度。

各种管理元素的创新与强化

经营管理不能仅仅着眼于现在，也应考虑未来；资源与知能等管理元素不能完全仰赖外界投入，本身也应能创造与强化。因此，"组织知能是否配合未来需要而创新成长""是否针对未来策略需要，开发可用的资源""是否配合未来发展而调整管理流程"等，都是此类目应该注意的指标。

组织的成长与盈余

了解本书所称"整合"或"整合平台"的意义，即可了解，**前述几类组织绩效指标，其实彼此间都存有互为因果的循环关系。每一种指标的作用只是在此循环过程中检视其"进度"而已，而此循环最终的指标即是组织的成长与盈余。如果因果关系走向良性循环，则组织可以欣欣向荣。**但若其中某一环节出了问题，例如某些整合对象不满意，或某些整合标的不合用，或创价流程效率降低等，都会影响组织的成长与盈余。若不及时修正，长期甚至会将组织逐渐带向恶性循环的道路。

在每个"阶段"或"进度"，都针对重点指标加以评估考核，可以让管理当局及早发现问题，并及时采取修正或补救的工作。

正式组织的六大管理元素

本书各章在介绍管理元素时，已分别说明组织平台（"3"）的六大元素。本章为讨论正式组织的专章，故在此对有关观念再略为回顾。

⊙阴阳并存的成员身份

第四章中已详细说明，六大管理元素皆有其"阴""阳"两层面。在讨论正式组织时，似乎尚可再进一步分析。

组织中"成员身份"也可以说是"阳面"六大元素的"载具"，而自然人则是个人自身"阴面"六大元素的载具。"正式组织"借着阳面的六大元素，整合各种成员与"准成员"的阴面六大元素，因此大多数人同时拥有这两种身份。**使成员的"阳面"与"阴面"相生而不相克，形成正向循环，是管理当局的核心任务之一。**简而言之，组织要将个别成员的"阴面"六大，转化为组织的"阳面"六大；而个别成员则因获得其"成员身份"，参与组织运作，借以满足或增进个人"阴面"的六大。

⊙动态的存量

六大层级皆有其存量与流量

每一层级的管理元素，或管理矩阵的"三十六栏"，或包括"阴面"所形成的"七十二栏"中，都同时存在"流量"与"存量"的议题。例如：一位基层成员（"6"）的"知能"（"能6"），一方面表现出过去知能累积的存量，一方面也在不断地改变，这些改变包括知能的成长或"折旧"在内。这些动态变化中的知能同时也会对他的"决策"，以及所负责的"流程"发生作用，而且也是组织内外其他人"整合"的标的。

组织平台六大管理元素的变与不变

在"组织平台"这个层级，动态存量的观念更为明显。**因为，组织平台本身并无自行采取行动的意识，但又是过去许多决策延续的结果，因此组织的"目标""资源"等等，都代表了"存量"，并以存量的方式对组织目前的运作发生作用。**

然而组织内外的成员，尤其是以机构领导人为主的管理当局，又不断透过本身的决策与行动，持续地改变组织平台中各项管理元素的存量。**管理当局一方面要尊重现有存量，以维持原有整合架构的稳定性，一方面也必须不断修正、改变这些管理元素存量的内涵，一方面也借助这些存量，加上本身对这些存量的诠释，推动组织的业务与创价流程的运作。**

⊙目标与价值前提

组织平台的目标即为"阳面"目标

在组织平台或正式组织这个层级，所谓"目标"（"目3"）包括组织使命、组织文化，以及第九章所指出的各种本质的多元目标—与资源获得与能力培养有关者、与内部行动与效率有关者、与资源分配有关者、与成果分配有关者，以及与外部环境各种成员的预期行动有关者等。这些目标在设定之初，或许曾经考量过个人的阴面目标，但是在正式成为组织目标后，所展现的即是"纯阳"的面貌。

组织目标是妥协的结果

由于组织是长期存续的整合平台，**因此，"阳面"的组织目标一方面要用来整合现有及未来成员的目标与价值，一方面也是整合过去成员的个人目标与价值的结果**。组织成员份子复杂，价值观分歧，整合已属不易，还要整合不同世代甚至目前已不存在的成员，当然极富挑战。传统的经济学假设，利润是企业的主要目标，甚至是唯一目标，而且许多经济学理论也都建立在"追求利润最大化"的假设前提下。然而，从管理实务的观察，**任何组织的目标其实都是来自各方妥协的结果，因此也称为"目标组合"。由于来自各方的期望极多，过于强调其中一二项，可能会造成目标组合失衡。因此，在进行管理决策时，通常只要能满足这些目标的"最低要求标准"即可。在决策时，只要求"满意解"而不可能达到"最佳解"，也是此现实造成的。**

机构领导人与董事会的角色

在高阶权力较为集中的组织，机构领导人及本章所描述的核心成员，拥有调整组织正式目标的权力，也拥有组织目标的"诠释权"。因此，**遵循、修改、诠释组织目标，是他们的责任，也是权利**。

在机构领导权力较为分散的组织，"董事会"即成为负责此任务的"平台"。各大股东代表、机构投资人、经营阶层，以及代表大众投资人的"独立董事"，在此平台上整合组织目标与资源，包括设计创价流程以及成果分配的重大决策在内。在具有实质功能的董事会中，本来属于单一领导人的各种流程、决策程序与功能，都表现在此平台中。

因此，"董事会"在"六大层级"中的定位，可能是"组织平台"的具体代表，也可能取代一部分机构领导人的功能。其角色究竟如何，应视各组织个别情况而定。

⊙环境认知与事实前提

在组织平台这一层级，"环境认知与事实前提"有两种意义。

组织的数据库

"环3"这一栏的意义之一是组织的数据库。它不属于任何个人，但可以协助高阶及各级决策者，强化本身对内外环境的认知，意即运用丰富及时又正确的组织数据库（"环3"），强化大家对环境的认知（"环4""环5""环6"）。

过去政策形成时的决策前提

"环3"的第二个意义，是过去制定组织重大决策或政策（"决3"）时的事实前提。当现任的决策者在检讨过去所留下来的政策或流程是否合理时，常发现在当时的时空环境下，此决策方向显然是正确的，但时过境迁，似乎已不合时宜。然而，是否真的如此不合时宜，或环境中的事实前提是否已出现如此重大的改变，也是需要进一步验证与检视的。

⊙资源与知能

经过整合与创新，以及不断地累积，组织所拥有的有形、无形资源，以及各种知能，应超越个别成员所拥有的总和。配合未来创价流程的需要，为属于组织的资源与知能进行整合、创新、累积的工作，当然是管理的要务。

⊙决策与流程

组织层次的政策（"决3"）与流程（"流3"），是依据过去的目标（"目3"）、过去的环境认知与事实前提（"环3"）、过去的资源（"资3"）与知能（"能3"）水平所订定的。它们的存在是为了组织的稳定与存续，它们指导或影响当前组织的运作方式与行动方向，同时也是许多决策试图改变的对象。

管理工作的自我检核

1. 贵组织主要提供的产品或服务为何？其目标客户为何？投入资源的来源为何？流程间如何衔接？是否订有明确计划？

2. 贵组织有哪些重要的"成员"与"准成员"？他们对组织的贡献与诱因分别为何？

3. 请问贵组织目标为何？是否与您的个人目标一致？当达成组织目标时，组织提供的报偿是否满足您的需求？

4. 试举例说明你在组织中可能的"角色冲突"，你是否关心或至少注意到你的部属所面对的角色冲突？

5. 贵组织现有的跨部门非正式组织，是基于哪些原因形成的？其存在对正式组织的运作有何影响？

6. 试说明贵组织中的组织均衡状态，现在的组织均衡状态、组织目标与组织成长，三者间的关系如何？

7. 试说明贵组织中，常用的组织绩效衡量方法与指标，贵组织如何透过这些组织绩效衡量方法与指标，以影响组织目标的达成？

第13章

组织设计

　　由于成长或策略改变，组织在结构上必须分工与编组，并将创价流程的责任与整合工作划分给各层级与各单位。不同的分工与编组方法，各有其潜在效益，也有其成本。分工以后的组织又需要进行"再整合"的动作，而再整合的成本也是组织设计时的考虑因素之一。

本章重要主题

组织设计的基本观念

组织单位的设立与业务的分化

分权与集权

工作单位的编组及轴线的观念

轴线的变化与组织设计

双重主轴与轴线的简化

组织再整合的方式与机制

组织设计效益与成本的权衡

关键词

再整合

最小工作单位

次级平台

整合与分化

正式职权

分权程度

主轴

辅轴

双重主轴

内部转拨计价

目标管理制度

平衡计分卡

组织内部单位与层级的划分方式，影响了决策与沟通的过程，影响了组织知能与资源运用的效率，也影响了组织对外联系与整合的重点，也影响了各单位对各项目标的相对重视程度。组织能否落实策略的构想？是否能应付多变的外界环境？甚至是否能使每一位成员专心致志于各自的工作岗位，而不需花费太多时间精力于冗长的沟通协调上，这些都与组织设计密切相关。因此，组织设计是管理学中极为核心的一项议题。

本章将以本书一以贯之的"整合"观念，分析组织设计的原则与方法。基本想法是：**当组织规模扩大、业务趋于复杂，为了简化整合的范畴，必须将"整合"或"管理"的工作分配至各层级的各个单位，各自负责局部的"整合"。然而在分配后，为了解决"分"所产生的问题，又要设计一些"再整合"的机制，以达成全面的"整合"。**简言之，"再整合"就是将这些被划分到不同单位的流程、资源或目标等，再进行跨单位的整合。不同的"分组"方式，需要不同的"再整合"；"分组"有其效益，"再整合"有其成本，因此，**组织设计方式的选择，必须考虑各种"分组"方式的效益与成本。**

组织设计的基本观念

⊙组织设计的相关议题与意义

组织设计的"动作"，无非是增减层级、划分业务，以及新设、分割、合并各个单位，并在各单位间划分决策权责。组织设计的结果，通常是各式各样的组织图，例如：依功能划分、依事业部划分、依地区划分，或以混合方式呈现的组织结构。

组织设计的议题与决策

各种机构中，常受到关心的组织设计相关议题包括：是否应增设某一单位？增设的单位应置于哪一层级？向谁报告？整体组织应有多少层级？机构领导人及每位中高阶主管各应负责督导多少个单位？组织一级单位应有哪些？哪些单位可以作为一级单位？中基层单位应依何原则划分归属至各个一级单位？

更进一步的决策还包括：平行单位间，以及上下层级间，决策权责应如何划分？彼此在相关决策上如何协调？进入新事业或新地区后，应否设立新单位？新单位与业务相关的旧单位间，应如何划分权责、如何协调配合？

更具体的还有：各事业部是否应各自设立研发单位？或将研发活动集中于公司总部？采购工作应集中还是分散？业务呢？训练单位呢？什么情况下应成立委员会或任务小组？委员会与任务小组的权责如何界定？与其他单位间的权责如何划分？海外分公司如果为数众多，是否应成立区域营运中心？若成立区域营运中心，应置于哪个层级或国家？海外分公司的负责人与总公司的产品单位、幕僚单位如何划分权责？

诸如此类的议题，都是组织设计的范围。快速成长、业务范围广且变化多、各种业务已高度地区多元化的组织，更是必须经常面对这些问题或决策。

组织设计的意义与作用

从以上所谈的这些决策、作为、组织图，以及各种议题，我们可以大致体会到组织设计的意义。然而，从更深的层面去思考，**组织设计或组织结构存在的基本意义与作用，应该是"协助组织成员顺利进行其创价流程"**。从六大管理元素来分析，组织设计的目的在于**使每一位成员所承接的任务清楚明确、所负责的创价流程流畅而有效率、与其他人的决策与行动能有效划分与配合、知能既可以充分发挥又能在组织支持下持续成长、有足量的可用资源与信息并能有效加以运用**。每一个单位由于目标具体，因而可以决策明快且易于考核绩效；由于决策与流程的范围明确，因此也可以简化所需信息的流量。

组织设计的所有做法，最终都是希望能让成员可以集中力量顺利完成任务，而在完成任务的过程中，组织能提供正面的助力，而非带来阻力。第十一章所讨论的"组织的整合能力"，与组织设计的关系十分密切，良好的组织设计是组织能否发挥整体整合能力的基础。

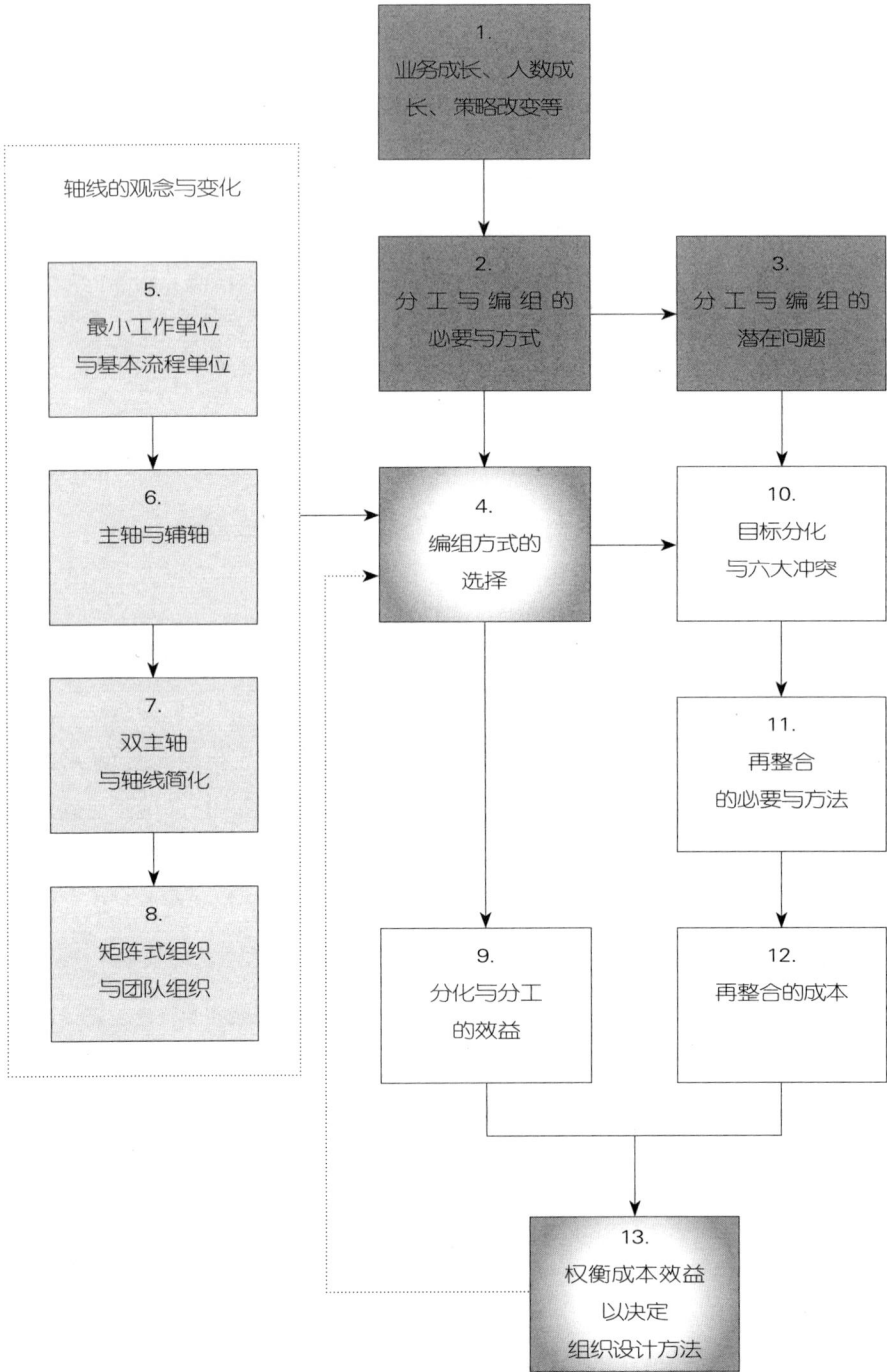

图 13-1　本章观念架构

三种角色及其相互关系

组织内与组织设计有关的角色可分为三种，分别介绍如下：

组织设计的观念架构说明

本章所讨论的组织设计，在观念层次较为复杂，故在文字说明之前，先以观念架构图说明本章的推理过程及内容铺陈方式。

在图 13-1 中，居核心位置的是"4"，指出组织设计的重点在人员的分工方式与编组方式。针对不同的目的，应有不同的编组方式。然而，编组方式会带来目标及沟通等方面的缺点，因而有必要再整合。以下即依图中编号逐一说明。

1. 业务成长、人数成长、策略改变等，带来分工的必要，因而有人员编组及权责划分之课题。

2. 任何一个复杂组织，其分工与编组的方式很多。

3. 无论何种分工与编组方式，难免会带来几项问题。第一，提高了主管与各级部属间，六大管理元素流通的复杂性；第二，提高了经营的间接成本；第三，次级平台会出现"生命现象"，产生本身单位的目标，甚至在整合上与上级分庭抗礼；第四，有了层级就必须进行某些程度的分权，分权程度的取决在组织设计上是一项重要的管理抉择。

4. 编组方式的选择，是组织设计的核心课题。

为了更深入说明组织设计原理，本书乃提出"轴线的观念与变化"的思考角度，包含"5"至"8"等观念工具。

5. "最小工作单位"与"基本流程单位"的观念，作为组织分工与编组的起点。

6. 要连贯各个最小工作单位或基本流程单位，就需要"轴线"作为"指挥系统"及六大管理元素在上下层级间，以及部门间的交流管道。轴分主轴与辅轴。

7. 所谓"事业部制"或"功能式"组织，即代表了"主轴"的不同。然而，本章从工作单位的角度来看主轴，可以处理实务上更为复杂的组织设计问题。除了主轴变换之外，双重主轴与轴线的简化，也是可以采行的做法。

8. 双重主轴演变为矩阵式组织，轴线的简化则走向"内部市场"或"团队组织"，各有其适用场合与利弊。

以上这些方法或思考角度对"4"皆有参考价值。

9. 组织分工与编组通常会出现原先预期的效益。

10. 另一方面，无论何种编组方式，皆可能出现一些部门间，甚至上下之间的目标分化与六大管理元素方面的冲突。这些现象是前述"3."的延伸，也是"4"的结果。

11. 针对上述问题，就必须采取一些再整合的方法。

12. 再整合会产生成本。

13. 编组或分工有其效益"9"，再整合又增加成本"12"，两相权衡比较的结果，指导了组织设计的方法或对"编组方式的选择"提出更深层次的考量（从"13"又反馈至"4"）。总之，分工得愈彻底，整合的必要性与成本也愈高，而分工程度不足，却又可能无法发挥组织的整体效益。

协助创价流程的各级管理人员

第二种角色是除了最高阶层以外的各级管理人员。他们通常并不直接参与创价的营运流程，但身为管理体系的一员，他们必须**为那些直接创价的基层成员提供六大管理元素方面的指导、协调、支援、监督，以协助他们完成创价的工作。这些包括前述的目标与任务的分派、信息的提供、知能与资源的协助等。**这些管理人员中，有些必须直接督导基层人员，有些则扮演较间接的协助或监督角色。虽然他们参与的直接创价活动通常不多，但因为有了他们所提供的功能，才能使那些真正从事生产、销售、研发、服务的人员有所发挥。这些各级管理人员，在管理矩阵中位于"5"。

机构领导人及其核心团队

机构领导人及其核心团队代表管理矩阵中的"4"。他们的角色是**为前述各**

级管理人员设立单位、指派任务、赋予目标、划分权责、设计指挥系统，并为
管理团队决定人选、提升知能，以及进行监督考核。目的在使这些管理单位或
管理人员能相辅相成、分进合击、互相协调配合，或互相钩稽制衡，以有效达
成机构的使命。所谓组织设计，主要是此一层次的课题。

三种角色间的关系

这三种角色之间的关系是：机构领导人负责设计系统与规则、安排各级管
理人员的角色；各级管理人员在其所设计的规则下，根据本身职掌或单位目标，
进行指挥、决策、监督、协助等工作；而真正创价的成员，则在前两者所设计
及运作的组织体系下，分别进行他们的专业工作。前两者的作用是促成基层成
员的贡献，但若运作不当，也可能妨碍个别成员发挥能力。

总而言之，机构领导人与各级管理人员，应透过组织结构与权责划分，使
基层创价人员有明确的愿景、目标，也有足够的知能、资源、意愿，适时采取
符合组织目标的行动。

⊙组织存在价值的省思

组织成为创价的阻力，而非助力

当组织设计出现问题时，许多成员会感到，在执行任务的过程中，必须耗
费太多的时间精力，以"对抗"组织中复杂的分工协调方式，因而浪费了原本
可以用来创价的力量；也可能由于"失控"，导致成员未能将知能与力量投注于
组织的创价流程。此时，如果再加上第十二章所谈的"诱因－贡献"比例不对
称，已存在的政策（"决3"）与流程（"流3"）又不符实际需要，则表示组织的
存在已对成员发挥创价能力，产生了负面作用，甚至连组织存在的意义，也会
受到质疑。

管理者必须设法确保组织存在的价值

成立组织平台的用意在整合各方的知能与资源，而组织设计则是协助组织
（尤其是大型组织）进一步发挥整合功能的机制。然而，近年来出现的虚拟组
织、外包网络以及"个人工作室"，隐含在**通讯科技快速进步，以及专业人员追**

求自由与创意的大趋势下，不仅组织设计的效果受到挑战，连"组织"的存在价值也将被重新检视。

从历史上看，人类社会出现"组织"，是因为纯粹的"市场交易"有许多难以避免的缺点，因此许多"合作"必须借由"组织"来完成。未来如果"组织"也失灵，社会上大部分的合作或交易又回到市场交易的形态，表示"管理"这种工作或专业已逐渐失去作用与附加价值。

所幸者，今日世界中，各种形式的组织不断创新，大型与小型的组织各有其发展空间，表示"管理"与"组织设计"在未来所能提供的潜在价值依然有增无减。

组织单位的设立与业务的分化

随着组织业务量的增加与业务内容的分歧，组织结构可能会不断变化，管理者角色也会随之不同。而业务因组织设计而出现各种形式的分工或"分化"以后，又出现了再度整合的需要。

⊙业务成长与组织结构的发展

组织设计始于分工

创业初期的"一人公司"当然没有组织设计的问题。然而，当这位单枪匹马的机构领导人开始聘用一位助理时，组织问题即开始出现。这些问题包括：负责人与助理要如何分工？哪些事项可以授权助理自行决定？助理的工作绩效如何评估？如何为助理订定客观的奖惩方法？如何在工作中指导并提升助理的知能？简而言之，当组织中不止一人时，即有内部的整合问题，亦即管理角色的出现。

当小型组织的机构领导人必须增聘人手，而要领导这两个人时，在组织设计上又必须决定：两位员工如何分工？他们两位的决策与行动如何相互协调配合？要如何评估与奖惩，他们才会认为"公平"？

部门与层级的增设

如果组织继续成长，员工人数增加，则可能需要再增设一个层级。以设立两个部门，各部门各有若干人为例，此时的组织设计课题为：部门应依什么原则划分？各自目标应该为何？如何在两个部门间分配资源？如何促进两个部门间的协调？还是要设法使二者完全无须协调，各自可以独立运作？若需要设第三个部门，则新部门应与原有的两个部门平行，还是归属其中某一部门？又应归属何者？

当组织不断成长，这类问题也将层出不穷。

⊙业务分化与增设单位的理由

组织结构日益复杂的原因与业务分化及不断增设单位密切相关。增设单位的主要原因可以大致归纳如下，而对某些组织结构的变动而言，背后原因往往不止一种。至于增设单位以及各单位的归属与分组，本章将再进一步讨论。

组织规模成长

增设单位的原因，其中有纯粹因为成员人数增加者，为避免监督照顾不周，必须有更多人分担管理的责任。

专业分工

某些专业活动由于专精程度提高，便需要成立专责单位，处理与此专业有关的业务。例如：当计算机信息作业愈来愈专业，就必须成立计算机中心；当心理辅导愈来愈专业，学生的辅导就不能完全依赖一般教师，而需要成立学生辅导中心。

集中运用资源或资产，以达规模经济

例如：各事业单位本来各自拥有客户服务人员，但为了发挥规模经济，乃集中成立共享的客服部门。跨部门之上，成立计算机中心、中央采购单位、人员训练中心等，也常是基于此原因。

创价流程的深化

组织的价值活动提高垂直整合程度，包括向上整合与向下整合在内。例如：原本物流业务是委外进行，后来改为自行负责，于是成立物流部门。

外界整合对象的增加与调整

其中包括组织增加了新的外界整合对象，或现有整合对象的重要性提高。例如：新增加了重要客户，而需要增加新的专责单位；环境保护工作日益重要，需增加环保部门，以面对政府环保机关与社会的环保团体；针对劳工问题也可能要增设劳资协商单位；当外资比重增加，上市公司有时需增设专责单位，以联系与服务外资法人机构。业务拓展到了新地区，为了因应为数众多的新整合对象，当然也需成立新部门。

组织内部出现新的创价流程

例如：新产品线或新服务项目的技术基础与生产方式，如果明显不同于原有产品，常需要新的组织单位负责。

业务间的钩稽与制衡

例如：出纳单位与会计单位的分立，以及稽核单位的设置，即是基于此一理由而成立不同的单位。

企业购并后的适应

企业进行购并带来的新创价流程，或是因合并而来的流程，在完全融入原有流程前，必须在一段时间内维持独立作业，这些都造成单位数目的增加。

其他理由

除了以上各项原因，当然还有一些"阴面"的理由，例如：为了争位子，或安抚人心而因人设事，虽然在实务上也颇为普遍，但这些都不在本章的讨论范围内。

增设单位时，往往也必须考虑是否有足够能力的人负责新单位。这种情况与"因人设事"相反，是由于组织缺乏适当人才，而未能依业务逻辑分化业务与增设单位。

⊙组织层级与整合问题

新业务的增加与原有业务的分化，是组织单位数目增加的主要原因。当组织单位不断增加，势必要有组织层级，然而**当组织层级出现后，即随之出现新的整合问题，也会使管理工作渐趋复杂。**

现以一简单例子来说明这些观念。此例中说明，即使只有七个人，也有不同的可能编组方式，而**不同的编组方式，会带来不同的管理课题。**

第一种编组方式

假设有一位主管 A（可能是机构领导人，也可能是单位负责人），手下有六位工作人员（分别为 B、C、D、E、F、G）。

第一种编组方式是六位工作人员都直接向 A 报告。此时，A 的管理工作包括下列各项：

1. 将本身负责的创价流程（"流"）分给六个人；

2. 为他们设定目标（"目"）；

3. 为他们提供完成任务所需的资源（"资"，例如工具）；

4. 为他们提供完成任务所需的知能（"能"）与信息（"环"）；

5. 建立某种监控系统，以了解他们的工作进度与效率（"环"，设法增加对他们工作进度与成果的认知）。

此外，此六人所负责的流程极可能有所衔接、信息必须交流、资源必须共享、决策必须配合，彼此日标间可能又有冲突，这些也有待 A 来处理或设计解决办法。简言之，**作为管理者，A 需要处理"A 本人与六位部属间六大管理元素的关系"，**以及"六位部属间六大管理元素的关系"（以下将"六大管理元素的关系"简称为"六大关系"）。

当部属人数不多，或彼此间互动关系不复杂时，单一层级的组织结构相对可行。传统上的"控制幅度"（一位管理者管辖多少部属）与"组织层级"的思考方式即与此十分相似，只是似乎未从"六大管理元素"进行深入探讨。

第二种编组方式

第二种编组方式是在 A 之下分设两个单位，分别由 B、C 二人负责，D、E 向 B 报告，F、G 向 C 报告。这时，管理问题即变得相当复杂，今简化说明如下列各项：

1.B 要处理 B 本人与 D、E 间的六大关系；

2.B 要处理 D、E 二人间的六大关系；

3.B 要协调 B 本人与 C 之间的六大关系；

4.C 要处理 C 本人与 F、G 间的六大关系；

5.C 要处理 F、G 二人间的六大关系；

6.C 要协调 C 本人与 B 之间的六大关系；

7.A 要处理 A 本人与 B、C 间的六大关系；

8.A 要处理 B、C 二单位间的六大关系。

而且，虽然隔了一层，A 对 D、E、F、G 的六大元素也不能完全不管，也需要有些管理作为。因此：

1.A 要观照、协助与监控 D、E、F、G 的六大元素；

2.A 要观照、协助与监控 D、E、F、G，以及 B、C 如何分工；

3.A 要观照、协助与监控 B、C 的"观照、协助与监控工作"。

以上最后一项是特别强调各级管理者（在此为 B、C）的"管理工作"，也需要管理。当然，若 A 尚有上级，则其上级对 A 的各种管理工作，也必须有所了解并进行管理。

编组的必要性与成本

七个人的编组方式当然不只这两种，但是由此一简例即可知道，当业务增加，组织内的人数（或前述的"最小工作单位"数）就会增加，人数增加就需要分工，分工后则必须再整合。不同的编组方式（例如：B 究竟是指挥 D、E，还是指挥 D、F）所需要的整合方式与整合成本也不同。这些都会再详加讨论。

层级增加有利于组织的监督管控，然而，一旦层级太多，上下级间的信息传达便缓慢耗时，经常会降低决策时效。层级增加也会提高间接成本，这也是组织设计时的考量。在此例中，第一种编组方式下，有六个人可以直接从事营运流程中的创价工作，第二种编组方式则只有 D、E、F、G 四人而已。即使 B、C 二人在处理管理工作之余，也负责一部分创价任务，但毕竟牺牲了一些直接的生产力。**层级愈多，表示为行政管理而牺牲的直接生产力也愈多。**

当决策所需的信息多半来自基层、基层成员有足量的知能，而经营环境又需要组织快速反应时，层级所提供的"观照、协助与监控工作"所能产生的效益，可能低于层级本身的成本，因此，此时组织结构应该以扁平式较佳。

⊙正式组织内的次级平台

正式组织本身是一个整合平台，由于组织分工，逐层而下所成立的各个单位，则构成了组织平台下的"次级平台"。次级平台隶属于整体组织，本身也有整合平台的作用，故称之为次级平台。次级平台存在的目的是协助组织这个"大平台"更顺利地运作。与此有关的观念分述如下。

次级平台旨在协助组织平台

从理想上或从纯粹"阳面"来看，组织中所有的次级平台都是整体组织平台的一部分，而且在立场是完全一体的。机构领导人或任何上级，决定投入资源成立新单位，基本上都是为了配合组织目前或未来策略的需要，以及为上级分担整合工作。单位成立或分化出来以后，即使其目标与整体组织的目标不尽相同，但应可从整体组织的角度或"目标函数"来彼此调适，而且次级平台的目标最终必须服从整体组织的目标。

"组织单位"不等同于"管理职位"

"组织单位"与负责该单位的"管理职位"（managerial position）并不相等。"组织单位"是次级平台，如"欧洲区业务部"，而"管理职位"是管理角色，如"欧洲区业务部负责人"。**"组织单位"是由组织平台的策略或整合需要衍生而来，"管理职位"则是接受任命负责主持此一次级平台，并依据此一平台的目标以及拥有的资源，采取各种整合行动的人。**由于此一次级平台的存在，管理人员得以更顺利地进行各项整合工作。

"单位"不等同于"单位中的成员"

"单位"与单位中的成员也不相等。"信息部"是一单位，也是正式组织所设置的次级平台，而"信息部同仁"则是一群各有其个人目标、知能、环境认知的人。单位并非所有单位成员的总和，例如：信息部的技术能力，与信息部个别成员的技术能力，实际上未必相同。

"单位""管理者""单位成员"间的关系

从以上几点可以推论："单位""管理者""单位成员"的立场、目标，以及所拥有的资源与知能都未必相同，其关系和管理矩阵中的"3""4""5""6"之间的关系极为相似。而且，若单位管理者本身又有自己的"阴面"目标时，这些矛盾即更为明显。

次级平台的"生命现象"

第十二章中曾讨论非正式组织，以及此一平台的出现对正式组织所产生的负面作用。正式组织中的"次级平台"也可能有此倾向，尤其是当次级平台或单位有能力自外界取得生存所需要的资源，而在组织内的地位也不可或缺时，更是如此。

当次级平台逐渐成为内外成员与准成员的整合平台时，各方的"取予"即以此次级平台为核心，而"效忠"的对象也会从整体组织的大平台渐渐转移至此次级平台，甚至使得此次级平台的目标与利益，与整体组织之间出现差距。因此，"国际部"可能与总经理立场不一，独立的"研究中心"可能与校长的立场不一，"军方"可能与国家领袖的立场不一。这些可称为次级平台所衍生的"生命现象"。

若次级平台或单位内部的阴面个人目标十分一致，造成内部相当团结，则也可能出现类似非正式组织的负面后果。有些机构难以高度授权，一方面是高层不习惯"大权旁落"的感觉，一方面也是担心"生命现象"可能导致难以掌控的局面。

⊙整合与分化的循环

从以上说明，可以更了解组织内"整合－分化－再整合"循环的存在。

成长难免分化，分化则须整合

组织成立的用意在整合各方的目标与资源，如果整合效果不佳，或整合能力有限，则规模不易成长。然而，若整合成功，规模将愈来愈大，则又会出现整合的困难，因此必须成立新单位，这便开启组织"分化"的开端。将这些分化后的小单位或工作进行"编组"或"分组"，就如前例中将 B、D、E 分成一组，由 B 负责管理；C、F、G 分成一组，由 C 来领导，也是一种"整合"。**但不论如何分组，各单位间的目标势必因各司其职而不同，资源也无法或难以共享，信息也因"分组"而减少了交流，因此又需要进一步"再整合"。**例如：前述第二种编组方式即产生九项管理工作，而当组织更复杂化以后，所需要的"再整合"内容与方式，必然远多于此。

因应次级平台的生命现象

组织分化会出现次级平台，时间一久，次级平台会逐渐出现"生命现象"，有本身的目标与资源，因而不再臣服于整体组织平台的目标体系之下。有时，组织中的轮调，甚至部门、单位间的分分合合，用意之一也在破除此一次级平台不听号令的问题。有时甚至干脆将某些部门独立出去，让它在外界环境中自行存活，也是顺应其"生命现象"的做法。

若将组织中某些次级平台独立，或组织中某些人带着组织的若干知能、人才，以及无形资源出去创业，对原来组织而言，是一种彻底的"分化"，但对新成立的组织而言，却代表一个新组织生命的诞生。

组织演化也是"整合—分化—再整合"的循环

以企业来说，"创业"成立公司，一方面显示从过去的组织中"分化"出许多"管理元素"，一方面也代表了新组织生命的开始；因此"创业"的过程也是一种重新"整合"的过程。公司成立，有了第一个员工后，就开始了"分化"。随着组织成长，单位增设，产生了"再整合"的需要，出现新的层级、部门或其他整合机制。而随着业务的变化，又使得原有的"分化""整合"方式不合时宜，又必须重新"分化"，又产生"再整合"的需要。换言之，部门、单位间必须因应内部及环境等的各种变化，分分合合地循环不断，一直到组织生命结束为止。而过程中也不可避免地会有部分管理元素被彻底"分化"出去，成为新的组织。

总而言之，"整合—分化—再整合"以及整合不成再分化出去的过程或循环，是组织成长不可避免的"宿命"，是开放社会中组织生生不息的表现，同时也是组织永远需要管理工作与管理职位的根本原因之一。

分权与集权

第八章曾讨论"授权"(delegation)，授权是个别管理者之间的权责授受，而本章所谈的"分权"(decentralization)则是组织设计上的一种做法，代表某些权责在组织上应归属于组织结构的哪个层级。

⊙正式职权

在"分权—集权"的观念中，所谓**正式职权（authority）是组织正式赋予某阶层的管理者调度资源，以及对其他成员施予赏罚的权力**。有了正式职权，各级管理者在经由整合以完成任务的过程中，即可以组织资源为后盾，拥有与内外各方进行"取予"的能力。

表 13-1　分权程度的相关观念

观念	内容
正式职权	组织正式赋予某一阶层管理者调度资源，以及对其他成员施予赏罚的权力。
分权程度	"整合"工作在组织各层级分工的比率。
分权程度的取决	哪个层级对各项管理元素（知能、资讯、资源、目标等）掌握得愈充分，或愈有充分掌握与运用的潜力，就应该负起更多的整合责任。
分权程度的落实	慎防权责被中阶管理人员"拦截"，未达分权效果，只是大权旁落。

⊙分权程度

某些正式职权可以下授到某些层级，也可以保留在上级，而且不同的决策也有不同的分权程度。极端的分权是将这些权力交给某一基层的管理者，让他可以依其本身的目标前提与事实前提自由发挥，调度资源以与各方取予；极端的集权则是将整合内外的资源与能力保留在上级，部属不必也无法主动从自己的立场进行任何整合的动作。

例如：雇用新人，是否要经过长官同意？长官是否先行指示一些雇佣政策？是由基层用人单位全权决定，还是任何新人都必须由长官选定？又例如：基层员工的考核，基层、中层及高阶主管所给予的评分，各应占多少比率？如果基层主管考评的权重过高，则高阶长官或许有大权旁落的感觉，若全由高阶决定考评结果，则基层主管或许会感到指挥不动部属。其他在采购、业务开发方面的决策，也一样有分权程度上的取决。

分权程度代表"整合"工作在层级间的分工

从本书的观念来看，所谓**分权程度即代表"整合"工作在组织中各层级分工的比率**。因此，极端的集权是指六大管理元素的整合——目标决定、资源调度、成果分配、信息研判等，都在高阶层进行；而极端的分权，则是指这些整合工作都交由基层负责。除了将"整合"工作交给某一层级全权负责，也可以将"整合"工作由各层级共同分担，某些层级扮演主要的整合角色，其他层级则扮演次要的整合角色。

不同功能别的决策，在整合与分权程度上也不相同。例如：某些大型跨国企业，财务与研发可能由位居中央的"全球总部"扮演主要的整合角色，生产与营销则由"亚太总部"负责大部分整合，而人事与销售则由各国分公司负责整合，并做出决定。而扮演"次要"整合角色的层级，一方面接受整合层级的"整合"，一方面也同时负责一部分的整合工作。例如：当"销售"是由各国子公司负责整合时，其整合的对象与标的，不仅只是其所辖单位的资源与目标，也包括了全球总部与亚太总部的资源与目标，而同时全球总部与亚太总部也还保留一部分的整合权力与责任。

整合对象除了内部的各个层级与各个单位，外部的资源、信息、目标的整合也十分重要。**哪一层级更能整合外界的重要对象，当然也是决定分权程度的重要考虑因素。**

⊙分权程度的取决

针对某些流程或决策（例如上述的销售、研发），不同层级所拥有的知能、资源，以及信息的及时性与丰富程度都不相同。原则上，**哪个层级对以上这些管理元素掌握得愈充分，或愈有充分掌握与运用的潜力，就应该负起更多的整合责任。**

一般而言，如果中基层人员在目标认同、环境认知，以及决策知能上都合乎理想，则应尽量实施分权。分权程度高有助于提升决策速度，有助于培养部属知能，可以满足部属较高层次的心理需求，也容易确认决策责任的归属。当授权程度提高后，高阶层也更有时间从事策略构想、组织设计、制度设计方面的思考。

组织结构的外形与分权程度有相互对应的关系。若组织结构呈现扁平式，则由于上级长官控制幅度过大，无法深入了解各部门的细节，因此不得不提高分权程度；层级多而呈现高耸的组织结构，平均每位主管的控制幅度小，加上有时为了证明本身存在的价值，难免要事事表示意见，因此基层能自由发挥的空间就大幅缩小。

现代社会中，外界经营环境变化快，内部人员自主性及专业性皆大幅提高，因此走向高度分权的扁平式组织，应是未来的主流。

当然，成功分权的前提是：各级成员都能够了解并认同组织的目标、在环境认知与知能方面应有良好的质量水平；而在组织方面，一则要有明确的政策，以指导各级的决策，一则也要有适量的信息反馈系统，以掌控基层的决策方向与结果。

⊙分权程度的落实

"分权程度"是高层对组织设计的重大政策，其决策过程必须是审慎评估的结果。然而组织层级多，各级管理人员的领导风格以及对上级政策的诠释或有不同。因此在实施分权的过程中，应注意防范分权政策被"曲解"甚至"窜改"，使原先预期应赋予基层的整合权责，遭到中阶管理人员"拦截"。简言之，有时最高阶（总经理）希望分权到更基层去，但到了副总经理这一层，却未将整合权再行下授，于是"分权"只分到了副总经理，其下的各级单位依然只是听命行事而已。

设计机制以查核分权程度是否依原订计划进行，以及预期效果是否达成，也是在进行分权时不可忽略的管理工作。

表 13-2　工作单位的编组及轴线的观念

观念	说明
传统组织设计的分类方法用途有限	几乎所有组织皆为混合式组织
基本流程单位	各种流程皆是由"基本流程单位"组合而成。每一"基本流程单位"通常会同时隶属于一种以上的流程，因此"基本流程单位"是各种流程交叉或重叠所在，因而同时拥有若干个同时存在的"轴"。
"轴"	"轴"是指挥体系，也是六大管理元素的交流管道。
主轴	可能依地区、产品、顾客、功能别。
逐层的主轴	主轴以外的六大元素互动渠道；有些与创价流程直接相关，有些则否。
辅轴	轴线多则基层工作单位所面对的目标、资讯、要求等也会变得复杂，所需资源也需要向各方面争取或整合。
多轴组织的复杂性	慎防权责被中阶管理人员"拦截"，未达分权效果，只是大权旁落。

工作单位的编组及轴线的观念

前节所谈的内容，主要针对业务扩充或复杂化所带来的组织层级以及伴随的整合问题，而未触及组织结构应如何划分，或组织成员或"最小工作单位"应依何原则编组。此一主题将在本节及下一节讨论。

一般书籍在讨论组织结构或组织设计时，是由最高阶的观点，将组织结构分为"直线幕僚组织""功能式组织""事业部组织""矩阵式组织"，以及"混合式组织"等，极为明白易懂。然而，真实世界中能看到的大型组织，几乎全都是"混合式组织"。简而言之，各种类型的组织形态其实都是并存的，以此传统思考方式，似乎不易确切地回答"本公司目前是什么样的组织结构？"以及"本公司未来应采取什么样的组织结构？"等问题，因为答案往往都是"混合式组织"。例如：大学校长之下有各学院，但同时也有教务处、学务处、总务处、电算中心；可能另外还有独立运作的研究中心以及附属中小学。就各学院而言，可以视为依服务对象或服务内容划分；教务处等则以功能划分；研究中心及附属中小学则接近"事业部"。因此，不易将"大学组织结构"简单地分类，而且此种分类思维，对管理或是提升效率也没有太大的意义，也不能回答大学内部的一些组织问题。企业界的组织，其多样并陈的情况也相当类似，甚至犹有过之。

基于此认识，加上本章已指出，组织设计或组织结构存在的基本意义与作用，是在"协助组织成员顺利进行其创价流程"，因此，本节试图从最基层的工作单位来观察组织结构，并据以分析组织如何更有效地支援主要的创价流程，以及如何降低"再整合"的成本。

⊙编组单位及其编组方式

最小工作单位

组织中最基本的单位是本章提到的"最小工作单位"。所谓"最小工作单位"是指，无论组织结构如何调整，这些人都是无法再分割的工作团队，此"团队"当然也可能只有一个成员。总而言之，这些由基层成员所组成的"最小工作单位"是组织创造价值的主要来源。为了简化，以下讨论组织设计时，将只以"工作单位"来分析，而不深究其是否为"最小"，因为这并不影响分析的过程与结果。

举例来说，"A产品在南部机构市场的销售工作""B产品在中部消费市场的销售工作""C产品的研发""A产品在南部的生产制造"等，在实务上当然还可以再进一步细分，但在此暂时可视为个别的"工作单位"。组织设计的基本目的之一，即是将这些工作单位加以分组或编组，例如：究竟要将"A产品在南部机构市场的销售工作"与"B产品在中部消费市场的销售工作"放在一起，还是与"A产品在南部的生产制造"放在一起等等诸如此类的决策。

更进一步观察，便会发现**区别这些"工作单位"的构面不外乎产品、市场**

（服务对象）、功能、地区等。例如："A 产品在南部机构市场的销售工作"，表示在产品构面上是"A"（而非 B 或 C），在市场构面上是"机构市场"（而非消费市场），在地区构面上是"南部"（而非中部或北部），在功能构面上是"销售"（而非生产或研发）。

基本流程单位

上述这些产品、市场、功能、地区等构面，其实也分别代表了一些流程，例如："产品"是创价流程的产出，因此与产销的基本创价流程有关；"市场"则是与满足特定顾客的流程有关；"功能"则与某些特定"知能"或"资源"流程有关；"地区"则可能与当地所有的流程都有关系。而所有构面也都与"环境认知与事实前提"或信息的流程有关，因为相关决策者所关心的，或所能获得的信息，常与其所负责的流程有关；所负责的流程也会影响当事人对环境的认知。

基于此观点，也**可以将这些"最小工作单位"或"工作单位"称为"基本流程单位"，各种流程皆是由"基本流程单位"组合而成，而且，每个"基本流程单位"通常会同时隶属于一种以上的流程，也可以说是，"基本流程单位"是各种流程的交叉或重叠。而这些单位究竟应依何种方式"编组"，其实就是选择某一种"流程"作为"主轴"的决策。**

各种可能的编组与分工方式

由于描述"工作单位"的构面为数众多，呈现"立体交叉"的情况，不易以平面表达，为了便于解说，以下将用极简化的方式来分析。图 13-2 是个极端简化的图形，表示"销售"工作或功能的分工状态。其中，共有 A、B、C 三种产品，北、中、南三个地区，在此二个构面下，共有九个"工作单位"，分别以"1"到"9"表示。"1"代表"A 产品在北区的销售""4"代表"B 产品在北区的销售"等，余次类推。而图 13-3、图 13-4 则分别呈现不同的分工方式，前者是依产品划分的组织，后者是依地区划分的组织。

在图 13-3 中，"1、2、3"一组，负责 A 产品在各地的销售；"4、5、6"一组，负责 B 产品在各地的销售；"7、8、9"则负责 C 产品在各地的销售。此一组织结构中，**A、B、C 三个产品线是组织结构划分的"主轴"。**

在图 13-4 中，"1、4、7"一组，分别负责三种产品在北区的销售；"2、5、

8"一组，分别负责三种产品在中区的销售；"3、6、9"一组，分别负责三种产品在南区的销售。此一组织结构中，**北、中、南三个地区是组织结构划分的"主轴"**。

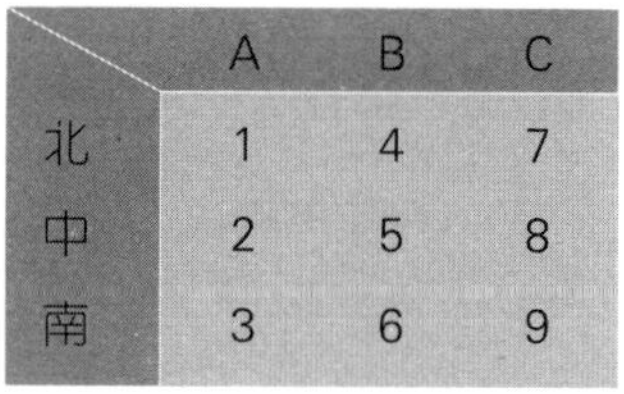

以上两种组织方式仍未脱离传统上的"依产品划分组织"与"依地区划分组织"的基本形式。然而，正如前述，实务上的组织划分方式复杂得多。图 13-5 虽然也是简例，但已说明此一无所不在的"混合式组织"。

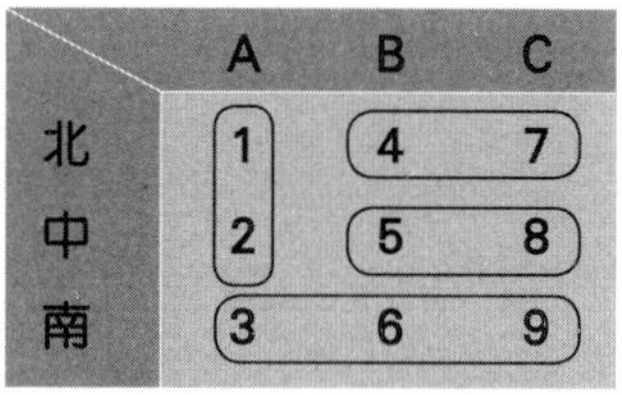

在图 13-5 中，"1、2"一组，负责 A 产品在北区及中区的销售；"4、7"一组，负责 B、C 两种产品在北区的销售；"5、8"一组，负责 B、C 两种产品在中区的销售；"3、6、9"一组，负责三种产品在南区的销售。其背后的理由可能是：A 产品是主力产品，在策略上具重要地位，因此由中央统筹。B、C 产品因产品差异不大，且销量较小，因此在北、中两区仍依地区编组，以共享业务资源。而南区又具有极独特的地域性，因此 A 产品的销售亦一并交由当地统筹。如此一来，**其组织结构就无法用简单的"地区别组织"或"产品别组织"来归类了**。

当然还可以有更复杂的组织，即使只是简例，也可以稍见端倪。图 13-6 加上了生产与财务功能，因此也有了"功能式组织"的意味在内。

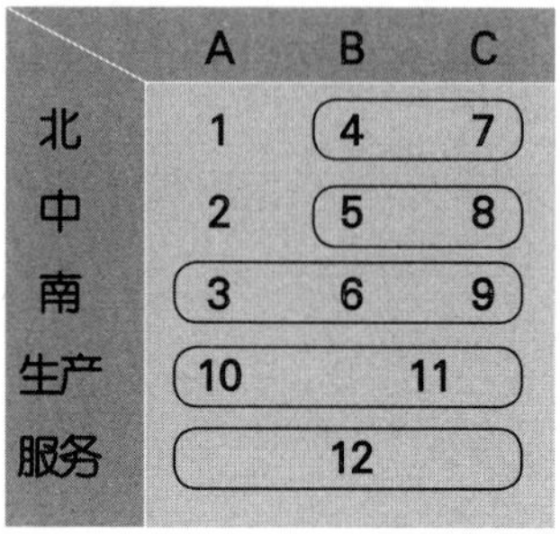

图 13-6 中，上级的直属单位又增加了。除了原有的"A 产品在北、中区的销售单位"（1、2）、"B、C 产品在北区的销售单位"（4、7）、"B、C 产品在中区的销售单位"（5、8）、"A、B、C 产品在南区的销售单位"（3、6、9）外，

图 13-2　工作单位

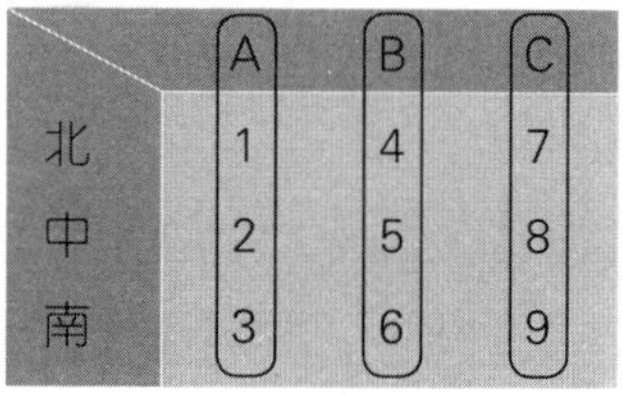

图 13-3　依产品划分

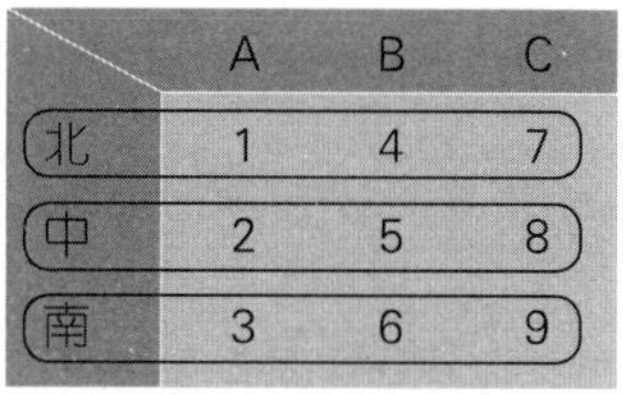

图 13-4　依地区划分

图 13-5　混合式举例

图 13-6　混合式又一例

又有一生产单位，下设生产 A 产品的"10"、生产 B、C 产品的"11"，以及既未依产品亦未依地区划分，而是直属于中央的财务单位"12"。

大型组织多为立体交叉的混合式组织

事实上，在一个实际的组织中，所谓"工作单位"或"基本流程单位"，依产品、市场、地区、功能等构面"立体交叉"的结果，或许为数高达数百个。可能的编组方式变化无穷，而且必然都属于"混合式"，这使得传统的组织结构分类方式在实务上极难应用，对解决实际的组织设计问题，能提供的帮助也很有限。

⊙ "轴"以及不同层级的主轴

主轴的意义

所谓"主轴"，简而言之，就是"指挥体系"。 在图 13-3 中的"1"，是"为 A 产品经理在北区进行销售"，在图 13-4 中的"1"则是"为北区经理销售 A 产品"，二者乍看颇为相似，但略有组织经验的人都能体会，两种方式在实际运作上的感觉及工作重点都相当不同。**图 13-3 的主轴是"A 产品"，"1"听命于 A 产品经理的北区销售负责人；图 13-4 的主轴是"北区"，"1"是听命于北区经理的 A 产品销售负责人。**

在图 13-3 中，A 产品的经理为了考量产品整体政策，往往使"1"在进行工作时，不得不牺牲"北区"的若干特殊需求；在图 13-4 中，北区经理为维持全区的一致性，也可能会让"1"不得不忽视若干 A 产品的销售特性。简而言之，就"1"而言，**谁能对他发号施令，谁能对他进行考核评估，他就听谁的；他的决策与行动也会尽量与有权指挥与考评者的目标相配合。**

"轴"是六大管理元素的交流管道

用管理矩阵中的观念来谈，则对"轴"或"主轴"的意义可能又有更深的了解。组织中的"轴"是联系主管与部属的管道，在轴中所交流的不只是命令或考评而已，还应包括六大管理元素的其他成分在内。就如同本章谈的"一人公司"，当这一人开始聘用一位助理时，与这位部属间的"轴"，就包括了六大元素，所谓"做之君，做之师"，即是形容这样的主从关系。如果长官只将重点放在"指挥"，则两人的关系未免过于浅薄，"组织"或"合作"所能发挥的效果也难以长久。

主轴的认定逐层而下

由于组织可以分化成许多层级，因此，除了第一层的主轴之外，还有第二层、第三层的主轴。例如：图 13-6 中，"1、2"编为一组，即代表 1、2 这两个工作单位是以 A 产品为第一层主轴，以"北、中"两个地区为第二层主轴；而"4、7"编为一组，则是 4、7 以北区为第一层主轴，以产品 B、C 为第二层主轴。

对单位中的基层成员而言，由于组织目标之责成及资源分配等，皆是逐层由上而下，因此，第一层的"六大"在优先级上，当然在第二层六大之前，第二层则在第三层之前。简而言之，对任何工作单位而言，来自第一层或第二层的"高阶目标"必然更受到重视，其决策与行动必须优先配合，信息也优先针对高层次目标或决策的需要而选择流通。知能与资源的取向也优先与该层的目标相呼应。因此针对特定基层成员，各层次主轴的顺序极为重要。

例如：图 13-5 中的"3"，同样是"在南区销售 A 产品"，但在编组上究竟属于"1、2、3"这一组，还是"3、6、9"这一组，其努力方向将出现极大的不同。如果属于"1、2、3"这一组，则其目标与决策会尽量配合 A 产品经理，可以从 A 产品经理及"1、2"（平行单位）得到资源（包括费用预算）、知能、信息的支持，在各种流程上也与"1、2"相衔接。而本身所获得的信息，主要是向 A 产品经理汇报，绩效则由 A 产品经理负责考核。如果"3"是属于"3、6、9"这一组，则在六大元素上会与南区经理以及"6、9"配合。

愈重要的构面应设为愈高层的主轴

由于愈高层次的主轴，影响行为的比重愈高，因此与组织目标达成程度愈有关系的构面，或愈具策略意义的构面，就应放在愈高的层次。因为愈高层的主轴，愈有分配资源及要求下属的权力。因此，为每位负责创价的基层成员，选择对其最重要的"主轴"，甚至第二层主轴，应是组织设计的重点。

原则上，**策略上重要优势的基础，或主要不确定性的来源，应在组织结构**

上置于更高的层次，甚至成为一级单位。例如：企业若因策略调整，对海外经营将日益重视，则应在较高层级成立"国际单位"，统筹海外的产销，以独立于国内的产销功能单位；若位于国内外的生产功能不宜分割，则应设立统筹各地生产功能的"生产单位"。又如大学的组织，如果将"外语教学与研究"视为"重要优势的基础"，则应成立外语学院以强化这方面的功能。若是"外籍生"为"主要不确定性的来源"或"竞争力之来源"，则可将"外籍生辅导"提升为一级单位；否则即应成为二级单位，接受学务处督导。

不确定性来源与策略重点影响组织分化程度

对于任何一个层级而言，其不确定性来源愈多，或策略的重点愈形于分散，就愈需要分出更多的"一级单位"。例如：在生产功能下，相对的"一级单位"是若干分布在各地的工厂，其中某一工厂下设有物流中心。若物流中心的重要性提高，即可考虑提升其为生产功能下的"一级单位"，虽然它并非整个公司的一级单位。

不确性来源愈多，或策略上需要强调的部分愈多，则依此原则，组织分化程度也会愈高，因而所需要的"再整合"机制也愈多。

本书认为组织设计的作用在"协助组织成员顺利进行其创价流程"，而且从实务观察中发现每个组织都是"混合式组织"，因此试图从"最小工作单位"及"编组""主轴""主轴层级"等观念讨论组织设计，而较不强调组织结构基本类型的选择。

⊙辅轴

主轴以外之六大元素互动

除了"指挥体系"中的直属上级，在较有规模的组织中，大部分基层成员的六大元素其实都与其他单位有关联。例如：对从事产销的企业成员而言，信息部门通常并非其主轴中的上级，但信息部却为各单位的成员提供资源（计算机主机及服务）、知能（训练与协助解决问题）、信息（从信息系统中协助提供商情或成本分析）。而且在流程上，产销单位与信息部门也应互相结合，在许多决策与行动上也必须互相搭配，对于信息应用方面的目标也彼此有所期待。

这表示，对一个产销部门的成员来说，除了上级（主轴）与其有六大元素的交流外，与信息部门也有六大元素的互动。然而，由于信息部门并未对产销部门的成员拥有指挥命令的权利，亦未对其绩效进行考核，因此并非主轴，而称为"辅轴"。

在较为复杂的大型组织，任何成员或基本流程单位所面对的辅轴是相当多元的。传统上，所谓的"直线幕僚式组织"中，除了主要创价的产销单位外，其他如财务、人事、行政，甚至内部稽核单位等，都与各工作单位间存在着辅轴关系。例如：大学主要的创价基层成员是教师，教师的主轴上级是系主任、院长、校长。但教学方面的相关事项是由教务处负责，学术研究则归研发处统筹，薪资与升迁作业则与人事室有关，设备维修须请总务处协助，采购报账要经过会计室，与计算机运用及远距教学有关的工作则必须请教电算中心。大学创价流程的产出是教学服务与研究成果，但为了顺利完成这些创价流程，必须由这许多单位支援协助教师，以进行核心的创价工作。从组织设计的观点，这些虽然与"教学""研究"并无直接关系，但却是教师（可视为一个"最小工作单位"）完成任务不可或缺的辅轴。如果没有这些单位及其功能的存在，教师凡事都要请系主任支援，大学将完全无法运作。未必各个辅轴对教师的六大元素都有显著的影响，但所有辅轴累加起来，对其六大元素的作用力，应远大于系主任与院长这一主轴的作用。

与创价流程直接相关的辅轴

有些辅轴则与创价流程直接相关。图13-3是以"产品"为主轴的组织，但在每个地区（例如中部地区），公司同时有A、B、C三种产品在销售，虽然各自"主轴"不同，但既然位于同一地区，显然有许多可以共享的资源或设备，如办公场所、秘书总务，以及对外联系与公关等。而这些共享的资源、设备以及活动，也需要有单位来处理，于是"地区"即成为负责这些工作的"辅轴"，提供这类的支援服务，协助以"产品"为主轴的组织结构。同理，图13-4中依地区划分的组织，各产品经理（例如A产品）虽然对分散各地的"1、2、3"并无直接指挥的权力，但仍需为他们提供与产品专业、竞争信息等方面的服务，这时"产品"即成为这些工作单位的辅轴。

在一些多产品、多地区、产销皆分散各地的大型跨国组织，任何一个基本工作单位（例如：位于某一国家、为某一项产品的生产工作负责采购的小组），其直属上司（主轴）可能是地区经理，可能是产品经理，也可能是生产或采购经理，但无论如何，**除此主轴外，必然有为数众多的辅轴，让此基本工作单位不仅在六大元素方面得到充分支援，而且也经由这些辅轴，对此工作单位的决策与行动，进行严密的规范与监控。**

多轴组织的复杂性

经营领域多元、地理涵盖全球、全球员工达数万人的大型跨国企业，能运作如此庞大的业务范畴而仍不失其效率，亦不常出现重大弊端，主要原因之一即与此复杂的"多轴组织"有关。

然而轴线一多，基层工作单位所面对的目标、信息、要求等也会变得复杂，所需的资源也要向各方争取或整合，这些都可能影响主轴所期望的创价流程，而妨碍了主要任务的达成。辅轴多则沟通整合成本高，辅轴少则主轴必须负责交流所有的六大元素，难免不堪负荷。取舍之间，也是组织设计时应考虑的重点之一。

轴线的变化与组织设计

组织结构中，轴线的变化可能有两种意义：第一种是传统观点所谈，从高阶角度来看的一级单位分工方式，例如，从功能式组织改为事业部组织；第二种则是从个别的工作单位分析主轴的变化。两种分析角度相辅相成，但第二种分析方法相对细致得多，也更贴近实务现象。

⊙主轴的变换——从传统角度分析

传统的观察角度，组织结构可能有功能式、产品式、地区式等几种形式。前述图 13-3 是依产品划分的组织，图 13-4 是以地区划分的组织。从图 13-3 的结构转换成图 13-4 的结构，或从图 13-4 的结构转换成图 13-3 的结构，都可视为主轴的转换。

从功能式组织转变为事业部组织的图示

相较于"地区别组织"与"产品别组织"间的转换，实务上更常见的是功能式组织与事业部组织间的转换。图13-7即是一个简化的功能式组织。

图13-7中，"1、4、7"归属于营销部，负责A、B、C三种产品的营销工作；"2、5、8"属生产部，为三种产品进行生产；"3、6、9"则是三种产品的研发工作，统筹由研发部负责。这种组织方式的优点是营销、生产、研发等三种功能各自集中，在资源与知能的运用上可以发挥规模经济的效率优势。而不同产品的研发或营销，彼此经验可以交流、累积，例如：A产品的研发经验与成果（位于"3"），可以很方便地转移至B产品及C产品（位于"6"与"9"）。而行政单位简省，亦为功能式组织的一项优点。

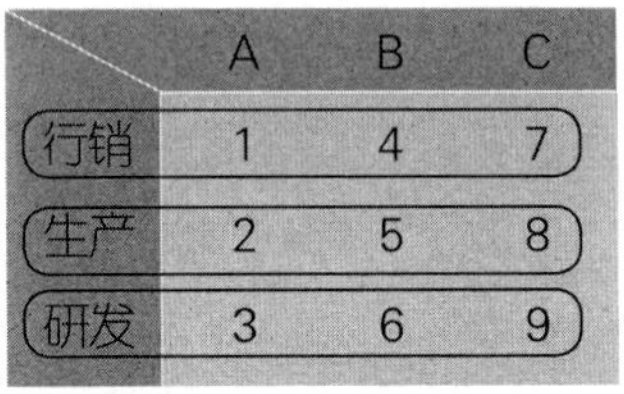

图13-7 功能式组织

图13-8是简化的事业部组织：A、B、C是三个独立的产品事业部，各自有其预算与绩效目标，也拥有本身的各种产销及研发功能。

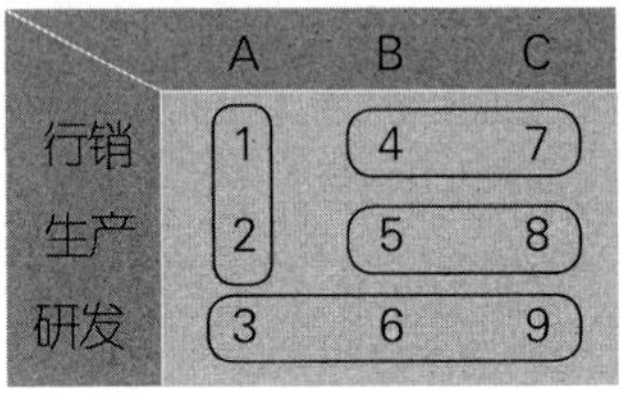

图13-8 依产品别的事

成立产品事业部的理由与时机

成立产品事业部，或是自功能式组织转换为事业部组织的理由或适用时机，大致可以归纳如下：

1.若三种产品的客户性质或需求特性差异颇大时，此一组织方式可以让三个事业部分别针对不同客户的需要，集中力量，以具有特色的服务方式满足顾客。

2.若三者流程互相独立，则可以分别进行，既不牺牲规模经济，又可提升效率。

3.A、B、C三个事业部的负责人，权责及绩效皆十分明确，易于归属经营责任。

4.产销或研发等功能间，若出现争执，或需要沟通，则事业部负责人可以就近协助解决问题，不仅更"进入状态"，在时效上亦更能掌握。相反地，在功能式组织中，功能部门间的沟通协调，有时势必劳动更上级才有权力裁决。

5. 机构领导人的策略构想中，对三种产品的相对重视程度未必相同，其中有些甚至需要牺牲短期利润以追求长期优势。在事业部组织中，机构领导人可以运用预算分配，以及调整绩效要求水平，极有效率地落实策略构想。此一做法在功能式组织中即不易落实。

以上当然是最基本的理由。在实务上还必须考虑划分成事业部的过程中、或划分以后的各种问题，例如：**究竟会牺牲多少各种功能的规模经济？事业部之间应如何划分？各功能部门人员应如何重新编组？共同费用应如何分摊？利润目标应如何制定？独当一面的事业部负责人要如何培养？原本负责营销、生产、研发的三位重量级主管在职位上应如何安置？他们对于权力被"架空"的感觉如何去安抚？**

组织整体主轴的改变，影响层面极广，以上仅能就原则面，提出若干思考的角度。

⊙主轴的变换——从工作单位角度分析

更常见与实用的分析角度

前述传统的分析角度是学术讨论的主流。然而，基于以下几项理由，本书认为，应从工作单位的角度，再加以探讨组织设计的主轴变换。理由之一是，本书认为，组织设计的作用在"协助组织成员顺利进行其创价流程"，故应从基层工作单位的感受等开始着手；理由之二是，从功能式变为事业部，或从事业部变为地区式，都是组织结构的"大动作"，在任何组织都不常见。然而，个别工作单位的主轴变换，则是管理上经常运用的做法。

主轴与辅轴的选择与变化

前文已指出，与一个工作单位联系的各种"轴线"，有主轴，有辅轴。而所谓从工作单位角度来看主轴的变换，即是探究是否有必要因应情势变化，而将主轴转为辅轴，或将某个辅轴提升为主轴？图 13-9 即是可以用来说明此一决策情境的简例。

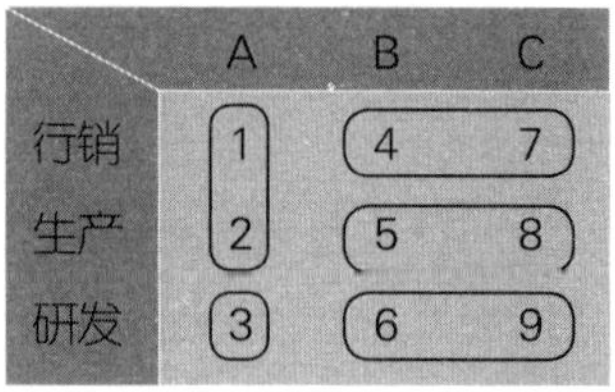

图 13-9 中，A 产品的产销"1、2"是依"产品"分，十分独立。B、C 产品是依"功能"分。二者的营销"4、7"有共同营销主管，生产"5、8"有共同的生产主管，研发"6、9"也有另一位研发主管负责。而 B、C 并无产品事业的负责人。图表中的"一级单位"包括营销、生产、研发，以及"A 产品事业部"。

图 13-9　主轴的变化与选择

在图中，A 产品研发"3"是一个"工作单位"，它可以与"6、9"合在一起，成为一大型研发单位的一部分；也可以与"1、2"放在一起，成为 A 产品事业部的一环，而使 A 事业单位拥有完整的功能体系。此二方案究竟应如何取决？应考量哪些因素？

首先，此一简例至少显示出几项信息：

1. 此一组织结构既非典型的功能式，也非标准的事业部式，而是混合式。

2. 此一决策还不至于牵涉到"功能式组织转变为事业部组织"这种大动作，或巨幅的组织调整。

3. 除了功能与产品两个构面，真实组织中的构面或轴线必然更多。这一类工作单位归属方式的组织设计问题几乎俯拾即是，而且当某些内外情势改变后，许多工作单位的主轴通常都必须因应调整。因此，运用传统组织设计的原则，似乎只能指导大幅度且接近典型的组织结构改变，而不易处理这些工作单位层次的组织设计问题。

现在回到图 13-9 的问题：A 产品的研发"3"，应归于产品 A，还是属于研发单位？如果是第一个方案，则表示对"3"这个工作单位而言，第一层的主轴是"产品"，第二层的主轴是"功能"；若为第二个方案，表示其第一层的主轴是功能（研发），第二层的主轴是产品（因为划入研发部门后，可能还有专责单位为 A 产品服务）。**前文已谈过，主轴的层次不同，工作单位内的目标、努力方向、预算来源、绩效考核、主管的升迁管道等，都可能大不相同。**

从六大管理元素思考选择主轴的原则

主轴的选择，基本上应考虑协调上的需要。简言之，此一工作单位与哪些工作单位在流程与决策的协调愈重要，就应与它们编在同一组织单位内。而所谓广义的"协调"，当然也可以从六大管理元素思考。针对某一特定情况，这些思考角度所建议的方向可能并不相同，各种因素的强度也难以化约为单一客观的指标。因此，决定组织设计时，主观判断依然不可或缺。这些考虑因素，大致可依各项管理元素归纳如下：

1. 各项目标的相对重要程度

A 产品的绩效对整体组织目标的重要性，以及 A 产品研发工作对 A 产品目标达成的重要程度。如果 A 产品对整体组织十分重要，而其研发又极具关键性，则应倾向于第一方案，如此"3"才能集中力量为 A 产品之顾客提供服务。

2. 信息配合的重要程度

此与"3"及相关单位在决策与行动时的"环境认知与事实前提"有关。A 产品研发工作"3"，若欲顺利进行，究竟更需要 A 产品产销（"1、2"）所提供的信息？还是更需要相关研发单位（"6、9"）所提供的信息？"3"所产生的有关信息，对 A 产品产销工作更有价值？还是对 B、C 产品的研发更有价值？与哪一方面配合的需求程度愈高，则倾向于与该方面的组织结合。例如：当 A 产品的决策必须高度依赖其研发方面的决策时，则应倾向于第一方案。

表 13-3　组织设计原则：从选择工作单位的主轴分析

原则	说明
各项目标的相对重要程度	哪一轴的目标最重要，就倾向以该轴为主轴。
资讯配合的重要程度	与哪个流程的资讯配合程度愈高，就倾向以该流程为主轴。
决策与行动需要互相配合的程度	与哪个流程的决策配合程度愈高，就倾向以该流程为主轴。
流程衔接程度	与哪些单位的创价流程，在衔接上最有连动关系，就倾向与该单位置于同一主轴或指挥体系。
知能共用程度	与哪些单位的知能互补与交流最密切，就倾向与该单位置于同一主轴或指挥体系。
资源或设备等共用程度	与哪些单位的资源或设备共用程度最高，就倾向与该单位置于同一主轴或指挥体系。
人员的想法或价值观念	人员互相认同的单位，应倾向置于同一主轴或指挥体系。
策略	工作单位置于何主轴下更能发挥策略效果？
环境的变动与不确定程度	"变动的来源"或"不确定性的来源"应更优先成为主轴。
科技特性	制程科技与资讯科技影响上述各项考虑。
其他因素	人员知能水准、是否有合适的单位主管等。

3. 决策与行动需要互相配合的程度

A产品的研发工作中，决策方向是否必须与其产销决策（"1、2"）高度配合？若如此，则应倾向于第一方案。

4. 流程的衔接程度

"3"的创价流程究竟与"1、2"的流程较为密切衔接，还是与"6、9"的流程更为密切衔接？工作单位间，由于衔接良好所获致的弹性或效率若十分重要，则应归属于同一编组。流程的衔接以及上述决策配合亦与权责归属有关。如果决策需要密切配合，流程亦有前后的联动关系，却并未归属于同一指挥体系中，万一绩效不佳，就可能出现不同单位间互相推卸责任的现象。

5. 知能的共享程度

如果A产品的研发"3"所需的知能，高度依赖"6、9"的研发能量，则应倾向于第二方案。

6. 资源或设备等的共享程度

如果A产品的研发，需要与B、C产品研发共享设备的程度极高，而设备购置与维修成本也很高时，则倾向于第二方案。

7. 人员想法或价值观念

从事A产品研发的人员（位于"3"），在组织文化或认同感上的取向，也应纳入组织划分的考量。此亦为与"目标与价值前提"有关的项目。简而言之，他们的自我形象究竟是更认同于A产品事业部，还是自认为是研发技术人员，也应纳入组织主轴选择的考量。

选择主轴的其他考虑因素

组织的策略、外界环境变动或不确定的程度、产业科技的特质等，都会影响组织设计以及主轴的选择。限于篇幅，以下仅能以最简单的方式说明。

1. 策略

"组织追随策略"的观念亦可用于选择主轴。就以本例而言，如果A产品在整体策略上是未来发展的重点，"3"的归属即应倾向第一方案，使A产品事业部的负责人可以集中资源与事权，全力冲刺。然而，策略上如果是以研发技术为核心，甚至A产品的未来竞争优势主要是依赖B、C产品的研发能力（"6、9"）所带来的综效，或资源设备上共享所产生的规模经济，则组织安排上应倾向于第二方案。

2. 环境的变动与不确定程度

就 A 产品而言，如果"变动的来源"或"不确定性的来源"是来自市场，而解决这些变动或不确定性的方法，主要是依赖应用研发，或在技术上快速因应市场时，其研发技术最好能与产销结合在一起，即是将"3"与"1、2"合在一起的第一方案。如果"变动的来源"或"不确定性的来源"是来自技术环境，而集中的研发单位更有能力因应这些变动或不确定性时，则可考虑将"3"放在研发单位，与"6、9"放在一起，或许更有技术前瞻性及因应技术环境变化的能力。

3. 科技的特性

科技除了产品科技外，尚有制程科技与信息科技。前述考虑因素中提到的"流程衔接""弹性""决策的配合"等，都与广义的制程科技有关系。不同的制程科技（例如自动化程度）当然会造成不同的相对利弊，进而影响组织的编组方式。信息科技（包括通讯科技）则会影响信息在部门间的流通以及决策的配合程度。当信息科技运用十分成熟或深入时，跨部门信息交流效率可大幅提高，工作单位（例如"3"）的归属即不必太考虑信息流通与时效的问题。

4. 其他因素

除了以上各项考虑因素之外，组织规模、人员知能水平、组织中是否有合适的单位主管等，也都会影响主轴的选择，或使某些工作单位的主轴有所改变或调整。

以上分析表现出，从工作单位角度分析的组织设计，与传统的组织设计有何不同。而"工作单位的分析角度"，其应用范围及实用性更为广泛，且**以六大管理元素思考主轴转换的考虑因素，亦与本书管理矩阵的思维密切呼应。**

双重主轴与轴线的简化

⊙单一主轴的潜在问题

以上所讨论的组织设计，基本上仍建立在"指挥统一"及"指挥链"的观念或前提下。简而言之，以上讨论是基于"单一主轴"的观点，假设任何工作单位的主要目标、预算来源、绩效评估都只来自单一主轴，其他辅轴虽多，但原则上只是协助支援的立场，或搜集资料以协助上级监督考核。实务上，单一主轴的假设有时并非必然存在。

前述"从工作单位角度分析主轴选择与变化"中即指出，**选择主轴的考虑因素很多，评估的方向与结果未必一致，甚至常常互相矛盾，取舍之间，十分困难，而且辅轴的绩效考核有时并不明确**。就以前例的图 13-9 来说，分析结果可能是 A 产品的研发（"3"）与 B、C 产品的研发（"6、9"）之间有高度的知能共同性，资源设备等也必须共享，因此"3"似乎应以研发为第一层的主轴，而将 A 的研发工作归属于中央的研发单位。然而，客户的需求与竞争的态势又使 A 产品的研发（"3"）必须与营销、生产（"1"与"2"）密切配合，代表了"3"应以 A 产品为第一层的主轴，因此应归属于 A 产品的事业部中。

⊙解决办法之一："调整主轴"

针对此一矛盾现象的解决办法之一，是不断地调整主轴。

因应情势改变主轴

在某一段时间内，以产品为第一层次的主轴。当遇到一些困难或策略、科技、环境等情势有所改变时，则再改以功能为第一层次主轴。甚至日后还可能为了某些原因而又改为以地区为主轴。

尝试错误以累积经验

事实上，调整主轴一方面反映了对情势变动的回应，一方面也是组织设计者从实际的组织运作以及克服困难的过程中，尝试错误，不断累积经验的结果。换句话说，就是在实作中逐渐发现各种主轴安排，或选择方式的利弊得失与适用状况，然后才能更确切地针对本身组织的业务特性，找出更合适的组织结构。

⊙解决办法之二："双重主轴"

来自不同主轴的要求与支援

此即是一般所称的矩阵式组织。在此种组织结构下，A 产品的研发团队

（"3"），同时要向研发部门及 A 产品事业部报告，接受两方面的目标要求以及绩效考核，也同时与双方（研发部门及 A 产品事业部）交流信息、知能，并共享资源。在双重主轴的设计下，工作单位同时有两个"老板"，固然有两面逢源的好处，但两位老板各自目标不同，对此一工作单位的期望不同，甚至出现矛盾冲突，也是双重主轴的缺点。

角色冲突不可避免

矩阵式组织或双重主轴的问题，可以用第十二章曾谈到的角色与角色冲突来观察。当成员或管理人员的上级只有单一主轴时，则来自其他辅轴的要求与期望，都可以由直属上司统整。例如：辅轴之一的人事单位要调训一位成员，但这位成员同时又必须配合上级要求，加班从事客户服务，其优先级与时间分配，当然应向直属上司请示裁决。但是，当主轴不只一方面时，角色冲突就会出现。例如：地区负责人希望该区各产品线能联合向共同通路促销，而位居中央的某一产品负责人却未必愿意配合。此时，如果在该地区负责销售该产品的人，面对的是这两位意见不同，但对他的前途或绩效考核都有直接影响的主轴上司时，所感受到的角色冲突压力可想而知。

机动调整两轴的相对比重

更上级的主管或组织结构的设计者，可以随策略或其他考量的需要，机动调整两个主轴对其"共同部属"的绩效评估比重。例如：当上级感到目前"地区"这一轴的目标比"产品"这一轴更为重要时，可以让前者所评估的绩效占70％，后者占30％。而情势改变时，则机动调整此一相对比重。经由此一机制，可以使被两位长官评估的人员，明确知道上级当前的"风向"何在，因而可以配合调整本身决策与行动的优先级。此外，调整两轴所拥有的资源或资源调度的权限等，也可以改变两轴的相对影响力。

⊙解决办法之三："简化轴线"

组织复杂扼杀创新活力

在组织结构复杂的大型组织中，各层主轴、双重主轴，以及为数众多的辅轴，重重叠叠，这些固然可使每个工作单位都能得到来自各方的支援与监督规范，然而，也可能因为"公公婆婆"太多，而扼杀了基层实际从事创价工作成员的创新活力。而且，组织庞大，幕僚及行政管理人员众多，直接创价的人员比率反而下降，这些都透露出组织已出现老化迹象。此时，组织即有简化轴线的需要。

建立"内部市场机能"与内部转拨计价

简化轴线的解决办法之一是，建立具"内部市场机能"的组织（或"准市场"组织），提高各单位的自主空间。**简化各种幕僚与层级，而使更多的单位可以自给自足地独立运作。这些独立单位在任务环境中各自有其生存空间，因而可以从外界取得或交换资源，或经过内部转拨计价的方式，从内部其他单位取得资源。**换句话说，每个单位若需要从任何"辅轴"取得支援，必须以内部转拨计价的方式购得，或是向组织以外的厂商购买；主轴层级数很少，也不需在流程上或决策上与其他单位相配合。而上级对目标的要求也不复杂—努力创收即可。

优点

建立"准市场"组织的优点是灵活而精简，而且所有辅轴上的单位，因为面对市场机能所带来的压力，在服务质量与成本控制上都会有较佳的表现。

此一做法的极致是在组织之下形成为数众多的"小公司"，可以**鼓励大型组织内部的创新与企业家精神**。例如：有些企业将可以独立运作的业务，尽量划分成精简的小型事业单位，每一单位皆为利润中心，只负责产销。各利润中心需要"信息服务""人员训练"等服务时，则向"信息部""人事处"等提出规格要求，计算成本与价格，再进行单位间的交易。"信息部""人事处"等，若不能自内部获得足量创收，则必须到外界开发业务，以收费的方式向外界提供相关的专业服务。如此一来，组织所有辅轴中的支援部门，也都成为利润中心。

缺点

这种做法的潜在缺点之一是：将大型组织如此切割，可能牺牲许多方面的规模经济，以及资源与知能方面的交流与累积。潜在缺点之二是：所有单位都在追求短期利润，可能会因此忽略长期竞争力的培养。而且，即使有形成长期竞争力的可能，在组织上亦不知应由何人长期负责。潜在缺点之三是："内部市场"的压力固然有助于降低成本与提升服务质量，但内部转拨计价等管理方法也会产生成本，必须二者相权才能决定应"自主"到什么程度。潜在缺点之四，也是一项更根本的质疑是：如果这些"小而美"的组织可以顺利生存，那又何必整合在一个大型组织之下？简而言之，机构领导人若未能创造或维持有效的整合机制或共有资源，则这些独立运作的单位，终究要与组织渐行渐远，甚至脱离组织。

⊙解决办法之四："团队组织"

另外一项简化轴线的办法是"团队组织"。

团队组织的定义与做法不一，但是**其基本构想是打破建制，依任务需求从各有关单位集合人才，组成团队，以机动灵活的方式完成任务**。这种方式的实务应用通常只限于新产品开发、技术研发，或某些项目事项，并不容易成为组织设计的主流。除非其业务以项目性质为主，否则在大型而专业复杂的组织中，如果大量运用团队组织，则其绩效考评、成本分摊、人员监督等，都很容易失控。

⊙轴线简化后更依赖个别管理者的整合能力

当"简化轴线"的做法出现时，对于每一位管理人员的整合能力与功能的要求水平，都必须大幅提高。

其理由是：组织原本是希望能借由"组织结构"而简化整合的工作，有了运用良好的组织结构，可以部分替代个别管理人员的整合工作。换言之，只要组织结构设计得好，可以取代或简化管理人员的整合工作，而正式组织所赋予的职权或职衔，对管理人员的整合工作也有正面作用。然而，在"准市场"组织中，每个独立单位的负责人都必须有能力独当一面，灵活有效地整合内外的各种资源；在团队组织中，由于只有团队任务要求，而无行动准则，因此每位成员的沟通协调能力，以及"知识与信息的处理能力"（KIPA）都必须达到相当水平，团队组织的运作才能有效而不致陷于混乱。

组织再整合的方式与机制

组织由于规模扩充及业务日趋复杂，因此出现单位不断增设以及单位间逐渐分化的现象。**分化之后，可能导致各工作单位间的流程断裂、目标分歧，且资源不易共享，决策与行动不易协调，因此有"再整合"的必要。**

不同的分化方式，需要有不同的再整合方法，而且针对某项特定的再整合任务，可能也同时存在若干个整合的方法与机制。

组织的分化有其潜在效益，但是为了解决分化所带来的问题，所采行的再整合行动当然也有其成本。这些效益与成本的比较，是选择组织设计方式时的主要参考因素。

⊙组织分化造成再整合的需要

组织切割造成目标分化

由于本章各节中所提到的种种原因，组织内的单位会日渐增加，为避免各部门失焦，并简化整合，必须将整体目标"分化"为各部门目标。然而每个单位各有其目标及努力方向，又可能因此分散力量，甚至成为"多头马车"，因而又需要"再整合"。

例如：当单位间依功能分工后，各单位的目标及重点会出现差异（如营销、生产、研发等各功能单位，对质量、长短期的取舍等会有不同看法）；多国企业中，由于分散在各国的子公司所面对的国家环境不同，因而在做法及想法上也会出现差异，这些差异也都需要再整合。

六大管理元素的合作与衔接出现落差

从个别工作单位的角度看，有些工作单位在目标、资源、知能、信息、决策、流程等方面有必要合作或衔接，但是由于其他考虑，并未分在同一"编组"下。这些组织所需要的"合作"或"衔接"因此未能合于理想，甚至产生矛盾，因而也需要再整合。

这些问题或矛盾，大部分可借由前文所介绍的"层级""主轴""辅轴""双主轴"等予以解决。简而言之，这些本来就是将为数众多的工作单位进行再整合的机制与做法。除此之外，再整合的做法还有很多，可约略分为行为面、流程与制度面、结构面，将逐一说明于后。

本书前面各章，尤其是第十一章所谈到的种种整合方法，从主动发掘选择整合对象，一直到沟通协调、KIPA 的运用、设计整合平台等，都属于一般性的整合动作。此处所谈者则是针对"组织因结构分化后所需要的整合"。

⊙再整合的方法——行为面

行为面上的再整合，是最直接也是成本最低的整合或再整合方式。

上级裁决

就具体方式来说，上级协调裁决是整合部门间六大元素的主要做法。简而言之，低阶层之间若是互相难以协调整合，则必须有劳较高层级的管理者，凭借职位所拥有的权力，以及更优势的资源与知能，提出更有创意的方案，以调整各方的目标取向，结合各方资源的互相投入，以及各方决策与行动上的配合。

上级的协调与裁决在"介入程度与方式"上，尚有许多选择的空间。 介入程度较低者，通常只是主动或被动地提出要求，仍敦请各方协商，设法提出各方皆认为可行的方案；介入程度高者，则可能包括：对各方目标要求水平的调整，或资源的重新分配，或对其中比较"吃亏"的一方，给予资源或其他方面的补偿。

平行单位间的协调

平行单位间的协调整合当然也很重要。各单位负责人平时沟通时在态度上能否圆融，在小地方是否愿意吃亏忍让，能否构思出多赢的解决方案，是否愿意投入心力与资源于共同的任务上，以及在计算功过时是否能不斤斤计较等，都是单位间再整合时的必要行为。

基层人员在再整合过程中的积极角色

除各级主管的角色外，一项十分重要而常被忽略的是，基层人员在再整合过程中的积极角色。第二章案例中的产品经理 C 君，即是一位能有效发挥积极整合功能的基层人员，而许多组织中的"业务承办人"，在整合能力上亦相差极大。能干的承办人可以在开始签办前，就先将各方意见、潜在困难、所需支援、现有法规的限制，与过去类似案件的处理原则等，归纳整合到相当水平，因此工作的推动即十分顺利。能力差的承办人，由于事前及事中的整合工作未臻完善，结果不仅难以达成共识，而且事事都必须请高阶主管费心解决与裁示。简而言之，整合工作如果由基层完成较大的部分，中高阶主管即可省下心力，从事更重要的管理工作。反之，若基层人员未尽心尽力主动构思整合的方法，只会事事请示，则组织效率不问可知。

表 13-4　再整合的方法

分类	说明
行为面	上级裁决； 平行单位间的协调； 基层人员在再整合过程中的积极角色； 组织文化对整合行为的影响。
流程与制度面	协调会议； 资讯系统； 考核制度； 内部转拨计价制度； 职位轮调。
结构面	"层级"增加、"主轴"转换、"辅轴"增设、"双主轴"等皆为结构面的整合方法； 委员会或任务小组； 设置以整合为目的的幕僚单位； 设置联系"窗口"； 设置"对口单位"； 合署或比邻； 减少互动的需要。

组织文化对整合行为的影响

在整合的行为面上，另一项要素是"有组织记忆力的文化"以及建立在此一基础上的单位间互信。由于整合过程中，必然有互相退让的情况，**如果这次某方为了顺利推动整体工作而有所退让，依理，未来在其他合作案中，其他单位也应有所退让以表示回报。**这方面的"组织记忆力"好，大家在行为上即不至于锱铢必较。反之，若退让之后反而造成别人心目中"人善可欺"的形象，则各方自然事事坚持，以示"强硬"，至少回到本身单位中，也比较有所交代。

上级的态度，对这种组织记忆力文化影响极大。上级如果能常记得哪些人或单位曾经"牺牲小我以顾全大局"，而设法在未来对其有所补偿，则组织中大家顾全大局以推动合作的意愿必然大为提高。

⊙再整合的方法——流程与制度面

"徒善不足以为政，徒法不足以自行"，制度面的做法与行为面的表现本来即是相辅相成的。上述行为面的整合方法，若加上一些流程或制度，将更有助于部门间的再整合。这些包括：部门间定期或不定期的协调会议、规划制度与预算程序、信息科技的运用、为相关部门设定共同目标、让各方可以共同考评成员、内部转拨计价、职位轮调，以及各种刻意安排的团康社交活动等。

协调会议

协调会议当然是极为常见的。负责协调的长官，阶级愈高，所掌握的资源与影响力也愈高，因此整合的力道与效果也愈强。然而由于高阶的时间心力有限，只有重要的议题，才值得劳动"大官"来协调。因此，**针对议题重要程度，指派层级恰当的协调者，也是一项制度面的决策。**

高阶主管可以经过策略规划会议、目标管理制度、平衡计分卡等，为相关的各单位或各主管创造对话的机会，借此**将各自不同的观点"浮现"在台面上，然后在各方妥协及创意的协助下，裁定最后的整合方案。**而这些制度或流程，其实最大的作用即在进行再整合的工作。

信息系统

如何及时取得所需的信息，以及信息的具体与细致程度，是组织划分后，各方关心的议题。信息的同步必然有助于部门间的再整合。近年来，信息科技的发展，提供了良好有效的解决办法，不仅在技术上可以让各相关单位快速得到所需的信息，加上计算机信息系统本身的结构化特性，使得信息系统在建构的过程中，必须严谨订定每一项信息在处理、流通以及呈现方式上的规范。而这些复杂又细致的规范订定过程，本身即是一种整合机制，可借以检视及协商各方在内容与时效上的信息需求、授权水平、提供信息的责任等，同时也是**从**

信息面落实再整合的管理流程。

考核制度

如果各方由于目标不同而难以整合，则可考虑设立共同的目标，如果担心成员对某些辅轴的要求不予重视，则可考虑让辅轴也有部分考核的权力。例如：让人事训练单位评鉴成员的知能成长绩效，并请各级主管将此一成绩列入考绩范围。大学毕业生的成绩单上出现"操行成绩"，即表示对学务处此一辅轴的肯定与重视。高级长官定期听取产品经理的回报，并将其所陈报的各单位主动协调配合程度，列入这些单位的考核范围，也可以产生类似的效果。

内部转拨计价制度

内部转拨计价也是部门间的整合机制之一。如果各单位必须经常协商有关彼此的权利义务，或所提供产品服务究竟应如何计算等事宜，并且觉得耗时费事，则可设计内部转拨计价制度，以期一劳永逸。简言之，即是在制定转拨计价公式时，依据各方的成本投入、替代来源、成果分配原则等深入分析。在制定过程中，充分整合妥协，公式订定后，即据之办理，更无异议。**此制定公式的过程，即是一个整合流程，**如果转拨计价公式设计良好，则可长期发挥部门间的整合功能。

职位轮调

职位轮调也是整合各方的机制。由于"脑袋跟着位子走"是人之常情，因此定期而有制度的职位轮调，可以松动各单位人员及主管的本位主义，促使大家能从更超然、更长远的角度思考问题。当然，职位轮调亦有其适用条件，由于单位主管知能的限制，并非所有单位间都适合互相轮调。

其他

组织所支持鼓励的各种跨部门培训活动与团康社交活动，有助于成员间增进了解，建立私谊，进而有助于部门间的信息交流、行动配合，甚至维持上述"组织记忆力"，此应不需再行说明。借由明文的"SOP"来界定各单位之间的行动步骤与权责，也是十分常见的再整合机制。

⊙再整合的方法——结构面

所谓"分化"，是指结构面的分工或权责划分，分工后需要再整合，而再整合又要从结构面着手。乍听之下，似乎有些无奈甚至荒谬，然而许多大型组织内部叠床架屋的现象，却也充分反映了此一事实。

前文已指出，所谓"层级"增加、"主轴"转换、"辅轴"增设、"双主轴"的存在等都是结构面的整合方法，在此不再讨论。除此之外，结构面的整合做法与机制还有以下这些：

委员会或任务小组

成立暂时性的委员会或任务小组，针对特定议题专责从事整合工作。例如新产品开发，或某些因应危机的任务小组。

设置以整合为目的的幕僚单位

为了整合各单位的目标与资源，乃指定或设置高阶幕僚，甚至是长期存在的幕僚单位，专职负责协调某些业务。例如：政府各部会都有一些业务与"经济建设"有关，为了整合这些分散于各部会，但又需要互相协调配合的工作，乃成立"经济建设委员会"负责推动。

设置联系"窗口"

在复杂组织中，若服务对象在某些业务上需要分别与各单位联系协调，为了简化步骤，常会设置对外提供服务或担任联系工作的"窗口"，以整合分散于内部的有关业务。

设置"对口单位"

在需要协调配合的各个单位中，分别设立"对口单位"，针对双方或各方需要协调或行动上需要整合的事项，协助双方内部的整合。

合署或比邻

办公场所的选择也有属于结构面的因素。需要密切协调合作的单位，办公场所互相邻近，有助沟通交流，也有利于培养感情。办公场所的位置选择是一项十分重要的设计，原则上是同一主轴内的工作单位应尽量在一起。双主轴的工作单位究竟与哪一个主轴位置接近，难免会引起一些联想，规划时必须慎思。而为了便于与其他非主轴的单位沟通协调，而迁离原有主轴，也未必恰当。因此，大规模的组织常需要拥有大型的总部或行政中心，将原来分散的单位集中回来，以利不同主轴下各单位间的互动与沟通。

减少互动的需要

在结构上设法减少单位间再整合的需要，也是釜底抽薪的办法。业务、地区、流程都不同的单位，彼此间却仍需要整合，其基本原因之一即是各方仍有许多需要共享的资源与设备。如果能设法使各方皆有本身专用的设备，虽然营运成本可能增加，却可以提高独立性，互动的需要大幅减少，"再整合"的必要性也被更深度地分化所解除了。

⊙独立与解构

成立独立的部门

在结构上成立相对独立的事业部，是简化大型组织整合问题的重要方法。在此一体制下，主要事业都各有其服务对象、资源来源及各自的目标，而事业单位间不需密集的信息交流，亦无流程的衔接，所共享者只有机构商誉、资金调度，以及外部网络关系而已。有时甚至连"法人身份"都各自独立，分别成为上市公司。

业务高度独立仍需整合功能

彼此独立性相当高的一群事业部或转投资公司，仍有若干再整合机制存在的必要。例如：第十二章中谈到欧洲大型家族企业的"家臣"制度，以及日本大型集团旗下公司的"社长联谊会"，都是高度分化甚至半独立以后，再整合的方法之一。

以家族为整合机制的利弊

家族关系当然也是再整合的机制。然而家族关系变化多，若在经营上已无共享资源或共创综效的潜在机会，则兄弟分家应是迟早的事。有此一了解，及早在各转投资公司间明确划分资源归属，包括共享品牌形象的所有权等，都是应未雨绸缪，及早规划的。

当然，如果各事业单位间存在无法分割，或分割成本极高的共享资源，则"解构"即不宜成为组织未来努力的方向。简而言之，未来即使彼此高度分化，至少也应维持若干水平与某种形式的整合，方有利于共同的未来发展。

组织设计效益与成本的权衡

组织设计中的各种分化与整合都有其效益，也有其成本。组织设计或组织结构的选择，即是这些成本效益的权衡。

⊙组织设计的预期效益

组织依某些原则，分出单位、设立层级，在理想上可以达成的效益包括：各单位目标更单纯，可以集中力量就本身职责范围做出贡献；简化信息流量，只需深入掌握与其有限任务有关的信息即可；简化行动的协调，包括单位内及单位间的协调；使每个单位的管理人员可以更有效率地进行规划、激励、管控、教导等工作，而且这些工作也能从组织其他单位得到适当的协助。

诸如此类，在本章各节中都已介绍。

⊙分化效益与再整合成本的比较

分化的效益

本章所举的"七人编组"简例，已经说明了组织分化以后，所需增加的整合工作，包括部门间的整合、各个部门内的整合、长官对各个部门间"六大元素"的交流与整合等。而所运用的整合方法与机制，也都于本章中一一列举。

分化方式影响再整合方式

组织分化后，由于分化的方式不同，所需的再整合方式也因而不同，例如：图表13-9中的"A产品研发单位"，究竟应归属于"A产品部门"，还是中央的"研发部门"？这是有关"分化方式"的选择，除应配合业务需要，也应考虑组织的策略重点、环境特性、科技特性等。

但各单位无论采用何种归属方式，都必须有相对应的**再整合措施**。而不同方案的成本效益比较，即决定了组织的设计，或该工作单位的定位与归属。

成本效益的比较

"分化产生效益，亦产生再整合的需要，再整合又会产生成本"，此一思考方式对负责组织设计的高阶管理者甚具含义。不论层级多寡、单位归属、现有单位应否合并或分立等，都可以从此一角度来思考。**有些单位的存在，未必能发挥整合功能，却为大家带来不少再整合的成本**，则应考虑裁撤。多国企业的区域营运中心究竟应置于哪个层级？哪个国家？或因策略调整、信息科技进步而应根本废除，也可以从比较各方案的再整合效益与再整合成本着手。

再整合能力因人而异

整合或再整合的能力，也因管理者或组织而异。整合能力低者，为了再整合而付出的成本特别高。因此，即使组织规模不大，业务也不复杂，如果管理者已自觉无力从事再整合的工作，就必须开始进行"解构"，或将一部分业务独立出去。也就是说，整合能力决定组织规模的上限。

⊙冲突的正面作用——决定再整合程度

整合未必需要彻底

单位间的目标、资源、知能等分化后，即产生了再整合的需要。然而，有时再整合的工作却应刻意保留一些余地，例如各单位目标的差异甚至矛盾，让单位间维持一定水平的冲突或差异，这也是实务上常见的做法。

未彻底整合的潜在作用

让互相需要行动配合的单位间存在目标上的少许差异，可以制造一些可控制水平下的冲突。而冲突的存在可以提供大家（包括高阶层）经常检视目标与价值取向的机会，**高阶层也可以从不同意见的交流中，甚至"摆平争端"的过程中，了解基层的营运情况**。若是各单位间全无争议，也完全不需高阶层的介入与整合，则高阶层可能逐渐对营运实况失去接触与了解的机会。

在信息方面，有时也可刻意让各方拥有不同的环境认知，以促成不同的观点，如此一来，**在整合过程中，才能对关键真相提出进一步的质疑**。如果各单位所接触的信息完全相同，所拥有的环境认知也极为相近，虽然有利于决策效率，但由于可能存在集体的盲点，因而或许并不利于决策的质量。

单位间的知能不同，是创意的重要来源之一。而同一工作单位的知能，若有几个不同的来源，虽然可能由于大家想法不同，不易快速达成共识，但在不同知识体系的激荡下，往往也会整合出更深刻的见解。

这些都是"再整合"程度的取决上，可以考虑的层面。

管理工作的自我检核

1. 贵组织在过去成长过程中，曾陆续增加过哪些单位？增加的目的为何？

2. 贵组织新单位增加后，对各级主管"六大管理元素"的整合工作有何影响？由于新单位增加，各级主管增加了哪些工作？简化了哪些工作？

3. 本组织现行的最小工作单位，可区分为哪几种类型？其第一层主轴分别为何？采用此主轴的背后策略含义为何？组织设计上提供哪些辅轴，用来辅助最小工作单位的创价流程？

4. 请就贵组织中，任选一个工作单位，分析六大管理元素对该工作单位的作用，以及有关的"主轴"与"辅轴"为何？

5. 本组织是否存在主轴与辅轴、辅轴与辅轴间的冲突？有哪些机制用以整合轴与轴的冲突？本组织是否存在辅轴过多，导致规范繁杂、内部成本增加的问题？若是的话，是否有简化轴线的做法？

6. 组织再整合的方法有哪些？贵组织在分化与整合上，程度是否合宜？在分权程度上，有哪些决策似乎太过集权或太过分权？

第14章

管理矩阵在管理议题上的应用

管理矩阵是描述、解析各种管理观念与管理实务的工具。本章针对一些常见的管理议题与观念，以管理矩阵的架构进行解析。本章目的不在介绍这些"道理"，而是以这些议题或"道理"作为范例，展现管理矩阵的实用性及有效性。

本章重要主题

创业与策略

执行力与组织管理

组织老化与组织变革

管理行为与领导

其他议题

对管理教育的含意

关键词

创业

执行力

投机行为

跨国企业

共识

组织老化

组织变革

接班人

家族企业

公司治理

社会责任

管理教育

管理矩阵是本书的主要架构。此一架构包括"整合标的"（六大管理元素），以及"整合对象"（组织内外的六大层级）。第五章到第十章分别以专章介绍六大管理元素的内容，第十一章至第十三章则以前述各章的观念与内容为基础，深入分析"整合""正式组织"以及"组织设计"的观念与做法。在读者对这些都已经有相当程度的掌握后，本章再度回到管理矩阵，运用管理矩阵此一观念工具，解析一些大家熟悉的管理议题。有关这些议题（例如"创业"或"组织老化"），学理上与实务上的观念、做法以及建议事项极为丰富，本书当然无法——穷举，在此所列出者，仅是作为说明管理矩阵"运用方法"的实例而已。

读者对这些议题若有深入研究的兴趣，可以参考其他专书或专文。本章所欲展现者是：无论其他专书、专文、学理、实务的内容如何，几乎都可以比照本章的方法，利用管理矩阵予以解析。而且经过如此解析后，这些议题背后的意义、道理、内涵，不仅更明晰易懂，而且由于掌握了分析"架构"，因此也更容易有系统地记忆，并加以灵活运用。

如果读者能够比照本章的做法，利用管理矩阵检视、解析各种学理，便能超越各种专有名词、学派，而对管理工作的本质产生更直接、更平实、更深入的体会。

本章从创业、策略等较为宏观的议题开始分析，进而讨论组织老化与变革，以及较微观的管理行为与领导。其次序与一般管理学的章节约略呼应，各节内容则因限于篇幅，无法周全。

创 业 与 策 略

⊙ 创业

在产业中找到生存空间，并以现有的资源、知能与资讯为基础，整合各方资源，这是创业的重点工作。组织使命与愿景的设计与提出、创业初期组织所拥有的独特能力，以及创业家本身的社会网络与信誉，都十分重要。

而经营上的灵活性，也是创业初期的组织特色。

表 14-1 经营灵活性

观念或建议事项	管理矩阵解析
1. 创业家的功能在于发掘社会中潜在的需求，并寻求未充分利用的资源与科技，来满足这些需求	"决 4" 的功能在于创造一个整合平台（"3"），以整合潜在顾客的需求（"目 2"）、社会未充分利用的资源（"资 1" 以及 "资 2"）、未充分利用的知能（"能 1" "能 2"）。
2. 创业家拥有一些资讯，可以知道这些需求、资源与知能的所在，而过去的经验或关系有助于获得这些资讯	创业家本身 "环 4" 充分，有助于寻找 "资 2" "能 2"、发掘 "目 2"。 而 "环 4" 的内容丰富程度与过去所建立的无形资源 "资 4"（如网络关系等）有关。
3. 创业家能提出愿景，有说服力及信用，以整合各方资源与目标	有 "能 4" 提出组织的 "目 3"，有 "资 4"（例如大家对他的信任）以获得各方信任。 而 "说服力" 也是 "能 4" 的一环。所谓各方，在投入共同创业活动之前，皆属于任务环境 "2"。因此说服力中的一部分是能了解各个 "目 2" 的阴面需求与期望。
4. 创业家有某一程度的成就动机与人生抱负	阴面 "目 4" 中有追求成就的特质。
5. 创业家或创业团队应有能力设计创价流程，提出与其他组织不同或有独特价值的产出	"能 4" 或 "能 5" 可以设计组织独特的 "流 3"，满足某些任务环境中顾客的 "目 2"，并使顾客愿意提供足量的 "资 2"，以供组织的成果分配，满足各方目标（如投资人的 "目 2"，员工阴面的 "目 5" "目 6"）。
6. 创业初期，决策有弹性，资讯透明度高，组织内部沟通无障碍，虽无制度亦无妨	"决 4" 不受过去 "决 3" 限制，亦无太多制式管理流程（"流 3"），因而得以提升决策效率。 "环 4" "环 5" "环 6" 也因充分沟通而十分接近，有助 "决 5" "决 6" 的方向与 "决 4" 一致。

⊙ 事业策略的策略形态

分析策略，可以从描述其事业策略的策略形态开始着手。所谓"策略形态"，简而言之，即是事业体在策略上"长得什么样子"，或呈现出怎样的"形貌"。而"产品线广度与特色""目标市场的区隔与选择""垂直整合程度的取决""地理涵盖范围""相对规模与规模经济""竞争优势"等，即是事业策略形态的六大构面。

此六大构面在管理矩阵上也可以进行解析。

表 14-2 事业策略形态的六大构面

观念或建议事项	管理矩阵解析
1. 产品线广度与特色	创价流程（"流 3"）的产出是什么，与任务环境中的其他同业有何不同。
2. 目标市场的区隔与选择	任务环境中某些顾客，其"目 2"能被本组织的"流 3"（主要是营运流程）产出所满足，又有足量的"资 2"注入本组织"资 3"，以进行合理的交易。 这些顾客应是本组织的目标市场。
3. 垂直整合程度的取决	在任务环境的"流 2"中，本组织的"流 3"所扮演的角色与定位。也可以视为与任务环境中其他机构（如供应商及代工厂）"2"的分工情况。
4. 地理涵盖范围	任务环境中，顾客、合作对象、供应来源，以及本身创价流程在地区上的分布。 此项系以地理区的构面描述"流 2"与"流 3"所在。
5. 相对规模与规模经济	本身创价流程（"流 3"）中，具有规模效益的次级流程（"流 5"），以及其对流程产出所产生的效益，例如：因规模而造成某些"资 5"的减省、运用"能 3"的效率提升、资讯掌握（"环 3"）的强化，或提高顾客"目 2"的满足程度等。
6. 竞争优势	本组织掌握某些独特的"能 3""能 4""能 5""能 6"，或"资 3""资 4""资 5""资 6"，使流程（"流 3""流 5""流 6"）拥有有独特而不易取代的特性，且对顾客的"目 2"有吸引力。 某些资讯的掌握（"环 4""环 5""环 6"）及特殊流程（包括营运流程与管理流程，"流 3"至"流 6"），亦可能成为竞争优势的来源。

⊙策略的制定与执行

制定策略必须考虑外界环境、内部条件，以及相关人士的目标与要求。而策略方案是否可行，也必须经过这些层面的验证。"策略雄心"与"落实执行"也是攸关策略成败的重要因素。

表 14-3 策略的制定与执行

观念或建议事项	管理矩阵解析
1. 策略用意在结合资源、能力，以满足顾客、合作伙伴及投资人、员工等的需求。	策略是一项机构领导人的重要决策（"决 4"），用意在结合组织内外的各种"资 1"至"资 6""能 1"至"能 6"，并经由创价流程（"流 3"），满足各方目标（"目 1"至"目 6"）。

续表

观念或建议事项	管理矩阵解析
2. 策略形态是具体的策略方案，是验证前提的对象	有具体的"决 4"或备选方案，才能验证各项前提（各层级的"环""能""目"等）。
3. 环境、条件、目标，是评估选择的标准	传统上的"环境"，包括了"决 1"（规则制定者的决策）与"决 2"（任务环境中各机构及顾客的决策）、"目 1""目 2""资 1""资 2"等。 "条件"是组织内部各层级的"流""能""资"，以及对资讯的掌握与解读（各层级的"环"）能力。 "目标"是从组织的"目 3"到内外广义成员所拥有的"目 2""目 4""目 5""目 6"所形成的一组限制条件。
4. 策略的落实执行	机构领导人的策略决策"决 4"，应进一步运用制度"流 3"或"流 4"，去影响、指导组织内部的"决 5""决 6"及"流 5""流 6"。 而影响、指导则包括了各个层级"环"的沟通与改变，以及阴面的"目 5""目 6"与新策略目标"目 3"的结合。 包括针对未来策略需要，强化各层级的"能"与"资"在内。
5. 策略雄心：与目标、环境、条件等皆有关系	机构领导人有高度的成就动机（"目 4"的阴面）；其认知中（"环 4"），认为本组织的知能（各级的"能"）尚有成长空间，而任务环境及总体环境中的"决 2""决 1""目 2""目 1"都可能因为本身或本组织的努力（"决 4"或"决 3"）而有所改变。

⊙组织创新与成长

　　组织成长是大多数企业所追求的。组织成长可能是基于本身能力的提升，可能是因为外界生存空间或市场需求的扩大，也可能只是投入更多的资源、雇用更多的人员。

　　这三种成长方式彼此之间有因果关系，若能齐头并进，通常应较为理想；若三者并未同时出现，则表示机构领导人应注意维持其间的平衡。

表 14-4　组织的三种成长方式

观念或建议事项	管理矩阵解析
1. 有些组织成长来自提升本身创造差异化的能力	有些成长以"能"与"流"为基础。
1.1 掌握新的产销技术	"能 5""能 6"的突破，提升"流 5""流 6"，乃至于提升"流 3"等"营运流程"的效率或产出的品质水准。

续表

观念或建议事项	管理矩阵解析
1.2 掌握新的管理方法	"能5""能6"的突破，提升"流5""流6"，乃至于"流3"等"管理流程"的效率，进而改善产出的品质水准。
1.3 产品水准造成目标市场满意程度的提高，因而增加需求量，或进入新的市场区隔	"流3"的产出造成任务环境中的顾客目标满足（满足"目2"），因而使组织得到更多的"资2"作为回馈。
2. 有些组织成长来自外界市场机会的增加	有些成长与任务环境"2"的规模，以及"目2"朝有利方向改变，或"资2"（如购买力）的提高有关。
2.1 销量增加，提高营收	因满足任务环境的"目2"，而获致"资2"流向本组织的"资3"。
3. 有些组织成长来自投入资源的增加	有些成长是因为组织内部投入更多或更佳的"资"与"能"。
3.1 聘用更多优秀的人才	提升"能5""能6"的品质与数量。
3.2 扩大厂房规模、采购更多设备	"资3"增加，使组织中各阶层人员皆可运用更多更好的"资5""资6"。
4. 以上种种皆有助于组织达成成长目标	各种成长都有可能达到"目3"的成长期望。

⊙中小企业发展的困境

并非所有企业都应追求成长，有时若能维持"小而美"，并拥有独特的优势，其实也是生存之道。然而在某些产业，某一水准以上的"经济规模"有其必要，因此不得不在规模上力求突破。然而在资源、能力、形象上的不足，若无法有效解决，则不易脱离其因规模小而带来的困境。

表14-5　中小企业的发展困境

观念或建议事项	管理矩阵解析
1. 虽有技术或外在机会，但难以获得足量的财务资源	虽内有"能4""能5"，外有"目2"有待满足，但由于负责人的资力有限（"资4"不足支持"资3"的需要），或无法从外界取得资金（"资2"无法转化为"资3"），使组织的"流3"无法扩大。
2. 创业家无法将其独有的知能传授给组织中的其他人	"4"无法将其"能4"流向"能5""能6"，造成人才断层或上忙下闲。

续表

观念或建议事项	管理矩阵解析
2.1 原因之一可能是不知如何传授	"能 4"只知生产技术或销售，却缺乏"教导"或"教练"的"能"。
2.2 原因之二可能是想藏私，担心同仁学会之后可能会离开组织	在"环 4"的认知中，感到同仁的阴面"目 6"未必能长期认同组织的"目 3"或负责人的"目 4"。担心当"能 6"被强化后，会"化阳为阴"，离组织而他就。
3. 组织太小，不易吸引高手加入组织	组织形象"资 3"或负责人的形象"资 4"不高，无法吸引拥有高水准"能 5""能 6"的人才加入组织。
4. 无法建立较大型的营运规模与流程	"能 4"只能运作小规模的"流 3"，不足以建立或运作大规模"流 3"，包括营运流程与管理流程在内。
5. 无法建立或无经济规模以建立内部控制的制度与流程，而不得不维持人治	"能 4"不足以建立内控的管理流程"流 3"，或组织"资 3"太少而无法负担设计及运用管理流程"流 3"的成本。于是不得不依赖本身阴面的"环 4"来了解组织内部的运作，因而限制了组织发展。
6. 若依赖"亲信"进行内部管控，取代制度，则可能因亲信的能力与私心，而阻碍了组织的正常运作	亲信可能是"5"，也可能是"6"。若他们的"能 5""能 6"不足，或"目 5""目 6"的阴面过重，则也可能发生问题。例如：亲信可能将组织的"资 3"用于本身"目 5"或"目 6"阴面的满足，凡此举皆会对组织的"目 3"造成伤害。

⊙策略方向争议的起因

　　高阶层人员之间，对未来策略的发展方向未必皆有共识。出现这些争议的背后原因，可能是对未来的看法不同，也可能是对组织本身的认知有所差异。

　　而各人立场甚至利益不同，也是难以取得策略共识的常见原因。

表 14-6　策略方向争议的起因

观念或建议事项	管理矩阵解析
1. 假设有两位一级主管（A 与 B），两人对策略皆有高度的建议权	A 的"决 5"与 B 的"决 5"皆可能影响机构领导人的"决 4"，进而影响组织未来的策略方向"目 3""决 3""流 3"等。
2. A 与 B 在策略方向上存在高度争议或不同见解	A 的"决 5"与 B 的"决 5"不同。
3. 原因之一是双方对环境认知不同	A 的"环 5"与 B 的"环 5"不同。
3.1 包括对外界市场机会认知的不同	A 的"环 5"与 B 的"环 5"中，对未来"目 2""资 2""决 2"的内容、数量、成长潜力等认知不同。

续表

观念或建议事项	管理矩阵解析
3.2 包括对本身条件认知的不同	A 的"环 5"与 B 的"环 5"中，对目前及未来的"能 3""能 4""能 5""能 6""资 3""资 4""资 5""资 6"的水准认知不同。
3.3 包括对法律与政策环境等未来的"游戏规则"认知不同	A 的"环 5"与 B 的"环 5"中，对目前及未来的"决 1"的认知不同。
4. 原因之二是双方的风险偏好不同	A 的"目 5"与 B 的"目 5"在对风险承担的价值观上不同。
5. 原因之三是不同的策略方向将分别满足两人不同的个人目的（例如：在某策略之下，A 的能力可以更能发挥，而在另一策略方向下，则 B 的能力更能发挥。）	A 的同仁阴面"目 5"与 B 的阴面"目 5"出现冲突。例如，在不同策略方向下，A 的"能 5"与 B 的"能 5"将有不同的发挥空间。
6. 原因之四是两人分别为本身部门同仁的前程或未来发展机会而争取理想的策略方向	A 希望能满足其下属同仁的阴面"目 6"，或令其"能 6"有所发挥；而 B 亦有相同的考虑，因而造成所主张的"决 5"有所不同。

执行力与组织管理

⊙组织的执行力

除了策略方向之外，影响组织绩效的另一项重要因素是组织的执行力。欲提升组织执行力，流程与制度、目标体系、政策指导、资讯回馈、奖惩系统、组织文化等皆不可忽视。"执行力"看似复杂，然而从六大管理元素解析即能条理分明，而且各项重点皆不致遗漏。

表 14-7　执行力的六大管理元素

观念或建议事项	管理矩阵解析
1. 配合产出的需要，设计良好的营运流程	设计合宜的"流 5""流 6"，以进行创价活动。
2. 有明确的分工体系与协调机制	各个"流 5""流 6"间要分工明确，衔接紧密。
3. 有适当的选、训、用流程，使各执行单位拥有足够的知能以完成任务	有良好的"流 3""流 4""流 5"以选训用人员，使组织有够水准的"能 5""能 6"，足以完成"流 5""流 6"等营运流程与管理流程的任务要求。
4. 有合理的资源分配流程，使各执行单位拥有足够的资源以完成任务	各相关单位所分配到的"资 5""资 6"足以完成"流 5""流 6"的任务要求。
5. 有明确的目标体系，指引各执行单位的目标与决策方向	使有关单位的"目 6""目 5"与"目 4""目 3"密切配合。
6. 有强烈的组织文化，令成员认同组织目标及努力的方向	创造明确而有说服力的"目 3"，使"目 5""目 6"向组织的"目 3"产生高度的认同。
7. 有良好的资讯系统或沟通管道，使资讯能充分流通，各执行单位间也可以及时分享资讯	"环 3""环 4""环 5""环 6"的认知接近，且内容互相交流。
8. 有明确的政策指导，使各单位的决策能协调一致	有明确的"决 3"，以指导相关单位的"决 5""决 6"。
9. 有及时的资讯与绩效回馈系统，使高阶可以及时掌握执行状况	建立强而有力的"环 4"，使其随时了解"决 5""决 6"的做法，以及正式（阳面）"目 5""目 6"的达成程度。
10. 执行成效应与个人奖惩挂钩联结	各级人员阳面"目 5""目 6"的达成程度，应与阴面的"目 5""目 6"相连接。
11. 高阶层应亲自参与以上制度的设计过程，并与各相关人员深入对话后方制定制度	以上做法应由机构领导人在充分了解实情（其"环 4"中能掌握"三十六栏"中的大部分，再做出具体决策"决 4"）与流程设计（"流 4""流 5""流 6"）。

⊙组织内部跨部门的规划

除了策略规划与部门内部的规划，"跨部门"的规划在组织中也十分重要。企业中，新产品的推出、全面资讯系统的引进、办公大楼的搬迁等都可归属于此一类。又如大学举办校庆活动，与"策略"虽无直接关联，但却是需要各学院、各学系、教务处、学务处、总务处、会计室、各学生社团等参与规划的项目负责规划的单位或承办人员，当然要设法在规划过程中，整合上下各级的目标、资源与行动。

表 14-8　跨部门规划

观念或建议事项	管理矩阵解析
1. 此等规划工作与策略规划不同，后者与外界环境有关，而跨部门的规划有时是依据策略规划结果而进行者，有时则未必与策略有关	策略规划与"决 2""目 2"有关，其结果是对"目 3"及"流 3"的调整与定位。 而内部跨部门的规划，则是以"目 3"或"目 4""决 4"等为前提所进行的行动规划。
2. 用意在整合内部各单位的决策与行动	整合标的为各有关部门的"决 5"与"决 6"。
3. 规划者必须整合各单位的目标与资源，以完成上级所交付的任务	规划的结果或"计画"是某一项"流 5"或"流 6"，指导了各单位的相关"决 5"与"决 6"，目的在使该流程的产出合于上级交付的目标"目 4"或"目 3"。
4. 规划的目的在整合相关单位的目标、决策、行动，使各有关单位的资源能投入此一规划中的方案	"规划"本身也是决策与行动（"决 5"或"决 6"），希望经由整合，使各单位的目标（"目 5"）及资源（"资 5"）能有效投入此一特定的"流 5"或"流 6"。
5. 规划者必须先澄清上级的具体目标，及所能提供的资源预算	在规划者认知（"环 5"或"环 6"）中，应知道上级的"目 3"或"目 4"，以及"资 3""资 4"可以支援此一方案的"资 5"或"资 6"的程度。
6. 规划者应设计流程以安排相关行动	设计"流 5""流 6"以统合各单位的"流"与"决"。
7. 应为本身设计进度及绩效的回馈体系	为本身的"环 5"或"环 6"，设计"流 5"或"流 6"，以了解各单位的行动进度（"决 5""决 6"）。
8. 应为上级设计进度及绩效的回馈体系	为上级的"环 4"，设计"流 5"或"流 6"，使其了解各单位的行动进度（"决 5""决 6"）。

⊙ VIP：减少投机行为的有效途径

组织与外部机构的交易、合作、策略联盟，难免会面对潜在的"投机行为"，而内部各级人员的自利动机，也会出现类似的问题。

不论在学理上及实务上，防范投机行为的建议方法极多，但大致可以分为三大类：

1. 第一类是让对方的目标、利益与我方一致，或可以共享合作的成果，这一类可简称为"Value"（V）；

2. 第二类是要有足量的资讯以了解对方的行动，或提供适量的资讯给对方，以导正其决策方向，这一类可简称为"Information"（I）；

3. 第三类是需要拥有潜在的惩罚力（Potential Punishment Power, PPP），可简称为"P"。

以上三者合称"VIP"。适切地配合运用此三者，可以有效降低组织内外合作与交易的投机行为。

表 14-9　防范投机行为的三种方法

观念或建议事项	管理矩阵解析
1.Value	在对外部机构方面，应结合"目2"与"目3"，当双方有共同利益存在，可以减少投机行为。 在对内方面，应整合内部成员的阴面"目5""目6"以及其阳面的"目5""目6"，使个人目标与组织所赋予的目标相辅相成，则可减少投机行为。 若成员的阴面"目5""目6"高度认同组织的"目3"，亦可减少投机行为。
2.Information	应设法掌握整合对象或合作对象（包括外部机构与内部成员）的决策与行事的资讯（将各方的"决"纳入本身的"环"），可以减少对方投机的行为。 应设法影响（运用本身的"决"）整合对象或合作对象赖以决策的"环"，并借以左右其决策方向，不仅可以减少其投机行为，亦可促使其采取有利我方的决策与行动。
3.PotentialPunishment Power	对整合对象或合作对象若拥有潜在惩罚力，则可减少对方的投机行为。 潜在惩罚力系基于本身有"能"，或可调度"资"，以降低对方阴面"目"的达成。

⊙跨国或跨时代的文化差异

跨国或跨世代的文化差异，可以从许多角度来讨论，针对这些主题也有许多专门著作。用六大管理元素，或"个人元素"也可以归纳这些观点。

表 14-10　跨文化的六大管理元素

观念或建议事项	管理矩阵解析
1. 价值观或追求的人生目标不同	双方"目"的不同。

417

续表

观念或建议事项	管理矩阵解析
2. 对世界的认知不同	双方的"环"不同，对所观察的事物诠释方法不同。
3. 教育背景不同造成对事务的推理方式不同	双方的"能"的不同。
4. 对决策方法或分权方式的认定不同	双方"环"中，对各自的"决"的认知不同。
5. 要能了解双方以上各项的差异，才有可能进行沟通与整合	应设法整合不同文化或不同世代间的"目""环""能""决"。

⊙国企业掌控国外子公司的方法

在海外设立子公司已是许多中型以上公司常见的做法，如何有效掌握子公司，在理论上及实务上的讨论甚多。在此以六大管理元素及管理矩阵的架构，可以对这些建议中的重要部分，整理摘要。当然，在实务上，这些做法未必全都同时需要，而是视情况选择、搭配实施的。

表 14-11　掌握子公司的六大管理元素

观念或建议事项	管理矩阵解析
1. 假设此一国外子公司是直接属于机构领导人之下	此一子公司位居"5"的地位。
2. 派遣忠诚度高的人员担任海外子公司的负责人。由于其对母公司高度认同，其事业前程也在母公司，因此可以降低其做出不利母公司利益的可能性	阴面的"目5"高度认同"目3"（忠于公司）或"目4"（忠于领导人），因而"决5"会与"目3"或"目4"密切配合。
3. 赋予具体的多元目标要求	给予具体的阳面"目5"，以确保其"决5"能合乎"目3"及"目4"的期望。
4. 严密的监控系统	建立健全的"环3"及"环4"，经由完整的资讯监控，了解"决5"及"决6"在海外的作为。
5. 降低对海外子公司的授权程度，令海外子公司的决策与行动不至于逾矩	减少"决5"的范围，扩大"决4"对海外经营的决策参与深度。
6. 运用严密的正式管理制度来规范海外子公司的决策与行动	建立"流3"，使其中的"流5"能与"流4"或其他"流5"密切衔接，进而规范了"决5"的方向与自由度。

418

续表

观念或建议事项	管理矩阵解析
7. 掌控海外子公司营运上的重要资源，借以限制其自由，并进而了解其营运状况（例如：掌控重要的零组件的供应，即可间接掌控子公司的营运。）	掌握"资5"，使"决5"或"流5"在需要"资5"时，必须有"决4"的支持，或至少可以使"环4"了解"决5"的动态与方向。
8. 派遣忠诚度高的人员，随时提供海外子公司的动态资讯，甚至子公司负责人的忠诚度	派遣少部分阴面"目6"认同"目3"或"目4"的人员，就其所掌握的资讯（环6），及时向上级报告（将阴面"环6"的所知流向阴面的"环4"），使"4"得以掌握"决5"的动态，甚至阴面"目5"的内容。

⊙共识

寻求共识，是在整合内外的过程中，常被提到的做法。在此以管理矩阵解析何谓共识、共识的内涵，以及组织内部共识过高时，可能产生的风险。

这些解析对"应如何建立共识"，有若干参考价值。

表 14-12 对共识的解析

观念或建议事项	管理矩阵解析
1. 共识是同仁在目标认同、环境认知及思考方式上的相似性，其用意在使大家行动一致，力量集中	共识与"目"、环""能"皆有关系。其效果表现在"决"的一致上。
1.1 目标认同	阴面的"目4""目5""目6"都互相一致。最好也都认同于"目3"。
1.2 环境认知相近	"环4""环5""环6"中，对外界趋势、内部条件等等有相似的认知。
1.3 思考方式的相似性	"能4""能5""能6"的基本逻辑相近似。
1.4 决策与行动一致	"决6""决5"能彼此一致，且与"决4"一致，以达到组织的"目3"。
2. "共识"过高的风险，在于陷入集体的盲点	"环4""环5""环6"太相似，造成上下及各方的资讯无法产生互补或互相检核验证的作用。 "能4""能5""能6"的思考方式接近，也可能集体误判。

续表

观念或建议事项	管理矩阵解析
3. "共识"若未能认同组织目标，则亦未必有利于组织使命或目标的达成	阴面的"目4""目5""目6"虽然互相一致，但若未能认同于"目3"，则结果可能只是集体图利本身，而未必有利于"目3"的达成。 因为组织的"目3"中，其实也包容了投资人、顾客的"目2"，甚至政府与社会的期望"目1"的成分在内，若只有阴面的"目4""目5""目6"有高度一致，显然不足。

组织老化与组织变革

⊙组织老化

组织老化的现象与组织成立历史久暂并无绝对关联。有些组织成立未久，即已老态毕露，而有些历史悠久的组织却老而弥坚。但一般而言，"老化"是程度问题，每个组织或多或少都会表现部分的老化现象。

然而组织与人一样，老化在所难免，及早防老当然有其正面意义。经由管理矩阵，可以归纳出组织老化的原因，读者可以针对这些潜在原因，为组织进行简单的自我检视。

表 14-13　组织老化的原因

观念或建议事项	管理矩阵解析
1. 产品过时，目标市场日益萎缩	"流3"的产出未能合于"目2"的需求，或对本组织"流3"的产出有兴趣的"2"，已日渐减少。
2. 组织目标过时，不能合于时代需求	"目3"已无法整合"目2""目5""目6""资2""资5""资6""能2""能5""能6"。
3. 内部资讯不相流通	"环4""环5""环6"因不相沟通而内容歧异。
4. 决策各行其是	"决4""决5""决6"之间缺乏配合与衔接。
5. 各单位各有其目标，但皆未与组织目标相呼应	各阳面的"目5"与组织的"目3"未能配合。甚至出现单位的"生命现象"，使各"目6""资6""能6"等只在部门或"5"的层次整合。

观念或建议事项	管理矩阵解析
6. 上下交征利， 各自为本身的个人目标打算	阴面"目 4""目 5""目 6"等，对"决 4""决 5""决 6"的影响，远大于阳面"目 4""目 5""目 6"等的影响。
7. 有人不劳而获，有人劳而不获。劳役不均且奖酬不公	"目 5""目 6"的阴面满足水准，与其"能 5""能 6"对组织的投入水准不成比例；与其所负责的"流 5""流 6"对组织"流 3"的贡献水准亦不成比例。 从另一角度看，在成果分配过程中，从组织的"资 3"流向各人的阴面"资 4""资 5""资 6"，与各人所投入的"能 4""能 5""能 6"不成比例。
8. 成员老化，难以吸收及运用新知能	"能 4""能 5""能 6"严重不足，其问题包括"缺乏提升能力的能力"在内。
9. 组织长期中形象不佳，难以吸收高水准的新血轮	无形资源中的形象（"资 3"）不佳，使新进人员的"能 6"有问题，或难以吸引高水准的"能 6"进入组织。

⊙组织变革的困难

为了因应外界环境的冲击，或只是单纯地处理组织老化的问题，组织有时必须进行变革。然而由于认知、价值观、个人目标与能力等问题，常使组织变革遭遇困难。

表 14–14　组织变革遭遇的困难

观念或建议事项	管理矩阵解析
1. 对目前组织所面临的潜在威胁与挑战，缺乏认识及危机感	"环 4""环 5""环 6"的认知中，未感受到本身流程（"流 3"）的效率与产出可能已不能满足顾客的目标（"目 2"），或未来资源已面临匮乏（已难从"资 2"获得本组织所需的"资 3"）。
2. 成员各有私心，不愿放弃既得利益	各人的"决 4""决 5""决 6"，只考虑本身短期的阴面"目 4""目 5""目 6"，完全未考虑达成组织的未来"目 3"与未来"流 3"的生存空间。
3. 成员对未来改变的方向未有共识	各人的"环 4""环 5""环 6"中，对未来组织理想的"流 3""目 3"有不同的认知。
4. 流程僵化难以调整	"流 3"的问题。
5. 各级成员能力落伍，难以适应新的任务	各级"能"的不足。

观念或建议事项	管理矩阵解析
6. 过去政策繁复，难以整理，造成改革的阻碍	"决3"的问题。
7. 设备老旧，更新不易，使组织亦难以调整	"资"的僵固性所造成的问题。

⊙组织变革的可能途径

组织变革是管理领域中的一个重要议题。各种学说与实务上的建议为数极多，以下运用管理矩阵摘录其中较主流的说法。

而在许多管理行动中的"高阶领导人的支持""小规模实验"等，其基本观念也在此有所解析。

表 14-15　组织变革的可能途径

观念或建议事项	管理矩阵解析
1. 改变策略，配合新策略或新客户改变营运流程	配合新而有潜力的"关键"整合对象，例如客户的需求（"目2"），重新安排流程（"流3""流4""流5""流6"）。
2. 引进资讯系统，如 ERP、CRM 等系统，迫使其他流程必须因应调整	引进关键性的"流3"，使其他各阶层与各单位的"流4""流5""流6"为了与之衔接，而不得不有所改变。进而影响各单位的"决4""决5""决6"的方向与品质。
3. 引进管理流程（如 TQM、六个标准差等），以改善营运流程	以新的管理流程"流4""流6"，来协助改善营运流程"流5""流6"。
4. 改变组织结构	改变各重要营运单位的"主轴"与"辅轴"，使其"目""环""决""流""能""资"等六大管理元素皆产生改变。
5. 配合高水准、具潜在合作利益的策略联盟对象，改变现有流程，进而提升本身的能力	找到"目2"与本组织"目3"能互利共生的策略联盟对象"2"，因其"流2"必须与本组织的"流3"衔接，因而"流3"不得不有所调整改变。 进一步因"流3"的改变，改变相关的"流5""流6"，甚至改变"能5""能6""目4""目5""目6"。
6. 机构领导人更替，带来新观念，改变过去的行事方法	更换机构领导人，从根本上改变"目4""环4""能4""资4"，因而可以改变"决4"的结果。

续表

观念或建议事项	管理矩阵解析
7. 引进新的部门主管，推动改革	从根本上改变"目5""环5""能5""资5"，因而可以改变"决5"的品质与结果。
8. 提升成员对外界环境潜在压力的认知，进而创造能接受改变的组织文化	改变成员的"环5""环6"，进而改变组织文化"目3"。新的"环5""环6"以及"目3"影响了各级人员的"目5""目6"，以及各级人员的行事方法"决5""决6"。
9. 提升成员的知能水准	改善或提高"能4""能5""能6"。
10. 变革成功的条件：高阶主管支持	机构领导者经由宣示（"决4"），让各级人员的认知（"环5"及"环6"）中，了解此项组织变革是组织的重要目标（"目3"及"目4"）之一，如果大家采取配合行动（"决5""决6"），对其本身阴面的"目5""目6"将有正面的作用（激励效果）；反之，若不采取配合行动，则自己的阴面"目5""目6"将有损失（惩罚效果）。 各级同仁认知（"环5""环6"）中，相信领导人（"4"）会调度"资3""资4"，支援大家的改革行动（"决5""决6"）。
11. 先进行小规模改变，从实验与经验中学习，进而发展变革能力、建立成功典范，然后再推动大规模的改变	机构领导人（"4"）及负责推动改革的团队（可能属于"5"），在小规模的行动（"决4"及"决5"）中，提升改革所需的"能4""能5"，并提升本身对改革方法及组织问题的了解（强化对组织问题了解的"环4""环5"）。 借着初期的成功经验，令同仁相信（改变其"环5""环6"），此项改革对组织是有利的（有利于"目3"），对他们本身的工作或事业也是有利的（有利于其阴面的"目5""目6"）。当这些有利情势皆形成后，再进而采取较大规模的组织变革。

管理行为与领导

⊙机构领导者的领导作为

　　古往今来对成功领袖的描绘以及对领导人的期许，观点与内容极多。本部分只提出与其价值观、整合能力，以及对内与对外角色相关的一些观念。

表 14-16 对领导人的期许

观念或建议事项	管理矩阵解析
1. 对组织使命高度认同，并展现热情	本身阴面的"目 4"与组织的"目 3"高度契合，并使组织内部人员的"环 5""环 6"对此一事实有所认知并产生信念。
2. 行事公正无私：以达成组织目标为己任，不会为了达到个人目标而牺牲组织目标	除了本身阴面的"目 4"与组织的"目 3"相契合，在其价值观（亦为阴面的"目 4"）上，亦认为"目 3"的达成是达到本身人生目的的手段。 不会为达到自己的阴面"目 4"而牺牲了组织的"目 3"。而此种"目 4"指导了其各种决策与行动（决 4）。
3. 值得信任：信守承诺，在后续的相关决策上，维持一致性，力求实现过去的承诺。这些承诺包括了对各方目标的接纳与妥协，以及在资源分配上合乎各方预期	在组织内外各方的认知中（"环 1""环 2""环 5""环 6"），领导人未来的决策（"决 4"）与过去的承诺（前期的"决 4"）将高度一致。 这些承诺（"决 4"）包括了对各方目标（"目 1""目 2""目 5""目 6"）的接纳与妥协，以及在资源分配上（对组织资源"资 3"的分配）合乎各方的目标与当初的预期（"环 1""环 2""环 5""环 6"）。
4. 拥有愿景与方向：清楚勾勒组织未来应有的走向，以及此一走向对本身决策与行动的含义。确实传达，让组织内部充分了解，并指导了大家的方向	本身认知（"环 4"）中，明白组织未来应有的走向（未来的"目 3""决 3""流 3"），了解此一走向对本身决策与行动（"决 4"）的含义。 并将这些有效地让组织内部充分了解，亦即采取行动"决 4"，将以上各项有效导入大家认知（影响"环 5""环 6"）与目标（"目 5""目 6"），并指导了大家的方向（使"环 5""环 6"有了这些了解后，能依据这些"目 5""目 6"，采取有效而合乎期望的"决 5""决 6"）。
5. 了解人性：知道大家真正要什么	有能力（"能 4"）了解各方的目标（"目 5""目 6"的阴面）。
6. 知人善任：知道各人能力的长处与短处，并让其得以发挥	在其认知（环 4）中，正确地了解各人的知能水准（"能 5""能 6"），并依其长处赋予适当的职责（依"能 5""能 6"设计各人的"流 5""流 6"）。
7. 整合能力：有能力整合各方的目标、资源与资讯。使各方的决策及作为能配合组织使命。为组织争取生存的资源。依据各方的贡献，合理分配成果	有足够的知能"能 4"（尤其是"KIPA"），以结合各方的"目 1""目 2""目 4""目 5""目 6"及"资 1""资 2""资 5""资 6"，还有"环 1""环 2""环 5""环 6"。 使各方的决"决 1""决 2""决 5""决 6"能配合本组织的"目 3""决 3"与"流 3"。 经由创价流程（"流 3"）的产出，满足相关机构或个人的"目 2"需求，并从任务环境中的"资 2"，为组织获得"资 3"。 "资 3"分配为阴面的"资 5""资 6"，成为满足"目 4""目 5""目 6"的基础。

⊙中基层管理者的领导作为

中基层管理者在组织中承上启下，一方面要执行上级及组织所交付的任务，一方面也必须对下属进行沟通、监督、激励、训练等工作。

表 14-17　中层管理者的领导行为

观念或建议事项	管理矩阵解析
1. 了解部属的"个人元素"，包括其能力与各种想法	主管（位居"5"的各级主管）应了解（纳入其本身的"环5"的中）部属的知能水准（部属带进组织的阴面"能6"）、人生目标与心理需求（阴面的"目6"）、对世界及人性的认知（环6），以及可能掌握的资源（有可能转化为阳面的阴面"资6"）。
2. 应明确告知部属，组织或本身对其工作责任范围的要求，以及决策的责任与权限如何	采取行动（"决5"），使部属的"环6"知道本身所负责的"流6"范围，以及其"决6"的范围。
3. 应明确告知组织或本身对其工作绩效的要求	采取行动（"决5"），告知对其阳面"目6"的要求内容与衡量方式。
4. 经由指导，让部属了解公司内外的事务、组织文化及规定	强化其"环6"中对"目3""决3""流3"等的内涵，以及政府有关的重大规定（"决1"）、顾客需求（"目2"）、竞争者与供应商等的作为（"决2"）等的了解。
5. 依部属目前工作以及未来升迁的需要，给予指导训练，以提升其知能	采取行动（"决5"），依其工作需要（"流6"的所需），指导或培训其"能6"。
6. 在组织政策规范下，设计激励方法，鼓励部属完成目标	在"决3"的范围内，采取行动，设计制度或机制（"决5"），使部属在采取组织所期望的行动（"决6"），达到组织所设定的目标（"目6"的阳面）后，可以获得个人目标的满足（达到部属本身"目6"的阴面）。
7. 依部属特性设计领导方式，有时应强调规范，有时应提供高度的激励，有时应以提升能力为主	当部属"能6""目6"都尚称足够时，则只需要在其"环6"中强化对"流6""决3"的了解，以及对阳面"目6"的要求指引。 当"能6"不足时，应设法强化"能6"；当其行动"决6"无法满足其阴面的"目6"时，则应设计（"决5"）制度（可以视为一种管理流程"流5"），结合其阴阳两面的"目6"。
8. 应适时了解部属的工作进度及达成目标的水准	采取"决5"，使部属的阳面"目6"的进度、"流6"的运行、"决6"的方式与结果等，及时纳入本身的"环5"认知之中。

续表

观念或建议事项	管理矩阵解析
9. 欲完成以上这些工作，有时需要设计制度以利进行	设计管理流程（"流5"的管理流程），以进行以上有关"环5"的强化。
10. 应依评估或所回馈的资讯，采取有效行动，包括修正其做法、强化其知能、调整其认知等	依本身所掌握的资讯（"环5"），采取行动（"决5"），改正部属决策（"决6"）、强化其知能（"能6"）、调整其认知（"环6"）等。
11. 更基本的做法之一是为组织选择适用的基层成员	依组织的文化与目标（"目3"）、业务及未来发展（"流3"）的需要，选择合适的人员（"能6"及阴面的"目6"应合于组织的文化及业务需要）。
12. 应为众多的部属，设计合理的流程	采取行动（"决5"），设计"流6"。
13. 为部属提供支援，协助其完成任务	采取行动（"决5"），视部属的任务需要（"流6"或"决6"的需要），提供必要的"资5""能5"。
14. 向长官推荐有潜力的优秀同仁，一则为组织举才，一则也是激励同仁的一种方式	影响本身长官的认知（"环4"），可以强化人才的升迁与发挥（为组织举才，加强组织的"能3"），也能满足优秀同仁本身事业成长的期望（阴面的"目6"）。

⊙接班人的选择与培养

接班人的任命与培养，事关组织未来的长期发展。现任领导者应配合组织使命的要求慎加选择，并依未来接班角色的需要，逐步提升其必要的知能与资源，包括内外的网络关系在内。

表14-18　接班人的任命与培养

观念或建议事项	管理矩阵解析
1. 其个人价值观应认同组织使命	其阴面的"目4"应认同"目3"。
2. 其个人的能力与条件应配合组织未来发展的需要	其本身的"能"与"资"应与未来的"流3"有关。例如：若策略将走向高科技产业，则科技背景的人员应优先考虑；若策略将着重于国际化，则其海外经验应纳入考量。
3. 应培养足够的知能，尤其是整合能力与"KIPA"	未来的"能4"要够。

续表

观念或建议事项	管理矩阵解析
4. 应协助其建立所需的社会地位与适当的外界关系	使其未来有足量的无形"资 4"可完成任务。
5. 应培养接班人对外界环境的认识	使其在担任领导人时，"环 4"中对"目 2""环 2""决 2""流 2""能 2""资 2"，以及"目 1""环 1""决 1""流 1""能 1""资 1"等有所了解。
6. 应培养接班人对内部人员的认识	使未来的"环 4"中，对"目 5""环 5""能 5""资 5"，以及"目 6""环 6""能 6""资 6"有所认识。
7. 应协助他了解内部的流程及分工情况	使未来的"环 4"中，对"决 5""流 5"，以及"决 6""流 6"有所认识。
8. 应设法提高各级成员对他的认同	使"目 5""目 6"在价值观上认同未来的"4"。
9. 应设法创造成员对其能力的信心	使"环 5""环 6"的认知中，对未来接班人的"能 4"有正面的印象。
10. 应在接班前即明确界定过去的潜在接班竞争者以及"老臣"的角色与定位	界定现有各"决 5"的权责范围，以确保未来的"决 4"可以发挥，不受各"决 5"的牵制而发生负面作用。

⊙对基层承办人员在整合工作上的建议

　　本书自始即主张，"管理工作"并非是管理人员专属的责任。因为从"整合"的观点看，组织上下人人都可以扮演一定程度的整合角色。基层人员的整合工作做得好，不仅可以为更高阶的管理人员分劳分忧，而且也可以大幅提高组织运作效率。

　　从管理矩阵中可以清楚地看到，位居基层的人员，或某些专案的承办人员，在进行工作时可以观照的角度与范围，这对初入职场而对未来有抱负的年轻人来说，相当有参考价值。

表 14-19　对基层承办人员的建议

观念或建议事项	管理矩阵解析
1. 了解本身在组织中的责任范围、上级赋予的目标与期望，以及可以做出贡献的方向	了解本身"流6"在长官所负责的"流5"中的角色，以及在整体组织"流3"中的角色。 了解本身必须决策的范围"决6"，这些决策与直属长官的"决5"应如何分工。 了解长官对本身的目标要求，即"阳面"的"目6"。
2. 针对职责与工作要求，努力提升本身的有关知能	针对本身的"流6"及"决6"的需要，提升其"能6"。
3. 认真负责、积极主动完成任务，并创造在上级及同侪心目中的正面形象	采取行动"决6"，以确实执行"流6"，以达成"目6"；主动发掘机会或"流6"间的空隙，创造有贡献的"流6"，以提升"流5"的成效。 并进而影响长官的认知"环5"，以及同侪的认知"环6"，希望他们能在心目中产生正面的观感（"目5""目6"在价值观上认同当事人"6"）。 这些正面形象将可成为本身在推动工作时的无形资源"资6"。
4. 应努力了解组织内外有哪些可以整合的知能或资源，并试图整合到本身所负责的工作中	在本身的"环6"中，设法了解组织内外存在的"资1"到"资6"，"能1"到"能6"。 采取"决6"，以整合其他人或其他单位的"能6""资6""能5""资5"，并导之于本身所负责的"流6"之中。 若有可能，则组织外部的"资1""资2""能1""能2"等，当然也可以作为整合标的。
5. 主动向其他人请教办事的方法、请其他人提供有用的协助、查阅组织现有的规定等	采取"决6"，运用"能6"（KIPA），从别人的"环6""环5"中，去了解更多的事实前提（充实本身的"环6"）。去了解组织现有的"决3"与"流3"，甚至外界的"决2""目2""决1"。
6. 有时也必须运用长官的影响力	利用长官的影响力（整合运用无形的"资5"），争取以上所说的各方"能6""资6""能5""资5"等的投注。
7. 对有关的外界环境变化，亦不可忽视	自己的"环6"中，要设法了解外界的变化，如"决1""决2"的趋势，以及影响"决1""决2"的"目1""资1""目2""资2""能2"等。
8. 针对长官决策的需要，适时提供有关资料供其参考	采取行动"决6"，影响并强化长官对某些事实前提的认知（改变长官的"环5"及"环4"），以期其决策可以更为正确（设法提升"决5""决4"的品质）。

续表

观念或建议事项	管理矩阵解析
9. 针对交办事项，提出的方案宜尽量具体，并在向上级呈报前，已先行尽力整合各方的目标与行动	应针对任务，提出具体的"决6"以供裁示。而提出"决6"时，应已将其他单位的"决6""决5"，甚至外界机构的"决2"整合在内。 为了争取各方支持，各方的"目2""目5""目6"亦已充分协调整合完毕。 若无法整合完毕，则将本身无法整合的部分，再请上级运用其地位"资5"、能力"能5"，以及对各方深入的认知"环5"来进行整合（"决5"）。

⊙对新进人员在自我成长上的建议

新进人员在进入职场前后，一方面应设法强化本身的知能，一方面也要对管理矩阵的"三十六栏"有所了解。而与上级及平行单位间的关系与互信，正确的人生价值观等，也可以从管理矩阵中逐一检视。

与基层承办人员不同者，许多新进人员尚未"承办"任何专案业务，但为了本身事业的发展，也应有一些注意事项。事实上，这些对基层人员的建议，学校或长官都未必有所指导，因此在此特别强调，应对年轻人有相当价值。

表 14-20 对新进人员的建议

观念或建议事项	管理矩阵解析
1. 努力认同组织的目标，或设法选择与个人价值观念与人生目标相一致的组织，作为事业的起点	基层成员个人或"阴面"的"目6"应与组织的目标"目3"相一致。这样一来，组织使命的达成，也可以有助于本身人生目标的达成。
2. 进入职场后，首要掌握本身的职责所在，以及上级所赋予的目标	应了解（强化本身的"环6"）：本身负责的"流6"为何，上级要求的目标（"目6"的阳面）为何。
3. 应该了解本身可以决策的范围	本身"决6"的范围及上级认知中（"环5"），本身应负责的决策范围。
4. 应当了解组织中对本身决策与行动有影响的既定政策与流程	了解（强化本身的"环6"）与本身"决6"有关的"决3"，及与本身业务有关的"流3"，尤其是"管理流程"部分。
5. 应在工作中努力了解工作环境中的各种情势与资讯。包括以下十项	依管理矩阵，尽量澄清"三十六栏"的内容。

续表

观念或建议事项	管理矩阵解析
5.1 此一职位需要哪些知能，要如何才能提升本身的知能水准	本职位的"能6"应达何水准？应采取哪些"决6"以提升本身的"能6"，并可提高本身"决6"的品质？
5.2 此一职位在推动工作时，因"职位"而可以运用哪些有形与无形资源	为了完成责任内的"流6"，本职位可以从组织所获得的"资6"为何？
5.3 长官、组织或其他单位有哪些资源可以用来协助本身的工作	长官的"资5""资4"，其他单位的"资5""资6"，其中有哪些可以作为本身在完成身"流6"与达成"目6"时的整合标的？
5.4 长官、组织或其他单位有哪些知能与资讯可以用来协助本身的工作	长官的"能5""能4""环5""环4"，其他单位的"能5""能6""环5""环6"有哪些？其中有哪些可以成为本身在完成"流6"与达成"目6"时的整合标的？
5.5 本组织所处的产业情势如何	"任务环境"中"流2"的状态如何？任务环境中有哪些重要机构或个人？其"目2""环2""决2""能2""资2"分别如何？ 例如：顾客是谁？需求几况如何？竞争者共几家？其"知能"与"资源"与本企业相比如何？
5.6 本组织在产业中的定位如何	本组织的"流3"在任务环境的"流2"中扮演什么角色？本组织的"流3"（主要是营运流程）所创造的产出，满足了什么人的什么需求（"流2"如何满足"目2"，如何从对方换取"资2"？）
5.7 本组织的相对竞争优势为何	本组织的"能3""资3"如何？
5.8 本组织的目标、组织文化等现状如何	本组织的"目3"如何？
5.9 直属长官所负责的组织任务与目标为何	了解其"流5"与阳面的"目5"。
5.10 了解直属长官的长处、需要互补的处，以及人生的目标等	了解长官"能5"优缺点、阴面的"目5"等。这些皆有助于本身"决6"的若干方向取决，例如"决6"的范围会不会与长官的阴面"目5"互相抵触、"能6"成长的努力方向、可以提供给长官的"环5"的资讯内容等。
6. 设法建立在其他人心目中，对本身的良好印象	以具体的贡献（"决6"及"流6"的成果），影响他人"环4""环5""环6"中，对本身"能6""目6"等的认知。这些认知可以进一步演变为本身的无形资源（"资6"）。
7. 充实能力，创造价值为最优先考量	"能6"及其造成的"流6"贡献水准为最重要的努力方向。

续表

观念或建议事项	管理矩阵解析
8. 若本身学历较高，更应开放心胸来向各方请教	有时为了降低"高学历"所造成"资6"可能的负面效果，更应调整"目6"（更谦虚的人生观），采取积极行动（决6），以整合吸收各方的资讯（强化本身的"环6"）与知能（强化本身的"能6"）。

其他议题

⊙家族企业的优缺点

大部分企业都是从家族企业的形态开始的。管理矩阵可以分析家族企业的优缺点，也可以对正在转型，或期待有更大成长的家族企业有所参考。

表 14-21　家族企业的优缺点

观念或建议事项	管理矩阵解析
1. 成立之初，由于来自同一家族，因此容易对成立企业形成共识	由于成立前的各"目2"，以及成立后的"目4""目5"，都有共同的家族认同，因此容易形成具有共识的"目3"。
2. 由于来自同一家族，对如何分配成果亦不太计较	各人阴面的"目4""目5"，甚至"目6"等，由于皆认同家族，故对未来经营成果的"资3"如何分配来满足各自的"目"，不太计较。 基于这些原因，初期整合容易成功。
3. 由于家族的资源及人才有限，因此可能限制了企业的发展	来自家族的"资"与"能"未必能支持"资3"及"能3"的需要。
4. 如果家族人员太多，可能造成其他非家族人员感到组织缺乏吸引力	在潜在成员的认知（"环5"或"环6"）中，自认本身因为并非家族成员（某些无形资源"资6"或"资5"不足），因而却步或退出，造成"能5""能6"的不足。
5. 若不及早制度化，则因兄弟、妯娌的关系日益复杂，而使大家只认同本身"小家庭"的目标，而不愿认同整体组织的目标	时间久了，家族分化成许多"小家庭"，各有其不同的阴面"目4""目5""目6"，使各人在决策时，对阳面的"目3""目4""目5""目6"考虑的比重日低。

续表

观念或建议事项	管理矩阵解析
6. 人才不足、资金不足、家族目标与组织目标的划分不清，是家族企业应防范的问题	"能""资"不足，"目"的阴阳互相干扰，是家族企业风险的来源。

⊙公司治理

当企业成为大众握股公司以后，其重要决策的后果必须对大众投资人负责，而高阶领导人的诚信水准也必须经常被社会检视，这是需要"公司治理"的基本原因。

政府主管机关的政策与监督、银行及会计师等机构的深入检核、独立董监事功能的发挥，以及公司内部的稽控制度等，都是公司治理不可或缺的环节。

表 14-22　公司治理的六大环节

观念或建议事项	管理矩阵解析
1. 政府配合国家与经济的发展，应有政策与行动要求公司治理的做法	为使"资1""能1"有效经由各产业的"流2"、各企业的"流3"以达到社会的经济目的（"目1"），政府应有适当的规范（"决1"与管理流程上的"流1"）
2. 银行、承销商、会计师等应有方法掌握公司的做法，并将之传达给投资大众或政府机关	这些"2"中的机构，应有其"流2"以了解（强化本身的"环2"）大众握股公司的"流3"及公司高阶层的"决4"。"环2"之所知，应反映给投资大众（另一种"2"），从其"环2"来影响其投资行为（"决2"）。亦应及时反映给政府（强化其"环1"），以便政府采取适当的行动（"决1"）。
3. 应有代表大众投资人的独立董监事参与董事会，监督公司的重大决策	大众投资人（"2"）应有代表参与董事会，以了解"决4"的作为。
4. 独立董监事能监督，但却不应泄露公司的营运机密，或做出图利自己的行为	大众投资人（"2"）相信（"环2"）其代表人独立董监事（是另一种"2"）有"能2"可以监督，可以获得足够资讯（"环2"）以了解内部作为，但本身的"目2"向投资人的"目2"认同，而不会因阴面的"目"而危害公司及投资人。
5. 公司内部有良好的内稽内控制度，为管理当局及董事会、独立董监事掌握内部运作情况	内部有"流3""流4""流5""流6"等管理流程或监督流程，使"环4"对营运有所掌握，也使大众投资人的代表（独立董监事及其他董监事）的"环2"能充分了解内部的营运。

续表

观念或建议事项	管理矩阵解析
6. 若公司有不法情事，独立董监事有责任及权力向主管机关反映	其"环2"若察觉不妥，应向主管机关反映（采取"决2"以告知"环1"），以利政府主管机关及时采取行动（"决1"），以保障大众投资人的利益（"目2"）。

⊙社会责任与企业伦理

企业对外应不违背社会的整体价值观，对投资人以及组织内外的目标与利益也应有平衡的关注。而组织从上到下，对组织使命的认同，以及对整体社会价值的贡献，也是企业社会责任与企业伦理的必要条件。

表 14-23　企业社会责任与企业伦理的必要条件

观念或建议事项	管理矩阵解析
1. 组织的存在在有其正当性，而且其目标合于人类社会的总体目标	组织的"流3"对世界的"流1"做出正面贡献，因而使"目3"成为人类达到"目1"的一环。
2. 在经营上善用资源与人才，使之有所贡献	有良好而有效率的"流3"（含"流4""流5""流6"），使组织中的"资3""资4""资5""资6"，以及"能3""能4""能5""能6"可以有效汇入"流3"，而对任务环境中的顾客产生价值，满足"目2"。 这也代表善加利用了社会中的"资1"与"能1"。
3. 赚取正当利润也是基本的社会责任	因满足"目2"，而获得"资2"转变为"资3"。 "资3"在经过成果分配的过程后，可以满足各提供"资源"与"知能"的来源后，还可以满足投资者的利润目标"目2"。
4. 在环境保护、工业安全等方面皆能配合主管机关及社会的期望	"决3""决4"能配合"决1"，行事合于社会的价值观"目1"。
5. 能平衡社会、投资人、员工的不同需求	能平衡社会的"目1"、投资人的"目2"、员工的"目5""目6"。
6. 组织内部行事皆能符合社会价值与道德规范	"目4""目5""目6"的价值观合于"目1"的整体价值观，使"决4""决5""决6"在这些价值前提下，做出合乎"目1"的决策。
7. 当社会价值观与道德规范分歧时，企业伦理也较难以适从	当"目1"分歧而未有共识时，"目4""目5""目6"以及"决4""决5""决6"即难以单一的标准衡量其正确或合宜程度。

续表

观念或建议事项	管理矩阵解析
8. 各级人员皆能认同组织的使命，而不以追求个人私利为优先	阴面的"目4""目5""目6"皆认同"目3"，"决4""决5""决6"等，而皆以阳面的"目"为优先考量。

⊙信任与信心

无论是组织间的合作、交易，或是人与人（包括长官与部属）之间的关系，"信任"与"信心"皆为不可或缺的因素。然而在中文及英文里，信任（trust）与信心（confidence）的意思都可能互相混淆。学术上对此二者有较精确的定义，而运用管理矩阵的架构，也能对它们进行清楚的描述。

分析此一主题的目的之一是展现管理矩阵及六大管理元素在理解或解析抽象学理时所能产生的帮助，并利用管理矩阵简明的编码系统，精准而明确地描述各种看似复杂的学理。

事实上，许多学理在利用管理矩阵的架构解析后，都会显现出其明白易懂，而且合情合理的部分。

例如，在详细解析"信任"与"信心"的意义与内涵后，在实际个案上，若发现这些推理中的前提不存在时，"信任"与"信心"或许也是不存在的。

表14-24 "信任"与"信心"的意义与内涵

观念或建议事项	管理矩阵解析
1. 信任（trust）是对他人动机与意图的推测	"信任"与部属的"目"有关系。
1.1 对部属信任，表示相信他由于道德上或价值观上的原因，不会有不良的企图	长官（"5"）"信任"部属（"6"），是因为在"环5"中认为"目6"认同"目5"或"目3"，不会产生危害长官（"5"）或组织（"3"）的意图。 或长官"环5"中认为"目6"的价值观中，不愿伤害任何人（某种道德水准的表现）。
2. 信心（confidence）是对他人采取正面行为而非负面行为的预期	"信心"是与部属的"决"有关，可能与其价值观"目"未必有关。
2.1 对部属的忠诚度有"信心"，表示相信他不会采取不正当的行为	长官（"5"）认知（"环5"）中，相信"决6"不会危及"目5"或"目3"。

续表

观念或建议事项	管理矩阵解析
2.2 信心的基础，可能是因为本身拥有制裁权，部属也有此认知，因此不敢造次	"5"的信心来源是："环 5"认为，部属认知（"环 6"）中，了解长官有"能 5""资 5"去对"决 6"的不当行为，采取制裁行动"决 5"，将对部属"6"的阴面"目 6"造成负面的作用。
2.3 信心的基础，可能是因为法律系统能有效监督，部属也有所认知，因而不敢触法	"环 5"认为，部属认知（"环 6"）中，了解法律系统（"决 1"）会针对其不当的"决 6"，采取制裁行动，此制裁行动会对部属"6"的阴面"目 6"造成牵制作用。
2.4 信心的基础，可能是因为部属能力有限，无法做出伤害组织或长官的行为	"环 5"的认知中，部属能力（"能 6"）有限，不能做出伤害"目 5"或"目 3"的"决 6"。

对管理教育的含义

从运用管理矩阵解析管理议题的过程中，可以看出一位机构领导人或中基层管理人员，在管理工作上应该扮演的角色以及可以发挥作用的方式。进一步延伸，应可从管理矩阵中，产生一些对管理教育内涵及教学方法方面的含义。

⊙现有管理教育内容较偏重结构面的知识

在各个功能管理的领域，甚至是"管理学"本身，无论是教学或是学术研究，都极为偏重结构面的知识。例如："价格与品质认知对消费者购买行为的影响""跨国技术策略联盟的成功因素""员工人格特质与流动率的关系"等，都是本书所称"变项间的因果关系网"的形式，在管理矩阵中属于"能 4""能 5""能 6"的　部分。对未来担任管理工作当然有其一定贡献，但若放眼管理矩阵的"三十六栏"，则显然仍有不足。

⊙程序面知能与"整合"的训练有待加强

管理工作的核心本质是整合，整合过程中需要"眼观四面，耳听八方"，从复杂而多元的资讯中，关注组织内外各种人员与机构的"六大管理元素"，对各方的目标与意图，不仅需要努力发掘，而且要运用具有创意的方案来结合各方的目标与资源。此一动态的心智过程与行为技巧，固然是以"结构面知识"为基础，但从"结构面知识"所能得到的帮助其实十分有限。高品质的个案教学，配合合宜的个案，可以对学生或学员的程序面知能与整合能力有所助益，但其效果也有一定限度。因为整合能力之高下，一则与个人本质及执行能力密切相关，再则它是管理人员终身学习而且永无止境的课题，不可能在短短两三年间便产生突破性的进步。

此一观点对管理教育有两项含义：

1. 既然"本质"很重要，在选择学生时，应更重视其性向与潜力，而不能只重视用功程度与过去所记忆的结构面知识之多寡。

2. 个案教学虽然短期未必见效，但却能为学生或学员开启一扇提升整合能力的大门，可以养成自我学习以及建构知识的能力与习惯，在日后工作上，能深入观察、分析、学习各方"整合高手"在整合过程中的方法与技巧，并不断检视及提升本身的整合能力。这样一来，终身学习与实际工作便能合而为一，对长期管理知能的成长当然会产生巨大的效果。

⊙行为科学与行为技巧的训练不可忽视

行为科学是管理学"上游"知识中，极为重要的一环。管理元素中的"目标与价值前提""环境认知与事实前提""能力与知识"中的学习或知识传承等，都与广义的行为科学有关。在这些行为科学（如心理学、社会心理学、人类学、伦理学、认知科学）中，所传授者也多半是结构面的知识，但若能活学活用，则不仅对整合的工作有帮助，而且在"观照三十六栏"或"观照七十二栏"的过程中，也可以拥有更敏锐、更深刻的感受能力。

而行为技巧方面，例如：谈判、说服、沟通，以及在参与会议或主持会议中从事资讯与意见之整合，甚至如何在互动中创造正面印象及争取信任等，都是整合者必须要有的技巧。管理教育中显然应加强此一部分，或至少利用个案教学、小组专案研究等，以增加学生的体验。

⊙应培养决策的技巧与担当

管理工作难免要经常面对难以取舍的决策。有经验的管理人员或经营者，在实战中累积了无数决策的经验，因此在决策与执行上能展现其判断力以及当机立断的气魄。

如果管理教育的目的在于培养高阶管理人，则似乎在学校教育当中，也应该设法让学生有机会体认真实决策的感觉、决策后果的负担，以及在组织复杂的环境中，决策必须分工、协调、呼应所造成的氛围，以及冲突与妥协等不可避免的现实。

这些对"决 4""决 5""决 6"都有直接帮助。

⊙应对创价流程更予重视

产业的创价流程（"流 2"）、本事业的生存方法（"流 3"）、产销的配合、各级工作的衔接、管理制度的运作与影响等（"流 3"至"流 6"），是组织的核心。创价流程不仅界定了组织的生存空间与正当性，也是组织中每一位成员职责与潜在贡献的归属。目前管理教育的课程结构，由于系基于"功能分工"，各功能领域分别开设专业课程，较少开设整合课程及产业相关课程，因此，学生少有了解创价流程全貌的机会。

⊙应学习更多与总体环境有关的知识

在总体环境中，主管机关的规则制定（"决 1"）是关系组织未来生存的重要因素，因此，世界产业的消长、各国及国际政策与法律环境的趋势、法律环境对企业经营的影响（以上皆为"决 1"）、世界文化与文明（"目 1"）、资源（"资 1"）与科技趋势（"能 1"）等，皆应适度纳入管理教育的内涵。

总之，管理矩阵的架构，不仅是各级管理者应该关注的范围，也能为管理教育的内容与教学方式提供相当多的启发。

参考文献

中文参考文献

司徒达贤. 策略管理 [M]. 台北：远流出版社，1995.

司徒达贤. 策略管理新论 [M]. 台北：智胜文化，2001.

司徒达贤. 打造未来领导人——管理教育与大学发展 [M]. 台北：天下杂志出版部，2004.

黄仁宇. 万历十五年 [M]. 台北：食货出版社，1985.

司徒达贤. 个案教学与"知识与资讯处理能力"——终身学习基础之养成 [J]. 产业管理学报，2002，3（1）：1-12.

英文参考文献

Allison, G.T.（1971）*Essence of Decision: Explaining the Cuban Missile Crisis, 1st ed.* Boston: Little Brown.

Barnard, C.*The Functions of the Executive.* Cambridge, Mass.: Harvard University Press.

Brandenburger, A.M.& B.J. Nalebuff（1996）*Co-opetition,* New York: Currency Doubleday.

Burt, R.S.（1992）*"The Social Structure of Competition," in Networks and Organizations:Structure,* Form, and Action, edited by N. Nohria and R. G. Eccles. Boston, Mass.:Harvard Business School Press, pp. 57-91.

Chandler, A.D.（1962）*Strategy and Structure: Chapters in the History of the American Industrial Enterprise,* Cambridge, Mass.: MIT Press.

Cyert, R.M. & J.G. March（1963）*A Behavioral Theory of the Firm,* Englewood Cliffs, NJ:Prentice-Hall.

Dixit, A. & S. Skeath（1999）*Games of Strategy,* New York: W.W. Norton.

Drucker, P.F.（1974）*Management: Tasks, Responsibilities, Practices* New York: Harper & Row.

Follett, M.P.（1942）*Dynamic administration: the collected papers of Mary Parker Follet,* New York: Harper & Row.

Granovetter, M.（1973）*"The Strength of Weak Ties"*, American Journal of Sociology, 78,pp.1360-80.

Hamel, G. & C.K. Prahalad（1994）*Competing for the Future,* Boston, Mass.: Harvard Business School Press.

Hickson, D.J., C.R. Hinings, C.A. Lee, R.E. Schneck & J.P. Pennings（1971）*"A Strategic Contingencies' Theory of Intraorganizational Power"* Adminstrative Science Quarterly, vol.16, no.2（June）, pp. 216-17.

Homans, G.P.（1961）*Social Behavior: Its Elementary Forms,* New York: Harcourt, Brace &World（rev.1974）.

Katz, R.L.（1974）*"The Skills of an Effective Administrator"*, Harvard Business Review, September-October, pp. 90-102.

Lawrence, P.R. & J.W. Lorsch（1967）*Organization and Environment: Managing Differentiation and Integration,* Boston, Mass.: Harvard Business School Press.

Lindblom, C.E.（1959）*"The Science of Muddling Through"*, Public Administration Review,19-2, pp.79-88.

MacMillan, I.C.（1978）*Strategy Formulation: Political Concepts, St. Paul: Westing Publishing.*（中译本:《公司内的权力世界》, 徐联恩译, 现代管理月刊社, 1986）

Maslow, A.（1954）*Motivation and Personality,* New York: Harper.

Mintzberg, H.（1973）*The Nature of Managerial Work,* New York: Harper & Row Nonaka, I. & Takeuchi, H.（1995）*The Knowledge-Creating Company: How Japanese Companies Create the Dynamics of Innovation,* New York: Oxford University Press.（中译本:《创新求胜》, 杨子江、王美音译, 远流, 1997）

Penrose, E.T.（1959）*The Theory of the Growth of the Firm.* Oxford:

Blackwell.

Pfeffer, J. & G.R. Salancik（1978）*The External Control of Organizations: A Resource Dependence Perspective,* New York: Harper & Row.

Polanyi, M.（1958）*Personal Knowledge: Towards a Post-Critical Philosophy,* Chicago: University of Chicago Press.

Porter, M.E.（1985）*Competitive Advantage: Creating and Sustaining Superior Performance,* New York : Free Press.

Quinn, J. B.（1980）*Strategies for Change: Logical Incrementalism,* Homewood, Ill. : R.D. Irwin.

Simon, H.（1976）*Administrative Behavior,* 3rd ed. New York: Macmillan. （Originally published in 1945）

Wernerfelt, B.（1984）*"A Resourced Based View of the Firm",* Strategic Management Journal, 5（2）, pp. 171-180.

Wrapp, H.E.（1967）*"Good Managers Don't Make Policy Decisions",* Harvard Business Review, September-October, pp.91-99.